MÉLANGES

—

ÉCONOMIE POLITIQUE ET FINANCES

I

— Corbeil, imprimerie de Crété. —

MÉLANGES

D'ÉCONOMIE POLITIQUE

ET DE FINANCES

PAR

M. LÉON FAUCHER

MEMBRE DE L'INSTITUT, ANCIEN MINISTRE DE L'INTÉRIEUR.

TOME PREMIER

HISTOIRE FINANCIÈRE.

PARIS

GUILLAUMIN ET Cᴵᴱ, LIBRAIRES

Éditeurs du Journal des Économistes, de la Collection des principaux Économistes,
du Dictionnaire de l'Économie politique, etc.

RUE RICHELIEU, 14

1856

INTRODUCTION

Sous peu de jours, une année se sera écoulée depuis que la mort est venue enlever dans toute la force de l'âge et du talent, un des hommes qui ont le mieux servi le pays, M. Léon Faucher. L'heure qui a marqué le terme de sa carrière a interrompu le cours de travaux qu'une infatigable activité lui faisait poursuivre sans relâche. Il était occupé, à ce moment, de réunir les écrits qu'il avait consacrés depuis la révolution de Février à deux questions capitales, celle du *travail* et celle des *finances publiques*; son intention était de coordonner des essais émanés d'une pensée commune, mais tracés sous l'impression des événements qui se précipitaient avec une prodigieuse rapidité.

Cet ouvrage aurait présenté une véritable histoire économique et financière de la France depuis l'avénement de la République de 1848; il aurait retracé les mémorables débats où se sont agités les problèmes fondamentaux du travail, de l'association, de l'impôt et du crédit.

Personne n'était mieux que M. Léon Faucher en état d'accomplir une tâche pareille. Quand la révolution a éclaté, quand elle a ramené sur le premier plan, en les élevant à la hauteur des questions politiques du premier ordre, les discussions sur le salaire, l'organisation du travail, le droit au travail, l'impôt sur le revenu et sur le capital, et tant

a

d'autres, M. Léon Faucher fut du petit nombre d'hommes
que ces graves problèmes n'ont point surpris. De longues
et sérieuses études l'avaient préparé à soutenir les luttes
qu'il fallait affronter chaque jour; une science profonde,
unie à une conviction courageuse et à une dialectique
exercée, en firent un des plus vigoureux défenseurs de la
société en péril. Sans ménagement pour l'erreur, il suivit
avec une inflexible fermeté la ligne du devoir, et monta
sans cesse sur la brèche pour combattre de fausses et dangereuses doctrines.

Il prit la plume dès le lendemain de Février afin de montrer le néant et le danger de ces prétendus plans de *réforme
sociale* qui poussaient la France au bord de l'abîme.

A la *Constituante* comme à la *Législative*, sa parole n'a
jamais fait défaut pour éclairer ces questions dont l'examen
réclamait une raison calme et sévère, unie à une grande
variété de connaissances; non content de combattre l'erreur à la tribune, il continuait à la poursuivre dans de
nombreux écrits.

Appelé à diriger l'administration publique dans les circonstances les plus difficiles, il se trouva, sans effort, à la
hauteur de cette mission, car à côté d'une intelligence élevée, il avait, ce qu'on rencontre peut-être le plus rarement
à notre époque, le caractère.

Il ne nous appartient point de parler ici de sa carrière
administrative et politique. Notre tâche est plus simple :
pour remplir, autant que possible, les intentions de M. Léon
Faucher, nous avons réuni les écrits et les discours qu'il a,
durant six laborieuses années, consacrés aux questions
économiques.

Tout en profitant des notes préparées par l'auteur pour
compléter ces *Mélanges*, nous leur avons fidèlement conservé la forme qui appartient aux événements au milieu
desquels chaque travail a pris naissance.

Un double motif nous a fait adopter ce parti : nous aurions risqué d'enlever à la pensée de l'écrivain quelque chose de sa spontanéité, si nous avions voulu refondre en un ensemble systématique, des productions qui se relient d'ailleurs d'une manière suffisante par l'unité des vues et la fermeté invariable des principes.

D'un autre côté, en nous reportant à une époque qui semblerait bien éloignée si des dates récentes ne venaient point rappeler que nous sortons à peine du volcan, ces chapitres successifs réunissent l'intérêt de l'histoire à l'enseignement de la doctrine ; ils montrent les services rendus par M. Léon Faucher sur le terrain de l'économie politique pratique, où les plus graves problèmes de la science venaient se résoudre en questions d'application.

Loin d'être dérouté, par le changement subit qui imposait des devoirs nouveaux à l'homme d'État, M. Léon Faucher semblait avoir rencontré son élément naturel ; il sut, au milieu de cette arène passionnée, tenir, d'une main ferme, le drapeau du bon sens et de l'ordre social.

Rien n'était plus éloigné de son esprit qu'un attachement aveugle à des errements routiniers. L'auteur des *Etudes sur l'Angleterre*, l'habile publiciste du *Temps*, du *Constitutionnel*, du *Courrier français*, de la *Revue des Deux-Mondes* et du *Journal des Économistes*, le champion déclaré de la *liberté commerciale*, le député qui demanda en 1847 l'émission des *billets de 100 francs* de la Banque de France et la révision de nos tarifs sur les substances alimentaires et sur les fers, avait donné des preuves nombreuses d'un esprit libéral et progressif. Mais la conscience du bien qu'il était possible de réaliser, rendait M. Léon Faucher d'autant plus décidé à combattre les folles exagérations et les utopies. Quand il vit un amas confus d'idées de contrebande, d'autant plus sonores qu'elles étaient plus vides, et qu'elles ne portaient dans leur sein que du vent et des tempêtes, s'abriter sous le pavillon commun du *socialisme* et marcher à l'assaut de la société, il s'écria au milieu du combat : « *Le socialisme c'est la peste,* » et se plaça au premier rang de ceux qui préservèrent notre pays de cette invasion.

Pénétré de l'amour ardent de la liberté et de la dignité humaine, il démolit les plans audacieux qui envisageaient les hommes comme des chiffres, en les alignant sous une direction suprême, et qui rêvaient l'accroissement de la richesse, en brisant le plus énergique levier du travail !

A côté des idées qui désorganisaient l'atelier, il en surgissait d'autres qui menaçaient la fortune publique. Les rêves de *papier-monnaie,* d'*emprunt forcé,* de *crédit gratuit,* de *budget socialiste* marchaient naturellement côte à côte avec les nouveaux systèmes d'association et de travail. Là se rencontrait le danger le plus prochain et le plus irréparable ; pour empêcher le pays de sombrer, il fallait défendre le trésor ; pour empêcher toute la machine administrative de crouler, il fallait en maintenir les ressorts.

M. Léon Faucher consacra l'attention la plus soutenue à la *question financière.* Après avoir discuté, en 1849, les idées relatives à l'*impôt sur le revenu,* il soumit à un examen approfondi la situation financière et les budgets de 1849, 1850, 1851 et 1852, et il employa un chapitre plein de haute raison et de spirituelle ironie à l'étude du *budget socialiste.*

Nous avons, dans le premier volume des *Mélanges d'économie politique et de finances,* reproduit ces importants travaux, que couronne l'écrit de M. *Léon Faucher* sur les *finances de la guerre.*

Un mois à peine avant sa mort, il traçait ces pages éloquentes, où respire le patriotisme le plus pur, à côté des enseignements féconds de la science ; en proie à la maladie qui devait l'enlever, il écrivait sa réponse à *M. Tengoborski,* le dernier produit échappé à sa plume, au milieu des angoisses de la fièvre, sans que la netteté du style, la précision des détails et la chaleur des convictions aient rien souffert de l'approche de l'heure suprême !

« Donnez-nous une bonne politique, disait le baron Louis, et je vous donnerai de bonnes finances. »

M. Léon Faucher ne perdit jamais de vue cette grande vérité ; aussi le coup d'œil de l'homme d'État se rencontre-t-il dans tous ses travaux économiques. Nourri des fortes études de la théorie, il savait les faire descendre sur le domaine de l'application, et tenir compte du milieu dans lequel il était appelé à fonctionner.

Son indomptable énergie a rendu à la cause publique des services que nous n'avons point à juger ici ; mais qu'il nous soit permis de rappeler que, dans sa pensée, le rétablissement de l'ordre devait servir à la fécondité des institutions libérales ; après avoir aidé à rasseoir la société sur ses bases véritables, il préparait les grands travaux d'utilité publique, dont l'exécution, impatiemment attendue, avait été trop longtemps ajournée.

Il nous suffira de mentionner ici la loi de l'emprunt de 50 millions, votée au mois d'août 1851, pour l'achèvement de la rue de Rivoli et la construction des halles.

« Les révolutions, dit-il dans l'exposé des motifs de cette loi, entraînent toujours après elles une suspension ou un ralentissement des affaires. L'ébranlement imprimé à l'édifice politique se communique alors à tous les intérêts : le crédit se resserre, les transactions s'arrêtent, le travail est paralysé ; chacun attend que le sol soit raffermi pour reprendre les entreprises déjà commencées, ou pour se livrer à des spéculations nouvelles. C'est le moment où, à défaut des capitaux privés et de l'initiative des entrepreneurs particuliers, il faut que la puissance publique intervienne. Quand les ouvriers ne trouvent plus l'emploi de leurs bras dans les ateliers ou dans les champs, l'État, les départe-

a.

ments et les villes doivent, dans la mesure de leurs ressources disponibles, même en anticipant sur l'avenir, multiplier les chantiers pour le développement des voies de communication, pour l'assainissement des quartiers insalubres, pour la construction des monuments qui ajoutent à la grandeur ou à la splendeur du pays.

« Après les événements de 1848 comme après ceux de 1830, le gouvernement n'a pas déserté la mission qu'il tenait des circonstances. Vous savez quels furent en 1831 et en 1832 les efforts des pouvoirs publics pour rappeler la confiance ébranlée : prêts au commerce, encouragements à l'industrie et aux arts, achèvement des travaux commencés, on ne négligea rien de ce qui pouvait rendre l'essor à l'activité nationale. C'est de la loi des 80 millions, qui permit de terminer le palais du quai d'Orsay, la Madeleine et l'Arc de triomphe, que date en quelque sorte chez nous l'ère des constructions.

« Dans les trois années qui ont suivi la révolution de 1848, la politique a été la même : malgré l'embarras croissant des finances, l'État consacre chaque année des sommes considérables à développer le réseau de nos chemins de fer ; les routes, les canaux, les rivières, les ports de mer reçoivent une allocation importante ; la dotation des établissements scientifiques, des arts, des monuments historiques, et des édifices religieux, est maintenue au budget.

« Enfin l'État contribue aux dépenses qu'entraîne la régularisation des abords du Louvre.

« Mais l'État n'est ni assez riche, ni assez puissant pour suffire à cette tâche. S'il exagérait ses dépenses au delà d'une certaine mesure, en compromettant l'avenir de ses finances, il alarmerait les esprits. Avec le travail il ne donnerait pas la sécurité, et les résultats ne justifieraient pas les sacrifices. Dans les temps difficiles, et à défaut de l'industrie privée, c'est aux administrations locales à joindre leurs efforts à ceux des pouvoirs publics. Un grand nombre d'entre elles épuisent aujourd'hui leurs facultés contributives pour ouvrir des ateliers qui servent de refuge contre le chômage partiel ou total des fermes, des usines, ou des manufactures.

« La ville de Paris, qui dispose d'un budget considérable, en a fait le plus utile et le plus généreux emploi. Depuis 1848, et bien que les événements de Février, en diminuant son revenu, eussent augmenté ses dépenses obligatoires, elle a consacré, comme dans les temps prospères, une partie de ce budget à des travaux qui doivent l'embellir et l'assainir.....

« Aujourd'hui, sur l'appel qui a été fait à son patriotisme par le gouvernement, l'administration municipale de Paris se propose d'entreprendre des travaux beaucoup plus vastes et de plus longue haleine, destinés peut-être, indépendamment de l'action des lois et de l'autorité publique, à assurer la paix de la cité. Il s'agit de donner une grande impulsion à cette industrie des constructions qui est le moteur de tant d'autres, qui occupe tant d'ouvriers, qui repose sur les bases essentielles du travail humain, le bois, la pierre et le fer, et qui associe par là à l'activité de Paris, l'activité de la France entière.

« Parmi ces travaux figurent, au premier rang : les halles centrales, ouvrage monumental et populaire à la fois, déjà commencé avant 1848, et qu'il était temps de reprendre ; les abords des halles, qui comprennent un grand nombre de voies publiques à redresser et à élargir ; enfin le prolongement de la rue de Rivoli, depuis le Louvre jusqu'à l'Hôtel de ville. La dépense à faire est évaluée à 58 millions, qu'il faudra consacrer soit à des acquisitions d'immeubles, soit à des constructions. Ces travaux s'exécuteront en plusieurs années, sans préjudice de ceux que la ville poursuit et de ceux qu'elle projette encore dans divers quartiers, tels que la rue qui doit mettre le chemin de fer de Strasbourg en communication avec le boulevard, et l'élargissement des vieilles rues qui font communiquer le quartier Latin avec la rive gauche de la Seine. Que ne doit-on pas attendre d'une impulsion aussi énergique ? Il est d'expérience dans la capitale, que là où l'État où la ville dépensent 50 millions, les particuliers, déterminés par cet exemple, ont bientôt ajouté une dépense de 100 ou 200 millions.

« Peu de mots suffiront pour justifier la préférence que le gouvernement et l'administration municipale ont donnée aux deux principaux ouvrages dont le projet assure l'exécution.

« La nécessité d'agrandir les halles centrales, et de les établir dans des conditions qui répondent aux exigences du commerce, ne peut plus être contestée. C'est un marché qui s'étend, avec l'usage des chemins de fer, comme le rayon d'approvisionnement de la capitale. Trente départements y versent leurs produits et y font en même temps leurs achats. Les halles actuelles sont tellement insuffisantes, que les vendeurs couvrent de leurs denrées, à certaines heures du jour, les rues adjacentes, que quatre mille voitures de chargement et de déchargement refluent jusque sur les quais, et que la circulation dans ces quartiers en est interceptée.

« On bâtit des palais pour recevoir les assemblées délibérantes, les corps constitués, les grandes collections de l'art, de la science et de l'industrie, pourquoi ne pas mettre du moins à l'abri des intempéries de notre climat le commerce le plus nécessaire à l'existence ? Napoléon voulait, sans doute, exprimer cette pensée, quand il disait, dans un langage qui n'appartient qu'à lui, que les halles étaient le Louvre du peuple...

« Le prolongement de la rue de Rivoli n'est pas d'une utilité moins évidente. Du Palais-National à la Bastille, il n'existe pas de voie de communication directe, accessible, non interrompue. Les rues étroites et tortueuses qu'il faut suivre, traversent un quartier privé d'air et de lumière, où la population, entassée dans des bouges infects, s'étiole et s'atrophie ; c'est là que le vice et le crime cherchent un refuge ou s'y retranchent aisément en remuant quelques pavés, et cette espèce de Ghetto devient constamment, dans les temps de troubles, la forteresse de la sédition.

« L'intérêt de la paix publique, non moins que celui de la salubrité, commandent de faire au plus tôt une large trouée à travers ce quartier des barricades. C'est ainsi que la ville de Paris servira la cause de l'humanité, de la civilisation et de l'ordre.

« Aux grandes lignes stratégiques des boulevards et des quais, viendra s'ajouter une ligne intermédiaire, une rue large comme la rue de la Paix, qui joindra le Louvre à l'Hôtel de ville, et dans laquelle les troupes pourront se mouvoir librement. Cette voie nouvelle n'est pas moins nécessaire à la circulation, dont les courants principaux vont de l'est à l'ouest, qui s'accroît journellement depuis l'ouverture dn chemin de fer de Lyon, et qui ne rencontre dans cette direction que des débouchés insuffisants et difficiles...

« Mais la ville ne se propose pas de raser tant de propriétés élevées dans les plus mauvaises conditions, seulement pour ouvrir des espaces ; elle ne veut pas faire un désert au centre de Paris. Le sacrifice de 21 millions imposé aux finances municipales représente, sous une forme exacte, la dépense du percement. C'est peu de démolir, cependant, il faut construire. En ouvrant à la circulation une grande artère, il faut attirer le long de la voie nouvelle, grouper et fixer la population. Une rue n'a de valeur que par les maisons qui la bordent ; ajoutons que la ville n'atteindrait pas son but si elle ne déterminait pas les constructeurs à s'emparer des terrains, à y verser des capitaux, à y porter des ouvriers.

« Les constructions offrent peu d'attraits aux spéculateurs dans un moment où la population de la capitale n'a
pas repris encore son niveau, dans l'état d'affaissement où
se trouve le crédit, et avec les orages qui planent sur l'avenir du pays. Pour ranimer l'industrie du bâtiment, des faveurs spéciales sont nécessaires. L'Empereur détermina la
construction de la rue de Rivoli par le décret de 1811, qui
exemptait les maisons élevées dans l'alignement de cette
rue de tout impôt pendant trente années. Nous vous proposons d'accorder pour le prolongement entrepris par l'administration municipale, et dans des circonstances également difficiles, les mêmes encouragements.

« En résumé, les grands travaux pour lesquels la ville de
Paris demande à emprunter 50 millions, ont un caractère
incontestable d'utilité publique. Ces travaux exigent la création de ressources extraordinaires, qui peuvent être réalisées sans coûter le moindre sacrifice au trésor. D'un autre
côté, des considérations politiques de l'ordre le plus élevé,
conseillent de mettre la main à l'œuvre sans retard. Nous
vous proposons de laisser faire par la ville de Paris, ce que
l'État lui-même cherche à faire sur divers points du territoire. Il s'agit de ranimer les entreprises industrielles, et,
en occupant les bras sans emploi, de donner au maintien
de l'ordre une double garantie. D'une part, en effet, l'on
fortifiera ainsi le besoin de stabilité qui est inhérent au développement de la richesse ; et, de l'autre, l'esprit de sédition
ne trouvera plus dans la condition malheureuse des travailleurs, son plus puissant auxiliaire. »

Nous avons cru devoir reproduire avec quelque étendue
ce document, parce qu'il montre comment M. *Léon Faucher* savait mettre en œuvre les principes qu'il avait toujours
défendus. L'achèvement de la rue de Rivoli et la construction des halles conserveront la mémoire de son administration. Il fallait son énergie pour concevoir et pour faire adop-

ter, dans des temps difficiles, une entreprise de cette nature.

L'organisation de la Banque de France se relie intimement à la marche du crédit public; M. Léon Faucher s'est voué, d'une manière active, à l'étudier, afin de provoquer les réformes utiles et de prévenir des expérimentations chimériques. Il a peut-être le mieux montré sur ce terrain combien il savait allier la prudence à l'esprit de progrès, combien son intelligence était à la fois positive et hardie.

S'il fut le premier à demander à la Chambre des députés la *coupure de* 100 *francs*, en blâmant la Banque d'une timidité excessive, il fut le premier aussi à défendre cette grande institution, à la *Constituante* et à la *Législative*, contre des attaques injustes, et on le compte au nombre de ceux qui contribuèrent le plus à sauver notre premier établissement de crédit.

En proposant le billet de 100 francs, M. Léon Faucher devança une réforme qui s'est accomplie à la suite de la révolution de Février, peu de temps après avoir été repoussée par la Chambre des députés. L'expérience lui a donné pleinement raison en cette circonstance comme en beaucoup d'autres, car ce qui formait le caractère distinctif de son talent, c'était le sens éminemment pratique qui savait discerner l'opportunité des réformes conseillées par la théorie.

C'est là aussi ce qui prête un intérêt particulier à ses écrits, ce qui leur conserve une utilité constante, malgré la marche rapide des événements. Les divers chapitres relatifs à l'action de la Banque de France, à la reprise du payement en espèces, au cours légal des billets, au taux variable de l'intérêt, etc., gardent un mérite d'actualité qui n'échappera à personne. Provoquées par les circonstances du moment, ces productions dues à la plume de M. Léon Faucher, ont une valeur de doctrine qui continue à rendre leur lecture attachante et instructive.

Si les projets de *papier-monnaie*, de billets hypothécaires à *cours forcé*, de *banques cantonales*, etc., ont échoué devant nos assemblées, c'est à M. Léon Faucher que revient en grande partie l'honneur d'avoir empêché qu'une révolution financière ne s'ajoutât aux désastres provoqués par la révolution tentée dans les conditions du travail.

Au milieu des périlleuses épreuves d'une discussion ardente, il contribua à faire comprendre l'empire des principes; grâce à ces luttes, la science financière et la science économique, sans cesse débattues et contestées, ont marché d'un grand pas, et du moment où l'on domina le désordre des idées, la société fut sauvée du désordre matériel.

Cette campagne commença au lendemain de Février.

Ceux qui méconnaissent l'utilité des études économiques, oublient les services éminents rendus à cette époque par les hommes tels que MM. Léon Faucher, Michel Chevalier, Blanqui et tant d'autres, qui ont éclairé l'opinion et opposé une digue aux doctrines de bouleversement social, en montrant à tous ceux qui concourent à l'œuvre de la production, où étaient leurs intérêts véritables.

La vigoureuse critique du système de M. Louis Blanc, et les idées émises par M. *Léon Faucher* sur le *travail*, l'*association* et l'*impôt*, s'élèvent au-dessus du mérite ordinaire d'une publication purement scientifique, on doit y voir comme une page d'histoire, quand on se rappelle la date de cet écrit (avril 1848).

Dès le début de la *Constituante*, M. *Léon Faucher* attaqua l'organisation des *ateliers nationaux*, d'où devaient sortir les fatales journées de Juin. Mais il ne se borna pas à demander la suppression d'un travail stérile et démoralisateur; il proposa en même temps d'ouvrir un crédit de dix millions à employer en terrassements des grandes voies de communication, de manière à procurer aux bras inoccupés un labeur sérieux et productif.

On le vit monter à la tribune, dans toutes les grandes discussions, relatives à ces questions fondamentales. C'est ainsi qu'il prit part aux débats sur la fixation des heures *du travail, du droit au travail, des coalitions, des associations ouvrières, de l'impôt sur les boissons et de l'impôt sur le capital.*

Nous avons réuni les discours qu'il a prononcés à cette occasion, et qui sont un exposé clair, précis, convaincant des enseignements de la science et de l'expérience, jetés au milieu de l'ardeur de la lutte.

Pour avoir meilleur marché des faits, on s'était attaqué à la science ; le *gouvernement provisoire* avait supprimé la chaire d'économie politique, brillamment occupée par un digne successeur de J. B. Say et de Rossi, par M. Michel Chevalier.

Il appartenait à M. Léon Faucher de protester contre un pareil acte ; il fit mieux : secondé par son savant collègue, M. Barthélemy Saint-Hilaire, il fit triompher à l'assemblée constituante, dans la séance du 13 novembre 1848, sa proposition de rétablir la chaire, violemment supprimée, à la suite d'un rapport qui disait : « L'économie politique est un recueil de systèmes disputés, elle n'a pas le droit de prétendre au nom de science. »

Nous rappellerons les paroles dont M. Léon Faucher s'est servi pour faire justice de cette étrange sentence.

« Je m'étonne qu'on vienne dire à une science qui a produit en France des hommes comme Turgot et J. B. Say ; qui a été inaugurée par Adam Smith, qui compte d'illustres autorités à l'heure qu'il est, je m'étonne qu'on puisse dire que cette science n'existe pas.

« Dans les siècles qui nous ont précédés, un grand homme qui a le droit de porter ce nom, devant lequel nous nous inclinons tous, Bacon, est venu renouveler la science ; mais il n'a pas prétendu détruire celle qui existait. Voilà pourtant ce qu'on a imaginé de faire; on est venu inaugurer une prétendue science nouvelle, et en inaugurant cette prétendue science nouvelle, qui n'était pas autre chose que l'esprit de secte, on a détruit l'enseignement de l'économie politique; mais, en guise de consolation, l'on a affecté de nous en donner la monnaie. On a réduit l'économie politique au rôle de servante des faits, au lieu de la reconnaître pour ce qu'elle est, une science de principes. On nous a dit que ce serait un recueil de phénomènes, on en a fait une pure description des faits; on l'a distribuée en statistique de l'agriculture, en statistique du commerce, en statistique des finances. Voilà les conséquences qu'on a créées.

« Dans un rapport subséquent, l'on se défend, il est vrai, d'avoir détruit la chaire d'économie politique; et savez-vous comment on a expliqué cette mesure? On a promis de consacrer quinze leçons à expliquer l'économie politique; on a promis de consacrer une leçon à Turgot, une leçon à Smith, une leçon à Jean-Baptiste Say; enfin dans ces quinze leçons, l'on a voulu nous fournir un programme que plusieurs années suffiraient à peine à remplir. En posant cette règle, on a institué une chaire spéciale, pour enseigner les faits relatifs à l'agriculture, avec une année devant le professeur; autant est réservé à l'enseignement des faits relatifs au commerce. On fait tout pour les détails et on ne fait rien pour les principes. C'est dans la préface de la chaire destinée aux finances, qu'on relègue l'enseignement de l'économie politique.

« Quant à moi, je ne crois pas qu'aucun homme qui se soit jamais mêlé de science puisse approuver une pareille manière d'agir; je trouve qu'il n'est pas de la dignité du gouvernement ni de sa compétence de venir dire que telle science n'a pas le droit d'exister, et que telle autre science a le droit d'exister. N'est-ce pas une prétention étrange que celle de fixer ainsi des bornes à l'esprit humain ?

« Je pense donc que ce qu'on a fait, on n'avait pas le droit de le faire ; je pense que ce qu'on a détruit, on n'avait pas le droit de le détruire. »

L'amendement proposé par M. Léon Faucher, fut adopté après une discussion prolongée. L'économie politique sortit victorieuse du débat, et ce résultat n'avait pas uniquement une portée scientifique.

C'est parce que les idées saines reprenaient leur empire que la doctrine économique fut restaurée. Ce vote consacrait les efforts multipliés par M. Léon Faucher, et par ceux qui marchaient à ses côtés, pour défendre les principes impérissables de la société civilisée.

Déjà le rapport remarquable qu'il avait présenté sur une proposition de M. Pougeard, avait fait écarter les *idées d'emprunt forcé*, comme son discours sur *le crédit foncier* avait ruiné les *assignats hypothécaires*.

Le *droit de propriété*, audacieusement attaqué, rencontra dans M. Léon Faucher un défenseur aussi habile que convaincu.

Il savait tenir tête aux préjugés, en même temps qu'il contribuait au triomphe des principes sur lesquels repose l'ordre social. C'est ainsi qu'il combattit la fixation légale du taux de l'intérêt.

Dévoué à l'idée de la liberté commerciale, M. Léon Faucher fut un des orateurs les plus écoutés de la Société du *libre échange*. Nous ne rappellerons ici que le discours qu'il prononça à la Chambre des députés ([1]), en présentant un amendement pour demander la libre entrée des bestiaux étrangers.

« Je crois, dit-il alors, remplir un devoir, et je cherche à rendre service à toutes les classes de la population, en

([1]) Février 1847.

demandant que la faculté d'importation qui doit venir accroître le capital alimentaire, les ressources alimentaires du pays, ne se borne pas aux céréales.

« Qu'est-ce que la viande, après tout ? La viande, c'est du pain sous une autre forme. Je comprends que, dans une époque d'abondance, on puisse dire au peuple qu'il mangera de ceci et qu'il ne mangera pas de cela ; mais je ne comprends pas que, dans un temps de disette, le gouvernement se charge de faire pour lui le choix des aliments, qu'il lui en permette certains et lui en interdise certains autres. Lorsque le pain est cher, le gouvernement a pour premier devoir, sinon de mettre à la portée des consommateurs, tout au moins de laisser arriver librement jusqu'à eux toutes les denrées dont l'existence peut s'alimenter. On ne marchande pas avec la faim. Il est imprudent alors, il est insensé de provoquer, par des droits restrictifs sur certaines denrées, une cherté artificielle.

« On a dit que la viande était un aliment de luxe. Quand cela serait, quand vous ne devriez, en supprimant les droits de douane, que pourvoir à la nourriture du riche, n'en résulterait-il pas que les classes aisées, consommant davantage de viande, consommeraient moins de céréales, et que, par conséquent, la masse disponible pour l'alimentation des classes inférieures étant plus considérable, le prix s'élèverait d'autant moins ?

« Mais j'écarte cet argument. J'avais fait une concession purement gratuite. Non, la viande n'est pas ou du moins ne doit pas être un aliment de luxe. Malheur au pays dans lequel il en serait ainsi !

« La Providence n'a pas fait deux parts de la création. Elle n'a pas voulu qu'une partie de l'espèce humaine eût le privilége des aliments les plus substantiels, tandis qu'une autre partie serait condamnée à se nourrir de végétaux. C'est le législateur qui a inventé cette inégalité contre nature ; aucun peuple n'en souffre aujourd'hui plus que nous.

« Ne savez-vous pas tous qu'une des causes d'infériorité pour la France en Europe tient à ce que la consommation de la viande y est infiniment plus restreinte qu'elle ne l'est dans des pays voisins ?

« Quand il s'agit de constater le degré de vigueur que les ouvriers apportent dans les travaux industriels ou agricoles, pourquoi l'avantage reste-t-il à ceux de l'Angleterre et de la Belgique ? pourquoi l'ouvrier anglais travaille-t-il beaucoup plus ? pourquoi est-il plus fort que l'ouvrier français ? C'est uniquement parce que son régime alimentaire est meilleur ; c'est, d'une part, parce que le froment entre pour une plus grande quantité dans sa nourriture ; c'est encore parce que la viande s'y mêle dans une plus forte proportion. L'honorable comte Daru citait, dans une autre enceinte, des chiffres très-affligeants desquels il résulterait que la Belgique elle-même, un pays dont nous ne sommes séparés que par une frontière de convention, consommerait par habitant 43 kilogrammes de viande , tandis que la France n'en consommerait que 23. Et ces chiffres sont rigoureusement confirmés par les rapports des agents de M. le ministre du commerce lui-même, qui montrent d'ailleurs que les pays voisins ne sont nullement en situation, comme on nous l'avait dit, de nous envoyer des quantités extraordinaires de bétail.

« Si nous traitions à fond la question de l'introduction définitive du bétail, je crois que les arguments ne nous manqueraient pas. Je m'abstiens de les faire valoir en ce moment. Ce que je réclame aujourd'hui, c'est une mesure temporaire. Je demande l'introduction du bétail et des salaisons comme supplément à l'introduction des céréales ; je la demande, surtout parce que le prix de la viande commence à s'élever dans une proportion, non pas complétement semblable, mais analogue à celle du blé. »

Ici encore, l'événement a donné pleinement raison aux prévisions de M. Léon Faucher ; l'application de ses idées n'a été qu'une question de temps.

Nous n'avons pas compris dans ces volumes les débats relatifs à la liberté commerciale, antérieurs à la révolution de Février et étrangers par conséquent au cadre de cette publication, telle que M. Léon Faucher l'avait conçue. Mais nous n'avons pas cru devoir appliquer cette réserve à un des écrits les plus remarquables qui soient sortis de sa plume, à sa *Réponse au manifeste de la prohibition.*

Nous avons reproduit également l'étude approfondie à laquelle s'est livré M. Léon Faucher sur la question toujours pendante de *la démonétisation de l'or*, étude qui conserve un caractère d'actualité.

Nous l'avons déjà dit, si M. Léon Faucher avait vécu, il aurait donné à la France un ouvrage qui lui manque, l'*Histoire financière et économique de la révolution de Février.* Ses travaux et la part active qu'il a prise aux débats parlementaires, ont légué d'utiles et nombreux matériaux pour cette œuvre importante. Il y a plus : ces documents retracent d'une manière saisissante et avec un remarquable enchaînement les principales discussions de ces dernières années ; ils forment un livre dont chaque chapitre conserve en quelque sorte la saveur de l'époque à laquelle il appartient.

Pour remplir un pieux devoir, nous n'avons donc eu qu'à les grouper, en respectant la forme donnée par l'auteur à l'expression de sa pensée, et en y joignant des notes tracées de sa main ; c'est le seul changement que nous nous soyons permis.

La lecture de ces pages permet de mesurer l'étendue de la perte qu'a faite le pays par la mort prématurée de M. Léon Faucher. Ayant à peine accompli sa cinquantième année, il aurait consacré à des travaux de haute portée le fruit de longues études et d'une expérience rudement acquise.

Ce n'est pas impunément qu'on s'épuise à la défense de la société, en se jetant dans la mêlée des révolutions. L'énergie des convictions de M. Léon Faucher, le courage qu'il a déployé, le labeur auquel il s'est voué, ont hâté sa fin ; mais aussi, à côté des regrets soulevés par cette perte, se rencontre le sentiment de la reconnaissance publique.

L. WOLOWSKI.

Décembre 1855.

FINANCES

ET

ÉCONOMIE POLITIQUE

HISTOIRE FINANCIÈRE

I

DE L'IMPOT SUR LE REVENU

Octobre 1849.

La situation de nos finances est critique. En vain l'Assemblée constituante a-t-elle fait les plus grands efforts pour libérer le trésor des engagements que lui avait légués la monarchie et pour combler les vides encore béants que la révolution de février avait ouverts; en vain a-t-elle chargé de 62 millions et demi de rentes 5 pour 100 le livre de la dette publique; en vain a-t-elle opéré, sur les dépenses de l'État des retranchements dont quelques-uns étaient imprudents ou moralement impossibles; nous sommes encore bien loin de cet équilibre tant souhaité et tant promis, que tous les gouvernements montrent au pays en perspective. Pour le passé

1

comme pour le présent, le déficit nous menace toujours. Dans l'exposé qui précède le budget de 1850, M. le ministre des finances déclare que le découvert de 1849 ne sera pas inférieur à 184 millions, et que la somme des découverts, au 1 janvier 1850, atteindra le chiffre énorme de 550 millions. Quant aux résultats probables de l'année qui va bientôt commencer, M. Passy annonce, au premier aperçu, pour le cas où l'on suivrait les errements habituels, une différence de 320 millions entre les recettes et les dépenses. Le découvert, à ce compte, dès le 31 décembre 1850, s'élèverait à 870 millions. On toucherait encore une fois, après une liquidation chèrement payée, à ce déficit d'un milliard que les financiers du gouvernement improvisé le 24 février, pour détourner le reproche de leurs actes ou de leurs idées, accusaient la monarchie d'avoir accumulé sur nos têtes.

On pourra trouver que l'exposé du budget charge un peu, et très-évidemment sans nécessité, un tableau qui était déjà bien assez sombre. Il est permis en effet de croire que le découvert final de 1849 ne montera pas à 184 millions. Toutes les fois que le travail renaît dans les ateliers et que le commerce reprend quelque activité, les impôts de consommation reçoivent leur part de ce mouvement ascendant, si passager qu'il soit, de la production et de la richesse. Le produit des taxes indirectes excédera donc, il faut l'espérer, les évaluations de M. le ministre des finances, tant pour l'année 1850 que pour l'année 1849.

Admettons cependant, pour raisonner d'après les mêmes bases, des hypothèses qui se rapprochent, à tout prendre, de la réalité. Faisons, comme M. Passy lui-même, deux parts du découvert, le passé qui est consommé ou qui va l'être, et cet avenir immédiat sur lequel peuvent s'exercer les combinaisons financières. Des 550 millions qui représentent, suivant lui, le déficit antérieur au 1er janvier 1850, M. le ministre des finances laisse 350 millions à la charge de la dette flottante ; le reste, il propose de le demander à l'emprunt, en négociant jusqu'à concurrence de cette somme des rentes 5 pour 100. Une dette flottante de 4 à 500 millions, dont la plus grande partie représente des fonds à peu près immobilisés, n'aurait assurément rien d'exagéré pour la France ; mais on peut admettre un emprunt qui la réduirait à 350 millions, surtout quand on songe qu'elle ne tardera pas à s'augmenter des dépenses qu'exigeront encore pendant quelque temps les travaux extraordinaires, au chiffre d'environ 100 millions par année.

Reste à combler la différence considérable que semble présenter, avec un caractère de permanence pour l'avenir, l'évaluation des recettes comparée à l'évaluation des dépenses. M. le ministre des finances propose de recourir aux moyens suivants :

« 1° A la création d'impôts destinés à assurer au trésor les compléments de ressources dont il a maintenant besoin ;

« 2° A la mise en recette comme en dépense des fonds de l'amortissement, en les limitant aux seules dotations par l'accumulation des rentes rachetées ou provenant de la consolidation des réserves annuelles ;

« 3° A la constitution de moyens de services spéciaux, applicables uniquement aux dépenses des travaux extraordinaires. »

Sans doute, la situation de nos finances est telle que
l'application d'un seul remède, si héroïque qu'il fût, ne
les sauverait pas du naufrage. Il y faut l'emploi énergique et simultané de toutes les ressources de l'économie, du crédit et de l'impôt. M. le ministre des
finances paraissant vouloir mettre un intervalle de deux
mois entre la publicité donnée à son exposé et la publication du budget de 1850, on peut difficilement juger de
la sévérité avec laquelle ont été réglées les dépenses ;
mais je suis disposé à croire, pour mon compte, que,
sous la pression des circonstances, tout ce que l'on
devait faire a été fait.

Quant au nouveau mode d'emprunt à terme que propose M. Passy, je ne puis m'empêcher de trouver la
conception très-malheureuse. Si M. le ministre des
finances venait résolûment nous conseiller de changer
la forme de notre dette flottante et de convertir les bons
du trésor en bons de l'échiquier, il y aurait encore à
examiner si ce qui est possible en Angleterre l'est également en France ; mais créer une seconde dette flottante
à côté de la première, émettre à la fois des bons remboursables à des échéances déterminées et des obligations
que l'on rachèterait annuellement au moyen d'un amortissement de 2 pour 100, c'est s'exposer à voir l'une ou
l'autre de ces combinaisons dédaignée par les capitalistes, l'une ou l'autre de ces sources frappée sur l'heure
de sécheresse et de stérilité. Le ministre lui-même
admet que « les obligations nouvelles, à leur origine,
n'entreront qu'avec peine dans la circulation. » Quelle
peut être dès lors la valeur de ce système, quand il s'agit
de mettre un terme à des embarras pressants ? Pour

aligner sur le papier des théories dont le résultat est incertain ou éloigné, il faut avoir le temps d'attendre.

Toutes choses restant ce qu'elles sont, l'exposé du ministre évalue les dépenses de 1850 à 1,591 millions, et les recettes à 1,271 millions. Les changements indiqués par le ministre, changements qui consisteraient à réduire les dépenses de 182 millions, et à augmenter les recettes de 144 millions, ramèneraient à un équilibre apparent notre situation financière : les dépenses, en effet, sont évaluées à 1,408 millions, et les recettes à 1,415 ; une marge de 7 millions est laissée aux crédits supplémentaires que comporte le chapitre de l'imprévu.

La diminution des dépenses s'opère, dans ce plan, avec une facilité qui pourra faire supposer qu'elle n'est que nominale. En effet, M. le ministre des finances annule les rentes converties qui représentaient un total d'environ 70 millions, ce qui n'a d'autre résultat que de simplifier les écritures et de faire disparaître du budget une pure fiction ; mais les dépenses réelles n'en sont nullement réduites, attendu que ces réserves de l'amortissement ne servaient plus à l'extinction de la dette. On régularise ainsi, on élague les branches parasites de la comptabilité budgétaire ; c'est une simplification dans les comptes ; ce n'est pas une économie.

J'en dirai autant des 103 millions qui représentent la dépense annuelle des travaux extraordinaires. On les fait passer d'un budget à un autre ; on donne un autre nom à cette allocation, qui n'en reste pas moins nécessaire tant que les compagnies ne sont pas appelées à y concourir avec l'État ; on ne parvient ni à la supprimer ni à la restreindre.

L'accroissement des recettes est, à quelques égards, plus réel. M. Passy ajoute d'abord aux ressources de l'État les 65 millions composant la dotation de l'amortissement, dont il suspend ainsi l'action jusqu'à nouvel ordre. Cette mesure paraît rationnelle, et elle était inévitable. On amortit sérieusement la dette publique, quand on applique à cet amortissement l'excédant du revenu sur les dépenses ; mais éteindre un emprunt pendant que l'on en contracte un autre, ou, pour mieux dire, emprunter pour amortir, c'est faire une opération que la science condamne et qu'aucun résultat ne justifie.

M. le ministre des finances complète ces ressources supplémentaires par l'établissement de nouveaux impôts, dont il estime le produit annuel à 79 millions. Dans le nombre figure un impôt sur le revenu, nouveauté qui semblait avoir déjà vieilli, théorie dont l'Assemblée constituante elle-même n'avait pas encouragé l'application, et que l'on ne s'attendait pas à voir remettre en honneur devant l'Assemblée législative. Aux termes du projet, l'impôt sur le revenu serait une taxe de quotité pour les communes et de répartition pour les contribuables, qui devrait rendre 60 millions à l'État, et qui demanderait ainsi à chaque contribuable, suivant les calculs du ministre, à peu près 1 pour 100 de son revenu réel.

Ce qui frappe d'abord l'esprit en examinant le projet de M. le ministre des finances, c'est l'incroyable disproportion des moyens avec le but. M. Passy va puiser le revenu à des sources absolument nouvelles ; il change le principe et l'assiette de l'impôt, bouleverse de fond en comble notre système financier, jette l'alarme et l'effroi parmi les contribuables, fait tressaillir d'aise, comme à l'aspect d'une chance inespérée, les niveleurs du socialisme, et tout cela pour obtenir 60 millions !

Je comprends sir Robert Peel rétablissant l'*income tax* en pleine paix, parce que l'on avait essayé vainement, avant lui, de toutes les autres combinaisons pour ramener l'équilibre entre les revenus et les dépenses; parce que les produits de cet impôt devaient excéder 5 millions sterling et permettre de supprimer ou d'adoucir des taxes qui foulaient le peuple; enfin, parce que, l'impôt indirect étant à peu près l'unique source du revenu dans la Grande-Bretagne, il y avait lieu d'atteindre d'une manière directe des classes opulentes qui contribuaient trop faiblement aux charges de l'État.

Je m'explique le projet de M. Goudchaux, car il procédait d'une doctrine plus générale, de celle qui voulait que le gouvernement nouveau eût, en matière d'économie politique, des systèmes à lui, et qui se proposait de créer, au rebours de toutes les idées reçues, « des finances républicaines. » Ce projet était le premier anneau de la chaîne, le premier essai d'une théorie qui tendait à remplacer tous les impôts indirects par des taxes directement assises sur les fortunes. En grevant d'une contribution spéciale les revenus mobiliers, on se promettait de « ramener les capitaux vers l'agriculture, » et même, à un point de vue plus élevé, d'introduire, pour parler la langue de l'époque, la justice distributive dans notre régime financier. Il y avait là d'étranges illusions, mais qui procédaient du moins, on doit l'avouer, d'une sorte de logique.

M. le ministre des finances ne se place ni dans la situation de sir Robert Peel, ni au point de vue de M. Goudchaux. Il impose un sacrifice aux contribuables, sans avoir l'excuse des bénéfices qui doivent en revenir à l'État ; il introduit une machine de guerre dans l'édifice financier sans être décidé ni à la destruction ni même à la réforme. Le mobile de sa conduite ne peut raisonnablement se déduire ni des principes ni des résultats. Si l'impôt sur le revenu devait rapporter les 320 millions qui forment, dans le budget primitif de M. Passy, la différence entre les dépenses et les recettes, s'il était destiné à combler le déficit et à nous rendre ainsi la liberté de notre action en Europe, il n'y aurait pas à balancer : nous braverions tous les inconvénients et les dangers inhérents à cette nature de taxes ; la raison suprême, le salut du peuple, en ferait une loi. Mais pour 60 millions, et avant d'avoir tenté d'autres moyens, s'exposer à semer en France la guerre sociale, c'est acheter à trop haut prix, en vérité, de trop médiocres bienfaits.

La nécessité ne marque donc pas l'impôt sur le revenu de son signe. Nous restons libres de l'examiner en lui-même et pour ce qu'il vaut, dans son principe aussi bien que dans ses conséquences.

L'impôt sur le revenu convient à l'enfance des sociétés. C'est la première forme des taxes. L'impôt se paie alors en nature : l'État, en récompense de la protection qu'il donne à la société, et pour subvenir aux frais de cette tutelle dans la paix comme dans la guerre, prélève une part des produits. On lui attribue la dîme des fruits du sol, car le sol est à peu près la seule propriété, et l'agriculture la seule industrie de l'homme. Il y a là une forme simple de taxes en rapport avec un état social où les relations et les intérêts ont gardé leur simplicité primitive, qui ne connaît pas le travail manufacturier, qui a peu de commerce, et où la richesse est encore à naître. Cet impôt est partout contemporain du pouvoir absolu, que le pouvoir appartienne à un prince ou à un prêtre ; il subsiste tant que la société conserve dans son gouvernement quelque chose de rudimentaire et de pa- triarcal. La dîme, ainsi que Turgot le fait remarquer, peut s'établir alors plus aisément qu'aucune autre taxe ; comme cette contribution est levée au moment de la ré- colte et dans la proportion des fruits, le contribuable a toujours de quoi payer, il paye sur-le-champ, sans frais pour lui et sans déchet pour l'État. Sur dix gerbes que son champ lui a données, le fisc en prend une, et tout est dit jusqu'à la moisson prochaine.

A mesure que la civilisation fait des progrès, que les peu- ples s'enrichissent, que les gouvernements perdent leur caractère municipal et paternel pour s'élever à la hauteur des combinaisons politiques, la dîme tend à disparaître.

Dès que le propriétaire foncier cesse de cultiver lui- même ou de faire cultiver par des serfs attachés à la glèbe, et que la terre exploitée par le fermier produit une rente à son possesseur, alors naît et se développe un ordre de choses nouveau. Comment partager avec l'État dans une proportion quelconque, mais déterminée et exacte, des produits que l'on ne récolte plus en nature ? L'industrie et le commerce, quand ils viennent à pren- dre l'essor, sont un autre obstacle à l'établissement ou au maintien de la dîme ; comment lèverait-on sur les fruits du travail industriel la part de l'État ou de l'Église, quand la récolte ne commence qu'à l'instant où les pro- duits de toute cette activité se convertissent en argent ? Il

arrive donc un moment, dans la marche des sociétés, où
la dîme ne peut plus s'étendre à tous ceux qui devraient
contribuer aux charges publiques, et où elle ne traite pas
par conséquent selon la règle de l'égalité proportionnelle
les contribuables qu'elle atteint.

La dîme est un impôt sur le revenu brut. Or, il s'en
faut que le produit net réponde partout dans la même
proportion au produit brut de l'industrie agricole. Cette
proportion dépend des frais de culture, qui varient
comme la fécondité du sol et comme l'habileté du cultivateur. Il peut arriver que le dixième brut enlève et même
excède le produit net, que l'on entame ainsi la portion
du cultivateur, et que, selon la belle expression de Turgot, « l'on fauche plus que l'herbe. » Aussi, dans les pays
aristocratiques comme la Grande-Bretagne, où l'on conserve encore la dîme, a-t-il fallu, pour diminuer l'injustice de cette taxe, en venir à des compositions en argent.

A l'impôt sur le revenu brut devait succéder, dans
l'ordre rationnel des événements et des idées, l'impôt sur
le revenu net. La contribution du dixième ou du vingtième fut un progrès, si on la compare à la dîme ; car
cette taxe embrassait toutes les fortunes et demandait
plus exactement à chacun dans la proportion de ce qu'il
pouvait posséder. Toutefois l'impôt sur le revenu net
annonçait un état de société encore faiblement dégagé
des mœurs patriarcales, et un gouvernement en quelque
sorte domestique. La contribution, en effet, avait pour
base les déclarations des contribuables, ce qui suppose
un ordre social où tous les revenus sont au soleil, et où,
tout le monde se connaissant, la mauvaise foi devient
presque impossible. Cependant, même dans de telles

conditions, l'impôt sur le revenu n'a jamais été appliqué complétement ni sincèrement. La taxe foncière (*land tax*), qui était en Angleterre, dans l'origine du moins, une taxe applicable à tous les revenus, avait fini par n'être plus acquittée que par les propriétaires du sol. En France, le vingtième d'industrie ne donnait pas un revenu de 1,200,000 livres, à une époque (1786) où le vingtième établi sur le revenu du sol rendait près de 22 millions. D'où l'on peut conclure que, même dans les circonstances les plus favorables, lorsque la taxe du revenu dérivait de la nature du gouvernement et de l'état de la société, elle n'a jamais réalisé cet idéal, que l'on y cherche de nos jours, de la justice distributive.

L'impôt du revenu est, sous une autre forme, la question de l'impôt unique. Si l'impôt du revenu a le mérite, en effet, de se proportionner seul exactement aux facultés des contribuables, s'il est le seul juste, le seul qui se perçoive aisément et à peu de frais, il doit nécessairement remplacer tous les autres. Je le conçois comme un système exclusif, dominant avec la rigueur d'un principe; il ne s'expliquerait plus, accepté à titre d'accident fiscal et d'auxiliaire. Quand on saisit directement le revenu pour lui faire payer tribut au moment même où il se forme, on s'interdit de chercher encore à taxer indirectement les ressources individuelles, en incorporant un ou plusieurs impôts au prix des objets de consommation. Qui voudrait se soumettre aux exigences de l'*income tax*, s'il ne devait pas être affranchi, au moyen de ce sacrifice, des péages que lève l'impôt indirect sur les denrées et sur les marchandises? Combinée avec d'autres principes et ajoutée comme une surcharge à d'autres taxes, toute contribution assise sur le revenu ne représente plus qu'une véritable exaction.

La théorie de l'*income tax* équivaut donc rationnellement à la théorie de l'impôt unique. Au xviiie siècle, cette querelle avait un autre nom. Les physiocrates voulaient alors ramener toutes les taxes à l'impôt foncier, prétendant qu'il n'y avait d'autre source de la richesse que la terre. Turgot lui-même, qui connaissait pourtant la valeur créatrice du travail, n'admettait pas que l'industrie eût des revenus qui lui fussent propres, ni qu'on pût l'imposer à raison de ses profits (¹).

La même idée est au fond des disputes plus récentes qu'a soulevées parmi les économistes la comparaison de l'impôt direct avec l'impôt indirect. Les partisans des taxes de consommation ont eu longtemps pour eux la vogue des doctrines et la sanction d'une pratique à peu près universelle. Douanes et droits réunis, taxes sur les denrées de première nécessité et sur les matières premières aussi bien que sur les objets de luxe, l'esprit fiscal des gouvernements n'a rien laissé à inventer. Il n'en est pas un qui n'ait abusé de la facilité avec laquelle on peut taxer les besoins du peuple. On a imposé et surimposé les boissons, le sel, la mouture et jusqu'à l'air que respirent le cultivateur et l'ouvrier. En Angleterre, les taxes indirectes ont longtemps fait seules les frais du budget de l'État. En France, la restauration qui avait

---

(¹) Voici les paroles de Turgot : « L'imposition du vingtième d'industrie me paraît en général assez mal entendue. L'industrie n'a que des salaires ou des profits qui sont payés par le produit des biens-fonds et qui ne forment point une augmentation dans la somme des revenus de l'État. »

promis, témérairement il est vrai, d'abolir les droits réunis, s'empressa de porter le premier dégrèvement d'impôt au compte de la propriété foncière. C'était l'époque où les théoriciens de l'économie politique ne se bornaient plus à soutenir que l'impôt indirect se percevait facilement, insensiblement et sans souffrance, mais où ils allaient jusqu'à prétendre que les taxes de consommation, dans une certaine mesure, agissaient comme un stimulant sur le travail et sur l'industrie (1).

Depuis quelques années, une réaction tout aussi exagérée s'opère dans les esprits en faveur des taxes directes. La sympathie qu'inspire à bon droit le sort des classes laborieuses concourt à fausser les idées en matière d'impôt. En partant du principe qui veut que chacun contribue aux charges de l'État dans la proportion de ses ressources, on condamne les taxes de consommation dont le produit se mesure nécessairement à l'étendue de la consommation et non à l'importance des fortunes.

(1) « L'impôt indirect, en ajoutant successivement un surcroît de prix aux articles de consommation générale et journalière, au moment où tous les membres de la société ont contracté l'habitude de ces consommations, rend ces divers articles un peu plus coûteux à acquérir, c'est-à-dire qu'il donne lieu à ce qu'il faille, pour se les procurer, un surcroît proportionné de travail et d'industrie. Or, si cet impôt est mesuré de manière à ne pas aller jusqu'à décourager la consommation, ne semblerait-il pas, dans ce cas, agir comme un stimulant universel sur la partie active et industrieuse de la société, qui l'excite à un redoublement d'efforts pour n'être pas obligé de renoncer à des jouissances que l'habitude lui a rendues presque nécessaires, et qui, en conséquence, donne un plus grand développement aux facultés productives du travail et aux ressources de l'industrie ? » (Garnier, préface de la traduction d'Adam Smith.)

On prétend qu'elles aggravent dans tous les cas la condition de l'ouvrier, qu'elles gênent souvent l'industrie et font obstacle au commerce. On se prévaut, en outre, de ce qu'une partie notable du produit est absorbée par les frais de perception, ces frais descendant à 3 pour 100 dans quelques taxes directes, et s'élevant dans certaines taxes indirectes jusqu'à 15 pour 100.

L'une et l'autre opinion ne sont pas puisées dans le fond des choses. Tout impôt a des défauts qui se révèlent à l'application, ou qui sont inhérents au principe même de la taxe. Il n'y a que les dons volontaires qui en soient exempts; et qui conseillerait aux gouvernements de compter, dans leurs nécessités, sur le seul effort des libéralités individuelles? L'impôt direct ne ruine pas l'État, cela est vrai, en frais de perception, et il semble plus conforme à l'égalité proportionnelle; mais en revanche il vient frapper le contribuable à toute heure, que celui-ci ait ou non réalisé ses revenus, et il apporte presque toujours avec lui de la gêne ainsi que du découragement; il met l'État en présence des personnes, et de là les procès, les exécutions, les conflits qui accompagnent quelquefois le recouvrement de cette taxe. L'impôt de consommation au contraire n'atteint qu'indirectement le consommateur. Il semble, quand on l'acquitte, qu'on le paye volontairement et que l'on se taxe en quelque sorte soi-même; mais pour n'être pas senties, pour ne pas devenir odieuses, pour ne pas allumer la flamme de la sédition parmi les contribuables, il faut que ces taxes soient très-modérées. Pour peu qu'elles gênent les goûts ou qu'elles contrarient les habitudes, il vaudrait mieux y renoncer. Ce n'est pas leur nature assurément, c'est l'abus que l'on en a fait qui les a rendues trop souvent impopulaires.

Au reste, il paraît maintenant superflu de débattre, comme en champ clos, les mérites respectifs de l'impôt direct et de l'impôt indirect, puisque nous avons besoin de l'un et de l'autre. Comment tirer d'une seule forme de taxe, quelque féconde qu'elle soit, les 13 ou 1,400 millions qui, dans un temps régulier, composent le revenu de l'État ? Il faudrait, pour se contenter de l'impôt unique, revenir aux budgets du roi Dagobert. Peut-on demander 1,300 millions à l'impôt direct, quand le revenu net des propriétaires fonciers n'atteint pas 2 milliards en France, 2 milliards dont nous avons à déduire 5 à 600 millions pour l'intérêt des créances hypothécaires ? Est-ce l'Angleterre qui convertira tous ses impôts en une taxe établie sur les propriétaires du sol, dans un pays où le revenu de la terre, estimé à 48 millions sterling pour la Grande-Bretagne, est à peine supérieur à l'intérêt de la dette inscrite, et où l'État dépense annuellement plus de 50 millions sterling ? Tant que les peuples civilisés entretiendront des armées permanentes et tant qu'ils auront des intérêts nombreux à administrer, un gouvernement à faire respecter, une police à maintenir, des routes, des écoles, des prisons et des hospices à entretenir, sans parler de la sollicitude que réclament l'agriculture, le commerce et l'industrie, la nécessité des gros budgets restera démontrée, quelque économie que l'on emploie et quelque système d'administration que l'on suive. Or, plus les dépenses de l'État sont considérables, plus on est conduit à multiplier et à diversifier les formes de l'impôt. Vauban lui-même rend hommage à cette loi des faits sociaux dans son projet de la *Dîme royale*, car, sous le nom de la *dîme royale* et sous le couvert de l'impôt unique, il cache quatre ou cinq différentes sortes d'impôts : il admet la taxe du sel, les aides ou impôts indirects, les douanes et même la patente, et des 117 millions auxquels il porte le revenu public, la dîme des fruits de la terre n'en doit rendre que 60. C'est, au chiffre près, notre budget actuel, avec son mélange de taxes directes et de taxes de consommation.

En principe, les formes de l'impôt doivent se multiplier avec celles de la richesse. Pour trouver l'impôt unique, il faut remonter à l'époque où tout le revenu de la société se tirait du sol ; mais dans un temps où la richesse mobilière égale et surpasse très-souvent la richesse foncière, lorsque la culture des champs n'est plus la seule profession honorable et lucrative, quand l'industrie, le commerce, les professions libérales, les fermages et les rentes ouvrent à l'activité de l'homme les sources innombrables qui peuvent alimenter son existence, il convient alors que l'État fasse sa récolte au moyen de divers modes d'impôt. La puissance et l'utilité des capitaux s'accroissent par la circulation. Saisir le revenu au moment où il se forme et se distribue, suivre la richesse dans ses transformations, est aussi un des problèmes que l'impôt doit résoudre. Voilà ce qui rend nécessaires les taxes de consommation. Tel peut aisément payer, goutte à goutte, à l'impôt indirect, 20 à 30 francs par année, qui laisserait vendre son mobilier plutôt que de verser en bloc 5 ou 6 francs entre les mains du percepteur des contributions directes.

Il y a un équilibre à maintenir entre les deux principales directions de l'impôt, équilibre qui dérive de l'état de la société et de la nature des choses. Le progrès même de la richesse peut en changer les proportions, et c'est ce qui oblige un gouvernement sage à reviser périodiquement l'assiette des contributions ainsi que les bases du budget. Le moment de cette révision était peut-être arrivé pour nous, quand la révolution de février, dissipant les ressources et paralysant les forces productives du pays, a suspendu violemment le cours des réformes financières. Cependant il y avait bien plutôt à remanier en vue d'une distribution meilleure, qu'à supprimer ou à restreindre les taxes de consommation, qui représentaient à peine, dans le budget des recettes, un contingent de 40 pour 100 ([1]).

Si l'on voulait établir un principe général dans cette matière, où les règles varient comme la situation de chaque peuple, ce serait peut-être la convenance de développer en temps de paix les taxes de consommation qui servent, pour ainsi dire, de thermomètre à la richesse, et de réserver pour les cas de guerre la pesée à faire porter sur les taxes directes ou foncières, auxquelles la fortune acquise ne peut pas se dérober. C'est comme impôt de guerre que l'impôt du revenu, l'*income-tax*, fut introduit par M. Pitt dans le budget de la Grande-Bretagne. Chez nous, le décime de guerre ajouté par Napoléon aux im-

---

([1]) Dans le budget de 1843, sur 1,206 millions de recettes ordinaires, les contributions indirectes, des produits des douanes et des sels, ceux des postes et de l'université, figurent pour 498 millions, soit environ 41 p. 100. Dans celui de 1847, sur une recette de 1,331 millions, les mêmes impôts de consommation figurent pour 522 millions, environ 39 p. 100.

pôts de consommation, en vertu d'un autre principe, est
encore maintenu après trente-cinq années de paix.

On se prévaut de ce que le gouvernement britannique
a rétabli l'*income-tax* dans un moment où non-seulement l'Angleterre, mais encore le monde entier était
livré à une tranquillité profonde. Ce phénomène inattendu dans l'histoire des finances tient à l'abus que l'aristocratie, qui occupait et qui exploitait le pouvoir, avait
fait des impôts de consommation. En 1842, lorsque sir
Robert proposa le rétablissement de la taxe du revenu,
les taxes indirectes subvenaient presque seules aux dépenses de l'État. La propriété foncière ne contribuait
que pour 2,878,484 livres sterling, représentant le total
de l'impôt assis sur la terre et de la taxe des fenêtres, à
un budget dont les recettes s'élevaient à 52,315,433 livres sterling. Elle supportait à peine un vingtième des
charges publiques. Cette brèche énorme faite à la justice
distributive est déjà bien ancienne dans la Grande-
Bretagne ; mais elle allait toujours s'élargissant avec le
temps. On a calculé que la propriété foncière, qui contribuait encore pour un sixième au paiement des taxes
pendant les trente années du règne de George II, pour
un septième pendant les trente-trois premières années du
règne de George III, qui comprenaient la guerre d'A-
mérique, et pour un huitième ou pour un neuvième
seulement, en dépit de l'*income tax*, de 1796 à 1816,
n'avait plus participé, depuis la paix jusqu'au rétablissement de l'impôt sur le revenu en 1842, que dans la
faible proportion d'un vingt-quatrième aux charges annuelles de l'Etat (¹).

(¹) *Aristocratic taxation.*

Sans doute, il faut tenir compte des charges locales qui sont défrayées dans la Grande-Bretagne, presque exclusivement, par des contributions directes. A l'exception des péages établis sur les routes à barrières, qui sont des impôts de consommation et dont le produit en 1843 était évalué à près de 1,600,000 livres sterling (près de 40 millions de francs), c'est aux propriétaires fonciers et aux locataires des maisons que les paroisses et les comtés demandent, sous la forme de vingt-quatre ou vingt-cinq taxes distinctes, les sommes nécessaires pour subvenir principalement à l'entretien des pauvres, à la construction et à la réparation des grands chemins, ainsi qu'à la répression des délits. Cette contribution représente annuellement plus de 300 millions de francs pour l'Angleterre et pour l'Écosse. Elle est assise sur la rente du sol ainsi que sur celle des maisons, et a les plus grands rapports avec notre impôt foncier. La taxe des pauvres à elle seule, pour l'Angleterre et le pays de Galles, s'élevait en 1841 à 6,552,000 livres sterling (environ 164 millions de francs); c'était le dixième du revenu foncier, en y comprenant les maisons et les terres. Si l'on ajoute à la taxe des pauvres le produit des autres taxes locales, jusqu'à concurrence de 3 millions et demi sterling, et sans parler des dîmes qui se déduisent du produit brut, on trouve que la propriété foncière fournit une contribution qui équivaut au sixième du revenu. Il est juste de remarquer que cette charge égale celle que font peser en France sur les contribuables le principal et les centimes additionnels, c'est-à-dire les besoins de l'État cumulés avec ceux des communes et des départements.

En France, les communes tirent des taxes indirectes telles que l'octroi, la plus grande partie de leurs ressources ; c'est ce qui fait que l'Etat se trouve plus libre d'appuyer sur cette nature d'impôt dans l'intérêt général du pays. Dans la Grande-Bretagne, au contraire, l'usage exclusif que les villes et les paroisses font de l'impôt direct, ne permet pas à l'Etat d'y recourir largement et le condamne à établir principalement l'assiette de son revenu sur les contributions indirectes.

Cependant on s'est beaucoup trop préoccupé de l'intérêt des propriétaires des biens-fonds ainsi que de celui des détenteurs des capitaux. Non content de les faire jouir sans compensation du dégrèvement qui résultait de la suppression de l'*income tax*, le gouvernement a renoncé en 1834 à la taxe sur les maisons (*home tax*) qui produisait alors 1,262,000 livres sterling (environ 32 millions de francs). Cet impôt, dont avaient été affranchie les maisons d'un loyer inférieur à 10 livres sterling, présentait quelques analogies avec notre contribution mobilière. En le supprimant, on donnait une prime nouvelle à l'accumulation de la richesse ; on déclarait en quelque sorte que le travail était seul imposable et que le capital ne devait rien à l'État.

L'immunité dont avaient joui si longtemps et dont jouissaient encore en 1842 les propriétaires de biens-fonds ainsi que les détenteurs de capitaux, était certes un scandale, mais il y avait un autre motif pour faire revivre un impôt direct, c'est que les taxes de consommation ne suffisaient plus aux dépenses de l'État. La nécessité parlait encore plus haut que l'équité. En vain les whigs avaient-ils tenté de combler le déficit par une espèce de vingtième de guerre ajouté tant aux droits de l'*excise* qu'à ceux de l'*accise* ; les produits restaient inférieurs aux dépenses, et le déficit annuel approchait de 3 millions sterling. L'*income tax* rétablit l'équilibre, en même temps qu'il fit contribuer les bourses jusque-là trop ménagées. Même encore après cette réparation qui honore au même degré le jugement et le courage de sir Robert Peel, les taxes de consommation demeurent la principale source du revenu en Angleterre. En effet, dans les 48 millions sterling qui composent le revenu ordinaire de l'État, depuis le 5 juillet 1848 jusqu'au 5 juillet 1849, l'*income tax* et les taxes assises, qui sont des impôts de luxe ou des taxes établies sur la propriété, ne figurent que pour 9,701,583 livres sterling, soit environ pour un cinquième. La griffe de l'aristocratie reste, comme on voit, fortement empreinte sur le système financier.

Pour démontrer que l'assiette de l'impôt n'a point été déterminée en France par l'intérêt exclusif d'une ou plusieurs classes de citoyens, et que la taxe du revenu n'aurait point à corriger chez nous ces inégalités choquantes que l'on remarque chez nos voisins, il suffit de faire l'anatomie du budget des recettes. Prenons la dernière année de la monarchie, bien qu'elle présente des résultats déjà sensiblement affaiblis.

Les revenus de l'État, en 1847, s'élèvent à la somme de 1,331,775,197 francs (¹).

Voici comment ces revenus se décomposent par rap-

(¹) Depuis que ces lignes sont écrites, M. le ministre des finances a publié le compte définitif de l'année 1847, qui en élève les recettes à 1,343 millions.

port aux diverses catégories de contribuables qui sont appelées à en supporter la charge.

Dans cette somme de 1,331 millions, les impôts payés par les propriétaires, par les capitalistes et par les chefs d'industrie, tels que la contribution foncière, la contribution personnelle et mobilière, celle des portes et fenêtres, les patentes, les droits de timbre et d'enregistrement, représentent un total de 694,073,695 francs, soit 52 pour 100 du budget.

Les taxes supportées principalement par les classes laborieuses, parce qu'elles sont en plus grand nombre, comme les droits établis sur les boissons et sur les sels, ainsi que le dixième prélevé par le trésor sur le produit des octrois communaux, comptent pour 182,226,138 fr. soit environ 13 et demi pour 100.

Les taxes indirectes, qui pèsent plus particulièrement sur la classe moyenne, mais qui retombent aussi, quoique plus faiblement, sur les ouvriers et sur les laboureurs, et que, pour cette raison, j'appellerai mixtes, tels que les droits de douanes, la taxe des sucres et celle des lettres, le dixième du produit des places dans les voitures publiques, donnent 247,344,878 francs, soit 18 et demi pour 100.

Les taxes et monopoles de luxe, qui vont droit aux consommations du riche, le monopole des tabacs et celui des poudres à feu, produisent 124,693,917 francs, soit un peu plus de 9 pour 100.

Enfin l'État retire de la vente des bois, des droits de pêche, des produits des domaines et autres sources que j'appellerai neutres, une somme de 77,732,397 francs, soit environ 6 pour 100.

Voilà donc en résultat et au vrai quelles étaient, avant la révolution de février 1848, ces inégalités de l'impôt dont on a fait tant de bruit. Deux taxes de consommation, celle des boissons et celle des sels, pesaient sur les classes qui vivent du travail de leurs bras dans une proportion qui ne se mesurait pas à la fortune. Ces classes supportaient la plus grande part de deux impôts dont le produit cumulé ne représentait pas 14 pour 100 des sommes payées par tous les contribuables. Ajoutez encore à cette somme le produit intégral des octrois, environ 80 millions, et la contribution des classes laborieuses ne s'élèvera pas encore à 20 pour 100. Peut-on dire que dans un pays où la classe la plus nombreuse subvient à peine dans la proportion d'un cinquième aux charges de l'État, le budget ne soit pas démocratique?

L'Assemblée constituante, en réduisant des deux tiers l'impôt du sel, a voulu améliorer la condition du peuple ; c'est dans le même intérêt que l'on demande la suppression définitive de l'impôt sur les boissons. L'état de nos finances, avant toute autre considération, ne permet pas ce sacrifice. Il y aura lieu, sans contredit, quand nous verrons poindre le retour des prospérités publiques, à modifier largement le système des droits que les boissons acquittent, ainsi que le régime beaucoup trop oppressif des octrois ; mais il ne serait ni juste ni prudent de rayer de notre code fiscal les contributions indirectes. En matière d'impôt, il ne faut d'immunités pour aucune classe de citoyens. Ne faisons pas, par une philanthropie mal entendue, dans l'intérêt du plus grand nombre, ce que nous reprochons à l'aristocratie d'avoir fait, avant 1789, par orgueil autant que par égoïsme. Le revenu de l'État est employé au profit de tout le monde, il convient que tout le monde y contribue. On n'a pas voulu de noblesse en haut ; qu'on ne nous fasse pas, même par les priviléges en matière de finances, une noblesse d'en bas.

Ainsi, l'équilibre existe entre les divers éléments dont se forme le budget des recettes, et, s'il y a lieu à dégréver ou plutôt à modifier les contributions indirectes, il ne peut pas être sérieusement question d'apporter la moindre aggravation aux charges de l'impôt direct. M. Passy le reconnaît lui-même quand il dit que l'impôt foncier touche à ses limites extrêmes ; car les contributions directes en France sont assises presque exclusivement sur le sol. Je conviens que l'assiette de l'impôt présente une lacune regrettable. Ce système, dont la première Assemblée constituante posa les bases, et dont le gouvernement impérial compléta le mécanisme, supposait une richesse mobilière peu développée, et la traitait comme un embryon dont il ne fallait pas gêner l'organisation ni la croissance. De nos jours, la fortune mobilière du pays a pris un grand essor. La contribution personnelle et mobilière, jointe à celle des patentes, ne lui fait pas une part suffisante en l'obligeant à payer 110 millions sur les 432 millions que produit l'impôt direct. Le capitaliste qui possède des rentes sur l'État ou des valeurs de portefeuille, qui place son argent sur effets de commerce ou sur hypothèque, est infiniment mieux traité que celui qui a pour capital un fonds de terre, ou qui tire son revenu du loyer d'une maison. Il y a là une richesse beaucoup trop exonérée et qui doit tribut cependant à la puissance publique.

Lorsque les hommes qui s'étaient chargés de gérer nos finances après les convulsions de février ont entrepris de combler cette lacune de l'impôt, ils étaient donc incontestablement dans leur droit; mais avaient-ils bien jugé l'opportunité de la tentative? Était-ce bien au moment où la tourmente révolutionnaire, soufflant sur toutes les valeurs mobilières, les avait frappées de dépréciation et de stérilité, que l'on pouvait appeler sur ces ruines la calamité d'un nouvel impôt? Le trésor, qui suspendait ses paiements, était-il fondé à exiger des capitalistes qu'il égorgeait un surcroît de privations et de sacrifices? Ajoutons que l'époque approchait où l'État, pour subvenir à ses dépenses, devait faire appel au crédit. N'était-ce pas aggraver par avance pour lui les conditions d'un emprunt, que d'effrayer et de rançonner tout à la fois les rares capitaux qui pouvaient rester disponibles?

Le gouvernement provisoire, sourd à ces considérations, décréta le 20 avril 1848 une contribution d'un pour 100 sur le capital des créances hypothécaires. L'impôt avait un caractère provisoire; on l'établissait pour l'année, et afin de faire contribuer les capitalistes, jusque-là exempts, disait-on, de la charge des grandes crises : c'était l'essai d'une taxe partielle sur le revenu. On s'en promettait une ressource de 45 millions. Cependant l'opposition et les obstacles de tout genre que rencontra cette mesure peu réfléchie déterminèrent bientôt le gouvernement à la modifier. Le 15 juillet, pour faire droit aux observations du comité des finances, M. Goudchaux présentait un projet nouveau qui exemptait de la taxe les prêts faits en exécution de l'ouverture d'un crédit commercial, ainsi que les créances appartenant aux hospices et aux établissements ou associations de bienfaisance. En même temps, la base de l'impôt était changée. Au lieu de l'asseoir sur le capital, combinaison barbare qui, suivant la belle comparaison de Montesquieu, coupait par le pied l'arbre dont on voulait recueillir les fruits, on la fixait au cinquième des intérêts de la créance. L'exécution du décret devenait ainsi moins problématique, mais l'impôt ne devait plus rendre que 20 à 25 millions au lieu de 45 ; c'était pour une somme relativement aussi modique que l'on allait troubler dans leur existence une multitude de prêteurs dont la moitié au moins étaient de bien petits capitalistes et avaient fait des prêts de 400 francs et au-dessous.

« Même en admettant des exceptions fort arbitraires, disait le rapporteur du décret, M. de Corcelles, l'impôt proposé n'aurait pas de base connue ; l'évaluation de son produit serait dès lors incertaine ; il grèverait le débiteur et le propriétaire gêné dans une plus forte proportion que celle du sacrifice demandé au créancier capitaliste ; il porterait atteinte à la facilité des mutations, à toutes les transactions industrielles et commerciales, en élevant le taux de l'intérêt de l'argent ; il retomberait sur la propriété foncière, déjà surchargée de la contribution extraordinaire des 45 centimes ; il enlèverait de la sorte à l'agriculture une plus grande partie des ressources nécessaires à ses perfectionnements, et diminuerait le gage qu'elle peut offrir pour la garantie de son crédit ; il altérerait la sécurité nécessaire à la libre circulation et à la production des capitaux, éloignerait en particulier les capitalistes étrangers, dont le concours est plus que jamais désirable ; il produirait des pertes sensibles sur les droits existants de l'enregistrement, des hypothèques et du timbre ; il nuirait au crédit même de l'État. »

Ainsi, au point de vue de la richesse mobilière, le décret avait l'inconvénient de n'en atteindre qu'une partie. Il frappait les créanciers hypothécaires, mais il exemptait les créanciers chirographaires, les créanciers de l'État et les porteurs d'actions industrielles. L'impôt ne saisissait même pas les contribuables auxquels on avait la prétention de s'adresser, car on avait beau décréter qu'il serait payé par le créancier, l'argent étant alors beaucoup plus demandé qu'il n'était offert, la taxe devait retomber sur le débiteur de tout son poids. Le décret paraissait donc tout ensemble partial et illusoire. Il alarmait la richesse mobilière et aggravait la condition de la richesse immobilière, effrayait le prêteur et ruinait l'emprunteur. Le seul effet général qu'il pût produire était, comme M. de Corcelles l'a fait remarquer, l'élévation du taux de l'argent, qui s'étend d'un ordre d'intérêts à tous les autres, et dont l'État devait souffrir à son tour après les contribuables.

Ces considérations, qui avaient déterminé le comité des finances à rejeter le projet de M. Goudchaux et à proposer l'abrogation pure et simple des décrets du 20 et du 26 avril, prévalurent devant l'Assemblée constituante contre l'insistance désespérée du gouvernement. Le principe de l'impôt sur les créances hypothécaires fut définitivement repoussé à une majorité absolue de 19 voix.

La taxe décrétée par le gouvernement provisoire avait toutefois un caractère que n'ont pas conservé depuis, et cela est à regretter, tous les projets d'impôt qui ont prétendu s'adresser à la richesse mobilière. Elle faisait contribuer la chose et non la personne; elle était directe et réelle et reposait sur une créance inscrite, comme la contribution foncière repose sur un champ ou sur une maison; mais elle n'était pas personnelle, c'est-à-dire qu'elle ne reportait pas la charge sur le contribuable lui-même, à raison de ses facultés présumées. Sous ce rapport, il faut l'avouer, le gouvernement provisoire avait mieux fait et avait moins osé que les ministres des finances qui lui ont succédé, même depuis le 10 décembre.

Toute taxe qui n'a pas un caractère oppressif est un tribut levé sur le revenu. Sous une forme ou sous une autre, par la voie des contributions directes ou par celle des impôts de consommation, c'est le produit du capital qui paye tribut à l'État, ce n'est pas le capital même. Mais peut-on prendre le revenu pour ainsi dire à partie? Est-il possible de taxer chaque citoyen, pour le revenu qu'on lui suppose, sans établir une véritable capitation, c'est-à-dire de toutes les formes d'impôt la plus vexatoire, la plus odieuse, celle qui a le plus souvent attiré sur la tête des gouvernements la colère ou l'indifférence plus fatale encore des peuples? Dans l'impôt sur le revenu, la capitation affecterait, il est vrai, de se proportionner à la fortune de chaque contribuable; il y aurait peut-être oppression, il n'y aurait pas injustice. Toutefois la taxe serait encore attachée à la personne et la suivrait, au lieu de s'incorporer aux biens et de se transmettre avec eux. C'est le procédé des temps barbares; c'est la contribution de guerre : seulement on n'a pas l'excuse de la lever en pays ennemi.

Le projet d'impôt sur le revenu mobilier, présenté à l'Assemblée constituante le 4 août 1848, fut le second pas dans cette voie de déraison dans laquelle on avait engagé nos finances. M. Goudchaux ne se proposait pas seulement « d'établir l'égalité proportionnelle entre les charges qui pesaient sur les revenus mobiliers et celles qui atteignaient les revenus immobiliers ; » il affichait une pensée plus ambitieuse. Il voulait « ramener à l'agriculture les capitaux et les bras maintenant détournés vers les opérations industrielles et vers les grands centres de population. » En ce temps-là, un ministre ne craignait pas de se poser en régulateur du travail et de la richesse. On avait la prétention de diriger l'emploi des capitaux en aggravant d'un côté et en allégeant de l'autre le fardeau des taxes, comme si les capitaux n'étaient pas déterminés dans leurs tendances par les risques qu'ils peuvent courir, combinés avec les profits que le capitaliste s'en promet ! Passe pour renverser un gouvernement ; mais on ne change pas à volonté les lois de l'économie politique.

M. Goudchaux évaluait à 3,716 millions les revenus mobiliers de la France, savoir :

Bénéfices réalisés par les fermiers dans l'exploitation agricole..............................	1,066,000,000 fr.
Profits obtenus par le commerce et par l'industrie, déduction faite des charges................	1,100,000,000
Produit net des offices ministériels et des profession libérales..............................	300,000,000
Pensions et traitements publics, non compris les traitements militaires, jusqu'au grade de capitaine et de lieutenant de vaisseau...................	260,000,000
Les salaires pour un dixième de leur chiffre réel..	300,000,000
Les rentes, dividendes, intérêts de créances et annuités.....................................	510,000,000

Sur cette somme de revenus, qu'il réduisait à 3 milliards, de peur de mécompte, M. Goudchaux établissait

2.

une taxe de 2 pour 100; mais les souvenirs qu'avait
laissés la dernière opération de recensement, autant que
la difficulté de proportionner la contribution aux facultés de chaque contribuable, le déterminaient à en
faire un impôt de répartition qu'il portait à 60 millions.

Le projet souleva dans les bureaux de l'Assemblée
constituante une réprobation à peu près unanime. Les
uns s'en prirent au principe, les autres à la forme sous
laquelle cette taxe était introduite; quelques commissaires à peine furent nommés comme partisans décidés
de l'impôt. Dans le sein de la commission, le projet ministériel ne rencontra pas une faveur beaucoup plus
grande. La commission délibéra sous l'empire d'une
préoccupation exclusive; comme le dit M. de Parieu
lui-même dans son remarquable rapport, il ne fallut
rien moins que « la conviction profonde des besoins du
trésor exprimée devant elle d'une manière pressante
par le ministre des finances pour la déterminer à proposer l'adoption du projet. » Avant de s'y résigner,
elle avait frappé à toutes les portes, et avait discuté vainement diverses combinaisons d'impôt; car le gouvernement seul possède les éléments nécessaires quand il
s'agit d'établir de nouvelles contributions, pour en mesurer la portée et pour en déterminer l'assiette.

Cependant la commission, en subissant le principe de
la taxe, en avait modifié largement les combinaisons.
L'impôt de répartition avait disparu pour faire place à
un impôt de quotité, qui était porté à 3 pour 100 du revenu imposable. On exemptait les bénéfices de l'exploitation agricole, afin d'encourager la conversion du colo-
nage partiaire en fermage et pour ne pas changer les con-

ditions fiscales sous l'influence desquelles s'opérait la culture du sol ; les dettes et les charges devaient être déduites dans l'estimation du revenu ; enfin, l'on affranchissait de la taxe les revenus inférieurs à 400 francs dans les communes où il n'existait pas de droit d'entrée, les revenus inférieurs à 600 francs dans les communes qui avaient moins de vingt-cinq mille âmes de population, et les revenus inférieurs à 700 francs dans les communes qui comptaient plus de vingt-cinq mille âmes.

Les motifs qui déterminèrent la commission à substituer à l'impôt de répartition l'impôt de quotité sont, à notre avis, sans réplique. Le ministre lui avait en quelque sorte donné raison par avance en présentant le premier système comme un expédient transitoire et comme un moyen pour arriver au second. A quoi la commission répondait que, si la taxe de répartition était admissible, ce ne pouvait être, au contraire, qu'en faisant suite à la taxe de quotité, après de longs travaux et à l'aide des documents nombreux qui tendaient à mettre à nu la fortune de chaque contribuable. En un mot, le gouvernement s'était écarté de la combinaison qu'il déclarait lui-même la plus rationnelle, de crainte de ne pas obtenir immédiatement les 60 millions qui lui étaient nécessaires, et la commission pensait que cet avantage, en le supposant aussi réel qu'il était hypothétique, ne saurait contre-balancer les inconvénients et les injustices que le mode proposé entraînait avec lui.

La répartition, M. le rapporteur l'a démontré, était au reste impossible. Le gouvernement proposait que chaque département supportât un contingent qui serait déterminé par des chiffres composés de sa contribution

mobilière et de sa part dans l'impôt des portes et fenêtres.

« La répartition de l'impôt mobilier, dit M. Parieu. offre déjà
des imperfections qu'il serait dur de multiplier; mais supposons même que le contingent dans la contribution mobilière
corresponde exactement au chiffre de ses valeurs locatives, l'égalité hypothétique de ces valeurs, ainsi que du nombre des portes
et fenêtres, entraînerait-elle comme conséquence l'égalité de
la richesse mobilière dans deux départements que nous vou-
drions comparer? L'un d'eux peut être purement agricole, sans
industrie et sans commerce extérieur ; tous les revenus y proviennent du sol, obéré même d'une dette considérable au profit
des capitalistes des pays voisins, l'autre joint aux ressources de
son agriculture celles du commerce et de l'industrie; l'épargne
y est commune, les capitaux y sont abondants. Cependant ils
peuvent produire, dans les contributions mobilières, ainsi que
des portes et fenêtres, des contingents égaux. Les signes adoptés pour mesurer la richesse mobilière des départements, et qui
serviraient de base à la répartition indiquée dans le projet de
M. le ministre, sont donc sans application rationnelle aux sources du revenu mobilier que nous avons déclarées imposables...
« Dans deux départements qui auraient par hasard, nous le
supposons, la même somme de richesses imposables indiquées
par les mêmes contingents pris pour bases de répartition , la
seule différence dans la distribution des revenus amènerait à
raison des *minimum* admis, une diversité profonde dans les
sommes de richesses réellement soumises à l'impôt. Plus le sol
serait morcelé et plus les fortunes exemptes de l'impôt y occu-
peraient une grande partie des habitations, des terres, des biens
de toute nature, plus aussi dès lors l'impôt concentrerait son
poids sur les contribuables assujettis à la taxe. Les départements
où le sol et l'industrie sont le plus divisés seraient ainsi ceux
dont les habitants souffriraient le plus gravement des conséquences d'une répartition pesant sur eux en raison inverse de
leur nombre et du total de la richesse imposable entre leurs
mains.

« Cette défectuosité choquante du système, considéré au sommet de la répartition, ne pourrait que grossir en descendant du contingent départemental à celui de l'arrondissement, de la commune, et enfin du simple contribuable. Sans renseignements préparés touchant la richesse mobilière des habitants de chaque arrondissement et de chaque commune, les conseils locaux, réduits à rechercher les sommes totales d'éléments partiels non recensés et en grande partie inconnus, procéderaient arbitrairement, s'ils ne préféraient abandonner la responsabilité au préfet...

« Il pourrait arriver que, dans certaines communes, il y eût non-seulement des contingents sans contribuable, ce qui ne serait nuisible qu'au trésor, mais plus souvent encore des contingents supérieurs aux revenus imposables, grevant un ou deux contribuables dans des proportions incalculables et monstrueuses, tandis qu'ailleurs peut-être l'impôt ne s'élèverait pas à ce chiffre de 2 pour 100 indiqué dans l'exposé des motifs, et qui ne serait qu'exceptionnellement une vérité. »

M. de Parieu fait encore entrevoir le cas où les commissions municipales, chargées par l'article 7 du projet de la répartition entre les habitants de la même commune, refuseraient d'y procéder, s'arrêtant ainsi devant la responsabilité qu'elles encourraient par leur visa, par leur contre-seing attaché à des perceptions excessives. Dans ce cas, la résistance des répartiteurs équivaudrait au refus de l'impôt. Le refus de l'impôt, voilà ce qui était au fond du système de répartition que M. de Parieu a justement qualifié de *loterie fiscale*. L'arbitraire aboutissait à l'impuissance.

En décidant que l'impôt sur le revenu serait une taxe de quotité, la commission se condamnait au système des déclarations et à la recherche des fortunes. Mais soit timidité, soit fausse honte, elle n'y était pas entrée résolû-

ment.. Le projet amendé confie à une commission cantonale le soin de dresser les matrices de l'impôt ; la déclaration du contribuable, dont on a craint de faire le point
de départ de l'impôt, intervient, sous forme de réclamations, soit auprès de la commission cantonale qui doit
instruire, soit auprès du conseil de préfecture qui statue.
Par quels moyens et sur quels renseignements les commissaires de canton détermineront-ils le revenu mobilier,
qui est, à proprement parler, le secret du contribuable?
Comment, en l'absence de sa déclaration, qui peut seule
révéler ce mystère, parviendront-ils à le percer? Évidemment les évaluations n'auront pas de base : c'est
donc encore l'arbitraire au début, avec l'injustice au
terme. On comprend que l'Assemblée constituante, malgré l'incontestable majorité dont y disposaient les républicains de la veille, placée en face de cette perspective
accablante, ait cru devoir laisser tomber la question, et
qu'elle n'ait pas abordé le débat.

Ce que l'Assemblée constituante n'avait pas osé faire,
M. le ministre des finances l'entreprend. Il ne s'agit plus,
dans le projet présenté le 9 août dernier, d'un impôt spécial sur le revenu mobilier. C'est un impôt général sur
le revenu que M. Passy propose. Le projet n'est ni long
ni compliqué ; douze articles suffisent à l'application du
système, et l'on sent, en le lisant, que l'auteur n'y a
point marchandé les difficultés. M. le ministre des finances attend 60 millions de la nouvelle taxe ; mais
comme il la demande à l'ensemble des revenus de toute
nature, c'est une contribution de 1 pour 100 qu'il veut
établir sous la forme apparente d'un impôt de quotité.
Il n'y a point de *minimum* qui détermine certains revenus

non imposables ; le projet de loi décide que tous les contribuables imposés à la contribution personnelle, c'est-à-dire qui doivent à l'État l'équivalent de trois journées de travail, acquitteront, dans la proportion de leurs ressources, la contribution assise sur le revenu.

Ainsi, point d'exemption d'impôt en faveur des petites fortunes. M. le ministre des finances a voulu demander peu à chacun, mais appeler tout le monde à contribuer, en n'exceptant que l'indigence. C'est la meilleure partie de son projet. M. Passy a fait justice de cette fausse théorie qui prétend que l'impôt doit affranchir le nécessaire et ne porter que sur le superflu. Qu'est-ce, en effet, que le superflu ? Où commence-t-il et où s'arrête le nécessaire ? Le nécessaire varie comme les situations, comme les besoins, comme les individus ; c'est 2,000 francs de revenu pour l'un et 10,000 pour l'autre. Il n'y a rien de plus arbitraire qu'une pareille distinction. En Angleterre, on exempte aujourd'hui de l'impôt les revenus inférieurs à 150 livres sterl. ; M. Pitt avait fixé la limite, le *minimum* à 60 livres sterl. 150 livres sont-elles donc la mesure du nécessaire pour la Grande-Bretagne en 1849, et cette mesure descendait-elle bien réellement à 60 livres en 1797 ? Où placera-t-on la limite en France ? Y a-t-il rien de plus relatif et de plus difficile à déterminer dans un pays démocratique ? Taxer ce que l'on appelle le superflu, c'est en tout cas détruire l'épargne dans son germe ; c'est s'opposer à l'accumulation des capitaux ; c'est tarir la source de la richesse et par conséquent de l'impôt (¹).

(¹) L'impôt sur le revenu, avec l'exemption de certaines classes de réserves, c'est le commencement de l'impôt progressif.

Quant à l'assiette de la taxe sur le revenu, M. Passy prend hardiment la déclaration du contribuable pour point de départ.

« Les contribuables, dit l'exposé en termes assez naïfs, auront à faire leur déclaration, s'ils le *jugent convenable*. En cas d'abstention de leur part, une commission spéciale fixera leur contingent (dans chaque commune), sauf à admettre toutes les réclamations qui paraîtraient fondées, toutes les justifications présentées en bonne et due forme. Les préfets arrêteront ensuite les chiffres résultant des évaluations et fixeront la somme à payer par les communes, à raison de 1 pour 100. La matrice sera ensuite communiquée aux répartiteurs communaux, qui auront la faculté de proposer des modifications en faveur de ceux des contribuables dont la position leur semblerait mériter des ménagements, mais sans qu'il doive en résulter des changements dans le contingent assigné à la commune. »

Ce système, dans lequel M. le ministre des finances pense avoir « combiné les avantages propres à chacun des deux modes de quotité et de répartition, » pourrait bien réunir les inconvénients de l'un et de l'autre. En effet, l'avantage de l'impôt de quotité, avantage que l'on achète bien cher, puisqu'il faut subir, pour constater les valeurs sur lesquelles est basée la contribution, une sorte d'exercice, c'est de ne payer que ce qu'on doit et dans la proportion de ce qu'on possède. Cette certitude disparaît complétement dans le projet de M. Passy, car les répartiteurs ont le droit de dégréver les contribuables qui réclament. Mais, la commune devant un impôt proportionné au revenu total de ceux qui l'habitent, la répartition fait retomber la part dont certains contribuables sont dégrévés sur d'autres qui étaient déjà taxés selon leur fortune. L'impôt combine ainsi la rigueur du mode avec l'arbitraire du résultat.

Avant de soumettre à la discussion le principe même d'une taxe sur le revenu, il convient d'examiner si l'on a pu, avec quelques chances de succès, la restreindre au revenu mobilier, ou si l'on agit au contraire plus rationnellement en l'étendant aux richesses de toute nature. M. Passy, dans son exposé, dirige une critique radicale contre le projet de M. Goudchaux.

« Les sociétés n'ont pas table rase en matière d'impôt. A cet égard, le passé exerce son empire, les faits existants en ont reçu l'empreinte, et partout la répartition des éléments dont se composent les fortunes privées s'est opérée sous les formes et dans les proportions sur lesquelles ont fortement agi les systèmes de taxation établis parmi nous. Par exemple, l'impôt s'est adressé spécialement à la terre ; la propriété mobilière, au contraire, a été ménagée à ce point que certaines de ses parties semblent jouir d'une immunité complète. Qu'en est-il arrivé? C'est qu'il a été tenu compte des exigences de l'impôt dans le placement des capitaux, et que l'équilibre de la valeur respective des diverses sortes de propriétés s'est rétabli, tel que le comportait la différence des garanties de sûreté, d'accroissement de prix et d'attrait que présentait chacune d'elles.

« Ce n'est pas, comme on l'a supposé parfois, parce que l'impôt ne les a que faiblement atteints que les capitaux mobiliers se trouvent être ceux qui d'ordinaire rapportent le plus ; c'est parce qu'à leur emploi se rattachent des chances de perte, de risque, des hasards dont sont exempts les placements immobiliers, et qu'il est juste qu'ils en obtiennent la compensation par une plus grande élévation de leur produit annuel. Quand un genre de propriété est ménagé par l'impôt, il est momentanément recherché avec plus d'empressement que les autres ; on le paie plus cher, mais bientôt l'affluence des capitaux employés à l'acquérir a ramené au niveau commun

4

les avantages qu'il assure. Ainsi se passent nécessairement les choses.

« Ainsi, tout impôt qui vient à tomber sur des sortes de propriétés qui, jusqu'alors n'en connaissaient pas le poids, change, au détriment général, les relations déjà établies entre les existences privées. On croit ne toucher qu'aux choses, ne faire que réparer une omission de la loi, on atteint rudement et exclusivement les personnes dont la fortune se compose, en tout ou en partie, des biens auxquels sont demandées des rétributions nouvelles. Avec la portion des revenus qu'on leur ôte disparaît pour elles la partie du capital qui la produisait, et il en ressort un manque de justice distributive qui se traduit en commotions économiques et en souffrances réelles.

« C'est là surtout ce qui interdit de prélever uniquement sur les revenus mobiliers les ressources dont l'État a besoin aujourd'hui. On n'obtiendrait ces ressources dans toute l'étendue nécessaire qu'au prix de subversions regrettables, et en condamnant une partie de la population à supporter des charges dont le poids nouveau serait accablant pour elle. »

La théorie de M. le ministre des finances est présentée sous une forme beaucoup trop absolue ; les faits n'ont jamais, ils n'ont nulle part des allures rectilignes. Si M. Passy avait raison, il ne faudrait, dans aucune circonstance, établir des impôts nouveaux ; il ne serait pas même permis d'augmenter les impôts existants, car toute nouvelle taxe et toute aggravation des taxes établies agit sur la valeur des propriétés et change les conditions des fortunes. Cette doctrine est au fond celle de l'impôt invariable et mène à l'impôt unique. Ce sont les calculs de Ricardo combinés avec les illusions de Quesnay.

Il est désirable assurément que l'assiette des taxes ne subisse pas des variations fréquentes ni soudaines. Une certaine fixité dans le taux et dans le mode fait partie des principes que les économistes recommandent en matière d'impôt ; mais l'impôt, fût-il invariable, resterait encore exposé à la dépréciation qui s'attache à la valeur de l'argent. En fait et par tout pays, le système des taxes a éprouvé, depuis un demi-siècle, des remaniements qui tantôt portaient sur des parties et tantôt sur l'ensemble. Nulle part peut-être cette instabilité n'a été plus grande qu'en France. Sous la restauration, le principal de l'impôt foncier fut dégrévé dans une proportion très-forte. Depuis 1830, l'invasion toujours croissante des centimes additionnels fit plus qu'annuler en résultat le dégrèvement opéré au profit des propriétaires du sol. L'accroissement que prirent, à dater de cette époque, les quatre contributions directes, ne s'élevait pas, en 1847, à moins de 95 millions, soit à 29 pour 100. Cette augmentation ne s'est pas répartie d'une manière égale entre les quatre contributions directes ; car les centimes additionnels, qui représentent 76 pour 100 du principal dans l'impôt foncier, et 72 pour 100 dans la contribution mobilière, ne figurent plus que pour 42 pour 100 dans celle des portes et fenêtres, et pour 43 pour 100 dans celle des patentes. En prenant encore le point de comparaison dans les produits de l'année 1847, année de disette, dont les résultats n'ont pas égalé ceux de l'année précédente, on trouvera que les taxes de consommation rendent aujourd'hui 191 millions, soit 30 pour 100 de plus qu'en 1830 ; mais cet accroissement de recette n'a pas été obtenu par une aggravation d'impôt : il correspond aux progrès de la population et de la richesse.

Il suffit d'avoir sous les yeux les variations de l'impôt pour en induire que les taxes n'ont pas pu s'incorporer

en France d'une manière directe ni absolue au prix des
choses. J'ajoute que la solution de cette difficulté tient
encore à d'autres éléments qui semblent avoir été négligés dans l'exposé de M. le ministre des finances. Et par
exemple, dans l'assiette de l'impôt foncier, il n'est pas
vrai que la taxe soit toujours supportée par le propriétaire
et prélevée en réalité sur la rente du sol. Cela dépend,
en effet, quand le propriétaire n'exploite pas par lui-
même, du rapport qui existe entre l'offre et la demande
dans la culture des champs. Si les fermiers se font concurrence pour l'exploitation des terres, le fermage s'é-
lève souvent jusqu'à faire bénéficier le possesseur de l'é-
quivalent de la taxe; il n'en reste tributaire que dans les
contrées et aux époques où l'on a quelque peine à trouver des capitalistes qui aiment mieux être gros fermiers
que petits propriétaires.

On n'est donc pas reçu à poser en principe que tout
impôt nouveau change, comme le prétend M. Passy, au
détriment général, les relations établies entre les existences privées. En premier lieu, ces relations, je crois l'a-
voir démontré, ne sont rien moins qu'immuables ; secondement, bien qu'il y ait toujours quelque péril et
beaucoup d'inconvénients à établir une contribution nouvelle, telle taxe porterait un rude coup aux fortunes, aux
existences, au crédit même, tandis que telle autre ne
se traduira ni en souffrances privées ni en commotions
publiques. Vous ne pouvez pas établir un impôt sur la
rente, sans faire émigrer les capitaux vers des emplois
plus profitables, sans donner une prime aux emprunts
étrangers; mais supposons que l'on ajoute 50 centimes
pour 100 aux cotes élevées de la contribution mobilière,

quel ordre d'intérêts sera sacrifié aux autres, ou même frappé d'une surcharge qui le constitue en état de malaise, d'infériorité, d'oppression ?

Il y avait d'autres motifs pour repousser l'impôt sur le revenu mobilier. Sans entrer dans les considérations qui militent contre toute taxe sur le revenu, l'impôt demandé par M. Goudchaux avait l'inconvénient de faire double emploi avec la taxe mobilière et avec celle des patentes, et cela dans un moment où le contribuable supportait, outre le principal et les centimes additionnels ordinaires, le poids des 45 centimes que le gouvernement provisoire avait attachés aux quatre contributions directes. On voulait tirer encore du sang de ces veines qui avaient été déjà saignées à blanc. On s'adressait au capitaliste, au manufacturier et au commerçant, c'est-à-dire aux principales victimes de la commotion imprimée en février à la machine politique ; on exigeait les plus grands sacrifices de ceux qui avaient le plus souffert ; on frappait aux sources les plus épuisées : c'était un procédé à la fois injuste et impolitique.

Les méthodes de perception doivent toujours être simples ; or, le projet de M. Goudchaux posait un problème aux agents du fisc. Comment distinguer dans le revenu des contribuables ce qui vient de la richesse mobilière de ce qui découle de la fortune immobilière ? Faire deux parts dans les ressources annuelles de chacun, ce serait un travail déjà bien difficile pour le contribuable et à peu près impossible pour le percepteur. Le monde ne se trouve pas partagé en prêteurs d'argent et en possesseurs de biens-fonds. Pour emprunter une expression qui a passé en proverbe, personne ne met tous ses œufs dans le même panier. On a un peu d'argent à faire valoir, et de la terre à mettre ou à entretenir en état de culture. Puis, il est rare que celui qui possède ne doive pas quelque chose à son tour. De tout revenu net il faut encore défalquer les dettes : sur quelle nature de revenu les imputera-t-on, là où le croît annuel de la richesse est puisé à une double source ! En supposant que le départ se fasse malgré les difficultés, quels seront les moyens de contrôle ? comment décider quand il s'élève des réclamations ? Quelle large porte ouverte à la fraude d'un côté, et de l'autre à l'arbitraire !

Envisagé comme un expédient de circonstance, l'impôt projeté sur le revenu mobilier était donc un mauvais calcul ; au point de vue des principes, on ne pouvait pas l'avouer. Une taxe sur le revenu ne saurait, en effet, se restreindre à une partie des revenus, sans une contradiction flagrante. Cet impôt est la négation de tous les autres ; il saisit en bloc la quotité annuellement disponible pour les besoins de l'État, sur laquelle chacune des autres taxes prélève son tribut en détail. En le rendant partiel, on le rendrait injuste. Aussi l'impôt sur le revenu est-il général dans son assiette partout où l'on a tenté de l'établir, à Genève, en Angleterre, en Bavière, en Autriche, dans quelques États secondaires de la Suisse et de l'Allemagne.

Un impôt qui atteindrait les revenus de toute nature, sans exceptions est-il aujourd'hui possible en France ? Avant de l'examiner, avant de rechercher si cette taxe trouverait un point d'appui dans nos mœurs et dans la distribution des fortunes, tout le monde s'accorde, je pense, à reconnaître qu'il ne saurait être question d'en

faire une sorte de contribution additionnelle, et d'en surmonter purement et simplement notre édifice financier.
Les revenus contribuent déjà directement aux charges
de l'État sous diverses formes. La richesse immobilière
est grevée de l'impôt foncier, ainsi que de la contribution
des portes et fenêtres ; celle des patentes frappe les produits du commerce et de l'industrie manufacturière ; la
contribution mobilière saisit les capitalistes et les rentiers.
Que les contributions directes soient bien ou mal assises,
peu importe ; on ne peut pas sans témérité grever d'une
seconde taxe, d'un impôt personnel, des revenus qui se
trouvent déjà soumis à un impôt réel. En Angleterre,
l'impôt foncier n'a laissé derrière lui qu'un reliquat peu
sensible, et n'existe guère plus que de nom ; l'impôt
mobilier est inconnu, et l'impôt sur le revenu ne double
aucune autre taxe. En Bavière, pour établir l'impôt sur
le revenu, on a supprimé en deçà du Rhin la taxe de
famille, et la contribution mobilière au delà. Pour introduire en France la taxe sur le revenu, telle que la
propose M. Passy, il faudrait donc changer de fond en
comble l'économie de notre système financier, et commencer par abolir les quatre contributions directes.
Or, quel homme d'État digne de ce nom oserait nous recommander de supprimer une ressource certaine de
430 millions pour courir après les résultats hypothétiques
d'un impôt nouveau, après une ressource que l'on n'élèverait à 500 millions qu'en demandant à chaque contribuable le dixième de son revenu dans les bonnes années,
et le cinquième peut-être dans les mauvaises ?

Le projet de loi méconnaît ces nécessités ; c'est par
voie de superfétation qu'il entame la réforme de l'im-

pôt. Les combinaisons du ministre soulèvent ainsi une fin de non-recevoir inexorable.

Quant à l'impossibilité d'introduire chez nous une taxe personnelle sur le revenu, elle est à la fois absolue et relative. On aura beau s'agiter et s'ingénier, on ne trouvera pas une base certaine d'évaluation. Si tous les revenus se composaient de rentes foncières ou de rentes sur l'État, il y aurait dans ces éléments une stabilité qui permettrait d'asseoir la contribution de l'année qui court sur les résultats moyens des trois dernières années, ou même sur ceux de l'année précédente ; mais l'industrie du fermier, celle du fabricant, celle du négociant et les professions libérales présentent des chances dont l'inégalité varie à l'infini. Là, le revenu est toujours problématique ; il se forme jour par jour, et se trouve quelquefois détruit par une bourrasque ou par un caprice de la santé ou de la fortune. La meilleure année peut se dénouer par un résultat négatif ; la plus médiocre a des retours inespérés d'abondance. Les moyennes, que l'on construit soit d'après les termes les plus éloignés, soit d'après les précédents les plus immédiats, ne servent pas légitimement à présumer cette moisson de l'année sur laquelle l'État veut prélever sa dîme. L'impôt se trouverait souvent excessif quand il devrait être modéré, et trop faible quand il devrait donner des résultats importants. Il y a là une mobilité naturelle qui défie les combinaisons les plus prévoyantes, car l'incertitude existe jusqu'au dernier moment pour tout le monde, et pour le contribuable lui-même comme pour les agents du fisc. Autant vaudrait déterminer les cotes au hasard que d'essayer de les proportionner aux fortunes.

Mais supposons, pour un instant, cette difficulté soluble ; par quel moyen la résoudra-t-on ? Il n'y a pas deux systèmes, il n'y en a qu'un, quoique la commission de l'Assemblée constituante, qui en envisageait avec terreur les conséquences, n'ait pas eu le courage de l'aborder : ce système, c'est la déclaration du contribuable, contrôlée par les recherches dont l'État confie le soin aux agents qui le représentent. Nos mœurs doivent-elles faciliter et notre état social peut-il supporter une pareille épreuve ? Voilà toute la question.

On comprend à la rigueur que cette recherche soit compatible avec les mœurs de quelques États peu étendus, dont les habitants ne forment, pour ainsi dire, qu'une famille, où le fisc peut se confier à la parole encore naïve de l'homme, et dans lesquels le contrôle mutuel de la fortune des citoyens est rendu plus facile par des relations étroites de chaque jour. Ce qui permet à l'administration britannique d'asseoir l'*income tax* presque invariablement sur la déclaration des contribuables, c'est que les déclarations, grâce aux mœurs du pays, ont un caractère très-réel de sincérité. L'Angleterre est une nation aristocratique qui met son honneur à dire vrai : ce peuple donne et tient religieusement sa parole. Il n'est pas d'un *gentleman* de trahir la vérité, et un homme qui ment dans son intérêt, même au détriment du fisc, se déshonore. Ajoutez que le crédit est la grande affaire pour un Anglais dans toutes les conditions et dans toutes les circonstances. Il craint de paraître pauvre, parce que la pauvreté est une honte en Angleterre, et parce que, si on ne le croyait pas dans l'aisance, il ne trouverait plus à emprunter. De là cette propension uni-

verselle à déclarer plutôt un revenu trop fort qu'un revenu trop faible. On enfle son revenu en présence du
fisc, parce que le fisc, c'est tout le monde; on accuse
une fortune qui n'existe pas, afin de retenir, de soutenir ou d'augmenter son crédit. Aussi, les résultats de
l'*income tax* en Angleterre ont-ils dépassé les espérances
du ministre qui l'avait rétabli, et semblent-ils annoncer
un revenu national qui est, à quelques égards, une fiction et une hyperbole.

En France, le système des déclarations aurait des résultats tout différents. D'abord, on ne se fait pas scrupule, chez nous, de tromper le fisc : la fraude, en pareil
cas, est un tour d'adresse ou un usage reçu, et que nos
mœurs sont loin de flétrir; puis, les nécessités du crédit
ne se font sentir que dans une sphère très-restreinte. Le
crédit a presque toujours besoin de s'appuyer sur un gage
matériel, sur une hypothèque ou sur une couverture; il
est rarement accordé à la bonne opinion que l'on a de
l'emprunteur. De là vient que chacun, au lieu de se
prétendre riche, est bien aise de passer, sinon pour absolument réduit à la pauvreté, tout au moins pour doté
d'une médiocre aisance. Le Français dissimule sa fortune, pendant que l'Anglais expose la sienne et la drape,
tant qu'il peut, au soleil. Un impôt assis uniquement sur
la déclaration du contribuable produirait donc chez nous
bien peu de chose.

Dans la Grande-Bretagne, on a simplifié la difficulté
des déclarations en ne s'adressant qu'aux moyennes et
aux grandes fortunes. L'impôt sur le revenu n'embras-
sant que les revenus de 150 livres steling (3,825 francs)
et au-dessus, la juridiction du fisc s'étend à peine sur

cinq cent mille contribuables. C'est l'impôt du patriciat établi et accepté, malgré quelques dissidences de détail, comme une sorte de contribution volontaire.

Le projet de M. Passy diffère à cet égard de l'acte de sir Robert Peel, comme la France de l'Angleterre. Il s'adresse à la multitude dans un pays d'égalité. En prenant pour limites extrêmes de la taxe sur le revenu les bases de l'impôt personnel, il se résigne à avoir affaire à sept millions de contribuables. Sept millions de déclarations, et autant de familles dont il faudra que les jurys municipaux épluchent la fortune, quelle immense machine à mettre en mouvement ! En Angleterre, la moindre cote est de 4 livres sterling et demie, soit d'environ 114 francs, et vaut que l'on en tienne écriture ; mais, au taux de 1 pour 100 que propose M. Passy, et avec le morcellement des fortunes, l'administration devra établir, vérifier et recouvrer des cotes de 2 et même de 1 franc ; n'est-ce pas appliquer toutes les forces de l'État à des misères ?

Bien que ce système ait une base solide de l'autre côté du détroit, le gouvernement britannique a prodigué, dans le mécanisme de l'*income tax*, tous les moyens de contrôle. Ainsi, aux commissaires-généraux qui établissent les évaluations, il a superposé des commissions spéciales prises parmi les sommités du commerce et de l'industrie, telles que les directeurs de la Banque, de la compagnie des Indes et les administrations municipales. Avec la ressource de ces jurys administratifs, qui sont des tribunaux d'appel en matière d'évaluation et qui possèdent la connaissance la plus étendue de la matière imposable, il peut approcher de la certitude. De pareilles

ressources manquent au gouvernement français. Notre
haut commerce ne lui fournirait que très-imparfaitement
les renseignements qui lui seraient nécessaires, et quant
aux jurys municipaux qu'il institue au premier degré de
la procédure, il est à craindre qu'un grand nombre ne
reculent devant une tâche qui les mettrait aux prises
avec tous les intérêts et avec toutes les passions.

Malgré tant de conditions défavorables, supposons que
l'impôt du revenu vienne à s'établir, quelles en seront
les conséquences? La première et la plus grave peut-être
dérivera de l'inégalité sans remède avec laquelle les contribuables se verront traités. Je laisse de côté les inégalités individuelles, qui prendront infailliblement des
proportions souvent monstrueuses, pour ne m'occuper
que de celles qui intéressent des catégories entières
d'imposés.

L'individu qui vit sur le revenu d'un capital permanent est dans une position très-différente de celui qui
n'obtient un revenu égal qu'à la sueur de son front, par
les efforts de son industrie, ou grâce à un traitement ré-
vocable et temporaire. «Pour que celui-ci, dit avec raison
M. de Parieu, fût dans une situation aussi avantageuse
que celui-là, il faudrait qu'outre le même revenu, il pût
épargner annuellement, et par un procédé analogue à
celui de l'amortissement, un excédant suffisant pour reproduire, au bout d'un certain nombre d'années, un capital procurant un revenu permanent. M'Culloch établit,
d'après ce calcul, qu'un revenu viager de 1,000 livres
pour une personne âgée de quarante ans et à laquelle il
reste vingt-sept ans à vivre, d'après les tables de proba-
bilité, ne représente pas une valeur plus considérable

qu'un revenu perpétuel de 661 livres, et devrait par conséquent, si le taux de l'impôt était à 10 pour 100, ne
supporter qu'une taxe de 66 livres. »

L'équité demanderait évidemment que le taux de l'impôt variât suivant la nature des revenus, et même qu'il
se proportionnât aux situations individuelles. Voilà pourtant ce qu'aucune législation ne fait. Malgré les puissantes réclamations qui ont retenti dans les écrits des
économistes, dans les pétitions émanées des districts
manufacturiers, et jusque dans le sein du parlement, le
taux de l'*income tax* demeure jusqu'à présent uniforme
en Angleterre. La force de ces arguments pourra ruiner
la taxe, mais elle n'en déterminera pas la modification.
Trop de difficultés s'y opposent.

On ne doit pas dire, avec M. de Parieu, qu'il s'agit
d'établir une taxe sur le revenu et non de rechercher le
capital qui servira à la perception de la taxe; car le législateur est tenu de rendre à chacun une égale justice,
et justice ne serait pas faite, si la loi traitait comme des
choses de la même valeur, pour leur demander le même
tribut, des choses qui ont une valeur différente. Je reconnais d'ailleurs que, pour tenir compte de ces différences, il faudrait se jeter dans des détails de classification
qui ne sont pas du domaine du législateur. On aurait
encore à distinguer souvent dans le revenu d'une même
personne ce qui est le produit du capital qu'elle possède
de ce qui est le produit de son industrie. Cette difficulté,
à laquelle venait déjà se heurter, sous une autre forme,
la taxe du revenu mobilier, n'admet aucun des tempéraments que la nature de l'impôt rendrait nécessaires. Il
est condamné à l'uniformité et par conséquent à l'injustice.

Les plus mauvais impôts sont ceux qui s'opposent à la formation de l'épargne et à l'accumulation des capitaux. La taxe du revenu aurait au plus haut degré ce triste caractère. Elle enlèverait au père de famille engagé dans le commerce, dans l'industrie, dans les fonctions publiques ou dans les professions libérales, précisément cette réserve annuelle, cet accroissement qui devait lui servir à composer ou à recomposer un capital qui répondît à son revenu. Au moment où l'on parle de créer, même avec l'assistance de l'État, des caisses de retraite pour les ouvriers, on priverait violemment des ressources naturelles de leurs vieux jours les ouvriers des arts, des sciences ou des lettres, et les entrepreneurs du travail, qui sont les têtes de la colonne industrielle. Ce serait un procédé sauvage : l'impôt attaquerait ainsi profondément, quoique d'une manière indirecte, le capital de la société.

Arrivons maintenant au point le plus critique du projet, à la base de l'impôt. La commission de l'Assemblée constituante, on le sait, « avait été plus touchée, c'est M. de Parieu qui le dit, des inconvénients habituels de la déclaration que de ses rares avantages. Elle avait pensé que cette confession de son revenu ne s'accomplirait point pour le contribuable sans de vives répugnances, dont la dissimulation serait souvent le résultat. » Ailleurs, M. le rapporteur donne un plein assentiment aux objections qu'élevait la minorité de la commission, dans des termes que nous lui emprunterons encore. « Quelle inquisition redoutable que celle dont le résultat sera tout à la fois d'obliger le riche à révéler une fortune qu'il se plaît peut-être à entourer de mystère, et de condamner le citoyen pécuniairement malheureux à cette dure alternative de répandre sur sa situation une lumière fatale à son crédit, ou d'acheter par un impôt mensonger la conservation du prestige d'aisance dont il est environné ! »

Oui, cela est vrai, le système des déclarations invite en même temps aux deux fraudes contraires : il donne la tentation aux riches de dissimuler une partie de leur revenu, et aux pauvres celle de se créer, en vue de l'inévitable publicité, une richesse fictive. Le trésor public est ainsi privé de ce qui lui appartient, et reçoit par contre ce qui ne lui appartient pas. Le résultat, dans les deux sens, renverse le but que se proposait la taxe. La proportionnalité de l'impôt devient une véritable chimère, et sa perception une guerre du fisc contre la société.

Le projet de M. Passy présente une lacune. M. le ministre des finances part de la déclaration du contribuable ; il charge un comité communal de rectifier, et au besoin de suppléer la déclaration du contribuable ; mais il néglige de tracer aux membres de ce comité la procédure à l'aide de laquelle ils pourront et devront établir ces évaluations. On dirait qu'un pouvoir discrétionnaire leur est abandonné, comme si, en matière d'impôt, le législateur pouvait se montrer trop prévoyant, trop précis, trop minutieux même. Il n'y a que deux moyens d'évaluer les revenus de chaque contribuable, la notoriété et l'investigation sur pièces. Lequel des deux choisira le comité communal? S'il n'interroge que la notoriété publique, il court le risque de prendre l'ombre pour la réalité, de s'en rapporter à la renommée qui grossit les fortunes, de devenir un centre ténébreux

auquel aboutiront les dénonciations signées ou ano-
nymes, de tomber enfin quelquefois dans l'odieux, et
toujours dans l'arbitraire. S'il veut au contraire se rendre
un compte exact de la matière imposable, et proportionner sincèrement la taxe aux facultés de chacun, il
faudra pénétrer dans le domicile, compulser les livres
du manufacturier et du commerçant, vérifier les titres
de rentes ou de créances, comparer l'actif avec le passif,
se livrer en un mot à l'inquisition des fortunes. Ce dernier mode serait le seul efficace, mais il serait odieux, et
on ne peut pas l'établir par un règlement ministériel,
même avec l'attache du conseil d'État. La loi doit parler à
haute et intelligible voix, quand elle commande de tels
sacrifices. Au reste, le silence du projet s'explique par
les résistances que le ministre prévoit. L'exercice sur
les boissons n'est pas populaire, bien qu'il n'atteigne
qu'une seule classe de commerçants. Que serait-ce donc
de l'exercice venant troubler jusque dans le secret des
affaires et dans le sanctuaire de la famille sept millions
de contribuables! Où trouverait-on des agents pour l'imposer et des patients pour le subir?

Les défenseurs de l'impôt sur le revenu se prévalent
d'un précédent qu'ils croient avoir découvert dans la législation existante. A les entendre, l'État peut bien s'en-
quérir du revenu des contribuables, puisqu'il s'immisce
à leur mort dans leur succession pour constater la valeur
de l'héritage et pour prélever sur le capital, en distin-
guant les valeurs immobilières des valeurs mobilières,
les droits qui reviennent au fisc. Il n'y a point de parité
à établir entre des circonstances aussi essentiellement
différentes. Quand le fisc cherche à constater le prix

vénal des immeubles pour mettre le droit en rapport avec la valeur réelle, c'est à l'instant où la propriété va changer de main, dans un moment de transition où elle semble n'appartenir à personne. La recherche ne s'adresse qu'au capital, qui est toujours saisissable ; elle ne pénètre pas dans les mystères souvent insaisissables du revenu. Le fisc renonce même, à l'ouverture d'une succession, à constater la situation réelle des fortunes, car il n'admet pas la défalcation des dettes et calcule les droits d'après le capital brut des propriétés qui sont transmises : il ne fait pas précisément ce qu'il lui reste à faire dans l'examen et dans le contrôle qu'entraîne l'impôt sur le revenu. Ce qui convertit cet examen en une véritable inquisition, c'est que les agents de l'État ne peuvent pas s'y livrer consciencieusement sans entrer en contact avec les personnes, sans les interroger une à une, sans comparer leurs déclarations avec les témoignages des pièces ou des faits.

Tous les gouvernements qui ont introduit l'*income tax* dans l'économie de leur système financier ont reconnu la nécessité de cette procédure d'un autre âge. Ainsi, en Angleterre, on défère le serment aux contribuables, et, quand on les surprend en flagrant délit de fausse déclaration, ils ont à payer une amende de 500 francs, sans compter un droit triple de celui qu'ils auraient dû. En Bavière, l'amende est le quintuple de la différence qui se rencontre entre la somme déclarée et la somme due. De telles pénalités sont évidemment illusoires. La terreur seule peut prévenir ou diminuer la fraude, et je ne verrais de moyen efficace que celui que proposait Vauban à Louis XIV, pour l'application de la *dîme royale :*

5.

« Que le roi veuille bien s'en expliquer par une ordonnance sévère, qui soit rigidement observée, portant *confiscation des revenus recélés et cachés* et la peine d'être imposé au double pour ne les avoir pas fidèlement rapportés ; moyennant quoi et le châtiment exemplaire pour quiconque osera éluder l'ordonnance et ne pas s'y conformer, on viendra à bout de tout. »

La confiscation des revenus que l'on aurait dissimulés, voilà donc la sanction de l'impôt sur le revenu, le dernier mot du système. A quel prix M. le ministre des finances s'est-il soustrait à cette conséquence extrême, mais fatale de sa conception ? En rendant la déclaration facultative, il chargerait des commissaires municipaux d'arbitrer souverainement les revenus. Il n'y a pas de pénalité dans la loi, cela est vrai ; mais quelle plus grande pénalité que l'arbitraire !

Quelle est aujourd'hui la tendance de la civilisation, sinon, tout en développant la vie publique, de fortifier dans ses retranchements, comme un asile inviolable, le domaine de la vie privée ? Ces retranchements, si nécessaires à la famille et à l'individu, l'impôt du revenu y fait une large brèche ; il oblige en effet le contribuable à mettre à nu ses intérêts, à dévoiler le produit de ses efforts quotidiens et les calculs de ses espérances. Le contribuable, aux termes du projet, ne doit pas avoir de secrets pour l'État, c'est-à-dire qu'il n'en doit avoir pour personne ; il se trouve donc à la merci de ceux-là mêmes qui peuvent voir sa prospérité d'un œil d'envie, ou tirer parti contre lui de son infortune. On nous donne ainsi la vie en commun, moins le devoir d'une mutuelle assistance, moins cette fraternité que l'on écrit partout avec profusion sur les murs, mais dont les lois révolutionnaires et les cœurs ne semblent garder qu'une empreinte bien affaiblie. Quel est cependant le commerçant, quel est l'industriel dont le crédit résisterait à cette exposition permanente? On veut ouvrir le grand-livre des revenus, sans songer que chaque page y serait bientôt marquée par le déficit et par la banqueroute. L'importance des catastrophes que déterminerait l'impôt du revenu excéderait très-certainement, chaque année, celle des ressources qu'il pourrait fournir à l'État.

Ces dangers s'aggravent, on le sait, de la situation de la France. Il existe un parti menaçant encore aujourd'hui qui fait ce qui dépend de lui pour amener une guerre sociale. Sous une forme ou sous une autre, en termes directs ou par la voie des inductions détournées, ce parti enseigne à ceux qui ne possèdent pas, et qui sont en petit nombre heureusement, que ceux qui possèdent doivent tôt ou tard rendre gorge. Les adeptes que l'on a échauffés de déclamations contre la propriété et contre le capital ne croiront-ils pas que le jour de cette prétendue restitution est arrivé, si le fisc s'en va toiser et afficher les fortunes? Quand on aura fait ainsi l'inventaire public de chaque famille, quand on aura écrit sur la porte de chaque maison le chiffre des valeurs qu'elle contient, la somme des jouissances dont elle est l'expression; pense-t-on que l'on n'aura pas fourni un irrésistible aliment aux passions anarchiques? Même dans la société la plus fortement assise, la plus éclairée, la plus morale, il ne semblerait pas prudent d'ouvrir toutes les portes et de laisser les richesses exposées dans les rues. Que sera-ce dans une société qui vient d'être agitée et ébranlée jusque dans ses fondements, que les barbares du dedans tiennent perpétuellement en alarme et comme en état de siége, et où toute mauvaise passion peut se couvrir de l'indulgence qui s'attache aux délits politiques ? Les propriétés publiques ont fait les frais de la première révolution. Prenons garde que la propriété privée ne fasse les frais de la seconde, car, cet abri renversé et le foyer de la famille détruit sur la terre, je ne sais plus où l'ordre pourrait se réfugier. Les lois qui portent atteinte à la propriété ne sont que la préface de la spoliation et le vestibule de la guillotine.

M. le ministre des finances a fait de la taxe sur le revenu une taxe proportionnelle. C'est un écart de logique : l'impôt du revenu doit être et il est en effet progressif, à peu près dans tous les pays où on l'a établi. La pensée fondamentale de l'impôt sur le revenu consiste à exempter le nécessaire pour ne taxer que le superflu ; elle tient compte au contribuable de ses besoins, comme celui-ci doit compte à l'État de sa richesse : or cette pensée mène droit à l'impôt progressif. Dans tout système de contribution qui fait deux parts de la richesse générale, la plus forte et celle du plus grand nombre que l'on affranchit des charges publiques, la plus faible et celle du petit nombre à laquelle le poids de ces charges est réservé, il s'ensuit naturellement que plus le contribuable est riche, plus le trésor cherche à retrancher, en se l'appropriant à titre de tribut, de ce superflu dont quelques-uns regorgent. Partager le revenu individuel en nécessaire et en superflu, c'est en quelque sorte déclarer le superflu de bonne prise. C'est proposer aux fortunes un niveau commun, duquel, à défaut de la

Providence qui avait sans doute d'autres desseins, la sévérité du fisc les rapproche. Le taux de l'impôt s'élève
alors comme le flot de l'opulence : ce n'est plus un
péage levé sur ceux qui suivent le cours du fleuve ; c'est
une digue destinée à le rétrécir.

On pose le premier jalon de l'impôt progressif dès
que l'on affranchit de la taxe sur le revenu certaines
classes de contribuables. Si l'on exempte en effet ceux
qui ont peu, il faudra surtaxer ceux qui ont beaucoup,
car ces deux idées sont corrélatives. Une de ces nécessités étant reconnue, l'autre vient de soi. Dès que la
proportionnalité de l'impôt ne s'étend pas à tous les
contribuables, elle n'existe plus logiquement pour personne, et l'application est bien compromise quand le
principe se trouve ainsi méconnu et virtuellement détruit. Ajoutez que les contribuables exemptés finissent
par considérer l'exemption comme un droit, et par croire
que l'opulence acquise, au delà d'une certaine limite,
est une espèce de patrimoine public sur lequel l'État,
dans les circonstances urgentes, peut peser et prendre à
volonté.

A Genève, la taxe des gardes, impôt établi principalement sur les valeurs mobilières, ne frappe pas les capitaux inférieurs à 5,000 florins. Cet impôt a été une
sorte de transaction entre le peuple et l'aristocratie
bourgeoise ; on peut dire que celle-ci a capitulé. La
progression s'y fait sentir de deux manières : d'abord
par l'exemption des cotes inférieures, ensuite par le taux
de l'impôt, qui est de demi pour mille pour les fortunes
de 5,000 à 50,000 florins et d'un pour mille au-dessus.

En Angleterre, les revenus inférieurs à 150 livres

sont affranchis de l'*income tax*. Cela s'explique par la
situation de l'aristocratie tant industrielle que foncière,
qui, ayant joui trop longtemps elle-même d'une véritable exemption d'impôt, devait une revanche et une
compensation aux classes laborieuses. L'assiette de l'*income tax* suppose ainsi un sacrifice volontaire d'argent
et de principes de la part de ceux qui possèdent, et pourtant cet impôt entraîne de telles conséquences, qu'il est
douteux que l'on puisse le maintenir.

L'impôt du revenu en Bavière est complétement progressif. Cette taxe ne pèse pas sur les célibataires qui ont
moins de 250 florins de revenu, sur les familles avec
trois enfants au plus, dont le revenu demeure inférieur
à 400 florins, enfin sur les familles qui ont moins de
trois enfants, si elles ont moins de 500 florins de rente.
Les revenus imposables sont distribués en vingt-cinq
classes, dont la première (250 florins de revenu) paye
2 pour 1,000 ; la quinzième (10,000 florins de revenu)
1 pour 100, et la dernière (75,000 florins de revenu et
au-dessus) 2 pour 100. On remarquera que la loi bava-
roise est une des plus récentes et qu'elle a à peine quinze
mois de date. C'est celle qui porte au plus haut degré
l'empreinte des circonstances, celle qui a poussé le plus
loin la logique des doctrines, et ce n'en est pas encore
le dernier mot.

Enfin n'oublions pas que M. Goudchaux, en proposant une taxe sur le revenu mobilier, l'avait accompa-
gnée d'un projet de loi sur les successions qui procla-
mait ouvertement et qui appliquait le système de l'impôt
progressif.

Oui, l'impôt progressif est au bout de l'impôt sur le

revenu. Il en représente la fatalité. Aveugle qui ne la voit pas, et insensé qui la dissimule. Ce n'est pas ici le lieu de discuter l'impôt progressif ; il suffit d'en rappeler la portée. Les taxes progressives attaquent le capital lui-même, dont elles préviennent la formation ou dont elles détruisent les réserves accumulées. Par cette méthode, l'impôt égale bien vite et absorbe le revenu. Il fait que le contribuable, au lieu de rechercher l'aisance, a intérêt à être pauvre. En tarissant les sources des revenus particuliers, il dessèche celles du revenu public. L'idéal de la loi agraire se trouve réalisé, car l'impôt étend alors sur tous les citoyens un niveau commun de misère, et cette égalité-là n'est pas de celles qui engendrent l'ordre et la paix.

Je crois en avoir dit assez pour établir que le projet de M. le ministre des finances est antipathique à notre état social, et qu'il contient en germe une révolution, tout en affectant les proportions plus modestes d'une réforme. L'opinion publique a déjà condamné par deux fois l'impôt sur le revenu. A l'arrêt par défaut qu'avait rendu l'Assemblée constituante vient s'ajouter maintenant la protestation à peu près unanime des conseils généraux. Cette imitation de l'*income tax* ne trouvera pas plus de faveur, il faut l'espérer, devant l'Assemblée législative.

L'accord spontané qui éclate ici dans toutes les fractions du parti modéré serait-il une inspiration de l'égoïsme? On le dira, et on l'a peut-être dit ; on prétendra que les propriétaires et les capitalistes ne repoussent l'impôt du revenu que pour décliner leur part des sacrifices qu'exigent les circonstances : ce serait les calomnier avec aussi peu d'intelligence que d'équité. Ceux qui

possèdent ne refusent pas 60 millions de plus à l'État ;
ils les paieraient au contraire très-volontiers tant que la
nécessité s'en fera sentir, mais sous une tout autre forme.
C'est au principe même et aux conséquences de l'impôt
sur le revenu que leur opposition s'attaque. Ce n'est pas
pour une économie individuelle de quelques écus, c'est
dans l'intérêt même de la société, par une conviction
très-réfléchie et très-arrêtée des dangers qui la mena-
cent encore.

Que l'on pourvoie à un déficit du moment par des mesures également temporaires. Les époques calamiteuses
ne sont pas celles qu'il faut choisir pour instituer de nouvelles taxes, car on ajoute ainsi la difficulté des circonstances à celle déjà bien assez grande d'inventer des
contribuables et de trouver une base certaine à l'impôt.

Il a été question d'une combinaison semblable au décime de guerre; on a parlé d'augmenter d'un dixième
le taux de toutes les contributions. Ce projet d'une dîme
républicaine, si l'on en bornait les effets à l'année 1850,
aurait quelques avantages. Il permettrait d'attendre que
l'on eût étudié les changements nécessaires et possibles
dans l'assiette de l'impôt, et que les taxes existantes eussent recouvré toute leur fécondité. Le gouvernement
fait fausse route, quand il se propose principalement
d'innover en matière d'impôt. Il devrait s'attacher,
avant tout, à rendre les contributions productives, et à
retrouver, par l'activité que la confiance imprime aux
consommations, un revenu qui égale ou même qui surpasse celui de l'année 1847. Là gît véritablement, et
non pas ailleurs, le problème de nos finances.

Avec un gouvernement résolu et avec le patriotisme

qui anime la grande majorité des citoyens, ces résultats peuvent nous être prochainemeut acquis. La classe moyenne, un moment surprise et paralysée dans son action par les événements de février, a bientôt repris courage. Avec le sentiment de ses droits, elle montre aujourd'hui la conscience des devoirs nouveaux qui lui sont dévolus. C'est la première fois que l'on voit dans ce pays les hommes modérés de toutes les opinions s'unir dans une pensée d'ordre. Cette union, si l'on y persévère, sauvera les finances publiques, comme elle a déjà sauvé la société.

II.

DE LA SITUATION FINANCIÈRE

ET DU BUDGET DE 1850.

Je ne me propose pas de remonter à l'origine des embarras qui pèsent sur nos finances. Cette controverse, qu'elle ait ou qu'elle n'ait pas eu son jour d'opportunité, qu'elle ait été nécessaire ou oiseuse, me semble désormais entièrement épuisée. A la lumière des révolutions, tout le monde peut lire. Dans ce passé d'hier, dont nous nous dégageons à peine, l'opinion publique a déjà, mieux que les calculs les plus précis et que les raisonnements les plus subtils, fait irrévocablement la part de chaque régime. Ceux qui ont à revendiquer ou à décliner la responsabilité des événements sont reçus à plaider devant l'histoire, qui les juge. Je ne me reconnais aucun droit de cette nature pour intervenir dans le débat. Toute récrimination de ma part, en face des difficultés qui nous assiégent et auxquelles il faut pourvoir, serait donc aujourd'hui sans excuse. Je mériterais d'être traité comme ce pédant que flagelle notre fabuliste, et l'on me ferait justement, comme à tous ceux qui s'arrêtent pour discuter au milieu des ruines, l'application de cette caricature, dans laquelle est représenté le trésor qui se noie, et qui crie aux faiseurs de discours, de brochures, voire d'exposés des motifs :

> Eh ! mon ami, tire-moi de danger,
> Tu feras après ta harangue.

J'ajoute que nous sommes en ce moment trop loin ou trop près des faits accomplis, trop près pour en porter ce jugement impartial et définitif qui se grave dans la conscience des peuples, trop loin pour exercer une action quelconque sur les conséquences. La liquidation de cette désastreuse période est aujourd'hui terminée. On en voit clairement les résultats pour les fortunes privées comme pour la fortune publique. Sans parler des pertes douloureuses qu'ont eu à subir les capitalistes, les propriétaires fonciers, les commerçants, les chefs d'industrie, les ouvriers des villes et ceux de l'agriculture, il en a coûté soixante-deux millions et demi de rentes qui vont s'inscrire, au rang des charges annuelles, dans le budget de l'État.

Laissons donc tout retour sur le passé, et ne nous détournons pas des difficultés que nous avons à résoudre. Elles sont assez grandes pour devenir l'objet d'une préoccupation exclusive et absolue. Nous avons à pourvoir aux exigences de la situation pendant l'année qui va s'ouvrir ; nous avons à poser en même temps les bases d'un état normal, à préparer, sinon à rétablir, l'équilibre dans les éléments du budget, à dégager enfin l'ordre financier du désordre. Je prends cette situation telle que M. le ministre des finances l'a présentée. Je ne discute pas les chiffres qu'il a indiqués avec l'autorité de sa

position officielle; je les accepte, malgré quelques contradictions apparentes, comme le point de départ de la
discussion.

M. le ministre des finances pose en fait que le total
des découverts représentés par la dette flottante, au
1ᵉʳ janvier 1850, ne s'élèvera pas à moins de 550 millions (¹). Il évalue les dépenses tant ordinaires qu'extraordinaires de l'année 1850 à la somme de 1,591 millions,
et comme les revenus de l'État, en calquant le budget
des recettes de 1850 sur celui de 1849, ne lui paraissent
pas pouvoir excéder la somme de 1,270 millions, il en
induit un déficit de 321 millions, qui porterait l'ensemble
des découverts, en règlement d'exercice, à 871 millions.
— 871 millions, voilà donc la montagne financière à es-
calader ou à aplanir ! 871 millions ! c'est comme si, outre le budget républicain, nous avions à payer encore
un budget de l'empire.

Les contribuables, qui sont présumés devoir fournir
à l'État une ressource de 1,270 millions en 1850, trou-
veraient-ils dans leur revenu, lorsque les denrées se
vendent mal et que le commerce et l'industrie battent
d'une aile, les moyens de combler encore cette effroyable
lacune de 871 millions ? Évidemment, on n'y peut pas
songer. Quel que soit le patriotisme des citoyens, l'impôt touche aujourd'hui de bien près à la limite des facultés contributives. Aussi, M. le ministre des finances
rejette-t-il le poids principal de cette liquidation nouvelle dans le domaine du crédit.

(¹) C'est l'évaluation que l'on trouve à la page 14 de l'exposé
des motifs. A la page 192 du budget, la dette flottante n'est plus
évaluée qu'à 250 millions.

M. Passy laisse d'abord 350 millions à la charge de la dette flottante. C'est, à quelques millions près, le niveau qu'elle devait atteindre en 1849. Pour décharger la dette flottante de l'excédant, M. le ministre des finances demande l'autorisation de contracter, au nom de l'État, un emprunt de 200 millions. C'est à la même source qu'il veut puiser les 103 millions qui représentent la dépense des travaux extraordinaires. On comblerait ainsi, par les moyens de crédit, dette flottante et dette consolidée, les découverts probables jusqu'à concurrence de 653 millions. En admettant, par hypothèse, le succès de ces combinaisons, il resterait encore un déficit de 218 millions : M. le ministre des finances y pourvoit par l'annulation définitive des rentes rachetées, pour une somme de 79 millions, et par la suspension provisoire de l'amortissement, dont la dotation se trouve ainsi portée, pour 65 millions, au budget des recettes comme au budget des dépenses, ce qui réduit en réalité ce dernier budget de 145 millions. Enfin, M. Passy obtient 79 millions par la création de nouveaux impôts, tels que la taxe du revenu et diverses taxes additionnelles au timbre, à l'enregistrement, ainsi qu'aux patentes. Il en résulte un excédant de 7 à 8 millions, insuffisant assurément pour défrayer les crédits supplémentaires, pour servir de marge à cet imprévu qui ne représente jamais moins de 30 à 40 millions par année.

Ainsi, même en adoptant les évaluations et les combinaisons de M. le ministre des finances, un déficit de 25 à 30 millions sur l'exercice 1850 resterait probable ; mais ce n'est pas tout, et le découvert de 1849 paraît devoir largement dépasser les 184 millions indiqués par

M. Passy. Il a compris lui-même dans les recettés de cet exercice, jusqu'à concurrence d'environ 18 millions, le produit d'impôts qui n'ont pas reçu la sanction législative; et la défalcation de cette recette fictive porte déjà le découvert à plus de 200 millions. Que l'on ajoute les crédits supplémentaires qu'entraîne la présence sous les drapeaux d'un effectif moyen supérieur à celui de 386,000 hommes accordés par le budget, les 8,903,020 francs qu'exige encore l'entretien du corps expéditionnaire envoyé à Rome, ainsi que les 20 millions qui représenteront très-probablement la différence entre le produit réel des contributions indirectes et les évaluations du budget, et l'excédant des dépensés que l'exercice 1849 doit laisser à la charge de la dette flottante ne s'élèvera pas à moins de 265 à 270 millions.

En tenant compte de tous ces éléments de calcul négligés, on ne sait pourquoi, par M. le ministre des finances, on est conduit à surcharger un tableau déjà bien assez sombre. Les découverts auxquels la dette flottante doit pourvoir atteindront, au 1er janvier 1850, la somme de 630 millions ; c'est le chiffre de la dette flottante de la monarchie au 1er janvier 1848, si l'on en distrait les fonds des caisses d'épargne livrés à cette consolidation nominale qui n'a pas soustrait le trésor aux demandes de remboursement. Nous fermons ainsi le cycle révolutionnaire au point même auquel nous l'avons ouvert, et une première liquidation nous conduit à une seconde. Il faut remonter à l'invasion de la France en 1815 pour trouver nos finances dans une situation aussi critique : les barbares du dedans ne nous ont pas fait moins de mal que les barbares du dehors.

Voilà donc l'état des choses au vrai, dès le début de l'exercice dont l'assemblée nationale est appelée à régler les conditions. Cet exercice, en supposant un budget de 1,591 millions, présenterait, suivant M. le ministre des finances, une insuffisance de 320 millions, qui sera portée infailliblement à 350 par les crédits supplémentaires. Un déficit de 350 millions, venant s'ajouter au découvert des exercices antérieurs, formerait ainsi la somme menaçante de 980 millions. C'est une avalanche d'un milliard dont nous avons à détourner ou tout au moins à amortir la chute.

Je comprends qu'une perspective aussi désolante arrache des lamentations au trésor. En présence de telles difficultés, et quand il mesure la somme des sacrifices que chacun devra s'imposer pour le salut de tous, un ministre peut douter par moments du pays et de lui-même; mais ces angoisses de l'esprit ne sont excusables qu'à la condition d'en être les épreuves et de préparer une résolution mâle et féconde. Les peuples n'ont pas plus à s'applaudir des faiblesses que des témérités de l'homme d'État. Même dans les conversations intimes, il ne lui est pas permis de donner le signal du sauve-qui-peut. Deux années de souffrance et de jachère industrielle n'ont pas épuisé entièrement les richesses de la France ni son courage. Élevons ce courage à la hauteur du péril; donnons l'exemple du dévouement, et croyons à la contagion de cet exemple.

Est-il possible de réduire les dépenses proposées pour l'année 1850? Avons-nous quelque moyen d'accroître les recettes qui sont prévues? Enfin, quelles ressources doit offrir le crédit, tant pour combler le vide de l'arriéré que pour aligner avec les dépenses de l'exercice prochain les revenus de l'Etat durant cette période ? Tels sont les points principaux que je me propose d'examiner.

I. — DÉPENSES.

En matière de finances, la pensée qui semble la plus naturelle et qui se présente d'abord est celle qui conseille de constater ce qu'un État a de revenu, et de prendre ce revenu pour règle des dépenses. La logique le veut ainsi, j'en conviens ; elle demande que le budget des recettes précède celui des dépenses, et que l'on fasse à la fortune publique l'application des principes qui doivent présider à l'administration des fortunes privées.

Mais ces principes, en réalité, ne sont observés aujourd'hui que par le petit nombre. Nous vivons dans un siècle de prodigalité, où la dépense devient en quelque sorte la cause du revenu, loin que le revenu soit la source et la raison de la dépense. Qui mesure le train de sa maison à ce qu'il possède, ou l'étendue de ses entreprises à celle de son crédit ? Les individus, les communes, les départements, tout le monde emprunte à l'envi, sans compter plus avec l'avenir qu'avec le présent. Chacun de nous a toujours les meilleurs motifs pour manger son blé en herbe. La propriété foncière se trouve grevée d'hypothèques pour un tiers ou pour moitié de sa valeur, suivant l'estimation la plus modérée. Les communes et les départements ont abusé de l'impôt et de l'emprunt et reviennent encore à la charge, tantôt pour se couvrir d'édifices dont la magnificence est onéreuse autant qu'inutile, tantôt pour multiplier des routes que l'on entretient mal ensuite faute d'argent. Quelle agrégation, quel établissement, quel particulier n'est pas obéré en France ? La région de l'équilibre se rétrécit de jour en jour. La région de l'épargne est encore plus étroite : elle se borne à la classe des domestiques et des petits trafiquants, qui capitalisent leurs privations, pendant que les ouvriers dissipent leur salaire et que les capitalistes dévorent souvent le capital avec le produit.

Les gouvernements de notre temps sont comme les individus : ils sont prodigues ; mais, indépendamment de cette tendance générale, on peut expliquer par des raisons politiques la prédominance qu'obtient le point de vue de la dépense dans le budget de l'État. Les dépenses du gouvernement sont ou doivent être la cause déterminante de l'impôt ; il faut y chercher l'origine du revenu public, qui n'est autre chose que la portion prélevée par le trésor sur les revenus des contribuables. L'État, représentant la communauté nationale, ne fait que ce que les particuliers, les associations privées et les agrégations locales ne peuvent pas faire. Il s'occupe des intérêts et pourvoit aux nécessités qu'aucun autre que lui ne peut embrasser ; mais il se garde bien d'entreprendre et d'empiéter sur l'activité industrielle, et sa richesse ne se forme que de la richesse de tous.

Ainsi, l'État ne demande à l'impôt, il ne retire des mains des contribuables, il n'enlève à ce fonds, que mettent en œuvre les agriculteurs, les commerçants et les industriels, que les sommes qui lui sont indispensables. Il mesure les taxes aux besoins de l'administration. Il agit d'après ce principe que les capitaux qu'il laisse dans les mains des particuliers y fructifient beaucoup mieux qu'ils ne feraient dans les siennes. Comme tout impôt établi trouve sa raison d'être dans les dépenses antérieures, régler les dépenses du gouvernement sur les revenus qu'il trouve existants, ce serait proportionner en réalité ses besoins à ceux d'un gouvernement antérieur. On ferait sortir ainsi violemment, et contre le bon sens, d'égales nécessités de circonstances souvent très-différentes.

Il y a sans doute une limite devant laquelle on doit s'arrêter. Les facultés contributives d'une nation ne sont pas ductiles à l'infini. En outre, la forme d'un gouvernement étant donnée, ainsi que le degré de la civilisation au sein de laquelle il se meut, une certaine somme de dépenses devient inévitable pour fournir aux frais de la police sociale : d'où il suit que les dépenses ont une sorte de niveau naturel, de même que les recettes ont leur limite, qui se prend dans la situation même du pays. Nous courons avec raison après l'équilibre du budget ; mais je sais un équilibre plus nécessaire encore et auquel on songe trop peu, c'est celui que tout bon gouvernement doit établir entre les exigences du trésor et les ressources disponibles des contribuables.

Indépendamment de ce point de vue général, les dépenses aujourd'hui excèdent tellement les revenus ordinaires, que tout examen de la situation financière doit s'attacher d'abord aux besoins réels de l'État. Le dernier budget de la monarchie, celui de 1847, dont les résultats définitifs sont placés en ce moment sous les yeux de l'assemblée nationale, porte l'ensemble des dépenses à 1,605 millions, sur lesquels la part du service ordinaire est de 1,427 millions et celle du service extraordinaire de 178 millions. Les dépenses du premier budget de la république, celui de 1848, se sont élevées à 1,770 millions, non compris l'opération relative au rachat du chemin de Lyon : — 1,609 millions pour le service ordinaire, et pour le service extraordinaire 160 millions. La loi du 19 mai évalue les dépenses de l'année 1849 à 1,572 millions, sur lesquels 119 millions représentent le chiffre des travaux extraordinaires; mais les dépenses réelles, grossies par les crédits supplémentaires dont l'assemblée se trouve déjà saisie, atteindront probablement le chiffre de 1,655 à 1,660 millions.

Le budget de 1849, confondant toutes les dépenses dans un seul ensemble, effaçait la ligne de démarcation qui avait été tracée par les ministres de la monarchie entre le service ordinaire et le service extraordinaire ; M. le ministre des finances la rétablit. Cette distinction est rationnelle, mais à une condition que le gouvernement monarchique n'avait pas observée : pourvu que les deux natures de dépenses ne soient pas défrayées par le même fonds, et que, si le service ordinaire trouve dans le produit de l'impôt des ressources suffisantes, le service extraordinaire s'adresse au crédit. Nous verrons plus bas si M. le ministre des finances a observé ce principe. Notons d'abord que les dépenses de 1850, divisées en service ordinaire et en service extraordinaire, présenteraient, sur un total de 1,591 millions, 1,488 millions pour le premier, et 103 millions pour le second. Afin de réduire les dépenses ordinaires, M. Passy propose d'annuler les rentes rachetées, jusqu'à concurrence de 79 millions ; le budget de 1850, non compris la liste civile des travaux publics, se trouverait donc ramené à la somme de 1,408 millions, qui se distribue de la manière suivante :

Dette publique.......................	402,678,642 fr.
Dotations	9,048,000
Services généraux des ministères........	763,938,365
Frais de régie et de perception..........	150,999,422
Remboursements et restitutions..........	82,111,955
TOTAL...................	1,408,776,384 fr.
Travaux extraordinaires...............	103,184,000
TOTAL GÉNÉRAL..................	1,511,960,384 fr.

En admettant pour 34 millions les crédits supplémentaires que ce budget n'a pas prévus, on voit que les dépenses peuvent s'élever, en 1850, à 1,546 millions, dont 103 au moins imputables sur les ressources du crédit. Ces charges sont lourdes ; mais, avant de rechercher les moyens de les réduire, et afin de n'en pas exagérer le fardeau, il peut être à propos de discuter la valeur de quelques rapprochements que l'on a coutume d'établir.

On a comparé la France à l'Angleterre. On a voulu prouver, à grand renfort de chiffres, que l'Angleterre, en occupant le globe, dépensait, en frais de gouvernement et d'administration, infiniment moins que la France, qui n'a que son territoire de l'Algérie à garder. Ce point de vue résulte d'un examen superficiel et incomplet. Le budget que l'on soumet chaque année au pouvoir législatif en France est le produit et l'image de cette centralisation qui embrasse tous les intérêts. Les dépenses spéciales des communes, celles des départements et celles des colonies y figurent à côté des dépenses générales de l'État. Dans la Grande-Bretagne, au contraire, les agrégations locales s'administrent par leurs propres mains, et ne font pas rentrer, même pour ordre, leur budget particulier dans le budget des dépenses publiques. Les finances des deux pays reflètent très-fidèlement la différence qui existe entre les mœurs politiques de la France et de l'Angleterre. De l'autre côté de la Manche, les associations particulières et les administrations locales prennent à leur compte des dépenses qu'il entre dans nos habitudes de laisser à la charge et de comprendre parmi les attributions du gouvernement. A proprement parler, il n'existe pas d'administration publique en Angleterre. Le ministère de l'intérieur n'a que la surveillance et le contrôle de ce qui se passe dans les trois royaumes. L'instruction publique est dans les mains du clergé, ainsi que des sectes dissidentes ; le clergé de l'église établie vit sur les produits de la dîme. L'État n'entreprend que par exception les grands travaux d'utilité nationale ; il n'exécute, n'entretient et ne développe ni les routes, ni les canaux, ni les chemins de fer. La justice même se localise en Angleterre, ainsi que la police qui veille à la sûreté des propriétés et des personnes. Enfin, ce n'est pas l'échiquier, c'est une banque qui fait le service de la trésorerie et celui de la dette publique. Le budget réel de la Grande-Bretagne est une sorte d'édifice féodal, aussi bien que la constitution des trois royaumes ; il faut, pour composer l'ensemble des dépenses, en recueillir un peu partout, et jusque dans la péninsule de l'Inde, les éléments épars.

Le budget que nous propose le gouvernement pour 1850, si l'on en retranche la dotation de l'amortissement et les rentes rachetées, articles qui ne figu-

rent pas dans les dépenses de l'Angleterre, descend
de 1,591 millions à 1,446. Dans ces 1,446 millions se
trouvent comprises les dépenses départementales et les
dépenses communales pour une somme de 156 millions
de francs ; mais il reste, pour compléter l'ensemble des
dépenses de toute nature, à y ajouter environ 80 millions
qui représentent la part des dépenses communales qui
est défrayée par le produit des octrois. Les dépenses
de 1850, celles du moins en regard desquelles on peut
placer les dépenses de la Grande-Bretagne et de ses
colonies, s'élèvent donc, en somme ronde, à 1,525 millions.

Prenons maintenant les dépenses de l'année 1848 en
Angleterre. Elles figurent dans le budget général de
l'État, les frais de perception et l'impôt étant compris,
pour la somme de 58,990,734 livres sterling, qui représentent, au change de 25 fr. 25 cent., 1,489,615, 780 fr.
Il faut ajouter à ces dépenses générales les dépenses locales, qui atteignent annuellement, suivant un document officiel ([1]), le chiffre de 15 millions sterling, et, sans
parler des autres colonies, les dépenses de l'Inde qui approchent de 18 millions sterling. Enfin, la dîme levée
par le clergé sur les fruits de la terre au profit de l'é-
glise anglicane, ainsi que les frais de l'établissement
presbytérien en Écosse, sans compter les contributions
volontaires, à l'aide desquelles se soutiennent en Angleterre les sectes dissidentes et l'église catholique en Irlande, ne représentent pas moins de 5 à 6 millions sterling par année. Le budget annuel de cette puissance co-

---

([1]) *Local Taxes of the United Kingdom.*

lossale, dépenses générales et dépensés locales, offre de cette manière un ensemble qui approche de 100 millions sterling ou de 2 milliards et demi de francs , soit environ un milliard au delà de ce que les services analogues coûtent à la France.

Il est possible que, grâce à d'aussi énormes sacrifices, l'administration britannique obtienne des résultats inconnus ailleurs. On comprend, par exemple, la beauté des routes dans le Royaume-Uni, quand on voit l'Angleterre consacrer à l'entretien de ces voies de communication, à surface égale, le double à peu près de ce que la France consacrer aux siennes. En général, ce n'est pas par l'économie que se signale le système anglais. Abordons les détails pour tirer de cette comparaison quelques enseignements utiles.

L'intérêt de la dette en Angleterre est la principale dépense de l'Etat : il s'élève, en y comprenant la dette flottante, à 28,563,517 liv. sterl. (environ 721 millions de francs). L'intérêt de la dette flottante et celui de la dette fondée en France, en déduisant la dotation de l'amortissement et les pensions, est porté, au budget de 1850, pour la somme de 281,090,476 fr. Cependant la différence qui existe entre les deux budgets, en ce qui touche les charges annuelles de la dette, est loin de représenter celle qui résulte du capital nominal. Si les Anglais avaient à payer, comme nous, un intérêt annuel de 4 à 5 pour 100 sur le capital nominal de la dette publique, leurs finances seraient bientôt dans un état voisin du désespoir et de la banqueroute. Supposez, au contraire, que la France, grâce au rétablissement de l'ordre et à l'activité des transactions, puisse ramener l'intérêt de sa dette à un taux plus raisonnable, et le seul fait de la conversion du 5 en 4 pour 100 donnera une économie de 36 millions. De ce côté, nos finances ont donc un avenir dont la portée est dès à présent manifeste.

Le chapitre des pensions semble le moins chargé dans le budget de la Grande-Bretagne. Les pensions ou indemnités civiles y figurent à peine pour un total de 14 millions de francs. On a comparé cette dépense au chiffre brut des pensions en France, qui est, déduction faite des rentes viagères, de 56 millions et demi, et l'on s'est extasié sur l'économie de l'administration britannique. C'est là une induction très-peu réfléchie et qui procède d'un examen un peu superficiel. En effet, les pensions civiles, indemnités et subventions aux caisses de retraite ne s'élèvent, chez nous, qu'à 17 millions. Dans le chiffre global de 56 millions sont comprises pour 39 millions les pensions militaires, qui ont aussi leur chapitre dans les dépenses de l'Angleterre, et qui, proportionnellement aux forces numériques des deux armées aussi bien que d'une manière absolue, sont plus onéreuses en Angleterre qu'en France.

La royauté unie au parlement ne coûte pas beaucoup plus cher d'un côté du détroit que l'établissement républicain de l'autre. Le compte annuel de la monarchie parlementaire s'élève à un peu plus de 19 millions de francs (759,462 liv. sterl.), tandis que la liste civile de la république française, assemblée nationale et pouvoir exécutif, impose au trésor un sacrifice de 9 à 10 millions, sacrifice qui, avec le temps, doit s'accroître.

L'administration centrale, sans être tout, comme on l'a prétendu, dans un pays voué par tradition et par caractère à la centralisation, a cependant une grande importance. Les dépenses qu'elle entraîne en France doivent naturellement se compter par millions. Le gouvernement monarchique les avait augmentées sans mesure ; le gouvernement républicain, depuis février 1848, a peut-être exagéré les réductions et affaibli quelques services. Quoi qu'il en soit, les administrations centrales sont portées au budget de 1850 pour la somme de 13,197,944 francs (¹), ce qui représente une diminution de 2 millions environ sur les crédits de 1847. En y ajoutant les dépenses de la cour des comptes, du conseil d'État, des monnaies et médailles, etc., on obtient un total de 15,555,344 fr. 15 millions et demi, voilà ce que coûtent les rênes du gouvernement en France.

Il est difficile de se rendre compte des frais de l'administration centrale en Angleterre, de ce que l'on pourrait appeler, en empruntant le style commercial de ce peuple, les frais généraux du gouvernement. La Grande-Bretagne, par le seul fait de l'immense développement qu'y prennent les intérêts politiques, tend de plus en

(¹) ADMINISTRATIONS CENTRALES.	1850	1847
Justice.................	478,500 fr.	574,500 fr.
Affaires étrangères......	564,400	707,122
Instruction publique....	477,250	565,500
Cultes	232,390	241,999
Intérieur...............	1,168,000	1,278,000
Agriculture et commerce.	688,150	714,450
Travaux publics........	608,654	641,500
Guerre................	2,267,300	2,570,470
Marine et Colonies	878,300	1,120,074
Finances..	5,835,100	6,630,623
TOTAL.....	13,197,944 fr.	15,044,238 fr.

7.

plus à rassembler et à grouper en faisceaux les rayons épars de son administration ; mais comme la centralisation n'y est pas systématique ni naturelle, les essais que l'on en fait sans ordre comme sans choix, sous la pression des besoins qui viennent à se révéler, ne s'enchaînent pas, ne sont pas liés par la dépendance étroite de la hiérarchie, coûtent fort cher et laissent voir un grand déploiement de forces perdues. En général, lorsque l'État veut ressaisir ou exercer une juridiction sur des intérêts dont il n'avait pas la tutelle, au lieu de les rattacher à un des ministères dont la réunion forme le cabinet, il en confie la surveillance à des commissions qui sont autant de petits centres et d'annexes du pouvoir ministériel. Ce système multiplie les états-majors, et doit contribuer par conséquent à l'exagération des dépenses. En y regardant de près, en construisant, au moyen d'une sorte d'enquête, le budget de l'administration centrale en Angleterre, on reconnaîtrait qu'il excède 29 millions de francs (¹), sans même comprendre

(¹) En voici quelques exemples :

Trésorerie.........................	56,916 l. st.	1,437,129 fr.
Ministère de l'intérieur...............	16,295	411,448
Ministère des affaires étrangères........	72,244	1,824,161
Ministère des colonies...............	28,949	730,962
Bureau de commerce et conseil privé...	41,661	1,051,940
Bureau des comptes (*audit*)...........	53,166	1,342,441
Échiquier et bureau de la dette.........	28,807	727,376
Monnaie.........................	28,884	729,321
Bureau des travaux publics (Irlande)....	35,224	889,350
Bureau du payeur général.............	27,222	687,355
Bureau de l'état civil.................	40,118	1,012,979
Bureau des chemins de fer.............	11,200	282,800
Impressions et fournitures de bureau....	215,010	5,429,002

dans le total les grandes administrations financières, les dépendances essentielles de la trésorerie, telles que les douanes, les contributions indirectes ou *excise*, le timbre, les taxes assises, et la taxe du revenu.

En résumé, l'administration centrale coûte deux fois plus en Angleterre qu'en France. Il y a aujourd'hui entre les dépenses des deux pays une différence qui est loin de se proportionner à l'échelle des salaires, à l'étendue respective des territoires, et même à la population. Cette différence paraît encore plus sensible dans les détails. Ainsi l'administration centrale des affaires étrangères coûte 564,400 francs chez nous, et, en Angleterre, 1,824,161. Les bureaux de l'intérieur, de l'instruction publique, de l'agriculture et du commerce réunis, entraînent une dépense de 2,333,400 francs de ce côté du détroit, tandis que, de l'autre, les bureaux de l'intérieur, du commerce, de l'éducation, de l'état civil (*registrar general*), de l'administration des pauvres, les commissions diverses et inspections, sans compter les frais d'impression, exigent une somme annuelle de 6,251,235 fr.

Dans l'intervalle qui s'est écoulé de 1815 à 1835, le gouvernement britannique avait opéré des économies importantes. Le personnel administratif avait été diminué de 3,787 employés, et la dépense réduite de 976, 822 livres sterling (24,664,755 francs). Depuis cette époque, l'accroissement du personnel et des dé-

Commission et administration centrales		
des pauvres......................	57,000	1,439,250
Commissions et inspections...........	92,500	2,335,625
Bureau de la guerre.................	134,090	3,385,772
Bureau de l'artillerie...............	91,136	2,301,184
Bureau de l'amirauté................	136,303	3,441,650

penses a repris son cours, et l'on vient d'opérer à la hâte
quelques réductions pour donner satisfaction à l'opinion
publique. En règle générale, nous multiplions infiniment trop les employés et les écritures ; nous dépensons
beaucoup en rémunérant pauvrement les personnes et
les services. Les Anglais exagèrent le principe contraire :
leur machine administrative est simple et fonctionne au
moyen d'un petit nombre de rouages ; mais l'État fait
à ceux qui le servent des traitements princiers. Des se-
crétaires-généraux reçoivent 2,500 livres sterling par
année, des premiers commis 1,000 à 1,500 livres sterling; 100 livres sterling est le moindre traitement d'un
expéditionnaire. On va certainement au delà de la prime
qu'il est raisonnable et légitime d'offrir pour attirer dans
la carrière des fonctions publiques les plus éminentes ca-
pacités. L'économie et la bonne administration se placent entre les deux systèmes (1).

Le budget de 1850 évalue à 151 millions de francs les
frais de perception, de régie et d'exploitation pour un
revenu de 1,415 millions, ce qui représente la proportion de 10 et demi pour 100. En 1848, les frais
de perception se sont élevés, pour le royaume-uni, à
110,640,854 fr. (4,381,816 liv. st.), sur une recette de
1,450 millions (57,416,510 liv. st.), non compris l'argent de la Chine: la proportion est ici d'environ 7 et
demi pour 100. Je sais que les mœurs, la concentration
de la richesse et cette position insulaire qui élève une
barrière naturelle contre la fraude en matière d'impôt,

(1) La douane française présente un personnel de 25,000 employés; il n'y en a pas autant dans toutes les branches réunies
de l'administration générale en Angleterre.

expliquent suffisamment l'avantage de l'Angleterre. La surveillance préventive, dans les impôts indirects, est obligée de se multiplier chez nous avec le morcellement de l'industrie et des fortunes. Dans les douanes, la garde des frontières de terre exige un personnel deux fois plus nombreux et une dépense deux fois plus considérable que celle des frontières de mer ; enfin, le monopole des tabacs et celui des postes chargent, pour ces deux seuls articles, de 65 millions les frais de perception ou de régie, qui sont de 151 millions. Retranchez des dépenses de perception les frais de ces deux monopoles et leur produit des recettes générales, et vous trouverez que la récolte du revenu public coûte un peu moins de 7 pour 100 en France.

Nous pouvons cependant faire encore de notables économies. En réduisant le nombre des percepteurs, on augmentera aisément le produit net des contributions directes. En remplaçant par des droits modérés les prohibitions qui déshonorent notre tarif et qui le frappent de stérilité, on rendrait les douanes productives. Les résultats de cet impôt sont évalués à 144 millions dans le budget de 1850. Il a rendu à l'Angleterre, en 1848, près de 570 millions. Faut-il s'étonner si les frais de perception, en matière de douanes, qui représentent dans la Grande-Bretagne 6 pour 100 à peine de la recette brute, donnent en France la proportion exorbitante de 15 pour 100 ?

La dépense des services administratifs, civils et militaires, abstraction faite des travaux extraordinaires, est portée, au budget de 1850, pour 764 millions de francs. On a rapproché du chiffre de cette dépense celle que mentionne le budget anglais pour des services analogues, et qui s'élève à un peu plus de 26 millions sterling (657,393,824 fr.). C'est là une comparaison vaine, car il faudrait, pour la rendre complète, y joindre le chiffre des dépenses locales et les dépenses de l'Inde, ainsi que nous l'avons déjà fait remarquer.

Prenons cependant les services qui peuvent être légitimement comparés entre eux. Les affaires étrangères coûtent à la France 7,125,700 fr. et 9,231,724 fr. à l'Angleterre. Cette différence de 2 millions à la charge de la Grande-Bretagne ne paraîtra pas extraordinaire, si l'on réfléchit au développement des intérêts commerciaux que la puissance britannique doit protéger sur tous les points habités du globe. L'administration de la justice, chez nous, moyennant une dépense de 26 millions, descend depuis la cour régulatrice jusqu'à l'humble justice de paix, partout uniforme, égale, sûre et prompte. Dans le Royaume-Uni, malgré une dépense d'environ 30 millions (1,178,299 liv. st.), à laquelle on devrait ajouter celle des tribunaux inférieurs dans chaque localité ; malgré l'impôt qui est levé sur le temps des contribuables pour l'application du jury aux causes civiles, la justice est lente, incertaine et à beaucoup d'égards féodale. Deux fois par an, les juges de Westminster vont, comme les *missi dominici* de Charlemagne, faire ce que l'on appelle le *circuit*, c'est-à-dire entendre les causes dans les comtés et prononcer. Les avocats de Londres s'y transportent avec les juges. La centralisation judiciaire est ainsi contrainte de voyager pour se placer à portée des justiciables.

L'armée française, en y comprenant les troupes qui

occupent l'Algérie et la gendarmerie qui fait la police du territoire national, est portée au budget de 1850 pour un effectif de 387,000 hommes. La dépense, qui embrasse encore les travaux et les services civils de l'Algérie, ainsi qu'une subvention de 10 millions pour la colonisation agricole, doit s'élever à 327 millions de francs. Ajoutez les pensions militaires, et vous aurez un total de 366 millions. L'armée anglaise se compose, pour le service actif, de 138,000 hommes, dont 113,000 sont à la solde du gouvernement et 25,000 à la solde de la compagnie des Indes ; d'une police armée, espèce de gendarmerie qui maintient l'ordre en Irlande, et qui présente un effectif d'au moins 10,000 hommes; enfin, d'environ 12,000 artilleurs : au total, 161 à 162,000 hommes, auxquels on doit ajouter les 25 à 30,000 hommes, qui formeraient au besoin une réserve exercée et redoutable, à prendre sur les 73,735 hommes inscrits sur les cadres de non-activité, soit avec une demi-solde, soit avec une pension de retraite. Enfin, il faut compter pour quelque chose les 250,000 cipayes qui composent les régiments indigènes au service de la compagnie des Indes.

La dépense de cet état militaire est considérable ; elle s'élève à 487,515,056 fr. ([1]), dont 200 millions sont sup-

([1]) Savoir :	1848	
Armée active	4,317,624 l. ster.	109,020,006 f.
Cadre de non-activité...........	2,329,661	58,823,941
Artillerie (cadre d'activité).......	2,910,201	73,482,575
— (cadre de non-activité...	165,923	2,249,555
Forces de police (Irlande).......	551,850	13,934,212
Guerre des Cafres..............	1,100,000	27,775,000
Armée de l'Inde.............	7,932,268 (1840)	200,289,767
TOTAL.........	19,307,527 l. ster.	487,515,056 f.

portés par la compagnie des Indes et 287 millions par le gouvernement britannique. L'établissement militaire qui pourvoit, en temps de paix, à la défense du Royaume-Uni et de ses colonies autres que l'Inde, comprend donc dans le service actif 135,000 hommes, que le cadre de non-activité donnerait le moyen de porter à 160,000, et il a coûté en 1848, distraction faite de l'expédition envoyée contre les Cafres, une somme de 10,275,260 liv. sterl. (259,435,140 fr.). Calculées sur le pied de l'armée anglaise, les dépenses de la nôtre devraient s'élever à 700 millions de francs.

L'organisation militaire de la Grande-Bretagne n'est donc point un modèle d'économie; mais, si elle prodigue l'argent, elle épargne les hommes. Les maladies et la mortalité font moins de ravages dans cette armée que dans la nôtre, parce que les soldats, étant moins jeunes et plus forts, résistent mieux au changement de climat et aux fatigues. Il y a par conséquent, à nombre égal, moins d'incomplets dans l'effectif. En outre, mille soldats exercés et à l'âge de la force valent deux mille recrues sur le champ de bataille. Je crois donc que, si nous avions un certain nombre de régiments dans lesquels une haute paie attirerait les vieux soldats et ferait de l'état militaire, ce qui n'est pas chez nous, une carrière, nous pourrions raisonnablement réduire, dans leurs rangs, l'effectif des chevaux ainsi que des hommes, et opérer ainsi une économie notable dans les dépenses de l'armée, tant sur le pied de guerre que sur le pied de paix.

L'armée navale est la force de l'Angleterre. Le gouvernement britannique consacre à l'entretien de sa marine militaire des sommes considérables. Le cadre d'activité et le cadre de non-activité lui ont coûté, en 1848, plus de 200 millions de francs ; le budget du service actif est de 165,508,826 fr. (6,554,805 liv. sterl.). Cette dépense donne le moyen de tenir à la mer 233 bâtiments, montés par 44,685 hommes, dans le nombre desquels figurent 16 vaisseaux de ligne, 35 frégates à voiles, 13 frégates et 21 sloops à vapeur. En outre, les ports maritimes de la Grande-Bretagne présentent 28 vaisseaux de ligne et 33 frégates *en ordinaire*, c'est-à-dire en commission de port, que la richesse et la bonne tenue des arsenaux permettent d'armer et d'expédier en quelques semaines. Les bâtiments de guerre à vapeur compris dans la flotte active ont une force totale de 22,000 chevaux. Ceux qui sont déjà prêts ou qui seraient prêts en quelques heures à prendre la mer ont une force de 12,000 chevaux. L'Angleterre est loin, sans doute, de l'époque où elle couvrait l'Océan de 177 vaisseaux de ligne et de 146,000 matelots, au prix d'une dépense qui excédait 474 millions de francs [1] ; mais une puissance maritime qui a pour elle la qualité et la quantité des équipages, qui tient en mer 51 vaisseaux de ligne ou frégates et la plus formidable flotte à vapeur du monde, qui peut aisément doubler ces forces au premier signal, conserve le rang que lui ont valu des succès non interrompus pendant plus d'un demi-siècle.

L'effectif de notre flotte ne semble guère inférieur par le nombre des bâtiments à celui de la flotte anglaise, car il comprend 207 navires de toute grandeur ; mais dans

[1] En 1814.

8

ce nombre ne figurent que 145 bâtiments armés, dont 8 vaisseaux de ligne seulement et 9 frégates, montés par 24,016 hommes. L'inégalité est peut-être moins grande dans l'escadre à vapeur, qui se compose de 54 bâtiments, dont 9 frégates, présentant une force de 11,030 chevaux. Nous avons en outre 62 bâtiments en commission de ports, dont 16 vaisseaux de ligne, 11 frégates et 31 bâtiments à vapeur, qui présentent une force de 9,010 chevaux. La marine militaire doit nous coûter 92 millions en 1850, non compris les travaux extraordinaires.

Si l'on mesure les dépenses au nombre des hommes embarqués, on trouvera que la flotte anglaise coûte relativement un peu plus cher que la nôtre. Toutefois, en considérant que la solde est beaucoup plus élevée en Angleterre, on reconnaît que les sommes consacrées annuellement par la France à sa marine auraient dû et devraient produire de plus grands résultats. Il y a là un vice d'administration, sur lequel est appelée en ce moment l'attention de l'assemblée nationale. Une meilleure organisation doit amener la réduction des dépenses, ou, avec la même dépense, l'accroissement de l'effectif en hommes, en bâtiments armés, et en constructions.

Pour compléter à grands traits cette comparaison entre les dépenses de la France et celles de l'Angleterre, il faudrait porter en ligne de compte le budget des routes ainsi que les chemins vicinaux, et celui de la bienfaisance publique.

En France, la dépense d'entretien pour les routes tant nationales que départementales, et pour les chemins vicinaux, n'est guère inférieure à 60 millions de francs (¹). En Angleterre, la taxe des grands chemins (*highway rate*) et les sommes dépensées sur les routes à barrière (*turnpike's trust's expenditure*), en 1840, pour l'Angleterre et le pays de Galles seulement, s'élevaient à 2,829,045 liv. sterl., plus de 71 millions de francs (²). Seize millions d'hommes, de l'autre côté de la Manche, consacraient annuellement à l'entretien de leurs routes 71 millions, pendant qu'une dépense de 60 millions à peine était appliquée de ce côté aux routes parcourues par 36 millions d'hommes. Y a-t-il lieu de s'étonner, d'après l'inspection de ces chiffres, de la magnificence de la viabilité en Angleterre et de l'état de dégradation, ainsi que de misère, dans lequel, malgré des améliorations incontestables, on la retient encore chez nous?

La bienfaisance publique a un budget assez médiocre en France. Le total est de 73,220,718 francs, sur lesquels les hôpitaux et les hospices absorbent 53 millions et demi, et les bureaux de bienfaisance 13 millions et demi, sans compter le produit des dons volontaires. Dans la Grande-Bretagne, les sommes consacrées officiellement et par voie de taxe au soulagement des pauvres ont été, pour l'Angleterre proprement dite, en 1845, de 5,039,703 liv. sterl., pour l'Écosse, en 1847, de 544,334 liv. sterl., et, pour l'Irlande, de 1,823,036 liv. sterl. en 1848, total : 7,407,073 liv. sterl., environ

---

(¹) Routes nationales.. 31,500,000 f. Sans compter les crédits de
    Routes départemen-   7,500,000 fr. pour lacunes
       tales............. 3,280,000   de routes, et routes nou
    Chemins vicinaux.. 22,174,000   velles en Corse.

(²) *Highway rate* (1842)........... 1,169,891 liv. sterl.
    Turnpike's trust (1840)........ 1,659,154 liv. sterl.

187 millions de francs, à quoi l'on peut ajouter la subvention de 297,189 liv. sterl. (7,504,011 fr.) que fournit le gouvernement aux institutions charitables, et le revenu des établissements charitables, qui est d'à peu près 20 millions de francs.

Le budget officiel de la bienfaisance publique s'élève donc à 215 millions de francs pour les trois royaumes. A quel prix? Au prix de la taxe des pauvres, qui devient, quoi qu'on fasse, un véritable supplément aux salaires, et qui démoralise peut-être autant qu'elle secourt. Je ne souhaite pas qu'on l'importe jamais en France; le droit à l'assistance ne peut figurer, avec quelque apparence de raison, que dans les lois d'un pays où les capitaux mobiliers ainsi que la propriété foncière demeurent le partage du très-petit nombre et portent encore le stigmate de la conquête. Avec la division du sol et des capitaux qui existe chez nous, la taxe des pauvres n'aurait pas de sens; elle deviendrait même une faute inexcusable, et conduirait très-certainement les individus à l'inaction, le pays entier à la ruine. Cependant nous croyons que l'on peut doter plus efficacement les bureaux de bienfaisance, ils feraient certainement un bon emploi d'une subvention double et même triple de celle qui leur est attribuée par l'État et par les conseils locaux. C'est là une admirable institution, qui, par l'assistance donnée à propos, peut prévenir encore plus que secourir bien des misères.

Après avoir recherché les analogies comme les différences qui existent entre les dépenses publiques de la France et celles de l'Angleterre, il n'est pas sans intérêt d'examiner les modifications que ces dépenses ont subies depuis le commencement du siècle, et de rapprocher les évaluations de 1850 des budgets de l'Empire, de la Restauration et de la monarchie de Juillet.

Commençons par l'Empire. Les budgets de cette époque étaient bien sommaires, et les comptes de l'administration des finances ne prodiguaient pas les détails. Le Corps législatif votait un budget en huit jours ; le public ne s'attendait pas à recevoir, et le gouvernement ne croyait pas lui devoir des comptes. Pourtant c'était une époque d'ordre autant que de gloire. L'empereur, qui ne comprenait peut-être pas le mécanisme ni les ressources du crédit, n'en abusait pas du moins et il s'efforçait, malgré les nécessités de la guerre, d'établir avec une louable sévérité l'équilibre entre les dépenses et les recettes. Les revenus de l'État allaient croissant [1], et l'on s'était même trouvé en mesure de faire remise, en 1807, à la propriété foncière de 10 centimes additionnels qui s'élevaient à 20 millions. Les dépenses de la guerre augmentaient seules, et les contributions militaires frappées sur les pays étrangers en défrayaient une partie. Il a fallu les désastres de 1812 et de 1813 pour déterminer, au moment où la France avait besoin de toutes ses ressources pour lutter contre l'invasion, la spoliation des communes, acte inique et qui ne reçut par bonheur qu'un commencement d'exécution.

Voici le budget des dépenses en 1810, que l'on peut considérer comme le budget normal de l'Empire.

[1] « Les recettes se sont élevées pour 1808 à 772 millions ; pour 1809 à 786 millions ; elles doivent monter pour 1810 à 795 millions. » (Compte rendu des finances.)

L'Empire embrassait alors cent huit départements.

Dette publique et pensions..........................	112,352,000 f.
Liste civile et princes français.....................	27,300,000
Grand juge (ministère de la justice).................	22,500,000
Relations extérieures...............................	8,500,000
Intérieur (comprenant les ponts et chaussées)........	57,125,000
Police générale	1,500,000
Cultes (les pensions ecclésiastiques non comprises)...	15,528,240
Finances (y compris les pensions de retraite)........	26,000,000
Trésor impérial....................................	8,300,387
Frais de service...................................	9,907,147
Guerre..	239,902,014
Administration de la guerre.........................	151,459,441
Marine..	111,366,835
Fonds de réserve...................................	3,673,329
TOTAL................	795,414,393 f.

Cette nomenclature des dépenses, telle que la donne le compte de 1810, n'est pas complète. Sous l'Empire, on ne portait, comme en Angleterre, au budget des recettes que le produit net des impôts. Pour avoir le revenu brut de l'État ainsi que les dépenses réelles, il faudrait tenir compte des frais de perception, d'exploitation et de régie. Ces frais, en 1810, se sont élevés, à 127,510,140 fr., lesquels, ajoutés aux autres dépenses, forment un total général de 922,924,500 fr.

Ce n'était pas tout encore. En dehors du budget ordinaire se développaient deux autres budgets parallèles, celui de la conquête et celui des travaux publics. « Il a été dépensé, dit le compte de 1810, en 1808, environ 100 millions pour l'entretien ordinaire des routes, pour la confection des routes neuves, pour la construction de nouveaux ponts et pour l'entretien des anciens, pour des desséchements, pour la navigation, les canaux et la

conduite des eaux de l'Ourcq à Paris, pour les travaux
d'utilité et d'embellissement dans les départements et dans
la capitale, pour les places maritimes et pour les ports.
Des travaux de la même nature ont consommé 110 millions en 1809, 138 millions en 1810, et ils consom-
meront *cent cinquante-cinq millions* en 1811. C'est en
totalité une somme de plus de 500 millions consacrée
en quatre années à des ouvrages d'utilité publique. »
L'allocation portée au budget de l'intérieur pour le service des travaux publics en 1810 était de 37,500,000 fr.
Il a donc fallu emprunter 100 millions aux ressources
extraordinaires. Quel gouvernement que celui qui, ayant
l'Europe sur les bras et tenant sous les armes plus d'un
million d'hommes, trouvait encore le moyen d'exécuter
de grands ouvrages, de créer la viabilité en France, de
consacrer en 1811 à cette dépense une somme qui égale,
ou peu s'en faut, celle que M. le ministre des finances
réserve aux travaux publics en 1850, mais en demandant 103 millions au crédit !

Quant à la guerre, on y enrôlait les hommes et l'on y
faisait contribuer l'argent des nations étrangères. La
caisse des contributions militaires fournit 67 millions en
1806, 149 millions en 1807, 133 millions en 1808, et
en 1809 elle solda toutes les dépenses que la guerre
commandait sur la rive droite du Rhin. En 1810, la
paix étant faite avec l'Allemagne, et nos forces militaires
n'étant plus occupées que par la lutte engagée avec
l'Espagne et avec l'Angleterre, l'armée n'avait plus
coûté que 391 millions ; le duc de Gaëte, dans un rapport adressé à l'empereur, qui figure en tête du compte
de 1811, écrivait ces paroles remarquables : « Si la

guerre d'Espagne restait seule à terminer, 370 à 400 millions suffiraient à l'entretien de l'armée, et déjà votre Majesté pourrait augmenter l'extraordinaire de la marine, *en diminuant même les charges des peuples.* Dans le cas du rétablissement de la paix continentale, la dépense militaire devant se réduire à l'entretien du complet ordinaire de l'armée, 250 millions suffiraient à tous ces besoins, et votre Majesté serait en état, en opérant une nouvelle réduction sur les contributions publiques, d'affecter à sa marine jusqu'à 300 millions. »

En décomposant les dépenses de 1810 pour les rapprocher de celles de 1850, on reconnaît que la principale différence porte sur les charges de la dette publique. L'Empire était le premier gouvernement régulier de l'ère moderne ; il inaugurait les destinées nouvelles de la France, et il n'avait pas de passé. Tous les rouages de l'administration étaient neufs et sortaient en quelque sorte de la forge. Il n'y avait pas d'arriéré à liquider, pas de vieux services à récompenser ; l'administration était une armée active, qui ne comptait presque pas d'invalides et qui n'avait pas de cadre de réserve. Les pensions ecclésiastiques faisaient seules exception, mais elles représentaient l'indemnité offerte pour la spoliation des biens du clergé. En 1810, la dette publique, les pensions comprises, mettait à la charge de l'État une dépense de 112 millions ; cette charge dépasse aujourd'hui 402 millions.

Les frais de perception, en 1810, représentaient 14 pour 100 des sommes perçues ; en 1850, ils ne s'élèvent pas tout à fait à 11 pour 100. Il y a donc progrès sur ce point, et l'administration de l'impôt est aujourd'hui plus économique.

Les services généraux des ministères coûtaient, en 1810, 654 millions : ils présentent, en 1850, une dépense de 753 millions ; mais les dépenses ne se distribuent pas dans la même proportion entre les divers services. En 1810, la guerre et la marine absorbent 502 millions, et ne il reste plus que 152 millions pour les services civils. En 1850, les crédits de la guerre et de la marine sont portés à 422 millions, et ceux des services civils à 326 millions. Je laisse de côté, dans ce rapprochement, les colonies que l'Angleterre nous avait enlevées en 1810, et qui ne figurent pas, par conséquent, dans les budgets de l'Empire.

Le duc de Gaëte estimait à 250 millions la dépense de l'armée sur le pied de paix ; mais la France n'avait pas alors l'Algérie à garder. Si l'on ajoute les frais de cette occupation à l'effectif normal, on touche de bien près aux 327 millions qui figurent au chapitre de l'armée dans le budget de 1850. N'oublions pas en outre que la valeur de l'argent, il y a quarante ans, était bien supérieure à ce qu'elle est aujourd'hui. On ferait à grand'-peine, pour 300 millions en 1850, les efforts que l'on pouvait faire en 1810 au prix de 250 millions.

La population des 108 départements administrés par le gouvernement impérial n'égalait pas celle des 86 départements qui composent aujourd'hui la France. Cependant il faut considérer comme un tour de force, qui n'est possible qu'à l'origine des administrations et quand elles n'ont pas encore perdu la simplicité primitive de leurs formes, que l'Empire ait pourvu, en dépensant 154 millions, à tous les besoins civils du gouvernement. Les dépenses de la justice et des cultes sont restées les mêmes à un million près ([1]). Il en est de même des relations extérieures sur lesquelles l'année 1850 présentera un million au moins d'économie. Les dépenses de l'instruction publique, de l'agriculture et du commerce, qui s'élèvent aujourd'hui à 39 millions, ont suivi les développements de la civilisation dans les arts de la paix ; elles ne figuraient que pour mémoire dans les comptes de l'Empire. Les ministères de l'intérieur et des travaux publics, qui exigent aujourd'hui une dépense d'environ 200 millions, réunis dans la main d'un seul ministre, ne coûtaient pas, la police comprise, plus de 60 millions en 1810.

Cette différence s'explique, pour 30 millions environ, par l'extension qui a été donnée aux travaux qui intéressent la viabilité des grandes artères de communication, et pour plus de 60 millions par les travaux d'une moindre importance que les départements ont entrepris ([2]). Quant à l'administration proprement dite de l'intérieur, qui se trouve portée au budget de 1810 pour 16 millions, et pour 31 millions au budget de 1850, le compte des finances ne fournit pas les éléments d'une comparaison sérieuse.

Malgré le bon marché de son administration civile,

([1]) Savoir :

	1810		1850
Grand-juge............	22,500,000 f.	Justice................	26,554,245 f.
Cultes................	15,528,240	Cultes................	41,986,290
Pensions ecclésiastiques.	29,600,000	Pensions ecclésiastiques.	385,000
TOTAL......	67,628,240 f.	TOTAL.........	68,924,535 f.

([2]) En 1810, les centimes additionnels à la contribution foncière produisaient 39,700,000 francs; en 1848, ils ont produit 126,317,658 francs.

le gouvernement impérial, qui avait élevé les dépenses
de l'État à un chiffre inconnu avant lui, avait senti le
besoin de justifier, aux yeux du public, des budgets qui
excédaient 900 millions. Il s'en tirait par les contrastes ;
il cherchait à démontrer, non qu'il dépensait peu, eu
égard aux grandes choses qu'il était appelé à faire, mais
que le gouvernement britannique, son émule en puissance et son principal adversaire, dépensait encore plus
que lui. Le rapporteur du budget, M. F. de Beaumont,
disait le 15 janvier 1810 : « Pendant les trois années
1807, 1808 et 1809, si l'on compare le budget des deux
puissances, on trouvera que la dépense de l'Angleterre
surpasse celle de la France de 1,304,421,000 fr.; mais
il faut remarquer que, dans le budget de l'Angleterre, le chapitre des dépenses ne présente que celles de
la guerre et de la marine, avec les subsides accordés aux
puissances, et qu'on n'y trouve ni les dépenses pour les
autres ministères, ni les pensions, ni la liste civile, ni la
taxe des pauvres, ni les intérêts de cette dette énorme
qui s'accroît chaque année. Ces dépenses sont acquittées
par la taxe sur les terres, la taxe sur le revenu, l'accise
et les autres impôts permanents, qui ne figurent point
dans le chapitre des recettes du budget annuel de l'Angleterre. » On comprendra mieux le mérite du rapprochement quand on saura qu'en 1809 seulement les forces
de terre et de mer entretenues par la Grande-Bretagne
lui coûtèrent plus de 48 millions sterling ou 1,200 millions de francs. N'en tirons pas cependant des conclusions trop décisives. De 1801 à 1814, l'Angleterre a certainement dépensé deux ou trois fois plus que la France ;
mais elle a pu supporter cette prodigieuse dépense, grâce

aux progrès de sa richesse industrielle et commerciale, tandis que la France, en 1814, n'a pas pu résister à l'invasion étrangère, épuisée qu'elle était à la fois d'hommes et d'argent.

Venons à la Restauration. Le budget qui résume peut-être avec la plus grande exactitude cette époque de transition est celui de l'année 1821. On avait liquidé alors la rançon de l'invasion ; le gouvernement avait triomphé des agitations intérieures, et il était à la veille de s'engager dans la guerre d'Espagne. Son existence paraissait affermie ; il allait donner cours à ses penchants naturels. Le budget de cette année est en quelque sorte un budget de principe. Voici en résumé les dépenses de 1821.

Dette consolidée......	189,052,764 f.	
Amortissement........	40,000,000	
Dette viagère........	10,860,000	
Intérêts de la dette flottante..............	6,400,000	
Intérêts des cautionnements.............	10,000,000	Dette publique 432,667,489 f.
Intérêts des bons à remettre aux étrangers.	4,500,000	
Pensions civiles.......	2,150,000	
— militaires	50,000,000	
— ecclésiastiques	10,150,000	
Supplément aux retenues..............	1,664,725	
Liste civile et famille royale	34,000,000 f.	
Chambres des pairs et des députés........	2,800,000	Dotations..... 40,434,000
Légion-d'Honneur	3,454,000	
Présidence du conseil.	180,000	
Ministère de la justice		17,879,500
— des affaires étrangères.................		7,855,000

Service ordinaire......	10,426,800 f.		
Dépenses départementales.............	34,137,272		
Dépenses spéciales....	5,500,000	Intérieur.....	109,006,860
Secours pour la grêle..	1,886,007		
Cultes...............	23,450,000		
Travaux publics.......	33,606,691		

Ministère de la guerre.......................... 174,736,600
— de la marine.......................... 52,980,000

Service du ministère..	6,240,000 f.		
Frais de trésorerie.....	4,200,000		
Bonifications aux receveurs généraux.....	3,400,000	Finances.....	17,082,000
Cour des comptes.....	1,242,000		
Cadastres...........	2,000,000		

Frais de régie et de perception.................. 131,604,285
Remboursements........................... 5,270,000
Monnaies, etc............................... 672,600

TOTAL................... 882,235,274 f.

Pour avoir le chiffre réel des frais de régie et de perception, il faut y joindre encore ceux de la loterie, qui sont de 37 millions, et, pour donner un tableau complet des dépenses départementales et communales imputables sur les centimes additionnels, il est nécessaire d'ajouter 25 millions qui ne sont pas portés au budget. On arrive ainsi à un total général de 944,643,057 francs, qui est l'expression complète et vraie des dépenses.

En jetant les yeux sur ce budget, il est facile de reconnaître que la France avait renoncé à son rôle guerrier sans faire pour cela des progrès très-sensibles dans le commerce et dans l'industrie. Le budget militaire se réduit à des proportions misérables : 227 millions pour la marine et l'armée réunies. Le budget des services civils reste, avec quelques changements dans la répartition

9

des dépenses, au chiffre de 152 millions, qui est celui de 1810. Aucune impulsion n'est donnée aux travaux de la viabilité, aux arts, aux sciences, ni à l'instruction publique. En revanche, la dette publique, dépense d'honneur, mais dépense improductive, si l'on regarde surtout à son origine, s'est démesurément accrue : de 112 millions, cette charge s'est aggravée jusqu'à 324 millions. L'administration des finances est la seule dans laquelle on ait introduit quelques améliorations et quelques économies.

Vers la fin de ce régime, les dépenses ordinaires avaient reçu un notable accroissement, et elles ne se répartissaient plus dans la même proportion entre les différents services. Le budget de 1829 avait été évalué à 980 millions. Les crédits de la guerre et de la marine s'augmentaient de 23 millions, et ceux de l'intérieur, les cultes et les travaux publics non compris, de 35 millions. A cette époque se prononçait déjà le penchant de l'opinion pour les ouvrages d'utilité générale; l'État améliorait les grandes routes, et les conseils généraux votaient l'ouverture de voies nouvelles de communication. Le budget des ponts et chaussées montait de 33 millions à 42, et celui des dépenses départementales de 34 millions à 45. L'instruction primaire recevait de l'État une première allocation de 100,000 fr., et le clergé, au lieu de 23 millions, en obtenait 33.

De 1821 à 1829, l'accroissement des dépenses réelles peut être évalué à 80 millions environ ; l'accroissement des revenus indirects excède 100 millions pendant la même période, d'où il suit que la marche des dépenses ordinaires a été mesurée au progrès de la fortune publique, et que, si l'État n'a pas fait beaucoup pour ajouter à la richesse du pays, il ne l'a pas non plus témérairement dissipée.

Les charges que la Restauration a léguées à la France représentent à peu près tous les efforts obligatoires ou volontaires qu'elle a faits pour la liquidation matérielle ou morale du passé. Elle a grevé la dette publique d'un capital de 2,414,542,269 francs, dont 1 milliard environ a été consacré, soit à l'indemnité des émigrés, soit aux dépenses de la guerre d'Espagne. Ne soyons pas trop sévères cependant pour une époque de laquelle date la vie politique en France, et qui a préparé le développement de toutes nos libertés.

C'est la monarchie de Juillet qui a déchaîné cette prodigieuse expansion des dépenses publiques à laquelle nous avons tant de peine aujourd'hui à faire face, c'est à elle en même temps que revient le mérite d'avoir donné l'essor aux progrès du revenu. Ce double résultat ne ressort pas au même degré de tous les exercices. Dans les premières années qui suivirent la révolution de 1830, l'accroissement des crédits n'avait guère qu'un seul objet : il s'agissait de mettre le pays sur un pied de défense respectable, et, quant au revenu de l'État, il augmentait dans la même mesure que la population ; mais, à partir de 1838, et bien que ce mouvement ait été troublé par les émotions de 1840, l'État recueille ce qu'il a semé : le pays, enrichi par les travaux publics, entre dans une ère d'abondance et de prospérité qui, en augmentant la valeur de la propriété et du travail, féconde aussi dans une proportion inouïe les sources des revenus indirects. De 1830 à 1837, l'accroissement n'est que de 6 millions par année ; de 1837 à 1846, il est de 21 millions par année.

Le budget de 1837 présente à peu de chose près le même chiffre de dépenses que celui de 1830. C'est à partir de l'année 1838 que l'équilibre se rompt, que les crédits montent plus vite encore que les revenus, et que l'extraordinaire a son budget spécial. Pour déterminer les côtés faibles de la politique financière adoptée par la monarchie de Juillet, on n'a qu'à mettre en regard du budget de 1847, qui en est l'expression la plus exagérée, celui de 1837, qui en est l'expression la plus modeste.

DÉPENSES.

	1837	1847
Dette publique et dotations........	347,585,763 f.	399,421,628 f.
Ministère de la justice et des cultes.	54,707,510	66,206,974
— des affaires étrangères....	7,222,131	10,120,039
— de l'instruction publique.	13,720,936	18,275,280
— de l'intérieur...........	79,489,567	133,330,422
— de l'agriculture et du commerce........................	11,770,325	14,015,130
Ministère des travaux publics.......	45,810,199	69,474,765
— de la guerre............	230,582,531	349,310,957
— de la marine...........	66,417,962	133,732,030
— des finances............	24,961,754	20,419,520
Frais de régie et de perception.....	121,254,807	154,306,363
Remboursements, restitutions, etc...	51,874,674	83,584,556
Travaux extraordinaires...........	17,916,703	177,450,425
Paiement aux États-Unis..........	5,587,432	»
TOTAL GÉNÉRAL.....	1,078,902,494 f.	1,629,678,089 f.

A prendre les résultats en bloc, l'accroissement des dépenses est, après dix années, de 550 millions, ce qui représente plus de 50 pour 100. En déduisant des deux budgets les travaux extraordinaires et en retranchant du budget de 1837 les paiements faits aux Etats-Unis, du budget de 1847 les dépenses des colonies admises pour ordre, on voit que la différence entre les budgets ordinaires des deux années est d'environ 380 millions ou de 36 pour 100. Entre les services généraux des ministères, qui sont la partie active des budgets, la différence réelle n'est plus que de 244 millions. Pour s'en rendre compte, il faut la décomposer chapitre par chapitre.

La dépense des administrations centrales était, en 1837, de 12,763,702 francs, avec un ministère de moins, celui des travaux publics ; elle s'est élevée, en 1847, à 15,044,238 francs, et l'on demande, pour 1850, 13,197,944 francs. Nous croyons que l'on peut opérer encore des réductions importantes sur le personnel de l'agriculture et du commerce, ainsi que sur celui de la guerre, dont les cadres semblent avoir été démesurément agrandis. L'administration du commerce, qui n'a que 14 millions à dépenser, coûte près de 700,000 fr., c'est-à-dire 80,000 francs de plus que les travaux publics, qui ont à dépenser près de 200 millions !

Le budget de la justice était de 19 millions en 1837, et de 27 millions en 1847. Cette différence considérable tient surtout à l'augmentation des traitements dans les degrés inférieurs de la magistrature. Le budget de 1850 n'opère sur ce chapitre que d'insignifiantes économies. En étendant la compétence des juges de paix, l'on pourrait supprimer plusieurs tribunaux de première instance et diminuer dans plusieurs autres le nombre des juges, ainsi que le nombre des conseillers dans les cours d'appel.

Le budget des cultes s'est élevé, en dix ans, de 35 à 38 millions ; les crédits de 1850 sont portés à 41 millions. Il en est de même du budget de l'instruction publique, qui, de 11 millions, chiffre de 1837, s'est élevé, en 1847, à 18 millions, et demandera 21 millions en 1850. Ce sont là les dépenses de l'ordre moral, dépenses qu'aucun bon citoyen ne proposera de réduire, pourvu que le clergé s'associe au progrès des lumières, et que la milice enseignante cesse d'être, ce que le gouvernement provisoire avait voulu qu'elle fût, un instrument de désordre dans la société française.

Le budget de 1850, en opérant une réduction de *trois millions* sur les dépenses des affaires étrangères, ramène les crédits au niveau qu'ils atteignaient en 1837.

L'augmentation de 3 millions que l'on remarque dans le budget de l'agriculture et du commerce, en 1847, s'explique principalement par un chapitre nouveau, celui des encouragements à l'agriculture, pour 1 million environ, et par l'accroissement qu'a reçu l'enseignement industriel. L'institution d'un enseignement agricole, institution dont l'utilité paraît fort contestable, entraînera une nouvelle augmentation de 2 millions au budget de 1850.

Les travaux publics, dotés de 45 millions en 1837, en ont reçu 24 de plus en 1847. Ce chiffre de 69 millions est conservé dans le budget de 1850, mais il ne se compose pas des mêmes éléments. On a réduit la dépense d'entretien que réclament la navigation et les routes ; par contre, on introduit une dépense de 5,840,000 francs, représentant, sous une forme approximative, les frais d'exploitation des chemins de fer qui restent encore dans les mains de l'État. Espérons que la renaissance des grandes associations permettra de décharger l'État d'une régie qui agrandit sans nécessité le cadre de ses attributions normales.

Les dépenses de l'intérieur proprement dit, qui n'étaient encore que de 57 millions en 1830, et de 79 millions en 1837, s'élevèrent en 1847 à 133 millions, et retombent à 125 millions en 1850. L'accroissement est principalement imputable au service spécial des départements, qui, après avoir employé 41 millions en 1837, et 89 millions en 1847, paraît devoir absorber 94 millions en 1850. Le service général de l'intérieur n'a subi que des variations peu importantes. De 43 millions, chiffre de 1848, il va descendre, en 1850, à 31 millions : la différence est considérable, mais elle ne contient qu'une économie sérieuse, le retranchement de 1 million sur les dépenses secrètes ; le reste tient à la suppression d'allocations temporaires, telles que les 5 millions accordés en 1847 en considération de la disette aux bureaux de bienfaisance, et les 8 millions consacrés à des travaux communaux. Il reste cependant à opérer l'économie des 3 millions qui sont portés au budget pour l'entretien de la garde nationale mobile. Que les jeunes gardes qui veulent servir leur pays dans la carrière des armes s'enrôlent dans les rangs de l'armée.

L'effectif de l'armée était, en 1829, de 255,323 hommes et de 46,863 chevaux, dont l'entretien coûtait 214 millions. En 1836, au prix d'une dépense de 227 millions, la France entretint une armée de 303,569 hommes, dont 25,000 sur le pied de guerre, et 56,760 chevaux. En 1847, le budget de la guerre est porté à 349 millions ; en 1849, il s'élèvera probablement à 380 millions ; le chiffre indiqué pour 1850 est de 327 millions, destinés à l'entretien de 387,000 hommes et de 87,000 chevaux.

Le budget de la marine pour 1850, si l'on en déduit la dépense des colonies, est de 92 millions ; on revient, à 2 millions près, au chiffre de 1830.

Les dépenses de la guerre et de la marine en 1850 présentent un ensemble de 418 millions. Voilà le corps de bataille du budget. C'est la masse contre laquelle se ruent les économistes peu clairvoyants, ceux qui comptent pour rien les nécessités de l'ordre public et celles de la défense extérieure. Gardons-nous de donner dans ces rêves de paix, qui ne sont pas de notre siècle. La France est condamnée, par sa situation géographique et politique, même dans les temps de calme, à faire les frais d'un état militaire qui commande le respect. Toutes les fois que les gouvernements ont laissé notre armée s'affaiblir, il a fallu bientôt, sous la pression des événements, ajouter les dépenses aux dépenses pour combler à la hâte les vides que cette négligence avait ouverts. Il n'y a qu'un moyen de s'épargner ces efforts extraordinaires, c'est d'être toujours prêts et de conserver notre rang parmi les puissances militaires de l'Europe.

J'ajoute qu'à l'intérieur l'armée est le boulevard de l'ordre : le sentiment du devoir s'est réfugié aujourd'hui sous les drapeaux, comme l'honneur dans la première république. En diminuant la force de l'armée, on réduirait les chances de l'ordre, au moment où le parti qui attaque l'existence même de la société conspire avec un redoublement de perversité et de violence.

S'il y a des économies à faire dans l'administration de l'armée et de la marine, faisons-les. S'il est possible, par une meilleure entente de ces grands intérêts ou par une surveillance plus active, d'obtenir, pour une dépense moindre, les mêmes résultats, appliquons-nous sans désemparer à cette réforme. Améliorons, à la bonne heure ; mais ne détruisons pas. L'œuvre de la démolition, après février, s'est bien assez prolongée et n'a été que trop radicale. Conservons précieusement, ne laissons pas entamer le faisceau de nos forces militaires. Je ne désespérerai pas de la société tant que nous aurons une armée nombreuse, disciplinée et dévouée au pays.

Le matériel et les approvisionnements de la marine et de l'armée paraissent aux hommes spéciaux comporter de notables économies. Il y a des réductions à opérer sur les états-majors, dont le luxe est ruineux et rend peu de services. Après l'expérience que l'on vient de faire, aux dépens du trésor, de cette colonisation sans plan et sans colons sérieux que M. le général Lamoricière avait inventée pour l'Algérie, je ne sais pas pourquoi l'on dissiperait encore dans ces ridicules avortements les 10 millions que je vois portés au budget de 1850, et qui ne sèmeront, de l'autre côté de la Méditerranée, que socialisme et que misère. Il n'y a de colonisation possible en Algérie, au début de la culture, le maréchal Bugeaud l'a démontré pour tous les hommes de sens, comme il n'y a de travaux publics, que par l'armée.

La dépense de notre effectif militaire pourrait cependant être réduite par deux combinaisons qui auront pour effet, en tout cas, d'en augmenter la solidité. La première consisterait à créer, dans les diverses armes, sur

un plan analogue à celui des grenadiers Oudinot, des
régiments dont chaque soldat aurait déjà servi sept ans
dans l'armée de ligne et s'engagerait à rester encore
treize ans sous les drapeaux. Chaque soldat aurait une
haute paie, et, à l'expiration de son engagement, il
jouirait d'une pension de retraite. Avec 36,000 hommes
de cette vieille infanterie, 5,000 chasseurs de Vincennes,
5,000 hommes de cavalerie, 4,000 hommes de l'artillerie et du génie, on pourrait ramener l'effectif à 360,000
hommes et à 75,000 chevaux. Malgré l'augmentation
de la solde, l'économie, dans les premières années surtout du système nouveau, serait importante. L'on rendrait près de trente mille hommes à l'industrie et à la
culture du sol. L'armée, quoique moins nombreuse, serait une force beaucoup plus efficace et une institution
plus démocratique, car le soldat verrait s'ouvrir devant
lui l'avenir qui est réservé aujourd'hui à l'officier.

La seconde combinaison est bien connue. Il s'agit
d'employer une partie de l'armée aux travaux entrepris
par le gouvernement ou par de grandes associations, et
qui peuvent être déclarés d'une utilité stratégique. Ce
que nos soldats font en Afrique, pourquoi ne le feraient-
ils pas sur le territoire continental? En donnant aux officiers l'instruction qui est nécessaire pour qu'ils prennent goût à la direction de ces travaux, et en accordant
aux soldats une prime proportionnée au travail qu'ils
exécutent, mais inférieure d'un tiers ou de moitié au
salaire de l'ouvrier libre, on obtiendrait des résultats qui
ne seraient pas indifférents pour la fortune publique.

Ce système aurait encore l'avantage d'enlever l'armée,
officiers et soldats, à l'oisiveté des garnisons qui les dé-

moralise et les énerve. On les endurcirait ainsi aux
fatigues, on développerait les forces du corps par le
travail et par une nourriture plus substantielle ; les occupations de la paix seraient une préparation à la guerre.
L'armée distrait chaque année des occupations immédiatement productives, telles que l'industrie manufacturière et l'agriculture, 80,000 jeunes gens qui sont, au
point de vue de la vigueur physique, l'élite de la population. Il y a là un mal pour le pays, que l'on prive ainsi
d'un accroissement très-réel dans la production industrielle ou agricole ; il y a dommage pour les jeunes soldats eux-mêmes, quand on déshabitue ces bras robustes
des fatigues salutaires, et ces intelligences des méthodes
du travail.

L'exécution des canaux et des chemins de fer, telle
qu'on l'a organisée chez nous, présente les inconvénients
les plus graves. Elle traîne à sa suite d'immenses agglo-
mérations d'ouvriers qui ne peuvent se former qu'en
laissant des vides nouveaux dans la main-d'œuvre récla-
mée par les campagnes, et qui produisent par leur
exemple, sur tous les points où les ouvriers sont appelés, une hausse désordonnée et par conséquent immo-
rale des salaires. Ce déplacement d'une population no-
made, qui s'opère sans règle, sans choix et comme au
hasard, apporte partout le trouble. Ce sont des régiments civils qui n'ont pas de discipline ni de drapeau, et
au sein desquels fermente souvent la contagion la plus
immonde. En Angleterre, la race des *navigateurs* forme
une armée industrielle qui atteint le chiffre d'environ
300,000 hommes ; une enquête récente ([1]) a révélé, sur

([1]) *On Railway Labourers.*

ces réunions d'ouvriers, des faits qui indiquent des habitudes étrangères à la civilisation et bien voisines de la
barbarie. Le mal, sans être aussi étendu ni aussi profond, a fait bien des progrès en France. Croit-on, par
exemple, qu'il n'eût pas été à souhaiter que l'armée
exécutât seule les fortifications de Paris, quand on voit
les ouvriers agglomérés par ces travaux dans la capitale
y entretenir un foyer permanent d'agitation, se mêler à
toutes les commotions qui en ont fait un champ de bataille, et qui tendent à la dépouiller de sa population et
de sa richesse ? Ne craignons donc pas de substituer les
soldats aux ouvriers dans l'exécution des voies stratégiques. L'armée est déjà un instrument d'ordre ; elle ne
cessera de peser sur nos finances et sur notre industrie
que lorsqu'elle deviendra un instrument de travail.

Au budget ordinaire, qui est de 1,408 millions pour
les dépenses de 1850, il faut ajouter pour le compte de
l'Etat, 103 millions à dépenser en travaux extraordinaires. Sur cette somme, le ministère des travaux publics absorbe 91 millions à lui seul, dont 66 millions sont
destinés à l'établissement des grandes lignes de chemins
de fer ; c'est ce budget de l'extraordinaire qu'il me paraît
indispensable soit de supprimer, soit tout au moins de
modifier de fond en comble.

Je voudrais d'abord que l'État ajournât tous les travaux qui n'ont pas un caractère de nécessité et d'urgence. Pourquoi consacrer, en 1850, 7 millions aux lacunes ou aux rectifications de routes, dans un pays où
ce qui manque aujourd'hui, c'est non pas le développement, mais le bon entretien des routes ? Ne peut-on pas
réduire de moitié les 15 ou 16 millions que l'on destine

aux ports et à la navigation fluviale ? Et quelle utilité y a-t-il pour la France à entrer plus avant dans l'exécution de ce système absurde à force d'être dispendieux, qui consiste à établir partout un canal parallèlement à un chemin de fer ?

Sur le crédit de 66 millions demandé pour les grandes lignes de chemins de fer, 29,100,000 francs sont réclamés pour la seule ligne de Lyon, qu'il s'agit d'ouvrir à la circulation, en 1850, jusqu'à Châlons-sur-Saône. En même temps, le gouvernement propose par une loi de concéder cette grande artère à une compagnie qui, moyennant l'abandon des travaux déjà exécutés, se chargerait de prolonger le chemin de fer depuis Tonnerre jusqu'à Lyon, et depuis Lyon jusqu'à Avignon. En supposant que le projet soit adopté, et il doit l'être, voilà donc une dépense de 29 millions retranchée du budget extraordinaire.

On pourrait supprimer encore une dépense de 10 millions, en mettant à la charge des compagnies de Tours à Bordeaux, et de Tours à Nantes, les travaux qui resteront encore à la charge de l'État, à partir du 1er janvier 1850, moyennant une concession de quatre-vingt-dix-neuf ans, et la garantie de l'État pour les intérêts de l'emprunt que ces compagnies auront à contracter. Que l'on emploie ensuite les troupes, concurremment avec les ouvriers civils, à l'achèvement des lignes de Paris à Strasbourg et de Chartres à Rennes, et le trésor, soulagé du fardeau qui l'accable aujourd'hui, pourra s'établir enfin dans la terre promise de l'équilibre.

Il s'agit d'exonérer l'État, non pas seulement d'une dépense de 40 à 45 millions en 1850, mais encore d'une dépense qui peut s'élever pour l'avenir à 350 ou 400 millions. L'État, qui n'est appelé, dans aucun cas, à exploiter d'une manière permanente les chemins de fer, ne doit exécuter que ce que les compagnies sont hors d'état d'entreprendre. La révolution de février a égorgé les compagnies : elles renaîtront, si on les encourage, et il faut les encourager, car, si les associations privées ne viennent pas désormais partager le poids des engagements de l'État, le ministre des finances n'a plus qu'à faire ses paquets et qu'à mettre la clé sous la porte.

Que l'on y songe donc, et que l'on y pourvoie sans plus de retards. Nous avons à terminer nos grandes lignes de chemins de fer ; c'est pour nous une nécessité de premier ordre. Nous avons de plus à ranimer le travail dans nos usines métallurgiques, dans les ateliers et dans les chantiers de construction, où il a presque entièrement cessé. Pour atteindre ce but, il ne suffit pas de susciter des compagnies qui se mettent aux lieu et place de l'État, pour faire plus vite que lui ce qu'il avait entrepris de faire : il faut encore que l'on détermine les compagnies existantes, en accordant à toutes celles qui voudront s'en contenter des prolongations de jouissance, à étendre leurs lignes et à augmenter l'importance de leurs travaux. Une guerre ou une forte reprise dans l'activité industrielle peut seule nous arracher à la catastrophe vers laquelle nous marchons par la double pente de l'anarchie morale et du déficit dans les finances. Si une crise est nécessaire, je préfère, pour mon compte, à l'impulsion de la guerre l'impulsion de l'industrie.

En résumé, 3 millions d'économie sur le ministère de l'intérieur, 20 à 25 millions sur les budgets de la guerre et de la marine, 40 millions à faire passer du budget extraordinaire à la charge des compagnies, une réduction de 15 millions sur les travaux extraordinaires autres que les chemins de fer, enfin la suppression temporaire de l'amortissement, qui est une dépense de 65 millions : toutes ces réductions, tant sur l'ordinaire que sur l'extraordinaire, ramèneraient le chiffre global des dépenses pour 1850, de 1,511 millions à 1,366 millions. On n'oubliera pas que dans ce total se trouvent comprises pour 156 millions les dépenses votées et imputées sur les centimes additionnels ou sur les revenus divers pour les départements ainsi que pour les communes, en sorte que le chiffre réel des charges auxquelles l'Etat devrait faire face ne serait plus, dans cette hypothèse, que de 1,210 millions.

II. — RECETTES.

Les revenus de l'État, en 1810, s'élevaient, les frais de perception et d'exploitation compris, à la somme de 922 millions, sur lesquels 301 millions étaient fournis par les contributions directes, et 558 par les contributions indirectes.

En passant de l'Empire à la Restauration, l'on ne trouve de changement sensible ni dans l'assiette ni dans le produit de l'impôt. Les recettes ordinaires de 1821 présentent un total de 927 millions, et ce n'est qu'en 1829, après quatorze années de paix, qu'elles s'élèvent à 992 millions. En 1821, les contributions directes rapportèrent 327 millions (¹), et les impôts indirects 566

(¹) Non compris 25 millions pour centimes facultatifs et extraordinaires.

millions. Si l'on déduit du budget des contributions indirectes le produit brut de la loterie, on aura 532 millions pour le revenu de 1810, et 514 millions seulement
pour celui de 1821.

La tendance de tous les gouvernements, depuis le Di-
rectoire jusqu'à la monarchie de Juillet, a été de diminuer la charge de l'impôt direct pour en surcharger les
contributions indirectes. Ainsi, le principal de la contribution foncière, fixé à 240 millions par l'assemblée constituante, se trouve aujourd'hui ramené, par une série
de réductions successives, qui partent de l'année 1797
pour ne s'arrêter qu'à l'année 1821, au chiffre de
159 millions. En tenant compte de l'accroissement que
les constructions nouvelles ont apporté dans la matière
imposable, on voit que le principal de la contribution
foncière, sur les bases que la Constituante avait posées,
égale, ou peu s'en faut, le principal des quatre contributions directes, qui est aujourd'hui de 252 millions,
savoir : 159 millions pour le foncier, et 93 millions pour
le personnel, pour le mobilier ainsi que pour les portes
et fenêtres.

La propriété foncière, en ce qui touche le principal
des contributions directes, jouit d'un dégrèvement permanent et en quelque sorte irrévocable ; mais, le jeu des
centimes additionnels a suivi la tendance essentiellement
variable des combinaisons politiques : ils ont été sans
cesse en diminuant sous la Restauration, et sans cesse en
augmentant depuis la révolution de Juillet. Ainsi le
produit global des quatre contributions directes, qui
était de 402 millions en 1816 et de 354 millions en 1821,
descendait à 325 millions en 1828, pour remonter à

355 millions en 1832, à 395 millions en 1840, et à 423 millions en 1847 ; il est évalué, pour 1850, à 429 millions, qui représentent, en addition aux 252 millions du principal, une moyenne de 71 centimes.

Les progrès des revenus indirects suivent les accroissements de la fortune publique et se mesurent surtout à l'activité du travail. Ces revenus, la loterie déduite, étaient de 483 millions en 1818, de 514 millions en 1821, et de 587 millions en 1828. L'accroissement représentait environ 10 millions par année. En 1833, après un dégrèvement de 36 millions opéré sur les boissons, le produit des contributions indirectes s'élevait à 570 millions, à 687 millions en 1840, et à 824 millions en 1847. Le progrès de ces recettes, en quatorze ans, représente 18 millions par année. De 1827 à 1847, en tenant compte de la réduction opérée sur le tarif des boissons, le produit a augmenté de 46 pour 100, preuve manifeste que ce système de contributions ne gênait pas le développement de la richesse.

Le budget de 1848 évaluait les revenus indirects à 838 millions ; par suite du ralentissement que la révolution de Février apporta aux consommations de toute nature, le produit de ces impôts descendit à 698 millions, et il fallut combler les vides du trésor par la contribution des 45 centimes. En 1849, même en supposant que le produit du dernier trimestre excède celui du troisième de la même quantité que celui-ci a excédé le résultat du premier, les revenus indirects, réduits de 36 millions environ par le dégrèvement opéré sur la taxe du sel, ne s'élèveront pas au delà de 691 millions. M. le ministre des finances évalue les produits de 1850 à

709 millions, et à 727 millions en y comprenant les nouveaux impôts sur l'enregi-trement et sur le timbre dont il demande l'adoption à l'assemblée nationale.

Voici, au surplus, par chapitres sommaires, le budget des recettes tel que M. le ministre des finances l'a proposé pour 1850.

Contributions directes......................	429,356,560 fr.
Produits des domaines, des forêts, etc......	47,866,032
Impôts et revenus indirects	709,266,100
Divers revenus..........................	45,308,532
Produits divers du budget....	29,156,625
Remboursements par la compagnie du Nord.	10,000,000
Impôt sur le revenu (réduction faite de la contribution personnelle)..................	60,000,000
Accroissement de l'impôt des patentes.......	1,000,000
Nouveaux droits d'enregistrement..........	6,000 000
Droits additionnels sur le timbre...........	12,000,000
TOTAL..............	1,349,953,849 fr.
Produit de la réserve de l'amortissement.....	65,867,167
RECETTES DU SERVICE ORDINAIRE........	1,415,821,016 fr.
Service extraordinaire. — Ressources provenant des obligations pour travaux entrepris.	103,184,000
TOTAL GÉNÉRAL..............	1,519,005,016 fr.

Retranchez de l'ensemble des revenus accumulés par le ministre des finances l'impôt du revenu, dont le produit est évalué à 60 millions, et la réserve de l'amortissement, qui n'est qu'une recette fictive, et que nous ne pouvons plus porter pour ordre au budget des recettes, ayant supprimé l'amortissement dans le budget des dépenses, vous aurez un total réduit à 1,290 millions.

Nous avons montré que les dépenses tant ordinaires qu'extraordinaires pouvaient être ramenées au chiffre de 1,366 millions. Ajoutez 34 millions pour l'imprévu, pour la marge à laisser aux crédits supplémentaires, et vous arrivez à un total de 1,400 millions. C'est donc à une insuffisance de 110 millions qu'il faut pourvoir pour rétablir l'équilibre. Cette lacune doit être comblée sans recourir à l'emprunt, car il ne serait pas possible de puiser à la même source pour couvrir à la fois l'arriéré et le déficit de l'année courante.

Il n'échappera certainement à personne que l'insuffisance des recettes se trouverait comblée et au delà, si les revenus indirects recouvraient cette fécondité qui en avait déterminé l'expansion dans les dernières années de la monarchie. En 1846, le produit de ces contributions avait été de 827 millions : c'est un excédant de 118 millions sur les évaluations de 1850, excédant qui dépasserait encore de 8 millions la différence à couvrir entre les recettes et les dépenses; mais il ne faut pas espérer, quelles que soient d'une part la sagesse et la fermeté du gouvernement, de l'autre l'empressement de la population vers le travail et vers les idées d'ordre, que la France, par un seul effort de sa volonté, puisse immédiatement, sous le régime républicain, remonter au point culminant de la prospérité qui s'était développée sous le régime monarchique. C'est surtout après les révolutions que le temps devient l'élément nécessaire du progrès.

La politique en matière de finances consiste, non pas à créer ou à trouver une matière imposable, mais à faire produire aux impôts existants et éprouvés tout ce qu'ils peuvent produire. Quand on n'est pas le maître de donner aux intérêts cette sécurité complète qui est le principe impulsif de la production et qui développe par conséquent les consommations sur lesquelles l'impôt lève tribut, il faut du moins rechercher si, dans le domaine que l'impôt embrasse, rien n'échappe à son action.

Cette recherche a conduit M. le ministre des finances à proposer de nouvelles taxes, qui sont destinées à étendre l'action de l'enregistrement et celle du timbre. Le résultat serait un produit de 18 millions. Ce chiffre ne me paraît représenter ni ce qui est désirable ni ce qui est possible. Pourquoi ne pas frapper d'un timbre proportionnel, à raison de 1 pour 100 du revenu, les titres de rente? Pourquoi ne pas soumettre au timbre les titres de pension, les diplômes, les brevets, tous les extraits, en un mot, des actes dans lesquels intervient la puissance publique? Il n'y a pas d'impôt meilleur ni plus susceptible d'être universalisé, pourvu qu'on le modère. Je crois qu'au lieu de 18 millions, on en tirerait aisément 30. Il me semble encore que M. le ministre des finances était mis en demeure, par les nécessités du trésor et par l'opinion publique, de rétablir le droit du timbre sur les journaux. Ce droit, s'il est trop élevé à 5 et 6 centimes, pourrait être réduit à 3 centimes. Même avec cette réduction, il rendrait très-probablement, grâce à l'extension qu'a prise la clientèle de la presse, une somme de 4 à 5 millions.

En présentant un projet de loi pour la révision du tarif des patentes, projet qui accroît les revenus publics de la chétive somme d'un million, M. le ministre des finances y comprend pour quelques centaines de milliers de francs les offices ministériels, dont chacun connaît l'importance même sous le rapport du revenu qu'en retirent les titulaires. Ce plan sera jugé dérisoire. Le taux de la patente doit être proportionné à la valeur de l'industrie que le patentable exerce. Qui voudrait prendre au sérieux une patente de 500 francs lorsqu'elle frappe un notaire de la capitale ou un agent de change à qui sa charge rapporte 80 à 100,000 francs par an? Les possesseurs d'offices comprennent bien que l'impôt confirmera dans leurs mains une sorte de propriété qui s'étend jusqu'à la faculté de céder ou de vendre, et ils demandent à être imposés. Ce sont les contribuables qui vont ici au-devant de la taxe, et c'est l'État qui refuse de la percevoir. Il faut avouer que M. le ministre des finances a rompu avec toutes les traditions du fisc, et qu'il intervertit singulièrement les rôles.

On compte en France 60 avocats au conseil, 3,500 avoués, 10,800 notaires, 697 agents de change et 638 greffiers des cours ou tribunaux, sans parler des huissiers ni des commissaires priseurs. Le revenu annuel de toutes ces charges excède très-certainement 80 millions de francs. Quand l'impôt prélèverait le dixième de cette richesse, il la traiterait encore mieux que la richesse foncière, qui voit prélever en moyenne par l'État le sixième ou le septième de son revenu. Que l'on ajoute à la patente des notaires celle des avocats et des agréés de tous rangs, et le produit de la nouvelle taxe s'élèvera sans difficulté à quelque chose comme 10 millions.

L'assemblée constituante a supprimé les droits établis sur les boissons, à partir de 1850. M. le ministre des finances propose avec raison de les rétablir, car le trésor public n'est pas en mesure d'abandonner aujourd'hui une recette de 100 millions. Le régime de ces droits n'est plus, j'en conviens, en harmonie avec les usages d'un peuple libre, et le taux en est encore hors de proportion, du moins en ce qui touche les vins, avec la valeur de la denrée à laquelle l'impôt s'incorpore. Il faudrait évidemment, par respect pour la justice et afin de donner satisfaction à nos populations méridionales, reviser en 1850 le système des droits sur les boissons. Je n'admets en aucun cas la suppression complète. Les boissons ont de tout temps été considérées comme une matière imposable. En Angleterre, on demande 300 millions à cette nature de taxes, et la drèche seule produit à peu près autant que rapportent chez nous l'alcool, le vin, la bière et le cidre ensemble. Ajoutons que l'on ne fait rien ou que l'on fait bien peu en supprimant les droits perçus par le trésor, tant qu'on laisse subsister les droits payés, à l'entrée des villes, sous le nom d'octrois. L'existence des droits d'octroi entraîne celle des droits de circulation, d'entrée et même de détail. Ce sont là autant de parties intégrantes d'un seul et même impôt. La révision du système aura lieu plus tard; elle n'est pas possible aujourd'hui. En ce moment, il n'y a pas autre chose à faire que de rétablir purement et simplement, quoi qu'il en coûte, les droits qui ont été imprudemment abolis. Que les départements méridionaux prennent donc aujourd'hui conseil de leur patriotisme. C'est un sacrifice qu'on leur demande pour échapper au naufrage; ils le feront sans hésiter et sans murmurer. Ils se donneront le mérite d'accepter en hommes résolus et en bons citoyens la nécessité qui commande.

La réduction de la taxe du sel, après février, était inévitable : on l'a peut-être prématurément décrétée ; mais, sans discuter ici l'opportunité de la concession, il est permis de penser qu'elle passe la mesure. On a retranché de l'impôt 2 décimes par kilogramme, et, la consommation ne s'étant pas accrue comme on l'avait supposé, il en résulte pour le trésor une perte qui excède 36 millions. Les contribuables n'ont pas certainement été soulagés dans la même proportion dans laquelle l'État a été lésé ; aussi la plupart réclament et en sont presque à regretter la taxe. Je ne propose pas de la rétablir dans son taux primitif, mais on peut, sans inconvénient, la porter à 2 décimes par kilogramme, et ajouter ainsi aux recettes plus de 20 millions.

J'en dirai autant de la taxe des lettres, dont le produit, évalué à 42,800,000 francs pour l'année 1850, reste inférieur de 10 millions aux recettes de l'année 1847. Ici, la modération et l'uniformité de la taxe ont provoqué un accroissement notable dans les quantités imposées. C'est un progrès qu'il ne faut pas compromettre. Mais, en élevant la taxe à 25 centimes, on ne découragerait pas les consommateurs pauvres, et l'on augmenterait très-probablement de 8 à 10 millions le revenu public.

La contribution personnelle et mobilière est mal assise. Les pauvres payent plus qu'ils ne devraient payer, puisque les villes rédiment, par un prélèvement sur l'octroi, les cotes établies sur les loyers de 200 fr. et au-dessous, cotes qui seraient irrecouvrables. Les riches, de leur côté, n'acquittent qu'une taxe insignifiante, qui ne répond pas le moins du monde à la grandeur ni au luxe des habitations. Cet impôt devrait être, pour la fortune mobilière, une véritable taxe de consommation, et se proportionner indirectement à l'aisance dont jouit chaque chef de famille. En attendant une révision dont les bases doivent faire l'objet d'une étude mûrement élaborée, il faut mettre un terme à un état de choses qui ressemble, pour plusieurs, à une exemption relative d'impôt. On y pourvoirait en établissant une taxe additionnelle à la contribution personnelle et mobilière, qui serait de 25 pour 100 pour les contribuables ayant un loyer de 400 francs à 600 francs, de 50 pour 100 pour les contribuables ayant un loyer de 600 fr. à 800 fr., de 75 pour 100 pour les contribuables ayant un loyer de 800 fr. à 1,000 francs, et de 100 pour 100 pour les contribuables ayant un loyer de 1,000 fr. et au-dessus. J'évalue à 8 ou 10 millions cette ressource supplémentaire. On pourrait y ajouter une taxe sur les domestiques, qui, à raison de 20 francs par homme et de 10 francs par femme employée, produirait encore 8 à 10 millions [1].

Voilà pour les ressources permanentes dont la justice veut et dont la nécessité exige que l'on fortifie le revenu public. Restent maintenant les ressources ou plutôt les expédients de circonstance. Je les ai déjà résumés d'un mot, en proposant, pour un an ou deux, jusqu'à ce que le revenu public ait recouvré sa puissance d'expansion, une sorte de dîme républicaine.

Cette dîme ne peut pas s'appliquer, on le sent, aux contributions de toute nature, car il est des impôts de consommation dont on courrait le risque de diminuer

[1] On évalue à 200,000 hommes et à 500,000 femmes le nombre des domestiques employés, en dehors des valets de ferme et des bergers.

la fécondité en exagérant les tarifs. En ce qui touche
l'impôt direct, le décime nouveau ne doit porter que sur
le principal, si l'on ne veut pas renouveler la faute des
45 centimes.

J'en limiterais l'application aux quatre contributions
directes, à l'enregistrement et à une retenue du dixième
sur les traitements et sur les pensions des fonctionnaires, en exceptant de cette retenue les armées de terre et
de mer. Voici le résultat approximatif de ces combinaisons diverses :

MESURES DÉFINITIVES.

Un décime ajouté à la taxe du sel....	23,000,000 f.	
Cinq centimes ajoutés à la taxe des lettres.........................	10,000,000	
Patentes des avocats et des officiers ministériels......................	10,000,000	
Timbre sur les journaux............	4,000,000	
Taxes additionnelles à l'enregistrement et au timbre, 30 millions au lieu de 18, différence.................	12,000,000	75,000,000 f.
Taxe additionnelle à la contribution personnelle et mobilière..........	8,000,000	
Taxe sur les domestiques...........	8,000,000	

MESURES TEMPORAIRES.

Retenue d'un dixième sur les traitements et pensions................	10,000,000	
Décime additionnel aux taxes d'enregistrement......................	17,000,000	56,000,000
Décime additionnel au principal des quatre contributions directes.......	29,000,000	

TOTAL GÉNÉRAL................	131,000,000 f.

Le budget des recettes tel que M. le ministre des finances le propose, si l'on en retranche la recette fictive
de l'amortissement et l'impôt du revenu, se réduit,

11

comme on l'a vu, à 1,290 millions. En y ajoutant les
ressources additionnelles qui viennent d'être indiquées,
on obtient un total de 1,421 millions. Nous avons
évalué les dépenses, tant ordinaires qu'extraordinaires,
à 1,366 ([1]) millions, et à 1,400 millions en laissant une
marge de 34 millions pour faire face aux éventualités
des crédits supplémentaires. Par delà toutes ces nécessités, le budget des recettes, suivant nos prévisions, présenterait encore un excédant de 21 millions. Ainsi, le
présent n'ajoute plus rien aux charges du passé, l'équilibre est rétabli, et la sécurité financière est complète.

III. — MOYENS DE CRÉDIT.

Je me suis attaché avant tout, dans cet écrit, à dégager nos finances de la pression d'un avenir en quelque
sorte immédiat qui paraissait gros de catastrophes. J'ai
cru que la France trouverait aisément, dans les ressources du crédit, les moyens de liquider les engagements
que lui a légués le parti des républicains de la veille, si
l'on prenait la ferme résolution de subvenir désormais à
tous les besoins, à ceux du moins que l'expérience permet de prévoir, avec les seules ressources de l'impôt.
L'équilibre des recettes et des dépenses a pu n'être jusqu'à présent qu'un intérêt de premier ordre ; je l'ai considéré, à partir de ce jour, comme une question de vie
ou de mort.

([1]) Les dépenses générales, évaluées à 1,366 millions, ne sont
que de 1,210 millions, si l'on en déduit les charges locales. Les
recettes, déduction faite des sommes destinées aux dépenses locales, ne seraient plus que de 1,265 millions.

Les revenus ordinaires de l'État doivent suffire, non-seulement aux dépenses ordinaires, mais encore aux dépenses extraordinaires. Je n'admets pas deux budgets distincts : cela peut être un moyen d'ordre pour la comptabilité, mais pour le gouvernement c'est une cause de désordre. Tout ce que l'on peut accorder, c'est que, dans l'intérêt des grands travaux publics, l'action de l'amortissement soit suspendue et que les fonds que le budget y consacre soient employés, quand il y a profit à le faire, à construire des chemins de fer ou à creuser des canaux. Toute nation est libre d'examiner s'il devient préférable pour elle, dans des circonstances données, de travailler à l'extinction de sa dette, ou de préparer l'accroissement du revenu en ajoutant au capital productif de sa richesse.

L'amortissement a été employé pendant longtemps, non pas à éteindre la dette, non pas à solder les dépenses extraordinaires, mais à combler l'abîme des découverts que laissaient perpétuellement les dépenses ordinaires. Cette pratique abusive mène droit à la ruine, et il est bien temps d'y renoncer. Je supprime donc les 103 millions d'obligations que proposait de créer M. le ministre des finances, et qui deviennent inutiles avec un budget équilibré. Dans ma pensée, l'amortissement est une hypothèque de 65 millions mise sur le revenu de l'État, et qui doit servir, soit à diminuer le fardeau, soit à prévenir l'aggravation de la dette publique. 65 millions, voilà le fonds auquel l'État peut légitimement puiser pour entreprendre les travaux que les grandes associations ne seraient pas en mesure d'aborder. Encore faudrait-il le considérer comme une limite extrême. Lorsque la France aura porté le réseau de ses commu-

nications à un degré de perfection et de développement
qui ne lui laisse rien à envier au reste de l'Europe, elle
fera mieux assurément d'amortir sa dette, ou d'accorder
une remise d'impôt aux contribuables, que de multiplier encore les voies de fer ou les voies d'eau.

Nous avons admis que le découvert de l'année 1849
excéderait 260 millions, et que le découvert total à supporter par la dette flottante s'élèverait à 630 millions
dès le début du prochain exercice. Convient-il aujour-
d'hui, pour diminuer cette dette, d'en consolider une
partie et d'adjuger, ainsi que le demande M. le ministre
des finances, un emprunt de 200 millions? L'opération ne me paraît ni opportune ni nécessaire. Je dirai
pourquoi.

L'excédant des recettes sur les dépenses, en 1850,
peut servir, dans mes prévisions, à diminuer le découvert de 25 à 30 millions. Sur les 600 millions qui restent, 50 sont dus à la Banque de France à titre d'avances, et la Banque n'en réclame pas le remboursement
immédiat. Il y a plus, aux termes du traité qu'elle a
conclu avec l'État, l'État peut lui demander encore
100 millions que la Banque, voyant ses escomptes se
restreindre, s'estimerait heureuse de prêter. Ce serait,
en attendant mieux, une conversion partielle de la dette
flottante, qui se trouverait réduite ainsi à 500 millions.
L'État, en augmentant l'étendue de ses obligations à l'é-
gard de certains établissements publics, diminuerait celle
de ses obligations vis-à-vis des particuliers. La position
du trésor gagnerait en sécurité et en indépendance.

Sans doute, il est difficile d'ajourner indéfiniment
l'emprunt ; mais on peut encore attendre. Un emprunt

de 200 millions, contracté aujourd'hui au taux probable
de 82 francs pour 5 francs de rente, grèverait le budget
d'une charge annuelle de 12,700,000 francs, tandis
qu'en le renvoyant à des temps meilleurs, on contracterait à 90, à 95 francs, peut-être même au pair.

Il y a une raison plus décisive encore de différer l'emprunt : c'est que le fonds disponible des capitaux auxquels
s'adresse l'État, quand il emprunte, est le même qui
subvient aux entreprises de l'industrie privée, et que ce
fonds, aujourd'hui, n'est rien moins qu'inépuisable. Ne
recommençons pas les fautes de la monarchie. Le gouvernement de Juillet, au moment où il inondait le marché d'actions de chemins de fer, ouvrit un emprunt de
200 millions, et, au lieu d'assister le crédit des compagnies, leur fit une concurrence qui devait être fatale à
tout le monde. On en vint à demander à la place de Paris
jusqu'à 60 millions par mois, et il en résulta que les
prêteurs, comme les actionnaires, étant obligés d'emprunter pour acquitter leurs engagements, tous les ressorts du crédit se tendirent jusqu'à se rompre.

Si l'État appelle aujourd'hui les compagnies à s'associer
à l'œuvre des chemins de fer, il ne doit, dans son propre
intérêt, leur enlever aucune de leurs chances. S'il veut
que ces entreprises trouvent de l'argent, il ne doit pas leur
disputer les capitaux, trop rares encore, qui cherchent
un placement avantageux. La compagnie de Lyon, à elle
seule, aura besoin de 250 millions en quatre années.
Supposez que toutes les autres compagnies nées ou à
naître exigent une somme égale en versements ou sous
forme d'emprunts, il faudra trouver 125 millions par
année pour l'exécution des chemins de fer. Y aurait-il de

11.

la prudence à jeter au travers de ce mouvement industriel une émission de rentes? L'État, pour faire appel au
crédit, ne doit-il pas attendre que l'avenir des grandes
entreprises soit assuré?

L'emprunt peut être ajourné, sans inconvénient ni
péril, au printemps de 1851. A cette époque, il suffira
d'emprunter 150 millions, dont les versements s'effec-
tueront à raison de 10 millions par mois, et qui serviront
à rembourser le prêt fait par la Banque. Cette combinaison réduira la dette flottante à 450 millions, dont 50
représenteront des avances faites sans intérêt par la
Banque. Descendre à un niveau inférieur, ce serait supprimer la dette flottante, dont l'existence restera nécessaire pour servir d'asile aux capitaux sans emploi, tant
que la France sera un pays riche, Paris un marché de
capitaux, et le crédit de l'État la commune mesure du
crédit.

La plaie de nos finances est profonde, et paraît à
quelques-uns mortelle. J'ai essayé de montrer comment
on pouvait la fermer et faire circuler dans le corps social la santé et la vie ; mais cela n'est pas possible à toutes
les politiques. La politique du laissez-faire, celle qui
s'abandonne et qui abandonne les autres, serait la dernière à y réussir.

L'assemblée constituante, de la même main qui entas-
sait les dépenses sans compter, n'a pas craint de démolir
les recettes. La guerre à l'impôt y était populaire et systématique ; la défense de l'impôt n'y trouvait que des
organes équivoques, embarrassés et presque honteux de
leur rôle. C'est une cause à regagner par des procédés
absolument contraires à ceux par lesquels on l'a perdue.

Il n'y a pas de finances sans un gouvernement ferme, qui sache ce qu'il veut, et qui ne perde pas un instant de vue l'accomplissement de ses desseins. La pensée qui fait régner l'ordre dans les dépenses est la même qui le fait respecter sur la place publique. Ce sont deux faces et comme deux applications d'une seule volonté. La première république a péri par le désordre des finances autant que par l'anarchie du pouvoir. Espérons que la seconde finira par nous donner un spectacle tout différent. Il serait trop douloureux de penser que le parti modéré, qui entreprend d'élever la révolution à la hauteur d'un gouvernement, ne saura se montrer ni plus capable ni plus vigoureux que les hommes qu'il a supplantés aux applaudissements de la France.

III

DE LA SITUATION FINANCIÈRE

ET DU BUDGET DE 1851.

Avril 1851.

Dans un discours qui a obtenu et qui méritait un grand retentissement ([1]), M. Donoso Cortès, tirant l'horoscope des gouvernements constitutionnels, prédit qu'ils périront par la banqueroute. L'orateur espagnol, pendant qu'il était en train de jeter sur la situation des pouvoirs ces clartés funèbres, aurait bien pu étendre sa prédiction aux gouvernements absolus. Je ne vois pas en effet ce qui les préserve. Les gouvernements absolus de l'Europe éprouvent les mêmes embarras financiers, qui, mis à découvert dans les gouvernements constitutionnels par les révélations de la presse et par les éclats de la tribune, affaiblissent ceux-ci aux yeux de l'opinion publique et font douter de leur durée. Les uns comme les autres ont coutume d'épuiser toutes les ressources de l'impôt, et ils ont un égal besoin du crédit. Y a-t-il, sur le continent européen, des finances plus embarrassées que celles de l'Autriche? Est-il un pays où la circula-

([1]) Prononcé le 30 janvier, devant la Chambre des députés à Madrid.

tion monétaire ait subi de plus anciennes et plus profondes perturbations? Et comment parler du crédit d'un gouvernement qui ne sait ou ne peut combler le vide de ses caisses qu'au moyen de l'emprunt forcé? L'équilibre entre les dépenses annuelles et les revenus de l'État ne règne pas assurément en Russie plus sincèrement ni plus complétement qu'en France ou qu'en Espagne. L'empereur a beau disposer de la vie et des biens de ses sujets, il a beau posséder, dans les mines d'or de l'Oural et de la Sibérie, des trésors plus abondants que ceux de la Californie elle-même, cela ne le dispense pas d'ouvrir un emprunt à Londres et de subir la loi des marchands d'argent.

L'invention de la poudre à canon a égalisé les chances de la guerre entre les peuples; l'usage du crédit nivelle en quelque sorte les conditions des gouvernements. Une monarchie absolue à laquelle l'impôt ne suffit pas et qui emprunte devient justiciable de la publicité, et se condamne à passer par toutes les épreuves qui semblaient réservées exclusivement aux États constitutionnels : elle s'expose aux mêmes causes de dissolution, sans avoir les mêmes ressources ; car c'est seulement dans les États libres que le feu de la discussion, qui a souvent une intensité dévorante, épure quelquefois et vivifie.

L'Angleterre est aujourd'hui la seule nation qui présente à l'observateur des finances vraiment florissantes. L'Europe septentrionale, qui a vécu pendant la guerre de ses subsides, ne vit depuis la paix que des emprunts qui vont chercher des preneurs sur cet immense et universel marché des capitaux. Cependant l'Angleterre elle-même ne paraît pas être rentrée dans une situation assurée ni normale. Elle plie sous le faix d'une dette dont l'intérêt annuel absorbe le plus clair de son revenu, et plusieurs des impôts d'où ce revenu découle, battus violemment en brèche, ont déjà été à peu près emportés d'assaut. Dans une discussion récente, devant la chambre des communes, qui est omnipotente en matière d'impôt, on n'a trouvé que trois voix de majorité pour maintenir la taxe des fenêtres. Un revenu de 50 millions a failli être enlevé comme une feuille morte par le souffle d'un scrutin inattendu.

Il faut donc en prendre son parti, les finances de tous les empires sont ébranlées. Les embarras d'argent viennent partout compliquer les difficultés politiques. C'est encore aujourd'hui comme en 1789. Nous avons à inaugurer les réformes économiques et à ramener l'ordre dans les finances de la même main qui défendra et qui raffermira les bases chancelantes du pouvoir et de la société.

Le fardeau des impôts est une quantité relative qui se mesure à la richesse des contribuables. Ainsi, l'on ne dit rien de sérieux quand on fait remarquer que les dépenses publiques vont croissant avec la somme des libertés dont jouissent les nations, car les peuples les plus libres sont aussi généralement les plus industrieux, et par conséquent les plus riches. L'Angleterre, avec vingt-huit millions d'habitants, supporte sans fléchir le poids d'un budget qui accablerait la Russie, malgré sa population deux fois plus nombreuse, et le budget de la France, en 1847, élevant à 1,600 millions les dépenses de l'État, laissait bien loin derrière lui comme un infiniment petit ce budget de 1789, dans lequel un défi-

cit qui serait aujourd'hui à peine sensible avait hâté
l'heure de la révolution.

L'infériorité des gouvernements constitutionnels et
des républiques principalement, consiste en ceci : que le
progrès naturel de la richesse y est contrarié et tenu en
échec par l'instabilité du pouvoir. Voilà ce qui rend les
économies et les réformes dans l'ordre financier très-difficiles, pour ne pas dire impossibles. Le temps manque pour faire le bien. Tout reste en projet, parce que
l'occasion d'agir se présente rarement au jour favorable.
A peine est-on rentré dans l'état normal, qu'une crise
nouvelle survient. Ce que le repos a recueilli de forces,
ce que le travail a produit, est bientôt dissipé par la tempête. Les révolutions viennent toujours, comme à point
nommé, augmenter les dépenses et diminuer les recettes
du trésor. Il y a plus, elles ébranlent l'impôt, et mettent
ainsi l'État, pour l'avenir encore plus que pour le présent,
dans l'impuissance de pourvoir aux nécessités qu'elles
engendrent.

A ce point de vue, je le reconnais, il y a peu à espérer
des finances d'un gouvernement républicain. Il faut un
terrain plus solide à l'équilibre des budgets. L'ordre
financier a besoin de reposer sur le roc ; on ne le fondera
jamais sur le sable. Voyez les États de l'Union américaine.
Bien que l'esprit de changement ne pût pas s'y trouver à l'étroit, placé devant les profondeurs et la fécondité
d'un espace sans bornes à défricher, et porté par la force
d'expansion d'une société naissante, n'a-t-il pas déjà
fait dans leur sein des ruines dont l'Europe tout au
moins a dû souffrir? Combien d'États ont suspendu, sinon abandonné le paiement de leur dette ! et le gouver-

nement central lui-même peut-il, depuis plusieurs années, se soutenir par ses ressources régulières ? N'est-il pas, au contraire, condamné, par son ambition, par sa mobilité et par ses fautes, à l'expédient onéreux et dangereux des emprunts ?

Le sol de la république semble être encore plus mal assis en Europe. Dans notre vieille société, où le passé se survit par l'empreinte que les mœurs en gardent, et où, pour créer à nouveau, il faut détruire, le génie républicain, contenu et comprimé par la force des choses, ne peut se faire jour que par de violentes explosions. C'est une terre volcanique où la lave bout et gronde sourdement, quand elle ne coule pas avec le fracas du tonnerre. En vain l'on inscrit la fraternité sur les drapeaux et l'on donne aux lois l'égalité pour principe dans un pays où une partie de la nation conspire ou se révolte perpétuellement contre l'autre moitié et entretient ainsi le malaise et la misère, en attendant la catastrophe qui doit être pour elle une défaite ou un succès.

Au risque cependant de voir démolir en quelques heures l'œuvre patiente des années, nous devons reprendre aujourd'hui ce travail ingrat de réforme dans les finances que la révolution de Février a interrompu. Il ne faut pas se lasser de rétablir l'ordre, même avec le désordre en perspective. L'existence des nations n'est pas, comme celle des individus, le labeur désespéré de Sisyphe. Un jour ou l'autre, en grandissant à travers les épreuves, elles finissent par atteindre le but assigné à leurs efforts. L'ère des révolutions n'est pas, sachons-le bien, le régime définitif de l'espèce humaine.

I. — SITUATION FINANCIÈRE.

Quelle est aujourd'hui la situation financière de la France? quelle sera cette situation à l'ouverture de l'exercice 1851 ? Les efforts du gouvernement et de l'assemblée en 1850 auront-ils pour résultat d'alléger, dans une forte proportion, les charges publiques? Nous avons presque terminé la liquidation de ces deux années que j'appellerai notre passé révolutionnaire; au point où nous sommes parvenus, peut-on entrevoir, dès à présent, un avenir qui rassure et qui calme les esprits ?

Le malaise, qui se prolonge avec des alternatives d'amélioration et d'aggravation, tient principalement à ce que nous continuons, dans un temps agité, les procédés d'une époque pacifique, sinon régulière. On délibère et l'on dispute longuement, comme si l'ennemi n'était pas à nos portes. Le gouvernement et l'assemblée s'abîment dans des préparations législatives dont il semblait qu'une expérience de soixante années dût nous dispenser. Rien n'aboutit et personne ne décide. La langueur des volontés, l'avortement des projets et le conflit des opinions tiennent toutes choses en suspens. Le budget de 1850, tardivement présenté par le ministère, s'est traîné pendant cinq mois dans les débats intérieurs d'une commission qui a cru devoir reprendre à nouveau l'examen des moindres détails, comme si les commissions antérieures n'avaient rien éclairé et lui avaient laissé tout à faire. La discussion publique n'a commencé qu'à la fin de mars ; elle empiétera sur le mois de mai. On aura consommé, en courant

12

après des rognures de budget, cinq douzièmes entiers dans le provisoire.

Le budget présenté par M. Passy portait à 1,511 millions les dépenses tant ordinaires qu'extraordinaires de l'année 1850; la commission du budget, d'accord avec son successeur, les a réduites à 1,427 millions. L'assemblée nationale a déjà consacré la plus grande partie de ces conclusions par ses votes. Voici, au reste, les deux projets en regard :

	Projet de M. Passy.	Proj. de la commission.
Dette publique et dotations..	411,726,643 f.	405,335,193 f.
Services généraux des ministères.....................	763,938,365	731,360,918
Frais de régie et de perception.	150,999,421	150,449,921
Remboursements et restitutions....................	82,111,955	81,861,955
TOTAL........	1,408,776,384 f.	1,369,007,987 f. (1)
Travaux extraordinaires.....	103,184,000	58,837,500
TOTAL GÉNÉRAL.....	1,511,960,384 f.	1,427,845,487 f.

Ainsi la commission retranche 84 millions des propositions du gouvernement. La réduction porte pour deux cinquièmes sur l'effectif de nos armements, et sur les travaux publics dans la proportion de trois cinquièmes. C'est en grande partie plutôt un ajournement de dépenses qu'une économie. Les travaux en effet que l'on n'exécutera pas en 1850, étant la conséquence d'entreprises déjà commencées et qu'il faut terminer, pèseront sur les exercices subséquents. La France ne laissera ni ses chemins de fer, ni ses routes, ni ses canaux inachevés :

---

¹ M. Gouin fait remarquer, dans son rapport sur le budget des recettes, que le chiffre des dépenses ordinaires ne s'élève en réalité qu'à 1,367,643,688 francs.

il y va tout ensemble de sa prospérité et de sa puissance. Les 50 millions que l'on retire au budget des travaux publics en 1850 seront donc inévitablement reportés sur les budgets qui suivront. La suppression de cette allocation n'a d'autre objet que de soulager provisoirement la dette flottante.

C'est surtout après une révolution qui a jeté dans les esprits un grand trouble qu'il importe d'ouvrir à leur activité inquiète le dérivatif du travail. Il faut déverser quelque part cette séve qui les agite et qui déborde. Tout peuple emporté par la fièvre révolutionnaire ne se calme que par la guerre ou par l'industrie. Le mouvement de 1789 nous a donné cette guerre de géants qui, après vingt années d'une gloire incomparable, à travers la République et l'Empire, a ramené la France un peu en arrière de ses anciennes limites. Le mouvement de juillet 1830, détournant au contraire nos regards de l'Europe, a suscité les progrès de la richesse intérieure, et nous a promptement familiarisés avec les merveilles du capital, ainsi qu'avec les ressources du travail. C'est de la loi qui détermina, en 1832, l'achèvement des travaux et des monuments commencés que date cette ère nouvelle. Par son exemple et par ses trésors, l'État, au sortir de la crise, imprima une impulsion féconde à l'industrie privée.

Nous avons aujourd'hui la même politique à suivre. L'industrie privée, alarmée et rebutée par nos convulsions politiques, n'ose plus aborder les travaux de long cours. On ne produit plus chaque jour que ce que demande la consommation quotidienne. Les régions du crédit semblent se fermer devant l'industrie et le com-

merce. La Banque de France, qui est le plus grand escompteur du papier de commerce, n'avait, le 11 avril
dernier, que pour 105 millions d'effets dans son portefeuille ; le 15 mars 1848, au plus fort de la tourmente
révolutionnaire, les valeurs de ce portefeuille s'élevaient
encore à 303 millions. Ainsi, le mouvement des affaires
va se ralentissant d'heure en heure ; il y a là comme un
immense rouage à remonter.

Dans les crises politiques, qui dominent et qui déjouent les efforts des individus, l'État devient en quelque
sorte l'assureur général des fortunes. Son intervention,
imprudente et mauvaise en temps régulier, est alors
légitime et salutaire : c'est à lui de réparer le mal qu'il
a fait ou que l'on a fait en son nom. Le gouvernement,
pour soulager le budget des travaux extraordinaires,
autant que pour ranimer l'esprit d'association et pour
rappeler les capitaux vers l'industrie, avait proposé à
l'assemblée législative de concéder, moyennant la garantie d'un intérêt de 5 pour 100, sur un capital de
260 millions, le chemin de fer de Paris à Avignon à une
compagnie unique. Cette combinaison vient d'échouer
devant la coalition des intérêts locaux ; ce qui prouve que
la république est travaillée de la même corruption qui a
énervé et qui a perdu la monarchie. Il en sortira, pour
premier résultat, un accroissement de 30 à 40 millions
dans les dépenses de l'État pendant l'exercice 1850.

La commission du budget ne paraît pas avoir cherché
à se placer à la hauteur de cette situation difficile.
M. Gouin, rapporteur du budget des recettes, déclare
lui-même qu'il ne faut considérer son travail que
« comme un premier pas vers un état meilleur. » Encore

l'honorable rapporteur s'exagère-t-il la portée du projet amendé ; il n'y a rien de fait, et l'on ne marche pas vers un état meilleur, tant qu'on reste dans le provisoire. Sous ce rapport, la commission a suivi l'exemple du ministre, dans les mains duquel, j'en conviens, l'initiative des plans financiers est mieux placée.

La commission du budget évalue les recettes ordinaires de 1850 à 1,251 millions ; elle y ajoute 32 millions pour le produit des trois nouveaux impôts sur le timbre, sur l'enregistrement et sur la poste, plus 84 millions de ressources extraordinaires, composées principalement de la dotation de l'amortissement que l'on enlève à son action normale ; ce qui porte les recettes de toute valeur à 1,368,419,117 fr., somme supérieure de 775,429 fr., au chiffre global des dépenses. La dépense des travaux extraordinaires, réduite de 103 millions à 58, reste en dehors de l'affectation de ces ressources : la dette flottante doit y pourvoir.

Voici maintenant le résultat probable que donnera la liquidation de cet exercice. M. le ministre des finances en a présenté, dans l'exposé qui précède le budget de 1851, un tableau un peu flatté. En énumérant les charges qui pèseront, à l'ouverture de l'année, sur la dette flottante, M. Fould porte les découverts antérieurs à 1848 à la somme désormais invariable de . . 227,656,361 fr.

Le découvert probable de 1848 s'élève à 3,069,965

En 1849, la différence entre les dépenses et les recettes, que l'on estimait à près de 280 millions, s'abaissera à 253,164,794

Total des exercices antérieurs à 1850. 483,891,120 fr.

M. le ministre des finances suppose que les recettes de 1850 seront au moins égales à celle de 1849, qui présenteront sur les évaluations de la con n.issicnun excédant de 8,570,300 francs, et il place cet excédant hypothétique en regard des crédits supplémentaires déjà votés.

Mais, d'une part, avec l'expérience du passé, il faut admettre que les crédits supplémentaires en 1850, ne s'arrêteront pas au chiffre modeste de 8,695,607 francs, et nous pouvons, sans témérité, les évaluer à 25 ou 30 millions. D'un autre côté, rien n'est moins certain que l'accroissement du revenu public. Les deux premiers mois de l'année présentent des résultats faiblement supérieurs à ceux de 1849, et dès le mois suivant et sous l'impression universellement produite par les élections de Paris, le progrès du revenu en même temps que celui des transactions s'arrête. Peut-on légitimement espérer une reprise au milieu des inquiétudes qui assiégent les plus fermes esprits? Ajoutez que les nouveaux impôts, pesant sur la bourse commune, nuisent ordinairement, par leur contact et par leur concurrence, au produit des anciennes taxes. Je m'abandonne donc aux évaluations du budget, et je porte en ligne de compte, pour les crédits supplémentaires de 1850, une somme de 25 millions, qui élève le découvert probable à 508 millions.

Ajoutons maintenant la somme due pour la compensation accordée aux déposants des caisses d'épargne par la loi du 21 novembre 1848. . . . . .   33,035,000 fr.

La somme affectée aux travaux extraordinaires. . . . .   58,837,000 fr.

La somme affectée aux travaux du chemin de Lyon laisseront, en 1850, à la charge du trésor.   30,000,000

 Ce qui donnerait, à la fin de 1850,
une dette flottante qui dépasse de.. .   630,000,000 fr.

 L'État a trouvé dans le portefeuille des caisses d'épargne, en actions de canaux et en rentes, un actif réalisable d'environ 60 millions. La compagnie du Nord doit encore 35 millions pour remboursement des travaux exécutés par les ponts et chaussées sur la ligne principale. En supposant ces ressources réalisées à l'ouverture de l'exercice 1851, la dette flottante se trouverait ramenée au chiffre de 535 millions. Dans l'intervalle, le ministre des finances serait contraint d'épuiser l'emprunt que la Banque de France a ouvert au trésor, pour faire face aux nécessités des dépenses publiques.

 Le 1er mars dernier, la dette flottante du trésor s'élevait à 576 millions (¹). Sur cette somme, 100 millions,

<hr>

(¹) Voici, d'après le rapport de M. Gouin, quelle était au 1er mars 1850, la composition de la dette flottante :

  110,814,529 fr. prêtés par les communes et par les établissements publics.

  66,560,685 fr. prêtés, sous forme d'avances, par les receveurs généraux.

  3,855,531 fr. prêtés par la caisse des invalides de la marine.

  70,000,000 fr. encaisse habituel du trésor provenant de l'anticipation des recettes sur les dépenses.

251,230,745 fr. 251,230,745 fr.

  Ces 251 millions forment le fonds, en quelque sorte invariable, de la dette flottante. Viennent ensuite :

  37,523,640 fr. prêtés en compte courant par la caisse des dépôts et consignations.

  49,415,546 fr. prêtés par les caisses d'épargne.

  33,613,512 fr. prêtés par leur compte de compensation.

  104,000,000 fr. prêtés par divers particuliers contre des bons du trésor de trois mois à un an.

224,552,698 fr. 224,552,698 fr.

prêtés par la Banque de France, représentaient les ressources extraordinaires ; 224 millions, empruntés aux caisses d'épargne, à la caisse des dépôts et aux porteurs de bons du trésor, figuraient la partie variable de la dette flottante. La partie à peu près invariable, composée de l'encaisse du trésor, des avances fournies par les receveurs généraux et des prêts faits par les communes, s'élève à 251 millions. Ainsi, les ressources ordinaires de la dette flottante donnent en ce moment 476 millions. La prudence conseille de la réduire à ce chiffre ; c'est bien assez d'avoir 220 à 225 millions à rembourser en totalité ou en partie, à la réquisition des prêteurs, quand on n'a devant soi qu'un avenir incertain et précaire. « La situation, dit M. le rapporteur du budget des recettes, ne nous paraît avoir, *quant à présent*, rien d'inquiétant. Le service de trésorerie se fait largement ; toutefois nous n'hésitons pas à dire que cette position ne serait pas bonne, si elle était permanente. »

On le voit, la dette flottante n'a pu atteindre, sans embarras pour le trésor, le chiffre de 576 millions ; elle

---

Ces 224 millions représentent la partie variable de la dette flottante, celle qui expose le trésor à des remboursements imprévus.

50,000,000 fr. prêtés par la Banque de France contre des bons du trésor à trois mois portant un intérêt de 4 pour 100.

50,000,000 fr. prêtés par la Banque, à valoir sur le traité de 150 millions.

100,000,000 fr.   100,000 000 fr.

Ces 100 millions représentent les ressources extraordinaires de la dette flottante.

575,783,445 fr. Total général.

n'atteindra le chiffre énorme de 630 millions vers la fin de l'année qu'au moyen d'un crédit de 200 millions ouvert à l'État par la Banque de France. Dans la situation présente de la Banque, ce prêt, tout considérable qu'il est, ne constitue pour elle ni un péril ni une gêne dans son action. Cet établissement, principalement fondé en vue des intérêts commerciaux, offre en vain ses capitaux au commerce. Les billets mis en circulation représentent à peine la valeur des espèces entassées improductivement dans les caves. La Banque ne donnerait pas de dividendes à ses actionnaires, et elle ne ferait pas circuler ses capitaux, si, à défaut de l'industrie et du commerce, elle n'avait pas l'État pour client.

Mais il y a là quelque chose d'anormal et d'évidemment temporaire. Dès que la confiance renaîtra et que le crédit rendra le mouvement aux affaires, les commerçants viendront en foule présenter leur papier à l'escompte; les écus sortant de la Banque par la même porte par laquelle ils y sont entrés, le niveau du réservoir ne tardera pas à baisser dans une proportion très-forte. En même temps les fonds déposés en compte courant, et qui excèdent aujourd'hui 120 millions, trouvant ailleurs un emploi utile, seront retirés par les capitalistes. Pour faire face à toutes ces exigences, il faudra que la Banque demande, en totalité ou en partie, le remboursement de l'emprunt de 200 millions, car elle ne peut pas négocier à la fois des opérations considérables avec le commerce et avec l'État.

Il faut donc que le gouvernement se prépare à rembourser cette dette presque aussitôt qu'il l'aura contractée, et à renoncer par là aux expédients de circonstance.

Un autre motif non moins grave est à prendre en considération. Le cours forcé des billets de la Banque reste en vigueur depuis plus de deux ans. Pourquoi s'est-il soutenu jusqu'à présent sans réclamations et presque sans dommage ? Comment se fait-il que des billets qui ne sont plus remboursables à présentation conservent une valeur égale à celle des espèces ? Cette bonne tenue de notre monnaie financière, qui a sauvé le commerce et l'industrie, s'explique par deux causes principales. La première raison est la crise même de défiance qui paralyse le crédit commercial, et qui, faisant refluer les espèces vers le grand réservoir des métaux précieux dans le pays, procure à la Banque un encaisse tantôt égal et tantôt supérieur à sa circulation. La seconde est la prudence des pouvoirs publics, qui, en posant la limite extrême de la circulation fiduciaire, n'ont pas devancé et ont plutôt attendu le développement des besoins. Toutefois cet état de choses doit avoir un terme. Le cours forcé des billets est un expédient révolutionnaire ; c'est la confiance par ordre, c'est l'arbitraire dans la mesure commune des valeurs, c'est le despotisme introduit dans ce qu'il y a de plus naturellement libre au monde, dans le régime des transactions. Il faut qu'une nation soit en guerre avec elle-même ou avec les autres peuples civilisés pour avoir le droit de faire cette violence aux lois essentielles du crédit et du commerce. Le cours forcé des billets de banque ne peut pas durer quelque temps sans amener l'abus des émissions ; des émissions surabondantes déprécient infailliblement la circulation fiduciaire ; on ne tarde pas à tomber dans tous les dangers et dans toutes les misères du papier-monnaie. Je crains surtout les tentations que pourrait donner à un mauvais gouvernement cette facilité de créer des ressources factices. Le cours forcé des billets de banque est un premier pas sur la pente révolutionnaire, au bas de laquelle on aperçoit la planche aux assignats.

Tous les esprits prévoyants s'accordent sur la nécessité de faire cesser au plus tôt une situation aussi peu régulière ; mais il ne dépend pas de la Banque de reprendre, par une mesure générale, obligatoire et irrévocable, ses paiements en espèces ; cette résolution est dans les mains de l'État. La Banque n'a plus la disponibilité de son capital, du fonds destiné à faire face aux demandes de remboursement alors que la circulation est libre, car elle en a prêté ou s'est obligée à prêter deux fois la valeur à l'État. Il faut donc que ces 200 millions soient rentrés dans les caisses de l'établissement, avant qu'il s'ouvre en toute liberté à la circulation et à l'escompte. Il faut réduire de 150 à 200 millions la dette flottante, en abordant l'exercice prochain. Procédera-t-on par voie d'économie, par voie d'augmentation des recettes ou en recourant au crédit ? Voilà les questions qui se posent à l'ouverture de l'année 1851.

II. — BUDGET DE 1851. — DÉPENSES.

Voici la combinaison à laquelle s'est arrêté, pour le budget de 1851, M. le ministre des finances. Il prend pour point de départ les réductions opérées sur les dépenses de 1850 par la commission du budget, réductions qui s'élèvent, on l'a vu, tant pour les charges ordinaires que pour les charges extraordinaires, à la somme de 84 millions. A ces retranchements déjà considérables, il ajoute une économie de 12 millions sur le budget particulier de la guerre, ainsi que la suppression du fonds d'amortissement, qui ne se trouve plus porté que pour mémoire dans la nomenclature des dépenses, et qui cesse de figurer pour ordre dans la nomenclature des recettes. Par le procédé que nous venons de décrire, le budget ordinaire de 1851 descend à la somme de 1,282,263,249 fr. : c'est une économie apparente de 85 millions sur celui de 1850 ; mais l'économie réelle n'est que d'environ 12 millions. Si l'on additionnait pour ordre avec les dépenses proposées pour l'année prochaine la dotation de l'amortissement, comme cela s'est pratiqué pour les dépenses de l'année courante, le chiffre global de 1851 remonterait à 1,356 millions.

En regard des charges ordinaires, qu'il évalue, nous l'avons dit, à 1,282 millions, M. le ministre des finances place un ensemble de recettes dont il estime le produit à 1,292,633,639 francs. Il en résulte un excédant probable de 10,370,390 francs, lesquels forment la marge réservée aux crédits supplémentaires. Or, plus on restreint les dépenses ordinaires, plus, avec un gouvernement constitué comme le nôtre, il paraît raisonnable de faire une large part à l'imprévu. Supposons cependant le ministère économe et l'assemblée nationale sévère sur les additions de crédit ; dans cette hypothèse encore, les crédits supplémentaires ne s'élèveront pas à moins de 25 à 30 millions. C'est la perspective d'un déficit de 15 à 20 millions, et par conséquent il faut encore ajourner l'espoir d'un équilibre sérieux entre les recettes et les dépenses ordinaires.

Quant aux travaux extraordinaires, déduction faite du chemin de Lyon, qui reste cependant encore à la charge de l'Etat, M. le ministre des finances les admet, en 1851, pour une somme de 54 millions. Cependant, comme la dette flottante semble déjà trop chargée, et comme il n'entre pas dans le plan du ministre de recourir à l'emprunt, il propose de vendre cinquante mille hectares de bois pris parmi ceux de l'ancienne liste civile. L'expédient n'est pas bon ; mais, quand on pourrait s'y tenir, va-t-il résoudre les difficultés et termine-t-il quelque chose? L'allocation portée au budget de 1851 n'épuisera certes pas les engagements que les travaux en cours d'exécution font peser sur l'État. Il restera plus de 400 millions à fournir pour achever cette grande entreprise ; où les trouvera-t-on dans le système de M. Fould? Après avoir vendu cinquante mille hectares de bois en 1851, lesquels ne produiront pas assurément 50 millions, en vendra-t-on cinquante mille autres en 1852, et reproduira-t-on le même expédient pendant huit ou dix années de suite? Il y aurait de quoi dépeupler nos forêts et déboiser sans ressource un sol qui n'est déjà que trop dénudé, et que ravagent périodiquement des inondations torrentielles. Ce serait déprécier, en multipliant les ventes sur un marché profondément troublé, la valeur de la propriété foncière. Ce serait prolonger et perpétuer le provisoire ; l'ordre, que nous cherchons à rétablir dans nos finances, en resterait à jamais banni.

La France est-elle cependant condamnée au provisoire? Les esprits ne peuvent-ils envisager et les événements comporter une autre solution? Tous les éléments du budget sont-ils donc, après avoir passé par le crible

13

des assemblées, parvenus à un état d'immutabilité complète ? S'il faut renoncer à réduire les dépenses, qui empêche de travailler à l'accroissement du revenu ? A défaut de l'un et de l'autre, doit-on faire un pas de plus dans la voie des emprunts, et rejeter sur l'avenir une partie du fardeau dont le poids aujourd'hui nous accable ? Voilà les difficultés qu'il est à propos de sonder avec les chiffres du budget sous les yeux.

Parlons d'abord des dépenses proposées par M. le ministre des finances pour l'année 1851, et dont voici la récapitulation générale :

Dette publique				526,927.610 f.
Dotations				9,048,000
Service ordinaire	Services généraux des ministères	Justice	26,569,345 f.	717,484,279
		Affaires étrangères	7,125,700	
		Iustruction publique	21,872,622	
		Cultes	41,285,190	
		Intérieur	122,635,510	
		Agricult. et commerce	17,400,286	
		Travaux publics	58,804,269	
		Guerre	301,987,232	
		Marine et colonies	103,205,965	
		Finances	16,598,160	
	Frais de régie et d'exploitation des impôts et revenus publics			149,191,680
	Remboursements, restitutions, etc			79,611,680

TOTAL des dépenses générales ordinaires. 1,282,263,249 f.

Travaux extraordinaires.	Ministère des travaux publics		46,000 038 f.
	— de la guerre		4,150,000
	— de la marine		3,918.040
	— des cultes		250,000

TOTAL des dépenses générales extraordinaires.... 54,318,078 f.

TOTAL GÉNÉRAL des dépenses ordinaires et extraordinaires .... 1,336,581,327 fr.

Comparé avec le budget de 1850, tel que la commission du budget l'a déterminé, le projet des dépenses pour l'année 1851 présente quelques augmentations qui sont annulées par des réductions plus considérables. L'élévation du chiffre de la dette flottante entraînera, pour le service des intérêts, une dépense supplémentaire de 5 millions. L'instruction publique, en conséquence de la loi que l'assemblée vient de voter, porte à son budget 2 millions de plus; le budget des cultes s'accroît de 700,000 fr. En revanche, l'on remarque une réduction éventuelle de 5 millions et demi dans le budget des travaux publics (¹), de 12 millions dans celui de la guerre, et de 3 millions dans celui des finances, au total 20 millions d'économie.

Est-il possible de rogner davantage? et sur quelle partie du budget s'exerceraient désormais, sans le désorganiser ou sans manquer de foi, les sévérités parlementaires? Notons d'abord que les dépenses ordinaires de l'État ne s'élèvent pas, comme on le croirait au premier aperçu, à la somme de 1,282 millions. Le chiffre total du budget comprend les dépenses que les départements et les communes acquittent, au moyen des centimes additionnels, et qui présentent une importance de 152 millions pour 1850. On trouve encore, en le décomposant, des dépenses qui sont portées pour ordre et que couvrent des recettes d'une valeur égale, telles que les remboursements, les primes à l'exportation et les approvisionnements en tabac et en poudre; il y a là une autre somme de 78 millions, qui élève à 230 millions la somme à retrancher du budget, si l'on veut connaître les dépenses réelles de

_____

(¹) Cette réduction provient de la suppression hypothétique des frais qu'entraîne l'exploitation du chemin de fer de Lyon.

l'État. Ainsi, le budget réel de 1851 est d'*un milliard cinquante-deux millions*. Sur cet ensemble d'allocations, les dettes et rémunérations du passé absorbent 327 millions qu'il faut, pour faire honneur à nos engagements, payer avant toute chose ; les dotations, qui représentent les frais du pouvoir législatif et ceux du pouvoir exécutif, comptent pour 9 millions ; 595 millions (et non pas 717) sont destinés en réalité aux services généraux, qui embrassent l'administration civile, l'enseignement, le culte, la justice et les forces militaires ; 123 millions représentent les frais de perception et d'exploitation des revenus publics (1).

Il est difficile d'opérer des économies notables sur la perception des impôts. Les frais représentent à peu près 10 pour 100 du produit. Ce n'est pas d'une manière absolue qu'il faut les réduire, c'est d'une manière relative, en étendant la sphère des taxes et en rendant productives celles qui ne le sont pas, soit par le développement de la prospérité publique, soit par une combinaison plus judicieuse des tarifs.

Reste la dépense des services généraux. Sur cette somme de 595 millions, la guerre, la marine et les colonies, l'Algérie comprise (déduction faite des dépenses portées pour ordre), en absorbent 395 ; il n'y a plus que 200 millions pour défrayer les services civils. Si l'on compare ce budget avec celui de 1847, le dernier de la monarchie, il en ressortira une réduction d'environ 80 millions. Mis en regard du budget de 1848, le premier de la

_____

(1) Voir l'analyse du budget de 1850 dans le rapport de M. Gouin.

république, il présente, sur le seul département de la guerre, une diminution d'environ 118 millions (¹).

On peut assurément modifier, pourvu que la prudence la plus attentive préside à ces combinaisons, l'organisation et l'emploi de nos forces militaires ; mais il ne paraît pas possible, dans l'état de la France et de l'Europe, d'encourager au delà de ce qui a été fait la réduction de l'effectif. L'armée est aujourd'hui la dernière espérance et l'instrument véritable de la civilisation. M. Donoso Cortès s'étonne quelque part dans son discours de ce que l'on marche aujourd'hui à la civilisation par les armes et à la barbarie par les idées. Ce phénomène, qui contredit en apparence les données de la raison, n'est pas sans exemple dans l'histoire. Cela s'est vu à toutes les époques de décadence et d'anarchie. Les Romains n'eurent pas d'autre titre à la conquête du monde grec, ni les barbares du Nord d'autre droit à effacer sous leurs pas le Bas-Empire. N'a-t-il pas fallu que les armées françaises fissent un moment la conquête de l'Europe pour y planter, après 1789, les germes de la nouvelle société?

Aujourd'hui les peuples qui dégénèrent n'ont plus besoin d'être conquis pour se retremper dans les eaux de la force. Quand le raisonnement tourne parmi eux au sophisme, la liberté de la presse à la licence, et la discussion à la révolte ; quand les bases mêmes de la société sont attaquées ; quand on apprend aux plus humbles comme aux plus grands à faire litière de l'autorité, de

(¹) Le crédit porté aux services généraux des ministères, en y comprenant les dépenses départementales, était, en 1847, de 814 millions; en 1848, de 877 millions; en 1849, de 764 millions ; en 1850, de 731 millions ; en 1851, il est de 717 millions.

la propriété, de la famille, alors la Providence n'appelle plus l'étranger pour étouffer cette nationalité décrépite et pour retrancher par le fer les chairs corrompues. Elle suscite plutôt du sein même de ce peuple, en face de l'anarchie et de la dissolution elle-même, un homme ceint du glaive ou une armée.

Dans les convulsions qui ont suivi les journées de février, c'est l'armée prussienne qui a rétabli l'ordre en Allemagne. L'armée de Windischgraetz a repris Vienne et a sauvé la monarchie autrichienne. En France, l'ordre a disparu en février, lorsque nos régiments abandonnés, à moitié désarmés et ne sachant plus où était le devoir, ont quitté la capitale ; l'ordre a commencé à redevenir possible en avril, le jour où la garde nationale, prenant ses fusils et remplaçant l'armée absente, a vu fuir devant elle le drapeau rouge et les hordes qui opprimaient un fantôme de gouvernement ; enfin, c'est l'armée elle-même qui a porté un coup mortel aux habitudes ainsi qu'à l'ascendant de l'insurrection par la sanglante et glorieuse répression de juin 1848.

L'armée nous préserve et nous soutient ; il ne faut pas croire que ce soit uniquement par la force des armes. Non ; en attendant que l'esprit de gouvernement soit rentré dans les conseils des hommes politiques et que la loi ait repris son empire sur les mœurs de la population, l'armée reste l'image et le boulevard de l'ordre. Elle représente à peu près seule l'idée fondamentale sur laquelle la société repose, l'autorité : elle nous montre seule une société bien ordonnée au milieu de la société en désordre. M. Donoso Cortès a bien raison de parler de la mission du soldat et de la comparer à celle du prêtre, car il n'y a plus guère en ce moment d'autre religion en Europe que là religion du drapeau.

Qu'on ne touche donc à l'armée que pour la fortifier dans sa constitution, dans le nombre des soldats, s'il le faut, et dans la discipline. La république, telle que les partis extrêmes nous la font, n'est pas une société régulière ni pacifique. L'opposition au pouvoir est partout organisée sur le plan d'une conspiration. L'anarchie a son gouvernement qui pousse des affiliations jusque dans les communes les plus reculées et les moins peuplées de la France. L'anarchie a ses prétoriens dans la personne des membres des sociétés secrètes toujours prêts à un coup de main contre le pouvoir. L'anarchie a ses fonctionnaires désignés partout pour prendre la place, en cas d'émeute et d'une émeute victorieuse, des fonctionnaires régulièrement institués et acceptés par le pays. Les deux camps sont partout en présence, les armes chargées et les sentinelles au guet, séparés à peine par l'épaisseur de l'occasion : qu'une mine fasse explosion ou qu'un poste soit mal gardé, et la bataille va s'engager sur toute la ligne.

Les prétendus docteurs en économie politique qui nous invitent au désarmement sont donc tout simplement des niais ou des traîtres. La Convention, toujours logique jusque dans ses utopies, avait aboli la peine de mort en principe ; mais elle avait du moins ajourné l'application de son rêve à la paix. Les conventionnels de notre temps veulent que la société désarme avant les partis; ils nous proposent de remettre la baïonnette dans le fourreau et d'enclouer les canons, lorsque nous sommes encore en pleine guerre sociale. Eh bien ! nous ne serons pas assez

sots pour nous laisser persuader. La monarchie a posé
les armes devant les barricades, et nous savons où ce
procédé l'a conduite ; la société, qu'on se le tienne pour
dit, ne posera pas les armes devant le socialisme, elle
ne détruira pas de ses propres mains la digue salutaire
qui arrête le massacre, le pillage et l'incendie.

Le Dieu que nous invoquons est plus que jamais le Dieu
des batailles. De l'armée bien composée et bien comman-
dée dépendent en ce moment la paix des rues, la sécurité
des transactions et la prospérité des finances. Sa vigueur
peut nous replacer parmi les nations au rang qui nous
appartient ; sa faiblesse nous replongerait dans l'abîme,
et cette fois sans le moindre espoir de nous relever. Il
n'y a pas aujourd'hui d'économie plus mal entendue
que celle que l'on ferait, au delà d'un certain degré, sur
les forces militaires de la France. Occupons-nous donc
de l'armée, et qu'elle appelle toute la sollicitude des pouvoirs publics. L'armée est déjà, dans ces formidables
circonstances, un sacerdoce civil ; qu'elle devienne aussi
une carrière, et que le drapeau derrière lequel se réfugie
la nation abrite ceux qui l'auront défendu ou porté. En
améliorant la position des officiers et des soldats, orga-
nisons de véritables institutions militaires ; nous aurons
beaucoup fait pour la civilisation et pour le salut du
pays.

Un seul côté de ce budget paraît susceptible, au point
de vue des charges qu'il impose au trésor, d'une large
et prochaine réforme. Nous voulons parler des dépenses
qu'entraînent l'occupation de l'Algérie et la garde de nos
colonies transatlantiques. Bien que les frais de l'occupation algérienne soient réduits, tant par la diminution de

l'effectif que par le développement des recettes, de 100 et quelques millions à 75, il y a là une dissipation des ressources et un emploi de forces que la grandeur des résultats ne justifie pas encore et que la nation ne supporterait pas longtemps. Nous occupons depuis vingt ans la Régence, le moment est bien venu de nous assimiler cette contrée par la colonisation. A défaut de colons civils, que l'on y établisse enfin, sur le plan que l'Autriche a suivi, des régiments-frontières. Il y a beaucoup à prendre dans les idées du maréchal Bugeaud, idées trop dédaignées par les divers gouvernements, soit de la république, soit de la monarchie. L'Algérie doit, avec le temps, se suffire à elle-même. Nous en avons fait un embryon d'empire ; les Anglais en auraient déjà fait une colonie.

Quant aux Antilles, que les destructeurs de février ont désorganisées en émancipant les noirs sans préparation, elles ne peuvent plus être pour nous qu'une charge. Déjà la production y est notablement réduite : on n'y ramènera le travail et l'abondance que par l'introduction de cultivateurs d'une autre race, moins ignorante et moins invinciblement attirée vers l'oisiveté ; mais jusqu'à ce que ces faits s'accomplissent, la France, qui veut garder ces postes militaires en face d'un ordre social dans lequel on a semé comme à plaisir et multiplié les éléments de trouble, en trouvera l'occupation plus que jamais onéreuse. Elle y remplira, aux dépens de son meilleur sang et de ses trésors prodigués en pure perte, les devoirs très-difficiles que lui a légués le passé.

A défaut de notre état militaire, peut-on raisonnablement se proposer de nouvelles économies dans les ser-

vices civils? Examinons. Le service des relations extérieures est porté au budget pour 7,125,700 francs; il
coûtait plus de 10 millions sous le ministère de M. Gui-
zot. La commission du budget, placée en présence du
même chiffre en 1850, n'a trouvé à glaner là-dessus
que 171,000 francs, encore a-t-elle poussé l'économie
jusqu'aux premières limites de la désorganisation. L'administration de la justice coûte 26,569,345 francs; à ce
prix, nous obtenons la justice la plus impartiale, la plus
intègre et la moins lente de l'Europe. Nul ne propose de
réduire le traitement déjà si modeste des magistrats : le
premier président de la cour d'appel de Paris, parvenu
au sommet le plus élevé de la hiérarchie judiciaire, en
dehors de la cour régulatrice, reçoit du trésor 20,000 fr.
par année, tandis que le chef des juges, dans la cour du
banc de la reine, en Angleterre, malgré une réduction
récente de son traitement annuel, touche encore
200,000 francs. La seule économie possible consisterait dans la suppression d'un certain nombre de tribunaux; mais on rencontrerait sur ce terrain la résistance des intérêts locaux, résistance qui, même sous un
gouvernement de centralisation, est à peu près invincible.

Il ne faut pas songer à diminuer les dépenses de l'instruction publique et des cultes, qui s'élèvent ensemble à
63 millions. Elles sont, en effet, depuis quelques années,
à l'état d'une progression constante : cette année encore,
on vient d'augmenter les honoraires des instituteurs;
chaque année, les évêques et les conseils généraux demandent l'établissement de nouvelles cures. Évidemment, plus la société s'enrichit et s'éclaire, plus elle est

tentée de consacrer des sommes considérables aux besoins spirituels de la population.

Le ministère du commerce est surchargé d'allocations de luxe. L'enseignement professionnel de l'agriculture, l'entretien des haras et des manufactures nationales, l'enseignement industriel et les encouragements à la pêche maritime, chapitres qui absorbent annuellement plus de 10 millions, sont d'une utilité plus ou moins contestable ; mais l'opinion des assemblées accueille avec faveur ces créations, pour la plupart éphémères. Le ministère du commerce lui-même, qui n'a rien à faire, puisqu'il ne s'occupe que très-accidentellement de remanier les tarifs de nos douanes, est celui que la tourmente révolutionnaire a le plus respecté, et qui, au milieu de cette destruction universelle, a trouvé le moyen de s'agrandir et de s'arrondir ([1]).

Le ministère des travaux publics obtient un crédit de 53 millions pour les travaux ordinaires. Sur cette somme, la solde du personnel, ingénieurs et conducteurs embrigadés, exige une allocation de 8 millions. Les travaux à la charge de l'État ayant été réduits de moitié, il semble que ce nombreux personnel pourrait subir des réductions équivalentes. On n'a pas besoin, pour exécuter 100 millions par année de travaux ordinaires ou extraordinaires, du même état-major d'ingénieurs et de conducteurs qui suffisait à l'exécution de 200 millions de travaux. En simplifiant les formules qui consument le temps des ingénieurs en vaines écritures, on les rendra

([1]) Le budget du commerce et de l'agriculture était en 1848 de 14,879,500 fr. ; il est en 1851 de 17,400,286 fr. Accroissement, 2,520,786 fr.

plus disponibles pour la surveillance des ateliers, et l'on étendra sans difficulté le rayon de cette surveillance. J'ajoute que l'état moral du personnel, dont le socialisme infecte les rangs, concourt, avec la considération d'économie, à solliciter impérieusement, sous forme d'exclusions, de larges et pressantes réformes.

Quant aux allocations destinées aux routes, aux canaux, aux rivières, aux ports de mer, elles sont généralement insuffisantes, et ne sauraient donner lieu à aucun retranchement. Le crédit des routes, réduit de 31 millions à 29, ne renferme pas le fonds nécessaire pour les grosses réparations, sans lesquelles le capital de nos principales voies de communication s'use et marche à une destruction rapide. L'économie que l'on fait ainsi de 2 à 3 millions par année depuis 1849, entraînera plus tard la dépense d'un capital nouveau; il faudra recharger d'un lit complet de matériaux et à grands frais le sol de nos routes nationales. Le moment n'est pas venu encore où les transports du roulage, détournés par les chemins de fer, cesseront de dégrader les voies ordinaires de communication par leur fréquent passage. L'économie que l'usage des chemins de fer doit amener dans les frais d'entretien des routes parallèles est un bénéfice que l'on ne recueillera qu'avec le temps.

L'entretien des canaux est porté au budget de 1851 pour 4,288,000 fr.; c'est une réduction de 800,000 fr. sur le budget de 1848. Nos canaux sont peu fréquentés, certains manquent d'eau; les tarifs n'ont pas généralement une valeur commerciale. En les affermant par groupes à plusieurs compagnies qui se chargeraient d'en perfectionner la navigation et de les entretenir, le

trésor ferait une opération féconde en résultats pour
lui-même et pour tout le monde.

Au total, le budget des travaux publics, tant extraordinaires qu'ordinaires, s'élèvera pour 1851 à 104,804,307
francs. L'établissement des grandes lignes de chemins
de fer y est compris pour environ 30 millions. Voilà,
certes, une dépense considérable, et que le trésor ne
pourrait pas dépasser de beaucoup sans s'exposer à un
prochain et inévitable désastre. Arrêtons-nous cependant à examiner les conséquences qu'un pareil ralentissement dans la marche des travaux peut avoir pour l'industrie et pour la situation générale du pays.

Dans les années qui ont précédé la révolution de février, les travaux publics entrepris tant par l'État que par
les pouvoirs locaux et par les compagnies, avaient reçu
un développement extraordinaire. L'État dépensait en
moyenne au delà de 200 millions, les compagnies plus
de 100 millions, les départements et les communes au
moins 50 millions, ce qui représentait environ 350 millions employés en constructions de toute nature.

En 1846, le ministère des travaux publics fit emploi
dans ses deux budgets d'une somme de 202 millions.
En 1847, l'ordinaire et l'extraordinaire réunis présentent, pour ce département, la somme de 210 millions,
sans compter 55 millions dépensés par la marine et par
la guerre. En 1848, les deux budgets des travaux publics s'élèvent, malgré l'état désastreux des finances, à
217 millions; en 1849, à 163 millions; en 1850, les
crédits descendront à 113 millions.

Il faut remarquer que la somme des travaux exécutés
chaque année par les compagnies va diminuant dans

une proportion à peu près égale. Ainsi, la compagnie du Nord a terminé les embranchements et les prolongements de cette grande ligne ; la compagnie d'Orléans à Bordeaux a suspendu ses dépenses depuis plusieurs années ; celle de Tours à Nantes ne dépensera pas 10 millions en 1850, et, en supposant que celle de Paris à Strasbourg en consacre 15 ou 20 à la ligne principale et à l'embranchement de Sarrebruck, on n'aura pas un total de 40 millions pour la dépense en travaux neufs de toutes les compagnies des chemins de fer en 1850.

Ainsi, la moyenne des travaux exécutés annuellement par le ministère des travaux publics et par les compagnie des chemins de fer, qui était d'environ 300 millions avant la révolution de Février, et qui n'avait que faiblement diminué pendant la crise révolutionnaire, descend aujourd'hui à 150 millions. Cette lacune dans l'activité industrielle du pays est tellement profonde et s'étend tellement loin, qu'elle ressemble à un abîme.

Certes, le développement des travaux publics avant 1848 avait quelque chose d'excessif. Tout mouvement soudain et désordonné ébranle les forces qui l'environnent. L'exécution simultanée des routes, des canaux et des chemins de fer avait enlevé trop de bras à l'agriculture ; les salaires et les matériaux de construction avaient subi un renchérissement monstrueux ; les usines à fer, ne pouvant pas suffire aux commandes, avaient enflé démesurément leurs prix. Enfin, la spéculation, enlevant le travail sur ses ailes extravagantes, l'avait entraîné dans son discrédit. En revanche, la réaction de défiance, de découragement et d'inaction est aujourd'hui beaucoup trop forte. 150 millions de moins représentent plus de

cent cinquante mille ouvriers sans emploi. Aussi les forges et les ateliers de construction sont-ils à l'état de
chômage ; une langueur mortelle paralyse l'esprit d'entreprise et le mouvement de l'industrie.

L'État réduisant à 113 ou à 115 millions par année ses
dépenses en matière de travaux publics, il faudrait que
les grandes compagnies vinssent suppléer à son défaut,
et consacrer au moins 100 millions aux lignes de chemins de fer qu'il nous reste à construire. Sous peine
d'une crise qui peut devenir une catastrophe, nous avons
à ranimer de ses cendres l'esprit d'association. Si nous
voulons que l'État ne se charge pas de tout, encourageons
enfin et accueillons les compagnies qui se présentent
pour entreprendre quelque chose. N'allons pas nous
préoccuper de la crainte, aujourd'hui bien puérile, de
leur abandonner de trop beaux profits. L'intérêt public
demande qu'elles gagnent et non qu'elles perdent, car
leurs pertes n'enrichissent pas le trésor. La compagnie
qui aura prospéré en fera naître de nouvelles. L'État ne
sera plus une force condamnée à un majestueux mais
stérile isolement ; il verra surgir autour de lui, quoique
bien au-dessous de lui, d'autres forces qui pourront être,
selon les circonstances, un secours ou un appui, et il
régnera enfin sur une société qui sera autre chose qu'une
collection d'atomes sans lien, se débattant dans la pous-
sière.

L'administration intérieure, en y comprenant les services départementaux qui restent à la charge des fonds
généraux du budget, coûtera 27 millions en 1851.
Cette somme pourvoit aux frais de police, au service des
télégraphes, à l'entretien des monuments historiques,

aux encouragements que réclament les théâtres et les
beaux-arts, aux secours et subventions que reçoivent les
établissements de bienfaisance, les étrangers réfugiés et
les Français indigents qui veulent rentrer en France,
aux traitements des préfets et des sous-préfets, ainsi
qu'à l'administration départementale, à la détention des
condamnés et à l'entretien des prisons. La clientèle des
autres ministres dans l'enceinte territoriale de la France
n'est qu'un démembrement et qu'une annexe de celle du
ministre de l'intérieur. C'est lui qui tient les rênes du
gouvernement, qui fait rayonner l'autorité et respecter
la loi jusque dans le plus petit village ; c'est le ministre
qui a tout à la fois, quoi que l'on ait dit, le personnel le
moins nombreux et les attributions les plus étendues. A
l'exception des préfets, des sous-préfets, des commissaires de police, des directeurs et inspecteurs des prisons,
du personnel des lignes télégraphiques et des musées,
des fonctionnaires de l'administration centrale, dont la
nomination appartient à ce département, je ne vois
pas ce qui rentre dans son domaine ('). Le ministre de
la guerre, le ministre des finances et même le ministre
des travaux publics sont des pachas auprès du ministre
de l'intérieur. C'est le ministre sur lequel pèse la plus
grande responsabilité et qui distribue le moins de places.

On a taillé et rogné les divers chapitres du ministère
de l'intérieur. On a réduit à 700,000 francs les dépenses
de l'administration centrale, pendant que l'on alloue

(¹) Sur les 344,000 agents que l'on a fait figurer parmi les su-
bordonnés du ministre de l'intérieur, plus de 300,000 sont
nommés par le pouvoir municipal, et près de 40,000 par les
préfets.

5,029,000 francs au ministère des finances, 1,658,000 francs à la guerre et 740,000 francs à la marine. Les monomanes de la décentralisation se sont rués sur ce budget, et ne l'ont lâché qu'après avoir rendu l'administration à peu près impossible. Il serait ridicule de se proposer des économies nouvelles en conservant l'organisation. Mais peut-on modifier utilement notre organisation administrative? C'est la question sur laquelle il faudra se prononcer plus tôt que plus tard, mais en connaissance de cause, sans égard aux préjugés de la veille ni à ceux du lendemain.

La loi municipale a détruit l'autorité en rendant le maire électif dans chaque commune. Depuis cette fatale innovation, à laquelle les légitimistes de l'assemblée constituante se prêtèrent en haine de la révolution et de Paris, et les montagnards par l'invincible penchant qui les condamne aux solutions anarchiques, les liens qui forment la hiérarchie des pouvoirs sont détendus ou brisés. Les maires, la plupart du temps, se jettent dans une indépendance sauvage : ils refusent, tantôt ouvertement et tantôt par une résistance passive, d'exécuter les instructions des préfets et d'obéir à la loi.

Convient-il de faire un pas de plus dans le chaos ? On a décentralisé l'autorité ; faut-il retirer aux intérêts administratifs des localités la tutelle et le concours de l'administration centrale ? Nous avons ramené, par le travail des siècles et par la puissance des révolutions, les provinces de l'ancienne monarchie, ces débris et ces témoignages du régime féodal, à la grande unité d'une nation désormais homogène. Est-ce pour reconstituer, après soixante ans d'une existence commune, sous le

14.

nom et dans les limites de chaque département, autant de provinces diminuées, s'administrant et se gouvernant elles-mêmes, votant leurs impôts, nommant leurs magistrats, ne rendant compte à personne, et parquant dans la famille communale ou cantonale l'expansion naturelle de l'esprit public ? Évidemment cette folie répugne au bon sens comme aux traditions du pays, et, si on la commettait, elle ne serait pas durable.

La seule réforme désirable et possible consiste à reporter du ministre aux préfets la décision de ces affaires communales sans importance qui encombrent inutilement de leurs détails les bureaux des administrations centrales, et qui s'égarent dans des lenteurs ainsi que dans des formalités sans fin. Pourquoi s'adresserait-on à Paris pour être autorisé à réparer un presbytère, à badigeonner un clocher, ou à vendre les fruits d'une propriété communale ? Cette simplification paraît surtout profitable en matière de travaux publics ; mais il ne faut pas en attendre une économie sérieuse dans les dépenses. L'étude des petites affaires s'arrêtera dans les bureaux de la préfecture : elle soulagera deux ou trois ministres d'une minutieuse correspondance ; elle leur épargnera quelques employés. Quant à l'économie d'argent, elle ne vaudra pas que l'on en parle.

Au point de vue des finances locales, une émancipation plus complète des communes et des départements les conduirait promptement à leur ruine. Le désordre financier y est déjà grand malgré le frein que le gouvernement et les assemblées leur opposent. Les départements et les communes ont abusé des centimes additionnels, à ce point que la propriété foncière se trouve

quelquefois grevée par l'impôt local d'un poids aussi
lourd et plus lourd que celui de l'impôt levé au profit
de l'État. La moyenne des centimes additionnels, tant
ordinaires qu'extraordinaires, s'élève aujourd'hui à 48.
De 1832 à 1849, en seize années, les centimes prélevés
pour les dépenses départementales se sont élevés
de 57 millions à 87, et les centimes prélevés pour les
dépenses communales de 22 millions à 51 : accroissement de 52 et demi pour 100 dans le premier cas et
de 130 pour 100 dans le second. Les emprunts ont
monté plus vite encore que les impositions extraordinaires. Au 31 décembre 1846, les communes ayant
100,000 fr. de revenu avaient emprunté 130 millions.
Nous ne faisons pas mention des ventes d'immeubles,
des coupes extraordinaires de bois, des dons, des legs ou
du produit des surimpositions en matières d'octroi qui ont
été dévorés dans le même intervalle ; mais en voilà bien
assez pour reconnaître que les prodigalités des pouvoirs
locaux ont dépassé celles de l'État, et que l'on ne prendrait pas les moyens de diminuer les charges des contribuables en rendant ces pouvoirs à une indépendance
absolue.

En résumé, l'on peut réduire les dépenses des départements et des communes et procurer ainsi aux contribuables un dégrèvement d'impôt; mais il semble très-
difficile, tant que nous aurons besoin d'une armée nombreuse, de diminuer au delà de ce qui a été déjà fait les
dépenses de l'État. Pour rétablir un équilibre réel entre
les dépenses et les recettes, c'est donc à l'accroissement
du revenu public que l'on doit songer aujourd'hui.

III. — RECETTES.

La commission du budget évalue à 1,368 millions le revenu de l'année 1850, y compris 85 millions environ de ressources extraordinaires, dans lesquelles figure pour 72 millions un revenu purement fictif, la dotation de l'amortissement portée en recette. M. le ministre des finances évalue à 1,292 millions le revenu de l'année 1851, en supprimant l'amortissement et en n'y comptant, à titre de ressource extraordinaire, que 4 millions à rembourser par la compagnie du Nord. L'estimation des recettes ordinaires est donc supérieure d'à peu près 5 millions pour le prochain exercice. En voici la comparaison chapitre par chapitre :

	1850 BUDGET DE LA COMMISSION.	1851 PROJET DU MINISTRE.
Contributions directes.............	429,356,560 f.	403,003,560 f.
Domaines, forêts et pêches........	49,865,550	44,698,059
Impôts et revenus indirects........	698,836,700	714,682,878
Revenus directs..................	45,308,532	43,506,003
Produits divers..................	28,156,625	22,441,319
Nouveaux impôts.................	32,000,000	48,000,000
Impôts et accroissement d'impôts...	»	12,302,810
TOTAL...........	1,283,523,967 f.	1,288,634,129 f.

Cet excédant de 5 millions est le résultat d'une opération complexe, qui représente 44 millions d'accroissement contre 39 millions de réduction dans les revenus ordinaires.

M. Gouin fait remarquer avec raison, dans son rapport, que les recettes qui figurent au budget ne sont pas toutes le produit d'impôts levés sur les contribuables au profit de l'État. En appliquant cette méthode de décomposition au budget de 1851, l'on trouve d'abord 137 millions puisés dans les centimes additionnels aux quatre contributions directes dans l'intérêt des départements et des communes, auxquels il faut ajouter 17 millions et demi de produits éventuels affectés au service départemental, total : 154 millions. Joignez-y les droits perçus par l'administration des douanes et restitués sous la forme de primes, etc., les recettes locales des colonies et les sommes portées pour ordre aux produits divers, 37,778,000 francs, vous aurez un ensemble de 192 millions à distraire. Le revenu des domaines ainsi que des forêts et quelques articles portés aux produits divers représentent 53 à 54 millions. Les services rendus par les monopoles de la poste, des tabacs et des poudres à feu, procurent une recette de 171 millions et demi. Voilà donc une recette de 418 millions qui ne provient pas, à proprement parler, des taxes levées pour le compte de l'État. Le produit des impôts publics de toute nature est réduit au chiffre de 870 millions, savoir : 265 millions pour les contributions directes et 545 millions pour les contributions indirectes, telles que les douanes, les sels, les boissons et l'enregistrement.

On peut conclure de cet aperçu que, si les dépenses réelles de l'État, en 1851, s'élèvent à 1,052 millions, ces dépenses, défrayées en partie par les produits des monopoles et des domaines, ne puisent pas au delà de 870 millions dans les produits de l'impôt, tant direct qu'indirect, et, quand on voudrait considérer les monopoles comme des taxes indirectes, le fardeau des contributions de toute espèce établies au profit de l'Etat, n'excéderait pas, en 1851, 1,041 millions. Il y a loin de là au budget de l'Angleterre, dont les recettes, sans y comprendre les taxes locales, approchent de 1,500 millions.

Est-il probable maintenant que les produits effectifs de l'année 1851 atteindront au niveau des évaluations que M. le ministre des finances porte dans son budget ? Et ce revenu, en le supposant réalisé, suffira-t-il pour couvrir les dépenses? Voilà au fond les seules questions qu'il importe d'examiner.

Si le budget des recettes pour l'année 1851 se composait des mêmes éléments que celui de 1850, il faudrait porter en ligne de compte dans les revenus de l'État un produit supplémentaire d'environ 27 millions. L'innovation capitale du plan présenté par M. le ministre des finances est, en effet, l'abandon fait par l'Etat des 17 centimes additionnels à la contribution foncière qui étaient perçus par le trésor, mais qui n'avaient point d'affectation spéciale. C'est un dégrèvement de 26 millions 569,345 francs. Désormais, l'État ne percevra plus que 160 millions sur la contribution foncière.

A n'envisager que la situation du trésor, une diminution aussi considérable dans les produits de l'impôt le plus productif et le plus certain peut ne paraître ni opportune ni prudente. Jusqu'à présent, pour dégréver la propriété foncière, l'on avait attendu les époques prospères qui ramènent l'abondance et le progrès dans les ressources de l'impôt indirect. Ce n'est pas généralement en présence d'une dette flottante considérable et d'un budget ordinaire en déficit que l'on songe à réduire les taxes. Sir Robert Peel en a donné le premier et unique exemple ; mais, de la même main qui retranchait les taxes les plus gênantes pour le commerce et l'industrie, il relevait l'édifice de l'*income-tax*, impôt qui serait impopulaire et impossible chez nous.

Il n'y a pas de raison financière pour supprimer le revenu que le trésor retirait des 17 centimes additionnels ; mais je comprends que l'on se couvre de la raison d'État, et que l'on prétende obtenir ainsi un résultat politique. Il se peut qu'après avoir bravé, pour rétablir l'impôt des boissons, une impopularité passagère, l'on juge utile au gouvernement nouveau la popularité qui s'attache toujours à un dégrèvement direct et permanent. Le parti socialiste est parvenu à désaffectionner les campagnes, en exagérant le poids des contributions aux yeux des contribuables, et en imputant les charges et les désastres de la révolution au gouvernement qui les répare. La démonstration sert de peu pour faire luire la vérité à des regards prévenus. Peut-être faut-il, pour que les intelligences les moins ouvertes apprécient les efforts réparateurs du pouvoir, que la cote signifiée à chacun par le percepteur se présente dans des proportions plus modestes et plus humaines. Admettons donc le dégrèvement de 17 centimes, s'il doit soulager l'agriculture et ramener partout l'empire du bon sens.

Nous ne sommes pas libres, au surplus, d'agir d'une autre manière. Il y a des déclarations que le pouvoir ne doit pas faire sans y avoir mûrement réfléchi ; mais ces concessions, une fois annoncées et applaudies, comme celle-ci l'a été, par les assemblées délibérantes, le gouvernement n'est plus maître de les retirer, et c'est en vain qu'on les conteste : un impôt que le ministre des finances abandonne est un impôt dont on peut enregistrer la suppression. Au surplus, l'on n'entend partout que ce cri : « L'agriculture a porté le poids des 45 centimes ; elle a souffert des bouleversements politiques et de l'abondance même des denrées ; il faut faire quelque chose pour l'agriculture. » Ce quelque chose, le gouvernement l'a proposé ; l'opinion publique l'accepte avec enthousiasme : tenons donc le dégrèvement pour irrésistible, et arrangeons-nous pour combler les vides qu'il opère dans les revenus de l'État. Voici ce que l'on peut reprocher à M. le ministre des finances. En supprimant une recette, il n'en crée pas une autre pour la remplacer. Un dégrèvement de 27 millions dans la contribution foncière entraînait, comme conséquence nécessaire, le rétablissement d'un décime sur la taxe du sel. Il n'est permis de démolir qu'à ceux qui savent reconstruire. M. le ministre des finances va plus loin ; il réduit de moitié les droits perçus, à l'occasion des emprunts, sur les obligations et sur les quittances : c'est un second dégrèvement de 6 millions. Que nous propose-t-on, cependant, pour tenir lieu de ces ressources? Des expédients qui ne ressemblent pas mal, quoique sur une plus petite échelle, à ce budget de bric-à-brac dans lequel le premier ministre des finances qui ait paru devant l'assemblée constituante étalait et mettait en vente les guenilles du domaine public : une taxe fort contestée et fort contestable sur les sels destinés à la fabrication de la soude, une taxe sur le timbre des journaux, dont l'adoption est encore problématique, et des lambeaux de taxe sur les poudres à feu, sur le plomb de chasse ainsi que sur les cartes à jouer. On abandonne 33 millions clairs et liquides pour courir après 12 millions dont la rentrée est plus qu'incertaine! Il y a là un laisser-aller, un optimisme dont la témérité nous confond.

Rien n'est plus délicat et ne demande plus de précision que l'évaluation des produits à recouvrer sur les contributions indirectes. On sait que les revenus indirects donnent en quelque sorte le niveau de la richesse publique, s'élevant rapidement avec le mouvement des affaires et baissant tout aussi vite à la première crise qui trouble ou suspend cette activité. Il y a là des revirements soudains qui défient et déjouent la prévoyance des hommes d'État. On a donc généralement adopté pour règle, quand on estime les revenus de l'année qui va suivre, de les mesurer à ceux de l'année dont a déjà les résultats sous les yeux. Aucun financier prudent n'escompterait par avance l'accroissement que peut amener une période de deux années. Aussi, quand M. le ministre des finances, après avoir rappelé que les revenus indirects de 1849 se sont élevés à 707 millions, évalue ceux de 1851 à 720 millions (1), il nous paraît mettre un peu trop librement de son côté les faveurs de la Providence.

Les impôts et revenus indirects ont rendu à l'État en 1849, dans une année peu prospère, la somme de 824,712,400 francs; la réduction de l'impôt du sel, la réforme de la taxe des lettres et la suppression du timbre sur les journaux firent perdre depuis au trésor environ 60 millions. C'est donc à 764 millions que devrait,

(1) 720 millions qui, par le dégrèvement de 6 millions sur le produit des quittances, descendront à 714 millions.

15

toutes choses égales, s'élever aujourd'hui le produit des contributions indirectes pour atteindre aux proportions de 1847; mais comment l'espérer, quand on voit que de 1848 à 1849 l'accroissement n'a été que de 16 millions, et quand on songe qu'il faut, pour développer le revenu public, les mêmes conditions qui sont nécessaires au développement du travail, à savoir, la sécurité que nous avons vue fuir depuis février, et la confiance qui est loin de renaître? Ajoutons que les nouveaux impôts entrent dans le budget des recettes pour un produit de 60 millions, et que toute source nouvelle que l'on ouvre dans le revenu a pour effet d'abaisser quelque peu le niveau des anciennes.

Point de milieu : ou la sécurité sera complétement rétablie en 1851, et, dans ce cas, le revenu indirect, au lieu de s'arrêter à 720 millions, montera d'un bond à 750 ou 760; ou nous continuerons à vivre dans cet état de malaise, d'inquiétude et d'obscurité de l'avenir qui nous mine sourdement, et alors c'est une folie de compter sur un revenu supérieur ou même égal à celui de 1849, année qui avait donné un moment l'essor à quelques espérances.

En abordant les détails, on jugera mieux ce que les assertions du ministre peuvent avoir d'exagéré. Commençons par la taxe des lettres. Les recouvrements ne se sont élevés en 1849 qu'à 36,565,300 francs; cependant M. le ministre des finances admet un produit de 43,500,000 francs pour l'année 1851. Ce serait un accroissement de 7 millions ou de 19 pour 100. Notez bien qu'en même temps le ministre suppose un accroissement de 8 millions représentant l'élévation de la taxe de 20 centimes par lettre simple à 25 centimes, soit un revenu total de 51 millions et demi. Évidemment, il y aura un mécompte de 5 à 6 millions sur ce chapitre. Le ministre, raisonnant par analogie, rappelle que, la première année qui suivit la réduction de la taxe sur les envois d'argent, le trésor essuya une perte de 30 pour 100, laquelle, par l'accroissement des envois, se trouvait, dès la seconde année, ramenée à 12 pour 100. Cette comparaison pèche par la base. Le droit établi sur les articles d'argent était à peu près prohibitif et ne permettait pas le développement des recettes. La barrière une fois abaissée, le trésor est devenu le banquier des petites bourses ; on a inauguré un service absolument nouveau.

La taxe des lettres, au contraire, dans le système des zones, plus modéré en France qu'ailleurs, avait déjà développé les correspondances. Il circulait, ne l'oublions pas, 95 millions de lettres de bureau à bureau avant la réforme. L'accroissement que la taxe unique devait amener avait été calculé, pour la première année, à 64 millions de lettres ; il n'a été que de 36 millions. Pour que le produit s'élevât, en 1851, à 43 millions et demi, un second accroissement de 35 millions de lettres serait nécessaire, et l'on sait que le mouvement produit dans la consommation par l'abaissement des taxes se ralentit à mesure que l'on s'éloigne du moment de l'impulsion.

L'évaluation qui a été adoptée pour le produit des taxes établies sur les boissons donne lieu à des observations encore plus graves. Ce revenu se trouve porté pour 1851 à 100 millions ; il n'a été que de 94,522,000 francs en 1850. On doit prévoir cependant, comme une consé-

quence infaillible de l'enquête qui suit son cours, un
changement dans l'assiette de ces taxes qui en diminuera
les produits. Au lieu d'un accroissement de 5 millions
et demi, il faudra probablement mettre en ligne de
compte une réduction de 8 à 10 millions. En tout cas,
ce n'est pas le moment de prévoir un progrès dans le
revenu, lorsque l'impôt est attaqué et qu'on ne peut le
raffermir qu'au prix de quelques sacrifices.

Il paraît téméraire d'élever de 5 millions le produit
des douanes, et de 4 millions celui des droits sur les sucres, après ce qui vient de se passer à Paris. M. le ministre des finances nous dit, dans les notes du budget, que
« le mouvement commercial tend à se développer, qu'il
y a lieu d'espérer un accroissement dans la consommation du café et une reprise notable dans l'importation des
fontes étrangères, par suite de l'impulsion que la construction et l'achèvement des lignes de chemins de fer
imprimeront sans doute aux travaux de l'industrie mé-
tallurgique. » L'événement a déjà démenti ces prévisions
trop flatteuses. En effet, le vote de l'assemblée sur la loi
relative au chemin de fer de Lyon arrête court la construction des grandes lignes de chemins de fer, et re-
plonge les usines dans cet état de langueur qui laisse
chômer depuis deux ans les moteurs, les machines et
les ouvriers. Quant au mouvement commercial, il a
reçu des élections du 10 mars et du 28 avril un échec
dont plusieurs mois de tranquillité le relèveront à peine,
et comment faire fond sur un peu de sécurité dans un
temps où les élections viennent comme en permanence
agiter les esprits et mettre le gouvernement en question?

CONCLUSION.

En résumé, l'exercice 1851 va s'ouvrir avec un découvert de 535 millions. Les dépenses ordinaires de l'année sont évaluées à 1,282 millions. En supposant que les réformes administratives qui sont projetées dans l'occupation de l'Algérie, dans l'armée et dans la marine réduisent la dépense de 22 millions, et que les crédits supplémentaires, mesurés avec une grande sévérité, ne l'augmentent que de 20 millions dans le cours de l'exercice, le budget réel s'élève encore à 1,280 millions. A cette somme en quelque sorte normale, et qui représentera les efforts péniblement faits par trois ou quatre commissions, en vue de l'économie et de l'équilibre financier, il faut ajouter la charge des travaux extraordinaires. Le gouvernement demande 54 millions, sur lesquels 29 millions seulement doivent être consacrés aux chemins de fer. Or, comme il restait, à partir de 1850, 234 millions de dépenses pour l'achèvement des lignes commencées, sans y comprendre celle de Paris à Avignon, huit années dans cette proportion seraient encore nécessaires : on n'irait pas, avant huit ans, de Paris à Metz et à Strasbourg, ni de Paris à Bordeaux et à Nantes. Nous verrions ainsi nos communications interrompues avec les frontières les plus exposées et avec nos villes les plus importantes, lorsque les chemins de fer de l'Allemagne peuvent nous amener en quarante-huit heures une armée russe sur le Rhin. Il faudra donc porter à 35 millions, au minimum, pour les exécuter en six années, l'allocation annuelle des chemins de fer, et par conséquent à 60 millions les travaux extraordinaires. Cela

15.

donne un total de 1,340 millions pour les dépenses de toute nature en 1851.

Les recettes sont évaluées à 1,292 millions : retranchons-en 12 millions, pour éviter l'exagération et pour n'embrasser que des résultats probables ; nous retombons à un chiffre de 1,280 millions, chiffre égal à celui des dépenses ordinaires. Ce n'est pas là l'équilibre que nous cherchons. Il est temps de supprimer enfin cette distinction entre l'ordinaire et l'extraordinaire. Les travaux à exécuter sont la conséquence d'engagements pris ; des dépenses également obligatoires ne peuvent pas s'effectuer à des titres différents. Les charges réelles, les charges complètes de 1851 s'élèveront à 1,340 millions ; il faut donc trouver encore 60 millions par un procédé ou par un autre.

M. le ministre des finances propose d'y pourvoir par une vente de domaines pour 6 millions de francs, et jusqu'à concurrence de 50 autres millions par une vente de forêts. J'accepte le produit de ces domaines sans rapport comme une ressource accidentelle ; mais je repousse, comme un gaspillage improductif, l'aliénation des bois de l'État. Il n'échappera d'ailleurs à personne que prétendre retirer à la fois 36 millions des coupes et 50 millions de la vente d'une partie considérable du sol forestier, c'est se poser un problème aujourd'hui et pour longtemps insoluble. A défaut de cet expédient, on ne peut pas laisser, en 1851, 54 millions de plus à la charge de la dette flottante, qui serait reportée ainsi à 580 millions ; car nous retomberions alors dans les embarras mêlés de périls dont le trésor est aujourd'hui assiégé, et dont il doit sortir à tout prix.

Il n'y a que deux solutions possibles, l'emprunt ou l'impôt. Je me rallierais à l'emprunt comme à un pis aller, et dans le cas seulement où il resterait démontré que l'impôt n'offre plus de ressources, car ce ne serait pas vider la difficulté : l'emprunt n'est qu'un expédient de circonstance ; l'impôt, au contraire, est une ressource permanente et un moyen définitif.

Si l'on a recours au crédit, il faudra nécessairement emprunter 200 millions, car l'emprunt, tant qu'il sera en cours d'émission et que les rentes émises ne seront pas classées, exclut la concession du chemin de Lyon à une compagnie. Et comment, avec moins de 200 millions, pourvoir tout ensemble aux travaux de cette ligne en 1851 et rembourser la Banque de France? Dans les circonstances actuelles, on ne contracterait que bien difficilement à un taux supérieur à 80 francs. Or, un emprunt de 200 millions, adjugé à 80 francs, grèverait le trésor, pour l'intérêt et pour l'amortissement de cette dette, d'une charge annuelle de 15 millions. Devons-nous cependant, sans une nécessité bien démontrée, allonger encore la liste déjà si longue des créanciers de l'État et augmenter de 15 millions nos dépenses? On remarquera qu'il devient fort difficile d'emprunter avant d'avoir rendu à sa destination l'amortissement de la dette déjà inscrite. L'État n'aura pas de crédit tant qu'il n'aura pas prouvé qu'il se trouve en mesure, tout au moins pour l'avenir, de faire face à ses dépenses au moyen de ses recettes.

Revenons donc à l'impôt, et voyons de quelles quantités peut s'accroître, sans trop charger les imposés, notre budget des recettes. Il faut renoncer désormais aux

illusions qui avaient déterminé la réduction de la taxe
du sel à 1 décime. La consommation s'est à peine accrue de 90 millions de kilogrammes, et le produit de
l'impôt n'est évalué pour 1851 qu'à 29 millions de francs :
ce serait une perte sèche de 41 millions. Les populations
de nos campagnes n'ont pas obtenu, par ce dégrèvement imprudent, un soulagement proportionné aux sacrifices du trésor. Elles comprendront que l'on rehausse
l'impôt d'un décime ; j'évalue cette recette supplémentaire à 21 millions.

J'ai parlé ailleurs (¹) de la nécessité d'établir diverses
taxes qui me paraissent plus que jamais opportunes. De
la taxe sur les domestiques et sur les voitures, d'une taxe
additionnelle à la contribution mobilière qui ne frappe-
rait que les loyers élevés, et d'une taxe sur les offices,
plus sérieuse que les patentes insignifiantes proposées
dans le budget de 1850, le trésor retirerait au moins
20 millions. Cette combinaison, outre l'accroissement
qu'elle apporterait au revenu public, aurait le mérite
inappréciable à mes yeux de faire cesser l'exemption relative d'impôt dont jouit la richesse mobilière.

Le gouvernement et la commission du budget, recu-
lant devant les remèdes héroïques, ont refusé d'aggraver
d'un décime additionnel, en 1850, les quatre contributions directes et les droits d'enregistrement. Ils n'accep-
tent pas même la retenue à faire d'un dixième sur les
traitements payés par l'État. Dans un moment où la richesse mobilière reste dépréciée et où le bas prix des
denrées ne permet pas la rentrée des fermages, il pouvait
être d'un bon exemple cependant que les fonctionnaires

(¹) P. 119 et suiv.

publics prissent leur part des privations qui atteignent tout le monde depuis deux ans. Cette combinaison étant malheureusement écartée, je ne reproduirai pas, pour le budget de 1851, la proposition d'une *dime républicaine*.

Mais, si l'on ne veut pas s'adresser directement aux contribuables, il faudra bien rechercher les moyens de rendre productif l'impôt indirect. Parmi les taxes de consommation, je n'en connais pas, toute proportion gardée, qui rende moins aujourd'hui et qui soit susceptible d'un produit plus important que les droits de douanes. Aux États-Unis, les recettes de la douane forment à peu près le seul revenu du gouvernement fédéral. En Angleterre, les douanes rapportent plus de 500 millions par année. Défalquez-en les droits sur les tabacs, le produit reste encore de 400 millions. En comptant les sucres, tant indigènes que coloniaux et étrangers, et sans compter les sels, la France ne retire des siennes aujourd'hui que 156 millions. Là-dessus, les sucres, qui payent à l'échiquier anglais un tribut de 120 millions acquitté par une population de vingt-huit millions d'âmes, ne rendent, chez nous, que 64 millions pour une population qui excède trente-six millions d'habitants. Au moyen d'un abaissement de la surtaxe qui repousse encore plus qu'elle ne grève les sucres étrangers, on obtiendrait sans peine un accroissement de recettes de 5 à 6 millions. Admettre les sucres étrangers pour une plus large part dans notre consommation, ce serait encore ouvrir à notre commerce d'échange des débouchés précieux sur un autre continent et arrêter la décadence de notre marine.

Les articles d'importation, autres que les denrées coloniales et les matières premières, ne figurent pas dans les recettes de la douane française pour plus de 30 millions. Il y aurait là un résultat misérable, si nous devions y voir l'expression naturelle de nos relations commerciales avec les peuples civilisés ; mais cette situation est purement artificielle. Les rapports qui pourraient s'établir, pour l'avantage mutuel, entre la France et les nations voisines ou alliées de la France, sont repoussés par nos tarifs. La douane française prohibe encore aujourd'hui, comme on aurait pu le faire au xvie et au xviie siècle, dans le bon temps des monopoles commerciaux, les produits des fabriques étrangères ; contre ceux de l'agriculture étrangère, elle a des droits qui équivalent à la prohibition.

Je ne viens pas entamer une campagne en faveur de la liberté commerciale, ni même ouvrir la tranchée devant la forteresse du système protecteur. C'est bien assez de la guerre sociale qui nous agite ; à Dieu ne plaise que j'ajoute des querelles de système à ces éléments déjà trop puissants de discorde et de désordre ! Laissons dormir la controverse économique, ne mettons pas les ports de mer aux prises avec les centres manufacturiers ; mais, au nom du ciel, et dût-il en coûter quelque chose aux intérêts ou aux systèmes, venons au secours de l'État. Je m'adresse aux maîtres de forges, aux filateurs de coton ou de lin, aux fabricants de tissus, aux constructeurs de machines, aux maîtres de l'art céramique, et je leur dis : « Soyez vous-mêmes les arbitres de cette réforme, et mesurez-la uniquement à l'intérêt du trésor. Fixez, de concert avec le gouvernement, le taux des droits de douane qui doivent remplacer les prohibitions et les taxes prohibitives. Adoptez une échelle de 25 et même de 30 pour 100 de la valeur des marchandises importées. Nous accepterons le changement, quel qu'il soit, pourvu qu'il nous donne des douanes vraiment fiscales. » Si le gouvernement faisait un appel de cette nature au patriotisme et à la haute raison des chefs d'industrie que l'on considère comme les colonnes du système protecteur, ou je me trompe fort, ou sa voix serait entendue ; en tout cas, elle trouverait de l'écho dans le pays. Une réforme très-modérée dans les tarifs élèverait aisément de 25 à 30 millions le produit annuel des douanes.

Les ressources additionnelles que nous venons d'énumérer présentent un total estimé au plus bas à 66 millions, qui porterait les revenus permanents de l'État, pour l'année 1851, à 1,346 millions. Par cette combinaison, il est pourvu aux dépenses tant ordinaires qu'extraordinaires, en imprimant une plus grande activité aux travaux de chemins de fer et sans ajouter un centime aux charges de la dette flottante. Si des circonstances plus prospères, rendant l'essor aux revenus indirects, venaient à augmenter l'excédant des recettes sur les dépenses, cet excédant servirait à diminuer, en 1851, la dette flottante d'une somme égale ; dans les années suivantes, il permettrait de reconstituer la dotation de l'amortissement. Les finances de la république entreraient alors dans cet état normal tant souhaité que la monarchie avait entrevu, en expirant, comme une autre terre promise.

Est-il vrai maintenant qu'en travaillant à porter la lumière et l'ordre dans notre système financier, on fasse une chose vaine ? Ne peut-on mettre les réformes éco-

nomiques au rang qui leur appartient dans le gouvernement des peuples, sans donner un aliment aux doctrines
socialistes et sans les rendre prépondérantes dans les
assemblées représentatives ainsi que dans les rues? Pour
parler le langage de M. Donoso Cortès, le socialisme
est-il une secte de l'économie politique? Est-il « fils de
l'économie politique comme le vipereau est le fils de la
vipère, lequel, à peine né, dévore celle qui vient de lui
donner la vie? »

Je réponds que, si le socialisme est une secte économique, c'est au même titre et au même rang que se
placent les hérésies comme sectes religieuses. A-t-on
jamais songé à condamner la religion, à repousser ses
bienfaits, à nier sa lumière, par cela seul que les aber-
rations de l'intelligence ou de l'orgueil humain peuvent
emprunter mensongèrement les formes de la parole révélée? L'erreur existe partout dans le monde à côté de
la vérité. C'est à l'homme de choisir; mais, quand il se
laisse aller à un mauvais choix, il n'a pas le droit d'accuser la Providence, qui lui avait donné la liberté et la
raison pour en faire un meilleur usage.

Ce sont les mauvaises passions qui ont engendré le
socialisme à toutes les époques de l'histoire : le socialisme est le fils de l'envie. Les hommes qui n'ont pas su
trouver leur place dans l'ordre social ou qui l'ont perdue
par leur faute se dressent comme des Titans contre la
société et contre le ciel. Ils osent dire que ce que Dieu a
fait est mal fait, et proposent de le refaire. Ils vont chercher tous ceux qui sont mécontents de leur sort, et,
leur offrant le bien d'autrui en pâture, les mènent à l'assaut des pouvoirs établis. Mais pour qu'ils réussissent,

ne fût-ce qu'un moment, pour qu'ils ne prêchent pas dans le désert, deux conditions sont nécessaires : l'inhabileté ou la méchanceté de ceux qui gouvernent, et l'ignorance de ceux qui sont gouvernés. Ces conditions se rencontraient au plus haut degré dans la société européenne au moyen âge ; de là l'importance que prirent, dès leur origine, l'insurrection des hussites en Allemagne et en France la jacquerie.

Dans l'explosion de cette traînée de poudre qui s'étendit en un clin d'œil, au mois de février 1848, de Paris à Vienne et de Naples à Berlin, quelle est aujourd'hui la contrée la plus tranquille ? Quel est le royaume en Europe où la peste noire du socialisme ne semble pas avoir pénétré ? Tout le monde a nommé la Grande-Bretagne. A quoi tient cette salubrité morale, ce privilége de conjurer une tourmente à laquelle rien ailleurs n'a résisté ? Certes, si la prédilection pour les réformes économiques, si le rang même qu'occupe la richesse dans un pays doit y amener, comme le prétend M. Donoso Cortès, le socialisme dans le parlement et dans les rues, l'Angleterre aurait dû être la première et la plus rudement atteinte. Voilà au contraire ce qui l'a préservée. Malgré l'extrême disproportion qui existe entre l'aristocratie et les classes inférieures de cette contrée et qui semblait inviter le socialisme, l'Angleterre, enveloppée de sa civilisation comme d'une armure impénétrable, échappe au mal naturellement et sans effort. Le socialisme n'a pas de prise sur la nation anglaise, premièrement parce qu'elle est riche, secondement parce qu'elle est bien gouvernée, troisièmement enfin parce que les connaissances économiques y sont trop répandues pour que le plus humble ouvrier comme le plus puissant capitaliste pense avoir quelque chose à gagner et ne croie pas au contraire avoir tout à perdre au renversement de la société.

Dans la Grande-Bretagne, l'ouvrier a le pain à bon marché, et il continue à recevoir un salaire exceptionnel, qui peut lui faire prendre le pouvoir et la fortune de l'aristocratie en patience. Le bien-être d'en bas devient le contre-poids de la richesse et de la grandeur d'en haut. L'abondance règne dans les finances publiques, l'ordre dans l'État, l'harmonie et la prospérité dans les régions diverses de la société; par quelle porte pourraient s'y introduire les passions anarchiques?

C'est dans les pays les moins libres et parmi les populations les moins éclairées que le socialisme devait faire et qu'il a fait le plus de ravages. Les paysans de la Gallicie n'avaient pas attendu la révolution de Février pour massacrer les nobles, pour incendier les châteaux et pour piller les propriétés. Il est vrai que les Allemands ne se jettent pas dans la guerre intestine des barricades avec la même furie ni avec la même résolution que les Français. Qui doute cependant que le socialisme ne soit plus monstrueux dans ses théories, plus répandu et plus profondément enraciné en Allemagne qu'en France? Avant l'année 1848, l'Autriche se voyait condamnée par son gouvernement à une existence purement animale. La douane interceptait au passage les livres, les journaux et les idées. La discussion était interdite, les réformes économiques, pas plus que les réformes politiques, ne trouvaient grâce devant le système d'immobilité adopté par M. de Metternich. L'Autriche demeurait la terre classique du *statu quo*. Aucune agitation, depuis la paix, n'en avait ridé la surface. Et pourtant, lorsque l'heure des révolutions a sonné, il s'est trouvé que les idées anarchiques avaient fait leur chemin inaperçues, et que le vieux levain du socialisme remuait les cœurs comme au temps de la guerre de Trente ans.

Non, l'ignorance n'est pas un préservatif ni une défense contre l'anarchie. C'est en éclairant les hommes sur leurs véritables intérêts, c'est en recherchant, en enseignant comment les sociétés prospèrent et par quels chemins elles vont à leur perte, que l'on peut assurer leur marche et fortifier leurs institutions. Jean de Leyde prêchait le socialisme les armes à la main, bien avant que Turgot et Adam Smith eussent déterminé les principes de la science économique. C'est l'ignorance de l'économie politique qui fait aujourd'hui, comme alors, les frais de la propagande socialiste ; le troupeau des simples suit aveuglément la direction que lui donnent quelques fanatiques et un plus grand nombre de coquins.

Je sais bien que l'on ne convertira les socialistes ni par des arguments ni par des réformes. Il s'agit maintenant bien moins d'éclairer que de vaincre. L'ardeur des ambitions et les engagements de parti ont fermé ou faussé les intelligences. Réprimons avant tout : le moment d'enseigner viendra plus tard ; mais, même au milieu de cette lutte acharnée que la civilisation soutient contre la barbarie, rien n'empêche de travailler aux améliorations que réclame l'opinion publique. Il faut enlever tout prétexte à la révolte ; les gouvernements, en recherchant activement la mesure du progrès possible, justifient leur existence et suivent la loi de leur destinée.

Dieu n'a pas fait de la vie cénobitique l'état naturel des sociétés. Le détachement de soi et la renonciation aux biens de la terre sont des élans généreux qui peuvent honorer un individu, mais qui n'appartiennent ni aux familles ni aux nations. M. de Bonald a défini l'homme : « Une intelligence servie par des organes. » De là sa destinée qui comprend l'ordre matériel et l'ordre moral. La Providence a assigné des lois à l'un comme à l'autre. La science du bien-être est donc aussi légitime que la science du bien. On enseigne l'économie politique au même titre que l'on enseigne la morale ; car, si l'homme ne doit pas vivre dans le vice, il ne doit pas non plus souffrir de la faim ni croupir dans la boue. Laissons donc chaque chose à sa place, et n'excluons, dans le gouvernement des sociétés, aucune des connaissances auxquelles il a plu à Dieu de nous élever.

Les causes des révolutions ne sont jamais simples ; si l'on cherchait bien, même au fond des querelles purement dogmatiques en apparence qui ont agité le monde, on y trouverait constamment quelque intérêt matériel froissé qui a irrité de son venin l'effervescence du sentiment religieux. Le christianisme, tout divin qu'il est, aurait-il obtenu ce rapide et universel développement, s'il n'avait pris naissance dans une société partagée en maîtres et en esclaves ?

La société européenne, je l'accorde à M. Donoso Cortès, est surtout malade parce que l'autorité s'y trouve abaissée. Relever l'autorité, la rendre respectable et la faire obéir, voilà désormais notre principale tâche. Les gouvernements modernes y réussiront, ou ils périront. Mais, en nous attachant à cette grande et sainte croi-

sade, nous est-il défendu de pourvoir aux soins ordinaires
de la vie? Pour rendre les hommes meilleurs, est-ce
donc une chose indifférente que de les rendre un peu
plus heureux? Rétablir l'ordre dans les finances, amener
une distribution plus équitable des impôts, améliorer
les conditions du travail, faciliter l'emploi et le bon
marché des capitaux, ranimer l'activité par la confiance :
voilà un programme qui s'impose aujourd'hui à tout
homme d'État digne de ce nom. Ce n'est pas assez de
rassurer les bons et de faire trembler les méchants ; l'autorité, pour recouvrer son prestige et sa force au milieu
de nous, doit encore se montrer prévoyante et humaine.

IV

LE BUDGET SOCIALISTE.

La critique de la société est devenue une thèse banale. Ce lieu commun, débité sans foi et déjà écouté sans avidité, tend évidemment à s'épuiser. Avec des déclamations plus ou moins passionnées ou plus ou moins habiles contre la religion, contre la famille, contre la propriété et contre l'impôt, l'on n'abuse plus que les intelligences peu exercées ou naturellement grossières. Après trente années de disputes, nous n'avons plus rien à apprendre ni à enseigner sur le milieu dans lequel chacun de nous est appelé à vivre; notre état social est percé à jour. Ce qui a survécu aux révolutions, ce que le temps et les hommes ont épargné résistera certainement à la controverse. En tout cas, au lendemain d'une tempête politique qui a ébranlé tout ce qu'elle n'a pas renversé, quel besoin pourrions-nous encore éprouver de démolir et de détruire? Dans de pareils moments, la discussion est à peine possible, et l'opposition des bons citoyens se sent désarmée. Quand la redoutable et funeste voix de la place publique a grondé, qu'avons-nous affaire de la tribune aux harangues?

Et quel serait le prétexte de l'agitation après tout? Il

n'y a plus en France ni volonté ni pouvoir de contester les réformes vraiment utiles ; en revanche, il n'y a pas de sympathies pour la politique d'aventures, ni pour les plagiaires de Saint-Just ou de Babœuf. Après deux années de tâtonnements, on veut sortir enfin de l'incertain et du précaire ; une halte n'est pas plus permise dans le vide que dans la boue. Reprenons donc notre marche au point où les événements l'ont interrompue. La société française, que l'ouragan révolutionnaire a repoussée vers le désert, ne s'y abritera pas longtemps sous la tente. Le moment de la reconstruction est venu. Replaçons résolûment sur l'autel les principes que nous avons sauvés du naufrage. Les hommes qui ne voudront pas que la société se rejette vers ce qu'ils appellent l'ancien monde auront à lui présenter et à lui faire accepter un monde nouveau. Assez de négations comme cela. Désormais les sectes et les partis n'auront de valeur que par les matériaux qu'ils apporteront à l'édifice.

Les socialistes eux-mêmes commencent à comprendre ces nécessités de notre époque. Les écrits et les discours qu'ils mettent aujourd'hui en circulation ont perdu de leur âpreté sauvage. Ils cherchent à se rallier derrière un principe commun, ils bégayent des formules, ils prennent un air doctrinaire, et rendent ainsi un hommage involontaire à l'ascendant de l'esprit public. On les a si souvent mis en demeure de faire connaître ce qu'ils veulent et ce qu'ils sont, qu'ils ont fini par relever le défi, quoique sans aller au fond des questions et d'assez mauvaise grâce. Après la liste des institutions qu'ils s'efforcent de détruire est venue l'esquisse de celles qu'ils ont la prétention de fonder. Un d'eux s'était écrié, dans un accès de franchise : « Le pouvoir ! eh ! qu'en ferions-nous ? » Un autre lui a répondu de Londres par un programme complet, qui reproduit mot à mot le programme déjà trop connu du Luxembourg sous le gouvernement provisoire. Les manifestes pullulent de toutes parts. Après la montagne de Paris, la montagne de Londres a publié le sien, sans parler des définitions de M. Pierre Leroux, qui s'est cru appelé, par je ne sais quelle mission d'en haut, à faire cesser dans les rangs des frères et amis l'inévitable confusion des langues.

Qu'est-il résulté de ce changement de front ? Je ne me propose pas de le rechercher dans toutes les directions ni de parcourir, au point de vue doctrinal, l'encyclopédie du socialisme ; mais les théories de cette école, en matière de budget, étant celles que les sectaires ont principalement travaillé à mettre en relief et formant leur vrai champ de bataille, il semble plus utile et plus opportun de les suivre sur le terrain qu'ils ont choisi. Défendre contre les socialistes le budget de l'État et l'assiette de l'impôt, faire, dans l'intérêt de la paix publique et de la vérité, l'autopsie du budget socialiste, voilà l'objet de l'étude à laquelle je me suis livré.

Quand on discute les systèmes que la maladie du jour a produits, on s'efforce généralement d'en saisir et d'en signaler les différences. L'argument est excellent, si l'on veut se borner à démontrer que le socialisme ne peut engendrer que l'anarchie. Nous avons vu M. Proudhon et M. Louis Blanc aux prises, déversant l'un sur l'autre, de la main la plus libérale, la haine et le mépris. Il n'y a pas de mal à prouver que cette guerre intestine existait entre les idées avant de se déclarer entre les hommes ; le spectacle de leurs contradictions est aussi instructif que celui de leurs passions et de leurs fureurs.

Cependant je me suis placé à un autre point de vue. Au lieu d'examiner si le parti socialiste, à raison de son personnel et de ses doctrines, avait qualité pour aspirer au pouvoir, je l'ai supposé (que l'on me pardonne une hypothèse aussi éloignée de la réalité) maître du gouvernement, et je me suis demandé, en recherchant ce qui était commun à toutes ces sectes et à tous les chefs de sectes, dans leurs projets, dans leurs discours et jusque dans leurs préjugés ou dans leurs chimères, ce qu'ils feraient, comme ministres ou comme membres de la majorité, des finances du pays. En partant de cette donnée, l'on comprendra que je me sois préoccupé surtout des analogies et des ressemblances.

Que les socialistes s'accordent dans la critique de notre état financier, en vérité ce n'est pas merveille. Il ne faut pour cela que servir d'écho, à tour de rôle, aux cinq ou six lieux communs qu'un journalisme nauséabond à force de cynisme et d'ignorance a mis depuis Février en circulation. Dites hardiment que les dépenses publiques sont excessives, sans examiner les causes qui ont concouru à aggraver les charges de l'État ; allez vous récrier, dans les réunions électorales ou dans les banquets, contre l'accroissement de la dette, sans y reconnaître la carte à payer des révolutions ; plaignez-vous amèrement du fardeau des impôts, sans tenir compte du dégrèvement récent de 17 centimes, de la réforme opérée dans la taxe des lettres, et de la réduction des deux tiers qu'a subie l'impôt du sel, comme aussi en oubliant que ce fut le

gouvernement provisoire qui, pour combler l'abîme ouvert par ses mains, surchargea de 45 centimes, dans
l'année la plus calamiteuse et la plus agitée, les quatre
contributions directes; accusez l'infâme capital de tous
les maux qui affligent le monde; dites que les salaires
sont trop bas, comme si les révolutions avaient pour
effet de développer le commerce et l'industrie; versez
enfin des larmes hypocrites sur le sort de l'agriculture,
qui emprunte à un taux plus élevé et qui vend ses produits à plus vil prix depuis la république, comme si les
temps de trouble étaient propices pour fonder des institutions de crédit, et avec ce bagage de mots, qui deviendra une sorte de passe-port socialiste et un signe infaillible de reconnaissance, vous serez admis à fraterniser
avec toutes les sectes de l'anarchie d'un bout à l'autre
de l'Europe.

Mais ce n'est pas seulement dans la critique de notre
système financier que les anarchistes s'accordent; à
quelque école qu'ils appartiennent, on démêle à travers
leurs divagations un certain nombre de vues communes
qui peuvent leur servir à dresser le budget de la république démocratique et sociale. Oui, la chose est certaine, les socialistes ont inventé un budget. Que ce soit
M. Ledru-Rollin qui arrive au pouvoir ou M. Mathieu
de la Drôme, que la direction échoie à la montagne de
Londres ou à la montagne de Paris, le résultat sera absolument le même. Nous ne changerons pas de dictature
en changeant de dictateur; les finances de la république sociale, quelles que soient les mains qui étrei-
gnent alors le pays et qui tiennent les cordons de la
bourse, seront soumises à la haute pression des mêmes

idées et abandonnées au péril des mêmes expériences.

Le 22 mars dernier, lorsqu'un socialiste plus hardi et plus naïf que ses pareils, M. Pelletier, vint à la tribune de l'assemblée nationale traduire en chiffres les visions du parti et nous dire à quel prix le gouvernement de la fraternité pourrait s'établir et se charger de nous conduire, la montagne parut effrayée de cette révélation, et l'on entendit courir sur ses bancs un murmure de désaveu. Ainsi que l'a fait remarquer M. Mortimer-Ternaux, l'éditeur du budget socialiste se vit un moment abandonné par les siens, et n'eut pas même d'abord, comme M. Proudhon, un adhérent pour le suivre dans sa solitude. Toutefois cet isolement dura peu. Si la montagne n'a pas encore revêtu d'une sanction officielle les chiffres de M. Pelletier, elle a du moins adopté solennellement les bases sur lesquelles reposent des calculs qui n'avaient d'autre tort à ses yeux que la publicité qu'ils avaient reçue. Quatre-vingt-neuf représentants, sans compter les adhésions postérieures, ont signé le manifeste du 9 août 1850, dont nous extrairons les lignes suivantes :

« De ce concours de forces, de cette fusion des idées républicaines et socialistes, il résulta bientôt un accord complet sur les moyens à employer pour traduire en fait les vouloirs du peuple, pour poser les bases de la société nouvelle :

« La chaire de l'enseignement relevée, rehaussée jusqu'à la dignité de la magistrature la plus honorée ;

« L'instruction mise à la portée de tous, faite gratuite aux abords de toutes les carrières qu'embrasse l'activité humaine et préparant ainsi le libre développement des facultés de chacun ;

« L'impôt établi, réparti sur les bases absolues de l'éternelle justice, simplifié, uniformisé, exigeant beaucoup de qui pos-

sède beaucoup, peu de qui a peu, et ne demandant rien à qui
n'a rien ;

« L'accès du crédit ouvert à tous les citoyens, et, par le crédit, le droit au travail ;

« L'association, cette expression suprême de la puissance du
labeur intellectuel et physique, excitée, encouragée, aidée dans
ses efforts ;

« L'assistance publique moralisée, ennoblie, substituée à l'au-
mône qui dégrade l'homme et asservit le citoyen ;

« Chaque peuple disposant librement de lui-même, chaque
race maîtresse souveraine de son territoire. »

Le budget indiqué dans ce compte rendu de la montagne tend évidemment, comme celui de M. Pelletier, à
la destruction des recettes et à l'exagération des dépenses
publiques. Il y a là de quoi réduire le revenu du trésor
à zéro, et de quoi élever ses déboursés annuels à trois ou
quatre milliards. Ce manifeste consacre, dans l'intérêt de
chaque citoyen, le droit au crédit, le droit au travail et
le droit à l'assistance ; est-ce trop d'un milliard pour défrayer les largesses qu'entraînerait chacun de ces droits ?
Encore n'avons-nous pas compris dans le budget mon-
tagnard les frais de cette propagande extérieure qui n'est
qu'une autre forme de la conquête.

Les vues financières du socialisme, à moitié dissimu-
lées ici sous l'enveloppe emphatique du langage officiel,
se précisent davantage dans les publications d'un exilé
qui n'a pas de situation à ménager. Voici ce qu'on lit
dans le *Nouveau-Monde* du 15 juin :

« Si le socialisme arrivait au pouvoir, voici ce que le socialisme ferait :

« Il attacherait une indemnité à l'exercice des fonctions de juré.

« Il introduirait dans l'administration de la justice cette gratuité sans laquelle l'égalité devant la loi est un mensonge.

« Il rendrait l'éducation commune, gratuite, obligatoire; par l'enseignement, il hâterait l'heure désirée où chacun, dans l'atelier social, sera employé non plus d'après le hasard de sa naissance, mais suivant les indications de la nature.

« Il changerait complétement les bases de la répartition de l'impôt, et au système actuel il substituerait, par l'établissement d'un impôt unique, le régime de la proportionnalité des charges.

« Son but, sa volonté, sa passion étant d'extirper la misère, de détruire le prolétariat, d'affranchir le travail, d'élever l'homme du peuple de la condition de salarié à celle d'associé, il aurait besoin pour cela d'un budget spécial, et il le formerait par la concentration aux mains de l'État des bénéfices énormes que dispersent aujourd'hui aux mains de quelques privilégiés la Banque, les chemins de fer, les mines, les assurances.

« Il créerait des bazars et entrepôts sociaux où seraient admis des produits en échange desquels seraient délivrés des *récépissés* transmissibles par endossement, pouvant faire office de papier-monnaie, et destinés à augmenter la masse des valeurs circulantes.

« En substituant à la commandite du crédit individuel la commandite du crédit de l'État, il fraierait les voies au régime de l'association universelle, lequel revient à la gratuité du crédit pour tous.

« Afin de sauver des effets du morcellement l'agriculture agonisante, afin de sauver de la concurrence l'industrie, que la concurrence transforme en combat meurtrier, il créerait, eu égard aux ressources dont le budget du travail lui permettrait l'emploi, des associations agricoles et des associations industrielles fondées sur le principe de la fraternité, faites à l'image de la famille, solidaires les unes des autres, et destinées, en s'étendant par l'exemple et par l'attrait, à devenir le système général du pays... si bien que, sans précipitation, sans violence, sans spoliation, sans secousse, et rien qu'*en descendant la pente sur laquelle elle aurait été placée*, la société se trouverait, au bout de quelque temps, dans un monde nouveau.

« En ce qui concerne la politique extérieure, le socialisme prendrait pour devise : *la conquête jamais, la propagande toujours.* Pacifique par principes, il saurait être guerrier tant qu'il resterait en Europe des aristocraties ou des rois, et, convaincu que notre nation est la nation émancipatrice par excellence, que son rôle historique est de représenter le mouvement et de le conduire, que son sang appartient à toute la terre, *il tiendrait à la disposition de chaque peuple opprimé l'épée de la France et le courage de ses enfants.* » ·

M. Louis Blanc conclut en affirmant qu'il n'y a rien, dans ce vaste plan, « qui n'ait un caractère parfaitement pratique et qui ne soit immédiatement réalisable. » Ce n'est, selon lui, qu'un premier pas, un pas *prudent et sûr* dans les voies qui mènent à la *vérité absolue ;* il aurait craint de doubler la dose et de transporter dans les régions *pures* de l'idéal *une société aussi corrompue que la nôtre et aussi profondément ignorante.* C'est probablement à son ignorance et à sa corruption que la société doit de n'être pas soumise par M. Louis Blanc à une expérience encore plus large et plus décisive. Sans cela, le budget des dépenses, tel que M. Pelletier l'a proposé, ce premier pas dans le nouveau monde, s'arrondirait assurément de quelques autres milliards. Cependant les sociétés secrètes, qui renferment les mystères du parti, ne sont pas tenues de composer avec l'ordre social, et peuvent étendre leur programme. C'est ce qu'a fait la *Société de résistance,* comme on le verra par les articles financiers de son manifeste récemment découvert.

« 13. — Instruction commune, gratuite, obligatoire et professionnelle, *avec entretien des enfants aux frais de l'État.*

« 14. — Organisation du travail industriel et agricole par

l'association solidaire ; *larges* commandites données par l'État aux travailleurs associés.

« 15. — Reconnaissance du droit de vivre ; *création d'établissements nationaux pour l'enfance, la vieillesse et les invalides du travail.*

« 16. — Rétribution des magistrats municipaux et des officiers judiciaires ; gratuité absolue de tous les services résultant de l'exercice de leurs fonctions.

« 17. — Réduction des gros traitements et augmentation de ceux qui sont insuffisants.

« 18. — Réduction des grosses pensions et suppression de celles indûment accordées.

« 19. — Abolition de la prestation en nature.

- « 20. — Abolition de l'exercice et des impôts sur les boissons, le sel, la viande, etc.

« 21. — Abolition des livrets, des patentes et des cautionnements.

« 22. — Impôt sur le revenu, les actions industrielles, les rentes hypothécaires, et généralement toutes les valeurs qui en ont été jusqu'à ce jour abusivement exemptées.

« 23. — Destruction de l'usure par l'organisation du crédit national ; toutes les banques réunies en une seule dans les mains de l'État et prêtant aux propriétaires, aux agriculteurs, aux commerçants, aux industriels et aux associations ouvrières, avec un intérêt modique, destiné à affranchir les contribuables d'une partie de l'impôt.

« 24. — Exploitation par l'État de toutes les entreprises d'utilité publique, telles que chemins de fer, canaux, usines à gaz, assurances, etc.

« 25. — Révision des baux, des fermages et de tous contrats qui porteraient manifestement un caractère de spoliation.

« 26. — Restitution intégrale et solidaire du milliard des émigrés avec les intérêts.

« 27. — Concours fraternel donné par la France aux peuples de l'Europe pour recouvrer leurs droits. »

La *Société de résistance* va plus loin que M. Louis

Blanc, qui ne s'arrêtait pas lui-même, comme le compte-rendu de la montagne, aux limites posées par M. Pelletier. A la ruine de l'impôt, elle joint la destruction des fortunes particulières, qu'elle va ébranler jusque dans leurs bases par la révision des contrats. C'est peu de poser en principe le droit au travail et le droit à l'assistance; elle veut ouvrir partout des ateliers, bâtir des hôtels des invalides, et suppléer la famille en se chargeant de nourrir les vieillards ainsi que les enfants. En proposant de rétribuer les magistrats municipaux, elle double la dépense des fonctionnaires. Il n'y a qu'un point sur lequel la *Société de résistance* montre plus de prévoyance que n'en font paraître communément ses émules en socialisme; en chargeant l'État de tout faire pour les individus, elle a songé à lui en donner les moyens, et de là ce décret de restitution ou plutôt de confiscation qui est lancé solidairement, capital et intérêts, contre tous ceux qui ont pris part au milliard des émigrés. La méthode n'a rien de neuf, et la république sociale ne serait pas le premier gouvernement qui aurait fondé sur la spoliation des richesses privées la grandeur momentanée de la richesse publique.

N'insistons pas cependant sur les conséquences de ces monstrueuses conceptions. Les textes que nous avons cités interviennent ici uniquement pour montrer que, dans le camp dés socialistes, M. Pelletier n'est pas un rêveur solitaire, et qu'il s'est inspiré au contraire de la pensée du parti en donnant un corps aux combinaisons dont il voyait errer autour de lui les ombres informes. M. Pelletier nous promet le même avenir que font miroiter à nos yeux les quatre-vingt-neuf représentants de

la montagne, M. Louis Blanc et la *Société de résistance.*
Seulement, et voilà son mérite selon nous, il condescend
à nous dire, par francs et centimes, ce que le triomphe
de ses amis et de ses idées doit nous coûter. Y a-t-il
exagération ou plutôt atténuation dans les chiffres qui ont
été produits? C'est un examen qui peut se mêler à la
discussion des doctrines.

M. Pelletier débute par constituer dans les mains de
l'État tous les monopoles qu'avait ambitionnés le gouvernement provisoire ; il s'empare des assurances, des chemins de fer, des mines de houille, de cuivre, de fer et
d'argent, des salines ainsi que des banques. Le but apparent de cette opération est de garantir à chacun sa
place au soleil, de créditer l'homme besoigneux, de
mettre tous les citoyens à l'abri de la misère. Pour rendre
ainsi le gouvernement arbitre de la production et maître
du capital social, M. Pelletier adjuge aux possesseurs
actuels la faible indemnité de 90 millions de rentes :
une inscription de 90 millions de rentes au grand-livre
de la dette publique, voilà tous les sacrifices qu'il prétend imposer à la société, pour la faire passer du monde
ancien dans le monde nouveau !

L'État, devenu banquier, assureur, exploitant de
houillères, de salines et de chemins de fer, détenteur en
un mot de la richesse et des instruments du travail, ne
commettra pas la faute de nous donner un de ces petits
budgets que nous avaient annoncé, dans l'inexpérience
de leurs débuts, les premiers révélateurs de la république rouge. M. Pelletier nous demande 1,799 millions
pour les dépenses, et il place en regard 1,899 millions
de recettes. Qui voudrait chicaner sur cet accroissement

des charges publiques le financier socialiste, qui, non content de nous présenter un budget en équilibre, nous promet un boni de 100 millions de francs?

Voyons donc de plus près les éléments de ce système.

BUDGET DES DÉPENSES DE LA RÉPUBLIQUE SOCIALE.

Dette publique...............................	446,287,193 f.
Instruction publique..........................	100,000,000
Justice.......................................	20,000,000
Agriculture et industrie	70,000,000
Travaux d'utilité publique....................	120,000,000
Cultes..	40,000,000
Affaires internes et communales..............	7,000,000
Guerre et Algérie	185,000,000
Marine et colonies............................	106,000,000
Exploitation des entreprises financières......	537,000,000
Gestion des propriétés de la France, perception des droits protecteurs et conservateurs..............	60,000,000
Services de trésorerie........................	5,000,000
Administration générale de la France..........	62,000,000
Total.........	1,799,000,000 f.

BUDGET DES RECETTES.

Produit des assurances contre les sinistres et les chômages involontaires......................	800,000,000
Revenu brut des chemins de fer................	159,000,000
— des mines de houille.............	40,000,000
— — de fer et de cuivre.......	140,000,000
— des salines	78,000,000
— des banques....................	215,000,000
— des postes.....................	46,000,000
— des tabacs.....................	120,000,000
— des poudres et salpêtres	6,500,000
— des monnaies et médailles.........	1,250,000
— des forêts et des pêches...........	39,000,000
A reporter.......	1,644,750,000 f.

Report.........	1,644,750,000 f.
Revenu brut des droits protecteurs aux frontières.	180,000,000
— de l'Algérie, des colonies, de la route de l'Inde et des dettes de l'Espagne, de la Belgique, de la Grèce, de la propriété	40,000,000
— des droits conservateurs	35,000,000
Total............	1,899,750,000 f.

I. — DÉPENSES.

En prenant les choses pour ce que le socialisme les donne, il est facile de prouver que les dépenses devront être bien supérieures à la somme que M. Pelletier accuse, et que l'on n'obtiendra dans aucun cas le revenu hyperbolique auquel il a élevé ses prétentions.

M. Pelletier évalue la charge annuelle de la dette publique dans son système à 446 millions, en y comprenant 90 millions de rentes qui représenteront l'indemnité à servir aux propriétaires d'actions de banques, de chemins de fer et de houillères qu'il déposssède. La dette actuelle, celle que le socialisme reconnaît, est fixée ainsi à 356 millions. Je note, en passant, que ce chiffre ne correspond à aucune évaluation exacte ni même approximative de la réalité. Les crédits accordés pour 1850 s'élèvent en bloc à 396 millions; si l'on en déduit l'amortissement ainsi que les rentes rachetées, il ne reste plus que 324 millions. Les financiers de la montagne, qui prennent de telles libertés avec le grand-livre, devraient bien nous dire ce qu'ils entendent y ajouter et ce qu'ils se proposent d'en retrancher, s'ils veulent appeler et non pas dérouter les jugements de la critique.

Maintenant l'État indemnisera-t-il équitablement les détenteurs des propriétés industrielles qu'il convertit en monopoles, en leur attribuant une rente annuelle de 90 millions? M. Pelletier se donne beaucoup de peine et entre dans des calculs très-minutieux pour le démontrer. Cependant les chiffres qu'il aligne dans son budget semblent, au premier aperçu, déposer du contraire. En effet, les assurances, les chemins de fer, les houillères, les salines et autres industries, qu'il achète pour 90 millions de rentes, sont portés aux recettes pour un produit brut de 1,232 millions. Retranchez 400 et quelques millions pour les frais d'exploitation, suivant les calculs de M. Pelletier lui-même, et vous trouverez encore un revenu net de 800 millions, revenu qui représente près de 900 pour 100 du prix d'acquisition. Nous ne dirons pas à M. Pelletier que « dans ses heureuses mains le cuivre devient or; » mais nous lui demanderons au nom de quel principe de politique ou de morale il revendique pour l'État le droit d'acheter l'or au prix du cuivre?

Pour rendre plus sensible l'erreur des calculs dans lesquels s'est jeté M. Pelletier, erreur commune à tous les projets de rachat, il n'y a qu'à regarder sur quelles bases il établit l'indemnité que l'État devrait servir aux compagnies de chemins de fer. Le réseau français doit avoir, comme chacun sait, une étendue d'environ 5,000 kilomètres. M. Pelletier suppose que 3,979 kilomètres (¹) sont exploités ou à la veille de l'être, que ces chemins ont coûté ou coûteront 1,760 millions aux com-

---

(¹) L'étendue des chemins exploités aujourd'hui est d'environ 3,000 kilomètres.

pagnies et 457 millions à l'État. Sans discuter ces bases, qui s'écartent quelque peu des faits, on comprend difficilement que le financier socialiste pense résoudre le problème, sans blesser les règles austères de l'équité, en offrant aux compagnies, pour prix d'une propriété qui leur aura coûté 1,760 millions, une rente représentative d'un capital de 1,193 millions. Passe encore si le marché était librement consenti des deux parts, et si les compagnies, en subissant une perte de 32 pour 100 sur leur capital, faisaient un sacrifice volontaire ; mais un gouvernement qui exproprie des individus ou des associations pour cause d'utilité publique, et qui exerce ainsi sur les propriétés privées une sorte de droit de conquête, est tenu d'en rembourser la valeur réelle et plus que la valeur. Quand l'État, le département ou la commune s'empare d'un champ ou d'une maison, est-ce que le jury qui détermine l'indemnité se borne à constater le produit du champ ou de la maison, pour le capitaliser ensuite ? Non certes : il prend en considération toutes les circonstances, le prix d'achat, l'accroissement du revenu et jusqu'à la valeur de convenance. Voilà les bases équitables et sincères de son jugement. Pourquoi renoncer à l'application de ces principes ? Est-ce que la règle d'équité qui préside à l'évaluation des propriétés individuelles ne peut pas servir à évaluer les propriétés des compagnies ? Les associations n'ont-elles pas les mêmes droits et au moins les mêmes titres que les individus devant la puissance publique ?

Au reste, les lois ont déterminé, pour le cas où l'État jugerait utile d'ajouter les chemins de fer à son domaine, l'époque, la forme et les conditions du rachat. Le gouvernement ne peut déposséder une compagnie qu'après quinze ans d'exploitation, et en lui servant une rente égale à la moyenne du revenu pendant les cinq dernières années de l'exploitation, mais sans que cette rente puisse demeurer inférieure au produit de la dernière année. Si jamais la république sociale fait main basse sur les chemins de fer, pour peu qu'elle se pique d'être un gouvernement régulier et honnête, elle devra respecter les principes qui forment contrat entre les parties, et qui sont écrits dans tous les cahiers des charges.

M. Pelletier admet que le revenu brut des chemins de fer est en moyenne de 40,000 francs par kilomètre, et que le revenu net est de 15,000 fr. seulement. J'ignore qui lui a fourni des données aussi complétement inexactes; mais, à coup sûr, l'exploitation des chemins de fer dans tous les pays de l'Europe présente des résultats bien différents. Un produit brut de 40,000 fr. par kilomètre, loin d'être la moyenne des résultats, en est généralement le point culminant. Il n'y a que le *North Western* en Angleterre et le chemin d'Orléans, la plus importante des têtes de ligne en France, qui aient donné un revenu brut de 81 à 82,000 fr. par kilomètre. Le chemin de Rouen, au maximum de ses recettes en 1847, a atteint le chiffre de 72,400 fr. par kilomètre, et le chemin du Nord celui de 45,600 fr. à la même époque, avant que l'on eût construit et exploité les embranchements. En 1849, les 5,996 milles de chemins de fer en exploitation dans le Royaume-Uni ont donné un produit brut de 11,806,000 liv. st. (301,053,000 fr.), ce qui représente une moyenne de 31,000 fr. par kilomètre. La moyenne des chemins belges était de 18,400 fr. par

kilomètre en 1841 ; elle s'est élevée en 1847 à 26,600 fr.,
et paraît devoir être de 29 à 30,000 fr. en 1850. Le chemin du Nord, dont le produit brut était tombé en 1848
à 33,250 fr. par kilomètre, et à 34,300 fr. en 1849,
donnera probablement, en 1850, 40 à 41,000 fr. ([1]). Le
produit moyen d'Orléans à Bordeaux, sur la tête de cette
ligne, n'a pas excédé 35,600 fr. ; celui du Havre a été
de 37,500 fr. ; celui de Paris à Strasbourg, entre Paris
et Châlons-sur-Marne, atteint à peine 30,000 fr. ; celui
d'Avignon à Marseille flotte entre 20 et 25,000 fr. ;
celui de Chartres est de 22 à 23,000 fr. ; celui de Strasbourg à Bâle, d'environ 18 à 20,000 fr., et celui de
Montereau à Troyes, de 11 à 12,000 fr. ; enfin la ligne
de Paris à Lyon, que l'on croyait productive entre toutes,
n'aura donné cette année que 27 à 28,000 fr. par kilomètre sur les 266 kilomètres exploités, qui comprennent
la tête de cette ligne vers Paris. En résumé, dans l'hypothèse probable où les 3,000 kilomètres de chemins de
fer exploités aujourd'hui en France donneraient un produit brut de 85 millions pour l'année 1850, la moyenne
du produit par kilomètre serait de 28,333 fr.

Quant au rapport du revenu net au produit brut, il
n'y a pas de moyenne possible. Ce rapport varie d'année
en année sur le même chemin de fer, et les résultats

([1]) En 1849, sur le chemin du Nord, la section de Paris à
Amiens a produit 65,000 fr. par kilomètre, celle d'Amiens à la
frontière belge 30,200 fr., et ces deux sections, formant la ligne
principale, ensemble 46,700 fr. Les embranchements de Lille
à Dunkerque et à Calais ont produit 13,300 fr. par kilomètre; celui de Creil à Saint-Quentin jusqu'à Chauny a produit
13,800 fr.

diffèrent d'un chemin de fer à l'autre, non-seulement comme la circulation, mais encore comme l'économie de la gestion, comme les tarifs, comme les conditions de pentes et comme les circonstances du marché.

En 1843, les frais d'exploitation sur les vingt-quatre meilleures lignes de l'Angleterre présentaient une moyenne de 41 pour 100 de la recette brute ; sur vingt-quatre autres lignes, ils étaient évalués à 50 pour 100.

Sur les chemins de fer belges, la dépense absorbait, en 1841, 68 pour 100 de la recette ; en 1842, 62 pour 100 ; en 1843, 60 pour 100 ; en 1844, 51 et demi pour 100 ; en 1845, 50,8 dixièmes pour 100 ; en 1846, 53 pour 100, et en 1847, 62,2 dixièmes pour 100.

Sur le chemin du Nord, le rapport des frais d'exploitation au produit brut était, en 1847, de 46,3 dixièmes pour 100 ; en 1848, de 54,6 dixièmes pour 100 ; en 1849, de 39,5 dixièmes pour 100 ; on suppose qu'il sera de 38 à 40 pour 100 en 1850.

Sur le chemin d'Orléans, la dépense a été à la recette brute, en 1844, comme 40,3 dixièmes est à 100 ; en 1845, comme 38,5 dixièmes ; en 1846, comme 38 ; en 1847, comme 41, et en 1848, comme 48,5 dixièmes.

Sur le chemin du Centre, les frais d'exploitation absorbaient, en 1847, 58 pour 100 de la recette brute, et en 1848, 65,6 dixièmes pour 100. Sur le chemin d'Orléans à Tours, le rapport était de 62,6 dixièmes en 1847, et de 67,5 dixièmes en 1848.

Sur le chemin de Rouen, la proportion se maintient entre 42 et 43 pour 100 ; c'est une ligne à faibles pentes. Sur le chemin de Rouen au Havre, le rapport était, en 1848, de 63 pour 100, et en 1849, de 52,6 dixièmes

pour 100 ; de 67 pour 100, en 1847, sur le chemin de
Strasbourg à Bâle, et de 82 pour 100, en 1849, sur le
chemin d'Amiens à Boulogne.

Nous ne présumons rien de trop en supposant que les
3,000 kilomètres de chemins de fer, qui paraissent devoir produire, en 1850, un revenu brut de 80 à 85 millions, verront leur produit s'élever à 100 millions en
1851, alors que la plupart des compagnies auront franchi les débuts toujours lents et difficiles de la circulation ; et, quand on supposerait que les frais d'exploitation doivent absorber 55 pour 100, ce qui, le calcul des
moyennes admis, est une hypothèse très-large, il resterait 45 millions pour l'intérêt du capital, qui, les dépenses du chemin de Lyon comprises, ne s'élève pas à
900 millions pour la part des compagnies. Ce serait donc
un revenu net de 5 pour 100 et non pas de 3 et demi
pour 100, comme le suppose M. Pelletier, dont il faudrait tenir compte en évaluant l'indemnité. La rente à
servir, dans son système, serait donc, pour 4,000 kilomètres de chemins de fer, de 60 millions, que l'on porterait au budget des dépenses, et l'on n'aurait que 133
millions au lieu de 159 à porter, pour le revenu brut,
au budget des recettes.

En parcourant un à un tous les éléments de l'indemnité de 90 millions de rente que M. Pelletier tient en
réserve pour désintéresser les industries dépossédées, on
rencontrerait des omissions et des mécomptes encore plus
manifestes. Après l'exemple des chemins de fer, je ne
citerai que celui des banques. En leur enlevant le privilége des émissions pour le conférer à l'État, M. Pelletier
ne leur adjuge aucune compensation. Il croit apparem-

ment avoir assez fait en leur rendant la libre disposition de leur capital. Le capital des banques qui sont absorbées dans l'unité de la Banque de France s'élève à 108 millions. La valeur des actions qui sont cotées encore, malgré la dépréciation qu'elles ont subie depuis deux ans et demi, au taux de 2,300 francs, suppose un capital supplémentaire d'environ 102 millions. Il faudrait donc servir aux actionnaires de la Banque de France une rente d'au moins 5 millions, en les obligeant à liquider cette grande et utile entreprise.

M. Pelletier demande 100 millions pour les dépenses de l'instruction publique. Le budget de l'instruction publique s'élève aujourd'hui à 22 millions. En 1849, on demanda 49 millions à l'assemblé constituante pour rendre l'instruction gratuite ; mais les socialistes, qui prétendent établir la gratuité à tous les degrés, et donner à qui la réclamera une instruction complète, ont besoin, comme le dit M. Pelletier, de 100 millions *au moins*. Le système étant donné, cette magnifique allocation se trouvera infailliblement et avant peu trop modeste. Quand l'instruction est un droit pour le peuple et un devoir pour l'État ; quand le père de famille peut se décharger sur les représentants officiels de la société des dépenses qu'entraîne l'enseignement, il ne tarde pas à demander qu'on le dégrève de celles de l'éducation ; il n'y a qu'un pas de l'instruction gratuite à l'éducation gratuite, et de l'éducation gratuite à l'éducation commune. L'État, en se substituant à la famille, ne prend pas de ces devoirs ce qu'il lui plaît de prendre. La limite est donnée par le système. Qui se charge d'instruire les enfants du peuple, contracte en même temps l'obligation de pourvoir à leur nourriture et à leur entretien. Les lois de Lycurgue sont au bout des combinaisons sur lesquelles est bâti le budget socialiste. Le budget de l'instruction publique, qui doit, suivant l'avis de M. Pelletier lui-même, s'accroître chaque année, exigera certainement, une année ou l'autre, plusieurs centaines de millions.

L'administration de la justice coûte 26 millions à la France. Le budget de M. Pelletier ramène cette dépense à 20 millions. Pour obtenir cette économie, il renverse, sans égard pour les services qu'il a rendus, notre système judiciaire. Plus de cours d'appel, plus de tribunaux de première instance. Le socialisme supprimerait un degré de juridiction en créant un tribunal par département et en érigeant en tribunal la justice de paix, sans parler des tribunaux communaux ou de famille, dont les fonctions, quoi qu'en dise M. Pelletier, ne resteraient pas longtemps gratuites. Or, 38,000 tribunaux de commune, à 1,000 francs chacun, ce qui est un minimum très-modique, donneraient 114,000 fonctionnaires de plus, et coûteraient 38 millions à l'État. Voilà l'économie de personnel et d'argent que l'on nous propose !

M. Pelletier maintient provisoirement le budget des cultes, mais les socialistes aspirent à le supprimer en séparant complétement le clergé de l'État. Qu'y gagnera le pays au point de vue de ses finances? Que le clergé catholique reçoive un traitement payé par le trésor public, ou qu'il doive le pain quotidien à des souscriptions, à des collectes faites parmi les fidèles, la charge restera la même; sous une forme comme sous une autre, ce sera la masse des contribuables qui paiera. La véritable question est celle de savoir si la France achète trop cher, au prix de 40 millions, l'entretien des cultes reconnus et l'enseignement de la morale. M. Pelletier s'élève contre le traitement des archevêques et contre celui des évêques, qu'il voudrait abaisser au niveau de celui des curés. Cela revient à dire qu'il ne faut pas de hiérarchie pour le clergé, et que les choses vont mieux, dans la religion comme dans l'État, lorsque personne n'obéit, et que tout le monde commande. Le pouvoir, même dans l'ordre spirituel, a besoin de signes extérieurs auxquels on le reconnaisse. Qu'on ne s'y méprenne donc pas, détruire les inégalités de traitement, ce serait abolir la hiérarchie religieuse, et détruire la hiérarchie, ce serait proclamer le règne du désordre moral. Au fond, voilà le but réel des socialistes ; ils ne veulent pas plus de religion qu'ils n'admettent de pouvoir. Élevés dans les doctrines d'un panthéisme grossier, ils ne reconnaissent plus guère ni âme dans l'homme, ni Dieu dans le monde, à force de se consacrer au culte abrutissant de la matière. Les financiers du socialisme ont beau s'en défendre aujourd'hui : ils supprimeront le budget des cultes, et bientôt les cultes eux-mêmes ; mais les finances de l'État n'y gagneront rien. Pour chaque prêtre que l'on aura congédié, il faudra porter au chapitre de la force publique un gendarme de plus, et l'allocation à faire aux prisons s'accroîtra de tout ce que l'on aura retranché à l'entretien des églises.

M. Pelletier attribue 70 millions au budget de l'agriculture et de l'industrie. Ce ne sera pas trop assurément sous le régime que ses amis et lui nous promettent.

Quand on aura éteint l'énergie et dissipé les ressources individuelles, il faudra bien que l'État se charge de donner l'impulsion au travail, de l'éperonner et de le diriger. J'en dirai autant des 120 millions que M. Pelletier prétend consacrer annuellement aux travaux d'utilité publique. Dès qu'il n'existera plus de compagnies pour entreprendre une partie de ces travaux, la part de l'État s'accroîtra naturellement de celle des associations. Il devra prendre la place qu'il aura rendue vacante, sans quoi, nous aurions le droit de lui dire : « Pourquoi nous priver de l'assistance des compagnies, si vous ne nous apportez pas quelque chose de mieux, ou tout au moins l'équivalent de ce qu'elles peuvent faire ? »

Dans les années qui ont précédé 1848, le budget extraordinaire des travaux publics s'élevait en moyenne à 150 millions, et le budget ordinaire à 60 millions, à quoi venaient s'ajouter 90 ou 100 millions dépensés par les compagnies. Au total, l'exécution ou l'entretien de ces grands ouvrages répandait annuellement dans le pays une somme de 300 millions [1], qui s'écoulait en paiement des matériaux et de la main-d'œuvre. En 1848, la dépense des travaux publics, malgré les embarras de nos finances, a excédé 200 millions. Aujourd'hui elle est encore de 150 millions pour l'État et pour les compagnies ; ce qui n'empêche pas que les grandes industries ne souffrent et ne se plaignent. Comment veut-on donner satisfaction à tous ces intérêts en diminuant de plus belle le travail et la dépense ? M. Pelletier fera bien

---

[1] En 1847, l'État a dépensé en travaux extraordinaires 177 millions, et les compagnies plus de 120 millions.

d'augmenter ce chapitre de 75 à 80 millions, à moins qu'il ne se résigne à voir surgir encore une fois la fatale excroissance des ateliers nationaux.

J'arrive à une allocation qui touche de bien près au ridicule ; il s'agit de 7 millions consacrés aux *affaires internales et communales*. Voilà l'article par lequel M. Pelletier remplace le budget de l'intérieur. Le réformateur socialiste nous permettra de lui dire qu'il fait trop ou trop peu : trop, s'il veut conserver une action quelconque au pouvoir central ; trop peu, s'il prétend relâcher tous les liens administratifs et détruire tous les moyens de gouvernement.

Sur les 122 millions que comprend le budget de l'intérieur, 94 millions, produit de ressources spéciales, sont consacrés au service départemental. Sur les 28 millions qui sont ordonnancés directement par le ministre, l'administration départementale absorbe encore près de 8 millions ; une somme égale représente les dépenses des condamnés dans les maisons centrales ; environ 4 millions s'écoulent en secours aux étrangers réfugiés et aux établissements de bienfaisance ; le service des beaux-arts réclame et obtient plus de 4 millions. L'administration centrale, jointe aux archives, ne coûte guère plus de 1 million ; 2 millions environ défrayent les dépenses de sûreté générale, les services télégraphiques et les dépenses de la garde nationale. Voilà l'anatomie de ce budget déjà trop réduit dans ce qui touche aux dépenses générales, et qui serait beaucoup moins contesté, s'il était un peu plus connu.

A quels articles de dépenses en veulent cependant les réductions brutales et sommaires de M. Pelletier? Va-

t-on supprimer les préfets et les sous-préfets? Quoi!
nous ne reverrons pas même les commissaires et les
sous-commissaires de Février, ces fonctionnaires à
40 francs par jour, ces sublimes incarnations du gouvernement provisoire! il n'y aura pas le plus petit représentant du gouvernement dans les provinces! personne ne sera chargé de veiller au maintien de l'ordre et
de surveiller l'exécution des lois! On peut assurément
porter la réforme dans le régime de nos prisons; mais
qui songerait à lâcher les malfaiteurs sur la société? Le
budget des prisons, 8 millions, plus ou moins, est donc
un article de dépense obligatoire. La hache socialiste
tombera-t-elle sur les beaux-arts? Dans un pays qui n'a
pas d'aristocratie, et où les richesses ne s'accumulent
pas dans un petit nombre de mains, l'État a seul qualité
pour développer les arts et pour encourager les artistes.
En plantant un arbre de la liberté près de l'Académie
nationale de Musique, au soleil infécond de Février,
M. Ledru-Rollin avait annoncé, dans la ferveur du
premier enthousiasme, que la république ferait pour
les beaux-arts plus que n'avait jamais fait la monarchie.
On nous promettait alors je ne sais quel autre siècle de
Périclès ou des Médicis, dont il ne nous a malheureusement pas été donné jusqu'à présent de saluer l'aurore.
Que veut cependant M. Pelletier? C'est aux socialistes
de nous dire s'ils excluent de leur république les biblio-
thèques, les spectacles et les musées. Qu'ils choisissent
une bonne fois entre la république de Périclès et celle
de Babœuf.

Le budget socialiste ne maltraite pas trop, j'en conviens, les colonies et la marine, qui reçoivent une allo-

cation de 106 millions ; mais la guerre, en revanche, réduite à 185 millions, s'y trouve sabrée d'importance. On voit bien que M. Pelletier et ses amis se soucient fort peu de maintenir l'ordre à l'intérieur. 185 millions pour la guerre et pour l'Algérie, il n'y a pas de quoi tenir sur pied plus de deux cent mille hommes. Notez bien que les socialistes ont la prétention de propager leurs principes, les armes à la main, dans toutes les contrées monarchiques de l'Europe. Or, la Prusse a une armée qui excède deux cent cinquante mille hommes ; l'Autriche garde encore plus de quatre cent mille hommes sous les drapeaux, et la Russie en compte près du double, sans parler de l'Angleterre ni de l'Espagne. Est-ce bien avec les 185 millions de M. Pelletier que la république sociale luttera, en gardant l'Algérie et la France, contre un million et demi de soldats ? Les préparatifs d'une guerre défensive nous coûtèrent plus de 500 millions en 1840 ; que serait-ce d'une guerre offensive et de propagande ! Je ne fais pas tort aux socialistes en admettant que le budget de la guerre s'élèverait sous leurs auspices aux proportions qu'il atteignit un moment sous l'empire, et que nous en aurions pour 6 ou 800 millions par année. Le chiffre de M. Pelletier n'est donc qu'une amorce, et, pour s'y laisser prendre, il faudrait n'avoir ni la mémoire de ce qui s'est passé depuis 1793, ni la connaissance des projets que la montagne nouvelle affiche dans ses programmes et dans ses comptes-rendus.

M. Pelletier évalue à 537 millions les frais d'exploitation des monopoles et des industries financières. Quelle que soit l'élévation de ce chiffre, il n'a rien qui doive surprendre, quand on songe que le financier socialiste

en attend un produit annuel de 1,600 millions. On s'é-
tonnerait plutôt, et à bon droit, de la faible proportion
de la dépense à la recette. N'oublions pas que M. Pelletier a posé en principe que les grandes industries produisaient plus et dépensaient moins dans les mains de
l'État que dans celles des particuliers et des compagnies.
Ce n'est pas là peut-être une vérité d'expérience ; mais le
socialisme, qui nous introduit aux merveilles d'un nouveau monde, en renversant les principes, n'aura-t-il pas
aussi le pouvoir de changer les faits?

Reste un chapitre curieux, qui est à lui seul tout le
système. M. Pelletier porte en ligne de compte, pour ce
qu'il appelle l'*administration générale de la France*, une
dépense de 62 millions. Dans le budget, tel que l'ont
fait un gouvernement et une assemblée dévoués à la
cause de l'ordre, l'administration centrale ne coûte que
15 millions. De ce chef tout au moins, M. Pelletier ne
réalise pas une économie. Quelles peuvent être les raisons qui légitiment ici une dépense à peu près quadruple?
Les socialistes trouvent que nous avons trop de neuf ministères et de neuf ministres. Leur système n'admet
qu'un ministre et qu'un seul ministère, auquel viendront
se rattacher autant de sections qu'il y a aujourd'hui de
départements ministériels. Une machine aussi compliquée et aussi lourde que ce ministère unique ne saurait
trop prodiguer les millions ; ne faut-il pas en graisser
les rouages? Ce qu'il y a de plaisant, c'est que les socialistes, qui prétendent ainsi abaisser le pouvoir exécutif
et le mettre hors d'état de lutter avec le pouvoir législatif, ne s'aperçoivent pas qu'en donnant à un seul
homme la charge du gouvernement, ils font du minis-

tère, dans l'ordre administratif, une sinécure, et du ministre, dans l'ordre politique, un véritable dictateur.

Cette chimère du ministre unique, que les socialistes n'ont pas inventée, mais qu'ils adoptent, procède de la même pensée que le gouvernement personnel dans les monarchies. C'est le même rêve descendant ici d'en haut, et montant là d'en bas. On oublie que la complication des affaires introduit forcément, dans l'État comme dans l'industrie et comme dans le commerce, le principe de la division du travail. On imagine qu'un seul homme peut porter le poids du gouvernement, et, pour alléger le fardeau, tantôt on veut réduire le gouvernement à la politique, ce qui est le propre des monarchies quand elles dévient du régime parlementaire, tantôt l'on prétend supprimer la politique et faire du pouvoir une machine purement administrative pour caresser les instincts d'une ombrageuse démocratie. De quelque part qu'elle vienne et au profit de quelque ambition qu'elle ait été conçue, cette théorie est inapplicable. On ne sépare pas à volonté l'administration de la politique. Quelque système que l'on adopte, que l'on calque sa méthode sur le despotisme bureaucratique de la Prusse ou sur la liberté de l'Angleterre, on ne fera pas de l'administration un automate qui n'ait besoin ni d'une direction ni d'un moteur. La politique agit sur l'administration, et l'administration réagit sur la politique. Voilà ce qui entretient dans le corps social la circulation et la vie. Le gouvernement, pour être à la fois rationnel et pratique, doit résider dans un conseil des ministres, où chacun, en participant à la direction générale des affaires, apporte l'expérience de la spécialité à laquelle il préside. Au-dessus plane le pouvoir qui représente, comme roi constitutionnel ou comme chef de la république, deux principes que l'on doit toujours mettre à l'abri des mouvements d'opinion, à savoir, l'unité et la durée.

Au demeurant, le ministre unique de la république sociale, avec des intentions de despotisme, ne sera qu'un roi fainéant qui végétera sous la tutelle d'une infinité de maires du palais. Pour éviter la division du travail au sommet de la hiérarchie, on l'aura portée à l'extrême dans les rangs secondaires. Tout chef de bureau se considérera comme ministre, et, pour peu qu'il tienne son autorité de l'élection, l'on verra fleurir et se développer l'anarchie à tous les étages du pouvoir. Ce régime doit amener bien vite l'abaissement des fonctions et la multiplicité des fonctionnaires. Je m'explique à merveille que M. Pelletier l'ait coté à si haut prix, quand il s'agit pour lui de procurer à tout catéchumène socialiste sa part du budget et du gouvernement.

La monarchie de 1830 nous avait légué, pour l'année 1848, un budget de 1,500 millions. L'avénement de la république nous a valu 200 millions d'augmentation dans les dépenses. La république démocratique et sociale porte son budget, du premier mot, à 1,800 millions, et, si l'on veut bien tenir compte des lacunes que nous avons signalées dans ses calculs, on reconnaîtra que 2 milliards ne l'en tireraient pas. Cette progression est naturelle. La monarchie constitutionnelle pourrait passer pour un prodige de simplicité à côté du gouvernement que rêvent les amis de M. Pelletier. C'est peu pour eux de rendre la justice, de maintenir l'ordre, de

présider à la gestion des intérêts communaux et départementaux, d'entretenir les voies de communication qui
sont dans le domaine public, de lever les impôts et de
fixer les tarifs, d'organiser et de commander la force
publique : ils font pénétrer l'administration jusque dans
la sphère des intérêts individuels ; ils veulent que l'État
exploite les chemins de fer et les mines, qu'il commandite les industries qu'il n'exploitera pas, qu'il soit banquier, et le banquier de tout le monde, qu'il donne
l'instruction, le crédit et le travail, qu'il se charge du
sort de tous et de chacun, enfin qu'il aille au delà de la
Providence, qui, en semant les biens sous nos pas, avait
du moins laissé quelque chose à faire à la liberté humaine. 2 milliards pour mener de front d'aussi nombreuses et d'aussi vastes opérations, en vérité ce n'est
pas trop ; si quelqu'un proposait de s'en charger à
moins, je le trouverais bien fourbe ou bien hardi, et je
conseillerais en tout cas de se défier de ses promesses.

II. — RECETTES.

La statistique s'est occupée de déterminer la somme
d'impôts que paie chaque individu dans les diverses
contrées de l'Europe. Elle nous enseigne que les contributions dont se forme le revenu public représentent,
à l'heure qu'il est, 45 fr. 40 cent. par tête en Angleterre, 43 fr. 75 cent. en Toscane, 42 fr. 75 cent. en Hollande, 39 francs en France, 26 fr. 25 cent. en Belgique,
22 fr. 85 cent. en Espagne, 22 fr. 50 cent. en Danemark,
19 fr. 70 cent. en Sardaigne, 15 fr. 45 cent. en Bavière, 13 fr. 35 cent. en Prusse, 10 fr. 50 cent. en Au-

triche et 6 fr. 40 cent. en Russie. Faut-il induire de là
que les peuples les moins imposés sont aussi les mieux
gouvernés et les plus heureux, que le gouvernement anglais, par exemple, doit être placé au bas de l'échelle,
et que le gouvernement russe mérite d'en occuper le
sommet?

La charge de l'impôt est relative. La même contribution, qui paraîtra légère à un peuple riche, peut écraser
un peuple comparativement indigent. Les Belges ne sont
guère plus taxés que les Espagnols. Qui oserait cependant mettre la richesse actuelle de l'Espagne en parallèle
avec celle de la Belgique? Le peuple russe, dans un pays
où la population est clair-semée et où l'industrie ne fait
que de naître, supporterait difficilement un impôt plus
élevé que les taxes modiques auxquelles il est soumis,
tandis que le peuple anglais, qui paye des contributions
sept fois plus fortes, grâce aux ressources de son agriculture, de son industrie, de son commerce et de son
crédit, en présence d'une nécessité critique, pourrait
doubler son budget.

Ce n'est donc point parce que le budget socialiste nous
présente en perspective une dépense de 2 milliards, ou
de 55 fr. 55 cent. par individu, que je serais d'avis, sans
autre examen, de rejeter cette combinaison dans les ca-
tacombes de l'utopie. Je me demande, avant tout, si
l'école de M. Pelletier est en mesure de nous rendre
assez riches pour qu'une contribution de 55 fr. 55 cent.
ne nous pèse pas plus à l'avenir que ne le fait aujour-
d'hui une contribution de 38 fr. 90 cent. J'examine si
les réformateurs radicaux ont inventé des recettes qui
couvrent bien réellement les dépenses, et si le revenu

public doit s'accroître, à leur signal, comme une marée montante qui n'aurait pas de reflux.

Faisons d'abord le compte des recettes qu'ils suppriment, et voyons comment ils procèdent à la destruction de l'impôt. Le revenu public a été évalué, dans le budget de 1851, en déduisant l'amortissement porté en recette pour ordre, à la somme de 1,296 millions. Là-dessus, le système socialiste retranche :

1º Les quatre contributions directes, dont le produit est encore estimé à.. 408,000,000 fr.

2º Les droits d'enregistrement et de timbre, avec les additions qu'ils viennent de recevoir, pour...... 251,000,000

3º Les droits divers, l'impôt sur les biens de main-morte, etc., pour.................................... 48,000,000

4º Les produits éventuels du service départemental, pour....................................... 17,000,000

5º Les taxes établies sur les boissons 100,000,000

TOTAL GÉNÉRAL, sauf les fractions..... 824,000,000 fr.

Voilà donc, pour entrée de jeu, les deux tiers du budget des recettes, le plus clair du revenu public, dont on fait table rase. Le reste va s'absorber dans les monopoles que le socialisme s'efforce d'étendre et de grossir. Ne demandez pas de logique à ce système. En supprimant les droits d'entrée sur les boissons et les octrois, qui sont des douanes intérieures, il conserve les douanes, qui sont des octrois établis contre les produits étrangers. Les boissons cessent d'être imposées ; mais l'on maintient les taxes qui frappent les sucres et les sels, condiments tout aussi nécessaires à l'alimentation de l'homme. Abolir les contributions directes et convertir en monopoles les contributions indirectes que l'on n'efface pas de l'échiquier de l'impôt, voilà l'idée fondamentale du budget tel que la fantaisie socialiste le construit.

Jusqu'à présent, l'on n'avait pas imaginé d'improviser, en matière d'impôt, une transformation soudaine ni complète. Les hommes d'État, qui savent que les meilleures taxes sont celles qui ont pris racine, grâce à une expérience séculaire, dans les mœurs des populations, et que les impôts les plus savamment combinés, par cela seul qu'ils sont nouveaux, doivent rencontrer les plus grands obstacles, s'étudient, dans les mesures de réforme, à modifier graduellement plutôt qu'à changer de fond en comble l'assiette des contributions. Ce fut ainsi que l'assemblée constituante remplaça la taille et les vingtièmes par un impôt direct basé sur le revenu du sol. Les hommes de Février eux-mêmes, qui ne craignaient pas, au moment où ils voyaient se dessécher, sous le feu de la désorganisation révolutionnaire, les sources du revenu public, de retrancher la taxe des boissons, et, avec cette taxe, un produit de 100 millions, s'attachèrent du moins fortement à l'impôt direct comme à l'ancre de salut des finances, et quand ils proposèrent l'impôt sur les assurances, ce ne fut qu'à titre d'essai et pour procurer au trésor une ressource supplémentaire de 40 millions. M. Garnier-Pagès, auprès duquel M. Pelletier est un Érostrate en finances, ne brûla pas du moins l'arche précieuse de l'impôt avant d'avoir éprouvé la solidité et la fécondité de la nouvelle matière imposable ; mais peut-on s'étonner de ce que le socialisme, qui prétend transformer la société tout entière, songe à transformer le budget?

Les disciples de Saint-Simon, qui procédaient eux

aussi par voie de rénovation, mais qui avaient donné au mécanisme du crédit une attention plus intelligente que les acolytes de M. Proudhon ou de M. Pierre Leroux, proposèrent en 1831 de substituer l'emprunt à l'impôt pour subvenir aux dépenses publiques. Dans ce système, le capital de la dette pouvait impunément s'accroître chaque année, car la baisse de l'intérêt, que les publicistes du *Globe* supposaient infaillible et incessante, progressive et infinie, devait, par la réduction de la rente, ramener constamment les charges de l'État au même niveau. L'État avait-il besoin d'un milliard pour couvrir ses dépenses, il ouvrait un emprunt de pareille somme, en échange de laquelle il inscrivait au grand-livre une rente de 50 millions. L'année suivante, et pour faire place à de nouvelles inscriptions sans troubler l'équilibre financier, on réduisait l'intérêt de la rente d'un dixième ou d'un vingtième. D'année en année ou de lustre en lustre, la même opération devait se renouveler. Le mal est que l'intérêt de la dette, en supposant les circonstances les plus favorables, ne peut pas se réduire aussi vite que s'accroît le capital des emprunts. Ajoutez que la baisse progressive de l'intérêt en partant de 5 pour marcher, quoique sans l'atteindre, vers zéro, a un terme nécessaire, tandis que les besoins de l'État, en admettant qu'ils n'augmentent pas, se renouvellent sans terme prévu ni possible.

Une illusion d'optique avait entraîné tous ces esprits généreux. Les socialistes d'aujourd'hui sont les dupes d'un mirage semblable. Ce n'est plus par l'emprunt, c'est par l'assurance qu'ils veulent désormais remplacer l'impôt. Sous la Restauration, l'école libérale, exagérant la critique du pouvoir jusqu'à confondre le principe avec l'abus, considérait le gouvernement comme un mal nécessaire, comme un ulcère attaché aux flancs de la société. Aujourd'hui l'école socialiste reporte sur l'impôt cette haine aveugle. L'impôt n'est-il pas, selon M. Pelletier, « l'ennemi du peuple et le mauvais génie des gouvernants? »

Examinons cependant si la solution présentée par le socialisme en 1850 vaut mieux que celle qui avait été indiquée par ses précurseurs en 1831. Il s'agit toujours pour l'État de prendre dans la bourse des citoyens les sommes destinées à défrayer les dépenses publiques. Seulement l'impôt serait prélevé à titre d'assurance pour les propriétés que les imposés possèdent, et les contribuables porteraient, sur les registres du fisc, le nom d'assurés. Ce système, qui paraît être le mot d'ordre du parti, est exposé par M. Pelletier dans les termes qui suivent :

« Oui, les bénéfices sur les assurances et les autres services rendus seraient payés par les citoyens; mais n'y a-t-il donc aucune différence entre un capital assuré, comme je le demande, et un capital imposé, comme il l'est actuellement?

« Aujourd'hui l'on demande à la terre, aux maisons, au travail et à ses instruments, de l'argent, beaucoup d'argent, et, s'il leur arrive malheur, si la grêle ravage les champs, si l'épizootie rend désertes les étables, si l'incendie et l'inondation détruisent quelques propriétés, on les abandonne à leur malheureux sort ; que dis-je? on les abandonne ! on y fait passer le fisc pour s'informer s'il n'y a pas quelque chose à dévorer encore !

« Par les assurances et autres services rendus, au contraire, l'impôt, si toutefois on peut appeler impôt la rémunération d'un service rendu, l'impôt, dis-je, serait juste, proportionnel et léger.

« Il serait léger, parce qu'il n'assurerait les objets qu'à 2 pour 100 et jusqu'aux trois quarts seulement de leur valeur vénale, afin d'intéresser les assurés à la conservation de leur fortune et de les empêcher de spéculer sur des désastres.

« Il serait proportionnel, parce que celui qui posséderait beaucoup paierait beaucoup, celui qui posséderait peu paierait peu, et celui qui n'aurait rien à assurer ne paierait rien.

« Il s rait juste parce qu'après avoir demandé à chacun selon ses facultés, si le malheur venait à passer quelque part, aussitôt il y courrait, réparerait le mal, consolerait les affligés, et veillerait à ce que cela n'arrivât plus, ou arrivât le moins possible. »

Ainsi l'État, en se faisant assureur, devrait élever la prime d'assurance à un taux qui non-seulement couvrît les sinistres, mais qui lui permît encore de recueillir des bénéfices considérables. Ces bénéfices lui tiendraient lieu des taxes qui sont aujourd'hui perçues. Ce serait donc un impôt, un impôt proportionnel au capital du contribuable, et par conséquent un impôt sur le capital.

L'impôt direct sur le revenu, l'*income-tax*, a échoué en France devant la résistance de l'opinion publique, parce qu'il ne pouvait pas s'accommoder à nos mœurs, et parce qu'il menait à l'inquisition des fortunes. Une taxe établie directement sur le capital aurait les mêmes conséquences, et rencontrerait à coup sûr une égale répulsion. Je reconnais qu'il est plus facile, à certains égards, d'atteindre le capital que de pénétrer dans les mystères du revenu individuel. Cependant, si l'on veut étendre la taxe aux capitaux mobiliers, au commerce et à l'industrie, on viendra se heurter à des difficultés tout aussi peu solubles. Il faudra exiger la déclaration du contribuable et contrôler cette déclaration par les recherches du fisc, pour donner une base moins hypothétique à l'impôt. Le mécanisme tout entier de l'*income-tax* se dressera devant nous, et l'on retombera dans l'odieux de la même procédure.

Il y a plus, l'impôt sur le capital serait à la fois un expédient barbare et une véritable iniquité. En principe comme en fait, le revenu de l'État représente la portion disponible du revenu de la nation, et chacun doit y contribuer dans la mesure de ses ressources. Or, on ne vit pas de son capital; le capital ne produit qu'à l'aide du travail qui le met en valeur, et ce sont les produits du capital qui défrayent l'existence de tous et de chacun, qui pourvoient aux dépenses annuelles. Celui qui mange son fonds, au lieu de le faire fructifier et de se contenter du croît, est considéré comme un prodigue qui marche à grands pas à sa ruine. Que dire d'un gouvernement qui lèverait un tribut sur le capital, sinon qu'il donnerait l'exemple de la prodigalité au lieu d'encourager l'économie et la prévoyance, et qu'il dissiperait, au risque d'en tarir promptement la source, les forces productives du pays?

En proportionnant l'impôt au capital, on ne le mesure pas aux facultés du contribuable. On fait payer la même taxe à un capital qui produit 5 pour 100, à un capital qui produit 3 pour 100, et à un capital qui ne produit rien du tout; les valeurs en maisons, qui n'ont qu'une existence limitée, les industries qui exigent un amortissement, sont traitées comme les rentes sur l'État, qui ont le caractère de la perpétuité, et comme les fonds de terre, qui ne perdent rien de leur valeur, qui gagnent même par la culture. Cette égalité apparente a donc pour résultat de créer des priviléges. L'État donne ainsi une prime aux capitaux les plus productifs, au détriment des placements les moins prospères, et c'est par le fait la richesse qui trouve grâce devant lui.

On nous dit, il est vrai, que l'impôt sur le capital agit comme l'éperon, qu'il frappe l'immobilité, qu'il détermine les capitalistes à employer leurs fonds de la façon la plus productive, et que par suite l'intérêt tend à se niveler entre les divers placements. Avec cet argument, l'on pense établir qu'un système qui n'est pas conforme aujourd'hui à la justice distributive se rapprochera par la force des choses de l'équité, dans cent ans, dans cinquante ans peut-être. En supposant l'assertion fondée, il ne faudrait pas s'y arrêter, car les gouvernements ont pour mission non pas de régir les intérêts qui peuvent exister, mais de s'adresser à ceux qui existent. Ils n'ont pas le droit de surcharger ni de compromettre un présent qui mérite toute leur attention, au profit d'un avenir obscur, conjectural, incertain, et qui est encore dans les limbes : c'est la richesse acquise et non pas la richesse possible qui doit tribut à l'État.

Mais je n'admets pas que, même dans l'avenir, l'impôt sur le capital, dût-il stimuler l'activité des capitalistes les plus indifférents, puisse jamais être équitable. En effet, le produit des capitaux ne dépend pas uniquement de la nature des placements ; il tient aussi, il tient principalement à l'habileté et à l'activité de ceux qui les mettent en œuvre. Il est très-souvent personnel, comme le crédit : la terre est libérale pour le cultivateur intelligent, et avare de ses dons pour l'agriculteur négligent ou inhabile ; l'industrie rend ce qu'on lui fait rendre. Parler du capital sans considérer le revenu, et parler du revenu sans avoir égard au travail qui l'enfante, c'est se livrer à la plus puérile des abstractions.

Indépendamment de cette difficulté, l'État assumerait un rôle qui ne lui convient pas, en devenant l'assureur à prime et le garant universel des fortunes. L'impôt, dans sa forme la plus simple, doit être la rémunération d'un service rendu ; mais quels sont les services que l'État doit rendre ? L'État représente les intérêts généraux du pays ; il lui appartient d'y faire régner le bon ordre, de mettre à l'abri de toute atteinte intérieure ou extérieure la liberté, la sécurité, la propriété, le travail et la morale publique. En échange de cette garantie qu'il donne à chaque citoyen et à tous, chacun lui doit la part de son revenu qui est nécessaire pour subvenir aux dépenses du gouvernement. L'État est l'assureur des intérêts généraux ; mais c'est la seule garantie qu'il ait mission de donner. Quand on lui demande d'attacher sa caution aux intérêts particuliers, on cherche à le transporter hors de sa sphère naturelle. Le gouvernement n'est pas fait pour indemniser les contribuables de l'inclémence des saisons, de la rigueur des éléments, ni de l'imprudence ou de l'audace criminelle des hommes. Il appartient à la prévoyance humaine de chercher et de trouver des remèdes contre tous ces accidents. Chacun de nous n'a-t-il pas la ressource de l'épargne individuelle et de l'association collective ? Les gouvernements ne doivent pas aller plus loin que la Providence ; qu'ils laissent quelque chose à faire à la liberté et à l'activité de chacun.

Non-seulement l'intervention de l'État n'aurait pas ici un caractère moral, mais elle pourrait être dangereuse. Prenons pour exemple les assurances contre l'incendie.

Avec le système actuel, des compagnies à prime ou des associations régies par le principe de la mutualité assurant les propriétés, les incendies ne peuvent être l'ouvrage que de l'imprudence ou de la malveillance. Que le gouvernement se substitue aux compagnies, et l'on verra ce que peuvent faire les partis désespérés dans un mouvement politique ou dans une commotion sociale ! La guerre civile est, comme la guerre étrangère, impitoyable dans tout ce qui nuit au gouvernement qu'elle combat ; elle ne choisit pas toujours ses armes, et elle se sert de la torche comme de l'épée. On ne risque donc rien d'affirmer que les incendies se multiplieraient, si l'État devait réparer le dommage. En présentant son projet de loi sur les assurances à l'assemblée constituante, M. Duclerc évaluait à 50 pour 100 du produit annuel les sinistres à rembourser par les compagnies ; il estimait les frais d'administration à 10 pour 100, et les bénéfices à 40 pour 100. Nous n'exagérons pas en admettant que, dans les mains de l'État, le produit des assurances couvrirait à peine les sinistres.

Dans le budget socialiste, le revenu des assurances est porté pour 800 millions. Déduisons les 200 millions qui représentent la contribution de 5 centimes par franc, qui doit être fournie par les ouvriers sur leur salaire quotidien, et qui est pour eux la condition d'une indemnité en cas de maladie ou de chômage, ainsi que d'une retraite pour leurs vieux jours ; car cette recette paraît destinée à couvrir une dépense au moins égale, et ne peut figurer que pour ordre dans les comptes de l'État. Il restera 600 millions pour le résultat brut des assurances contre l'incendie, contre la grêle, contre la gelée,

contre les épizooties, contre les inondations et contre
les risques de mer. Comment M. Pelletier et ses amis
établissent-ils ce chiffre de 600 millions? En élevant
à 8 milliards le revenu annuel de la France; mais c'est
là une évaluation très-contestable. M. Passy, dans l'exposé
qui précède le projet de loi sur le revenu, ne l'estime
qu'à 6 milliards, lesquels, à une moyenne de 5 pour 100,
donneraient un capital de 120 milliards. Je penche pour
cette estimation que je crois plus conforme à la réalité,
et je ferai remarquer que 120 milliards, assurés aux
trois quarts de leur valeur, et au taux de demi pour 100,
ne produiraient pas au fisc plus de 450 millions. On voit
que, sans parler des frais d'administration ni des sinistres, il y a de prime abord 150 millions à retrancher des
calculs du socialisme. Encore n'est-ce que pour abonder
dans les hypothèses de M. Pelletier que nous raisonnons
sur de pareilles données, car elles n'ont certainement
pas été suggérées par l'observation des faits. En 1848,
les assurances contre l'incendie, les plus importantes de
toutes, embrassaient un capital de 30 milliards, et les
primes ou cotisations présentaient un résultat de 16 millions par année (¹). Suivant le compte de M. Pelletier,
30 milliards de valeurs assurées devraient donner à l'É-
tat 150 millions de recette brute. Il faudrait donc décupler la prime, c'est-à-dire l'impôt; il faudrait exiger des
assurés dix fois plus qu'ils ne paient aujourd'hui. Y a-t-il
un seul exemple d'une pareille transformation dans l'histoire des finances? La république de Février porte encore,
aux yeux de la population, la tache originelle des 45 cen-

(¹) Voir l'exposé du projet de décret sur les assurances, présenté par le ministre des finances le 15 juin 1848.

times, et l'on croirait pouvoir établir, avec quelque
chance de succès, un impôt qui, en cessant d'être volontaire, s'accroîtrait de 900 centimes pour 100!

Que gagnerait cependant la propriété à la transformation de l'impôt en assurance? Il n'en résulterait pour
elle aucune sorte d'économie. Elle paye aujourd'hui à
l'impôt direct 407 millions, et à l'assurance contre l'incendie 16 millions, au total 423 millions, dont il lui
rentre 155 millions sous la forme de remboursements,
de restitutions, de secours contre la grêle et de centimes
affectés aux dépenses purement départementales ou
communales, en sorte que l'État, qui ne prélève en
réalité, pour son propre compte, que 252 millions sur
la propriété par les quatre contributions directes, lui
demandera par la méthode de l'assurance 198 millions
de plus, en admettant un capital de 6 milliards, et
348 millions de surcroît, dans l'hypothèse d'un capital
de 8 milliards. L'impôt changera de nom, c'est quelque
chose, mais en revanche il sera plus que doublé, et
comme la main-d'œuvre, en définitive, reçoit le contre-
coup de l'impôt, je doute que le système de M. Pelletier
et de ses amis, qui ne lui vaudra certainement pas les
remercîments des personnages opulents, attire sur lui
les bénédictions du pauvre.

Avant d'arriver aux monopoles, il est à propos de faire
remarquer, dans le budget socialiste, divers impôts dont
un ou deux contrastent singulièrement avec l'ensemble
de cette combinaison financière. Ce sont d'abord « les
droits protecteurs aux frontières, » ce qui signifie apparemment les droits de douane, dont le produit se trouve
porté pour 100 millions. Si l'on veut que les droits de

douane rapportent 180 millions, il faudra donner à cet impôt un caractère purement fiscal, c'est-à-dire effacer les prohibitions et modérer les taxes. Une douane protectrice, fermant la frontière aux produits étrangers, ne rapporterait rien ou presque rien au fisc ; elle ferait tout au plus la fortune des contrebandiers. La douane proprement dite ne rend pas aujourd'hui plus de 100 millions ; il y a donc de ce côté au moins 80 millions à rabattre.

Je ne retranche rien des produits de l'Algérie, des colonies, etc., indiqués pour 40 millions : je demande que l'on m'explique l'article des *droits conservateurs*, qui figurent pour 35 millions, et qui m'ont bien l'air d'être placés là comme une pierre d'attente pour rétablir plus tard les droits d'enregistrement ; mais je m'inscris en faux contre l'article des forêts et de la pêche, qui est aligné pour 39 millions. Eh quoi ! sous le régime de ce bienheureux socialisme qui doit restituer aux hommes les quatre droits naturels de chasse, de pêche, de cueillette et de pâture, l'État aurait des forêts dont il n'abandonnerait pas la jouissance à tout le monde ! l'État se réserverait, pour l'affermer à prix d'argent, le droit de pêcher le poisson des rivières et des lacs ! Évidemment, cela est contraire au principe du gouvernement, et le peuple, maître absolu, n'observerait pas une loi aussi peu populaire.

Le produit des monopoles figure dans le budget socialiste pour 805 millions. On rencontre d'abord les poudres à feu, les monnaies, les tabacs et les postes, que M. Pelletier conserve tels quels, les jugeant apparemment inventés à propos et de bonne prise. Viennent en-

suite les chemins de fer, dont il porte le produit brut à
159 millions pour 4,000 kilomètres. C'est là une exagération manifeste. 3,000 kilomètres produisent aujour-
d'hui 85 millions; en suivant la proportion, 4,000 kilomètres ne doivent pas produire plus de 113 millions.
Voilà donc encore 46 millions à rabattre.

Mais est-ce bien tout? On peut tenir pour constant
que 4,000 kilomètres de chemins de fer dans les mains
de l'État ne rapporteront pas plus que 3,000 kilomètres
dans les mains des compagnies. Il y a deux raisons à
cela : la première, c'est que l'État, sollicité par tous les
intérêts et à la merci de tous, ne pourra pas résister aux
demandes qu'on lui adressera, sous le plus léger prétexte,
pour l'abaissement des tarifs, et que les tarifs, de réduction en réduction, finiront par n'être plus rémunérateurs;
la seconde, c'est que l'État n'a pas qualité pour faire
produire à l'exploitation tout ce qu'elle doit produire.
Le gouvernement ne doit faire et ne sait faire que les
choses simples. Or, parmi les opérations commerciales,
il n'en est pas de plus compliquée ni de plus délicate
que l'exploitation d'un chemin de fer. Elle exige la réunion des aptitudes les plus diverses : le coup d'œil de
l'administrateur, l'habileté du banquier, la science de
l'ingénieur, le talent du constructeur, la précision et les
ressources du mécanicien, la pénétration de l'économiste
appliqué à découvrir les débouchés, et l'exactitude ainsi
que l'économie du commerçant habitué à proportionner
au résultat l'effort et la dépense. L'administration d'un
chemin de fer rassemble plusieurs industries et entretient un immense personnel. Pour donner la vie à toutes
ces usines et pour animer toutes ces opérations, l'intelli-

gence et l'activité de l'intérêt privé sont des stimulants nécessaires. Voyez le gouvernement belge ; c'est là une puissance neutre et le moins occupé des gouvernements. Placé à la tête d'un pays qui va tout seul, on dirait qu'il a imaginé de construire et d'exploiter son réseau de chemins de fer pour avoir l'air de faire quelque chose. Eh bien ! réduit à cette unique occupation, il ne s'en est pas tiré tout à fait aux applaudissements de l'Europe. Il ne se peut rien voir de plus mal outillé ni de plus mal exploité que les chemins de fer belges. Les convois y cheminent avec une lenteur désespérante. Après quinze ans d'exploitation, ayant à desservir une population agglomérée, riche et active, ils ont si faiblement développé la circulation, que le chemin du Nord, à lui seul et dès cette année, obtiendra un revenu beaucoup plus considérable. Faut-il parler du chemin de fer de Lyon ? Bien que M. le ministre des travaux publics en ait placé l'exploitation sous la surveillance des hommes les plus habiles, il n'a nullement répondu aux espérances que cette grande voie de communication avait fait naître. C'est une ligne qui, au lieu de surpasser le chemin du Nord, comme on l'avait cru, se place à peine au même rang que Strasbourg.

Dans toutes les hypothèses, il y a donc plus de 60 millions à retrancher du produit de ce monopole. M. Pelletier enfle dans une proportion égale les résultats de ceux qui suivent. Ainsi les mines de houille et d'anthracite donnent un produit brut de 33 millions ; il le porte sans balancer à 40. Les salines, en combinant l'impôt actuel avec la valeur des sels qui entrent dans le commerce, pourraient produire 38 millions ; il en met 78 en ligne de compte. On exagère la valeur du fer, de la fonte, de l'acier et du cuivre produits en France, quand on les porte à 100 millions, année moyenne ; M. Pelletier écrit 140 millions. Ainsi voilà 147 millions de mécompte sur les monopoles, auxquels il faut ajouter, selon le calcul le plus modéré, 150 millions sur les assurances, au total 297 millions à rayer des recettes dont les socialistes s'étudient à dresser vers l'avenir le gigantesque échafaudage.

Cependant le chef-d'œuvre de ce budget est sans contredit l'article relatif aux banques. M. Pelletier estime le produit de ce monopole, les bénéfices bruts que l'État devrait retirer chaque année de l'émission du papier-monnaie, au moyen de l'escompte ou des prêts sur rente, à la somme de 215 millions. J'ai voulu me rendre compte des éléments de cet énorme revenu, que ne produiraient pas assurément toutes les banques publiques du monde civilisé mettant en commun leurs recettes. Voici ce que j'ai trouvé.

Le produit brut des opérations de la Banque de France en 1847 a été, déduction faite de l'intérêt des rentes qu'elle possède, d'environ 13 millions et demi de francs, au taux de 5 pour 100 qui a réglé, pendant cette année seulement, la prime des avances et de l'escompte. Un revenu brut de 13 millions et demi supposait une circulation moyenne de 270 millions. La circulation moyenne n'a été cependant que de 247 millions dans cette période, parce que la Banque a fait en espèces une partie de ses escomptes. Il n'est pas à présumer que la république sociale approvisionne sa banque de numéraire, ni que les capitalistes, s'il en existe encore, s'empressent d'y déposer des espèces métalliques. J'admets donc que la banque socialiste ne prêtera sur effets de commerce ou sur rentes que ses propres billets. Cela étant, un bénéfice de 215 millions suppose, si la banque prête à 5 pour 100, une circulation moyenne de 4,320,000,000 francs; si la banque prête à 4 pour 100, une circulation moyenne de 5,335,000,000 francs; si la banque prête à 3 pour 100, une circulation moyenne de 7,235,000,000 francs, et si la banque prête à 2 et demi pour cent, une circulation moyenne de 8,640,000,000 francs.

Maintenant il faut reconnaître que les socialistes, après avoir fait reposer tout leur système sur la nécessité de donner au peuple, sinon gratuitement, du moins à bon marché, les instruments du travail, ne peuvent pas élever au-dessus de 3 pour 100 la prime de l'escompte. A ce taux, la banque nationale de M. Pelletier, pour réaliser 215 millions de recette, devrait donc porter ses émissions à plus de 7 milliards de francs, et cela sans préjudice du papier que la banque devrait émettre pour le service de l'État. Nous voilà donc en plein régime de papier-monnaie; le papier-monnaie est, comme on le voit, le dernier mot et l'inévitable conséquence du système.

En vain M. Pelletier consentirait-il à réduire de moitié les opérations et les bénéfices de la banque qui doit devenir le principal engin du gouvernement. Une émission moyenne de 4 milliards représenterait encore huit fois la circulation actuelle de la Banque de France. 500 millions en billets au porteur suffisent aujourd'hui aux besoins du commerce. Supposez une expansion des affaires sans exemple, qui aille jusqu'au double des transactions de l'année 1850, et que défraierait largement une circulation d'un milliard. Si vous étendez les émissions à 4 milliards, vous réduisez la valeur des billets de banque au quart de ce qu'elle serait naturellement, vous dépréciez tous les contrats et toutes les valeurs de 75 pour 100, vous proclamez la banqueroute, et vous consommez la ruine universelle.

Est-ce là une fiction du raisonnement ? Que l'on consulte l'histoire. En 1797, la banque d'Angleterre suspendit ses paiements en espèces ; elle avait alors une circulation de 10 millions sterling, égale par conséquent à celle de la Banque de France en 1847. En 1810, les émissions avaient doublé ; mais, comme l'industrie et le commerce britannique avaient pris simultanément un grand essor, la dépréciation des billets n'excédait pas alors 15 et demi pour 100. Quatre ans plus tard, en 1814, la circulation moyenne montait de 21 à 24 millions sterling, et la dépréciation des billets allait jusqu'à 39 pour 100. Un pas de plus, et le crédit de l'Angleterre était bouleversé de fond en comble.

En France et dans notre première révolution, le désordre monétaire ne s'est pas arrêté là. Les assignats, dès leur apparition en 1790, perdaient 5 pour 100 à l'échange. En 1796, ils ne conservaient plus que demi pour 100 de leur valeur nominale. Un assignat de 1,000 livres se donnait pour une paire de souliers. Il est vrai que la planche d'émission avait fonctionné sans intervalle jusqu'à répandre dans le pays pour 45 milliards de papier ; mais la fatalité de la situation le voulait ainsi : partout où le gouvernement aura la faculté d'émettre du papier-monnaie, l'émission et par contre la dépréciation des billets ne connaîtront pas de limites.

CONCLUSION.

En résumé, M. Pelletier ne nous a donné qu'une esquisse incomplète et timide de ce que serait le budget accommodé aux vues du socialisme. Il ne réalise pas la gratuité du crédit, et s'arrête sur le seuil de cette région des prodiges ; il ne pousse pas assez loin le monopole industriel et financier pour fonder, d'un bout à l'autre du territoire et dans les campagnes comme dans les villes, le règne du droit au travail ; enfin, après nous avoir menacés de raser le clocher du village et de remplacer partout, dans le symbole social, Dieu par l'homme, il oublie de mettre en réserve le capital à l'aide duquel le nouveau gouvernement doit élever dans chaque commune un temple à l'incrédulité, au désordre et à la paresse : l'hospice des Invalides civils. Malgré toutes ces lacunes, quand on veut prendre les données de M. Pelletier au sérieux, on ne tarde pas à reconnaître que son budget des dépenses s'élèvera, dès le début et avant d'avoir reçu les accroissements dont il nous menace, à quelque chose comme 2 milliards, tandis que son budget des recettes, en admettant que les socialistes consentent à payer des taxes, descendra infailliblement au-dessous de 1,500 millions. Ainsi, au lieu de pouvoir compter sur un excédant annuel de 100 millions pour réduire la dette publique, le Colbert de cette époque aura de prime abord, et pour mettre son génie à l'épreuve, un déficit d'un demi-milliard à couvrir.

Mais j'abuse, en vérité, de l'indulgence qu'il est de

bon goût d'avoir pour ses adversaires, quand je m'en
tiens, pour exposer le système financier du socialisme,
aux combinaisons terre à terre de M. Pelletier. Si l'on
donnait ce budget à faire aux véritables pontifes, à
M. Louis Blanc, à M. Considérant ou à M. Pierre Leroux, ils le tailleraient sur un patron bien autrement
large. Le gouvernement, converti en atelier national,
en phalanstère ou en couvent du panthéisme, se chargerait de toutes les dépenses du pays, pour avoir le droit
d'en percevoir tous les revenus. Alors le maniement
des deniers publics prendrait des développements sans
bornes. Les dépenses, qui se comptent aujourd'hui par
millions, se compteraient désormais par milliards. Le
budget de ce temps-là serait, aux petits budgets de la
monarchie et même aux budgets républicains, ce que
devait être aux statues de Praxitèle et de Phidias le colosse fabuleux de Rhodes.

Quant au revenu public, ceux qui sont curieux d'apprendre ce qu'il deviendrait dans la république sociale
n'ont qu'à consulter les livres des associations commu-
nistes, qui, après avoir donné le spectacle d'une existence
non pas précisément laborieuse, mais très-agitée et fort
peu prospère, sont venues faire retentir les tribunaux des
scandales de leur agonie. On peut compter sur les doigts
celles qui n'ont pas suivi le chemin de l'escroquerie pour
aboutir à la faillite. Tout gouvernement qui confisque la
liberté humaine paralyse du même coup les forces productives de la société. Les financiers de la montagne auront
beau multiplier les dépenses de l'État, ils n'augmenteront
pas les recettes. Le déficit, cet accident déjà trop fréquent
dans les budgets monarchiques, deviendra pour le budget

socialiste un résultat permanent et en quelque sorte normal. Comment rétablir l'équilibre ? L'avénement du socialisme, envisagé par le côté des finances publiques, n'est pas autre chose que l'avénement du papier-monnaie.

On sait maintenant ce qu'il faut penser de ces fastueux programmes. Aux promesses du socialisme, nous préférons encore ses clameurs. Le socialisme brutal de ce temps-ci, tout comme le socialisme savant de 1831, échoue misérablement dès qu'il abandonne le terrain de la critique ; la période positive ou de doctrine ne viendra jamais pour lui. Il ne connaîtra jamais d'autre organisation que celle des sociétés secrètes ; il aura toujours le marteau de la démolition à la main, et sa bouche ne lancera que des provocations ou des blasphèmes. Félicitons-nous cependant des efforts qu'il fait aujourd'hui pour parler une langue qui n'est pas la sienne, et pour composer un embryon de budget. Ces efforts sont autant d'aveux devant lesquels il faut que toutes les illusions tombent. Le socialisme ne pourra plus se répandre en lamentations hypocrites sur l'énormité des dépenses publiques, lui qui, non content des 1,500 millions de 1851 et des 1,800 millions de 1848, veut porter le budget à 2 milliards. Le socialisme n'aura plus le droit de nous recommander l'économie, lui qui ajoute sans hésiter 100 millions aux charges annuelles de la dette, qui entreprend d'élever les enfants aux frais du trésor, et qui pensionne les ouvriers hors de service. Le socialisme ne s'élèvera plus contre le trop grand nombre des fonctionnaires, après avoir déroulé à nos yeux ce plan de monopole qui enrégimente et qui élève à la dignité de serviteurs de l'État tous les employés des chemins de fer et des banques, comme tous les ouvriers des salines, des houillères et des usines à fer, une seconde armée aussi nombreuse pour le moins que celle qui remplit les cadres de l'infanterie, de la cavalerie et de l'artillerie. Enfin, le socialisme ne fera plus la guerre à l'impôt, lui qui, au lieu de le supprimer, comme il s'en était vanté, n'en change la forme et le nom que pour en étendre le domaine.

Voilà le service que nous a rendu M. Pelletier ; voilà ce qui restera des manifestes de la montagne. A l'avenir, aucun démagogue ne pourra séduire les ouvriers, ni tromper les paysans, en leur racontant que Napoléon, qui ne connaissait que les besoins de la guerre, a dit en 1806, au conseil d'État, qu'un budget de 600 millions devait suffire en temps de paix à la France, ou que M. Mathieu de la Drôme, préludant à sa circulaire électorale, a déclaré, sans être contredit, devant l'assemblée constituante, que le budget des dépenses devait se renfermer dans les limites d'un milliard ; car M. Mathieu de la Drôme, un an plus tard, a été réfuté, sur ce point, avec un grand luxe de chiffres, par M. Pelletier, et n'a pas cherché à lui répondre.

Ainsi, le socialisme travaille pour nous ; il se charge de projeter, sur le tableau de notre situation, l'ombre qui en fait ressortir la lumière. L'attachement à l'ordre s'est relevé et fortifié en France après les terribles épreuves de février et de juin 1848 ; les orgies de l'incrédulité ont favorisé la réaction religieuse ; on donne des chances au despotisme en attaquant ou en chicanant le pouvoir. Le socialisme enfin ne pouvait rien inventer de mieux que la publication de son budget, pour réhabiliter l'administration et pour rendre l'impôt populaire.

V

DE LA SITUATION FINANCIÈRE

ET DU BUDGET DE 1852.

La situation financière de l'Europe à l'ouverture de l'année 1851 ne paraît pas moins sombre que l'état des relations politiques. Il n'y a pas un budget, si l'on excepte celui de la Grande-Bretagne, qui ne se solde en déficit. Partout les ressources de l'impôt deviennent insuffisantes ; après avoir usé et abusé du crédit, les gouvernements se voient dans la nécessité d'y recourir encore. En 1849, la Russie a augmenté sa dette, tant extérieure qu'intérieure, d'environ 200 millions de francs (50 millions de roubles d'argent). A l'autre extrémité de l'échelle politique, le Piémont, dont le revenu ne s'élève pas à 100 millions par année, a émis, depuis 1848, environ 11 millions de rente 5 pour 100, sans compter les 3 millions de rente donnés en garantie à l'Autriche. Trois années d'agitations politiques ont amené dans le budget de la Prusse un déficit de 52 millions de thalers (193 millions de francs), à quoi il faudra nécessairement ajouter les dépenses de la levée en masse qui a réuni cinq cent mille hommes sous les armes dans les derniers mois de 1850.

Quant à l'Autriche, de novembre 1848 à novembre 1849, elle a dépensé le double de son revenu. En dix-huit mois, et jusqu'au 31 janvier 1850, l'armée ayant été portée à six cent mille hommes, le déficit s'élevait à plus de 577 millions de francs (222 millions de florins). Le cabinet de Vienne a mis en usage, pour dominer cette difficulté, les expédients les plus héroïques : l'emprunt, la conversion obligatoire d'une partie de la dette flottante en dette fondée, l'aggravation des impôts existants et la création de nouvelles taxes, la réduction de l'effectif militaire, tous les moyens ont été employés, non pas certes pour rétablir l'équilibre, mais pour diminuer la distance énorme qui séparait les dépenses des recettes ; néanmoins on doit s'attendre à un déficit considérable pour les exercices 1850 et 1851. L'Allemagne, avec des budgets dont les recettes représentent à peine 1 milliard, ne peut pas tenir régulièrement sur pied un million de soldats sans marcher à la révolution ou à la banqueroute (¹).

Parmi les grandes puissances de l'Europe, la France et l'Angleterre sont aujourd'hui les seules qui aient des finances solides et auxquelles il ait été donné jusqu'à cette heure de porter sans fléchir le poids de leurs embarras. Cependant les deux gouvernements rencontrent, dans le règlement des budgets, des difficultés qui ont amené déjà,

---

(¹) Le revenu de l'Autriche en 1849 a été de   375 millions de francs.

Celui de la Prusse a été évalué pour
1850 à...........................   342

Celui de la Bavière représente environ.   50

Celui de Bade   43

Celui de la Saxe royale.............   28

Celui du Wurtemberg...............   24

Celui du Hanovre..................   27

Les autres États environ   63

de l'autre côté du détroit, la retraite momentanée du ministère, et qui, de ce côté de la Manche, pèseront infailliblement sur la formation d'un cabinet définitif. En France, c'est de la situation politique et des dispositions des partis que viennent les obstacles : la crise qui plane sur nos têtes ne nous permet pas de pousser plus loin la réduction de l'effectif, qui est la seule économie sérieuse, et d'un autre côté elle arrête l'essor du revenu public. Sans la perspective de 1852, nous aurions déjà liquidé les legs désastreux de 1848, et la dette flottante, au chiffre qu'elle atteint, n'inspirerait d'inquiétude à personne ; mais, devant une élection qui peut être une révolution, la séve du crédit se fige, et les besoins de la consommation se restreignent. Les finances, dans un temps pareil, se subordonnent à la politique, et l'équilibre du budget ordinaire dépend du degré de sécurité que les pouvoirs établis par la constitution elle-même assurent au pays.

En Angleterre, la crise éclate au milieu de l'abondance. L'année 1850 a laissé dans les mains du chancelier de l'échiquier un excédant de recette d'environ 45 millions de francs. Que fera-t-on de cette somme ? Il n'y aurait rien de plus raisonnable, assurément, que de l'appliquer à l'amortissement de la dette publique. Le budget de la Grande-Bretagne est, de tous les budgets, celui que la liquidation du passé surcharge dans la proportion la plus forte. Sur un total de 54 millions sterling (1,350 millions de francs), qui représente les dépenses annuelles, y compris les frais de perception, l'intérêt tant de la dette fondée que de la dette flottante exige un prélèvement d'environ 28 millions, ou de 52 pour 100. Depuis l'année 1830 jusqu'à l'année 1851, en pleine paix et malgré une prospérité sans exemple, l'Angleterre a augmenté le capital de sa dette de 27 millions sterl. (¹). On a eu beau réduire le taux de l'intérêt par des conversions successives, l'accroissement non interrompu du capital a ramené la charge annuelle de l'État au même niveau qu'elle atteignait il y a vingt ans. Est-il possible, est-il moral, est-il juste de suivre plus longtemps cette politique imprévoyante et égoïste? Quand on emprunte dans les temps difficiles, n'est-ce pas pour rembourser ou tout au moins pour amortir dans les époques de prospérité? La théorie des emprunts repose sur ce principe, qu'une nation a le droit d'appeler les générations futures à contribuer à des dépenses qui assurent leur bien-être ou qui préparent leur grandeur ; mais, après tout, la génération présente, qui participe aux résultats, doit prendre également sa part des sacrifices. Avant d'avoir réduit les dépenses, elle ne peut pas songer à diminuer les ressources, à modérer ou à supprimer des impôts.

Il y a deux manières de procéder à la réduction des dépenses : la première consiste à racheter le capital de la dette publique en y employant l'excédant réel des recettes ; la seconde, à opérer des économies sur les frais qu'entraînent le maintien de la force publique et l'administration du pays. Une bonne et sage politique mène de front ces deux méthodes. La dernière, en tout cas, a été largement pratiquée par le gouvernement anglais. En 1813, au plus fort de sa lutte contre l'empire, les dépenses de l'Angleterre s'élevaient à la somme prodi-

(¹) L'Angleterre, dans cette période, a emprunté 35 millions sterling et en a racheté 8.

gieuse de 108,397,645 livres sterling (2,610,000,000 de francs); l'armée, la marine, l'administration et les subsides de guerre absorbaient alors 78 millions sterling, environ 2 milliards de notre monnaie. En 1817, les dépenses des services civils et des services militaires furent réduites à 22 millions sterling ([1]), pour remonter à près de 26 millions en 1827. En 1830, le chiffre de ce budget descendit à 18 millions ; en 1835, grâce aux réformes accomplies dans le personnel par les whigs, à la suppression des sinécures et à la diminution des forces de terre et de mer, la dépense ne fut que de 15,884,649 livres sterling. En 1840, la rupture des bonnes relations avec la France reporta le chiffre à près de 20 millions, et à plus de 21 millions en 1843 et de 26 millions en 1846. Il a été de 20 millions en 1850, et, pour l'année 1851, le chancelier de l'échiquier propose une réduction de 500,000 livres sterling. Les services purement civils n'ayant en Angleterre, si l'on en déduit la perception de l'impôt, que la modeste dotation de 6 à 7 millions, somme qui présente une bien faible marge aux économies, c'est sur le budget militaire que se rabattent forcément les partisans des réformes. Or, l'allocation attribuée aux forces de terre et de mer a subi, depuis 1848, une réduction de 3 millions (75 millions de francs) ; le chancelier de l'échiquier demande, pour 1851, 15,555,171 livres sterling (environ 389 millions de francs). Les réformistes de l'école de M. Cobden voudraient que l'on en revînt à l'effectif militaire et naval de 1835, qui comportait une dépense de moins de 300 millions de francs;

([1]) Sans compter les frais de perception des impôts, évalués à 4 millions et demi sterling en moyenne.

mais on peut leur répondre que, lorsqu'une nation laisse descendre ses moyens de défense à un état d'infériorité qui ne lui permet pas de tenir son rang et de faire respecter son influence dans les péripéties de l'équilibre européen, elle s'expose à avoir besoin de déployer, à l'improviste, au milieu du péril, les plus grands efforts comme les plus onéreux sacrifices. C'est ce qui est arrivé à la France en 1840 et à l'Angleterre en 1847.

Voici, au surplus, dans quels termes le chancelier de l'échiquier justifie la nécessité d'un effectif qui ne comprend pas moins, pour l'armée navale, de 39,000 matelots : « Le gouvernement pense que, dans l'état d'agitation et d'incertitude où sont les affaires politiques sur le continent européen, les véritables intérêts de l'Angleterre ne lui permettent pas de réduire nos forces de terre et de mer. Je sais que le monde présente pour le moment un aspect tranquille ; mais on ne doit pas oublier qu'il y a quelques mois à peine nous avons vu des millions d'hommes armés rangés en bataille les uns contre les autres au centre même de l'Europe. Souvenons-nous encore que de grands changements se sont opérés depuis ces dernières années dans la puissance des forces agressives que l'on peut diriger contre notre pays. Je ne conçois aucune crainte à cet égard ni au sujet des circonstances qui nous environnent ; mais il y a une grande différence entre des alarmes sans fondement et une confiance absurde. Les hommes qui sont versés dans ces questions savent pertinemment que nos ports et nos arsenaux ne sont pas aujourd'hui dans un état de défense qui réponde aux exigences de la sécurité publique, et qu'il est nécessaire de pourvoir d'une manière efficace à la sûreté de ces grands dépôts de la richesse nationale pour le cas, heureusement peu probable, où la paix viendrait à être troublée. »

De nouvelles économies dans les dépenses du royaume-uni ne paraissent donc pas sérieusement possibles. Est-il vrai maintenant que l'on puisse supprimer ou diminuer largement certaines taxes avec quelque chance d'accroître ou de conserver, en tout cas, le revenu public? Voilà une étude qui, faite sur le budget anglais, contiendra d'utiles enseignements pour la France.

On se prévaut de l'impulsion donnée par sir Robert Peel et des résultats heureux de la liberté commerciale. Il y a là sans contredit un exemple à proposer à tous les gouvernements ; mais, pour imiter, on n'est pas dispensé de se rendre compte et de suivre les effets du principe jusque dans les détails de l'application.

En rétablissant l'*income-tax* et en joignant, par forme de passe-port, à cet impôt de guerre de larges réformes dans le système des impôts indirects, sir Robert Peel avait en vue trois principaux résultats : il voulait combler le déficit, développer la production et le commerce, réduire le prix des denrées et des articles de grande consommation, de manière à résoudre, sans amener la dépression des salaires, le problème de la vie à bon marché. Aucune expérience n'a été plus féconde, et aucune politique n'a plus complétement atteint son but. L'ère ouverte par sir Robert Peel marque le point culminant de la prospérité publique dans la Grande-Bretagne. Jamais l'industrie ne fut plus active, ni les ouvriers mieux rétribués. Les exportations, qui représentaient en 1842 une valeur de 47 millions sterling, s'élevèrent à 52 millions en 1843, et à 58 millions en 1844 ; elles ont figuré dans le commerce de 1850 pour une valeur d'environ 65 millions, qui excède de 100 pour 100 celles de la France, et qui égale, ou peu s'en faut, celles des autres nations européennes ; comme le prix des marchandises a baissé, grâce à l'affranchissement des matières premières, les quantités exportées se sont accrues dans une proportion plus forte que celle qui semble indiquée par l'accroissement de valeur. Ainsi la filature de coton, qui en 1832 employait 9 millions de broches, en a occupé 21 millions l'année dernière. En 1831, l'industrie cotonnière avait livré 262 millions de livres de coton ouvré au commerce ; en 1849, la production a été de 630 millions. En même temps, la formation de la richesse et l'accumulation du capital faisaient de tels progrès, que l'Angleterre se trouvait capable, sans dessécher ni diminuer les autres sources du travail, de consacrer à la construction des chemins de fer près de 6 milliards de francs, et que les 10,000 kilomètres de chemins de fer ouverts à la circulation avant la fin de l'année 1850 donnaient déjà un revenu brut qui excédait 300 millions de francs. Un certain nombre de compagnies levaient, sur le public des trois royaumes, pour prix de la rapidité et de l'économie introduites dans les communications, un tribut qui est déjà presque égal et qui ne tardera pas à être supérieur au revenu de l'une ou de l'autre des deux grandes puissances qui se disputent le gouvernement de l'Allemagne.

L'aisance dont jouit le peuple anglais depuis la suppression des droits d'entrée qui grevaient les céréales ainsi que les matières premières, et depuis la réduction

des tarifs qui réglaient l'importation des denrées coloniales, est attestée par l'accroissement prodigieux de la
consommation. La consommation du sucre a augmenté,
depuis 1842, de 60 pour 100, celle du thé et du café de
30 pour 100, celle du cacao de 31 pour 100. Le marché
de Londres est devenu le principal débouché des produits agricoles de l'Europe. C'est vers la Tamise et vers
la Mersey que sont dirigés les nombreux chargements
de grains expédiés de tous les points des deux continents.
En 1849, l'Angleterre a importé, en grains de toute nature, plus de 30 millions d'hectolitres. Chaque semaine,
les bateaux à vapeur emportent des rivages de la
France, de la Belgique et de la Hollande, des cargaisons
de bestiaux, de volailles, d'œufs et de fruits. Le prix du
blé en Angleterre n'excède guère que de 15 à 20 pour
100 les mercuriales du continent ; le prix de la viande a
baissé de 25 pour 100. Londres, la capitale de la
cherté, est maintenant, au luxe près des équipages et des
domestiques, sur le même pied que Paris pour les conditions matérielles de l'existence. Aussi le peuple anglais,
qui reçoit des salaires élevés et qui vit à bon marché,
recommence-t-il à prendre le chemin de l'épargne. Les
dépôts des caisses d'épargne, qui demeuraient à peu près
stationnaires, se sont accrus, pour l'Angleterre seule,
de plus de 100 millions de francs en quatre années,
de 1841 à 1845. La misère en même temps rétrogradait
à vue d'œil. En Angleterre, depuis 1848, le nombre des
pauvres secourus a diminué de 140,000, et la dépense
de 1849, comparée à celle de 1845, présente une réduction d'environ 38 millions de francs, ou de 30 pour 100.
Voilà des avantages qui ne sauraient être estimés

trop haut et dont le bienfait se répand sur la nation tout entière. Au point de vue fiscal, la réforme des tarifs a-t-elle obtenu le même succès? C'est sur ce côté de la question qu'il convient aujourd'hui de porter la lumière.

Lorsque sir Robert Peel présenta son plan financier à la chambre des communes, le déficit de l'année 1842 était évalué à 2,569,000 livres sterling, lequel, venant se joindre au déficit des cinq années antérieures, donnait un découvert total d'environ 10 millions sterling (250 millions de francs). Le chef du ministère, laissant à la charge de la dette flottante les découverts antérieurs, ne craignit pas d'ajouter à celui de 1842 l'abandon de 1,596,000 livres sterling sur le revenu des douanes, en proposant, pour combler la distance entre les dépenses et les recettes, un impôt direct dont il estimait le produit à 4,310,000 livres sterling, et en se ménageant ainsi un faible excédant de ressources. Sir Robert Peel élargit deux ans plus tard cette voie dans laquelle ses successeurs l'ont suivi, il faut le dire, avec plus de servilité que de discernement. Voici dans quels termes le chancelier actuel de l'échiquier expose les résultats financiers d'une politique sur la pente de laquelle il cherche tardivement à faire halte.

« En 1842, on supprima ou l'on réduisit des taxes dont le produit était évalué à 1,596,000 liv. sterl.; en 1843, pour 417,000 liv. sterl.; en 1844, pour 458,000 liv. sterl.; en 1845, pour 4,535,000 liv. sterl. (113,375,000 fr.); en 1846, pour 1,151,000 liv. sterl.; en 1847, pour 344,000 liv. sterl.; en 1848, pour 585,000 liv. sterl.; en 1849, pour 388,000, et en 1850, pour 1,280,000 liv. sterl., donnant un total de 10,763,000 liv. sterl. depuis 1841.

« Les taxes que l'on établit furent l'*income-tax* et d'autres

impôts abolis depuis ; mais, comme je les ai portés au compte
des taxes supprimées, je dois en tenir compte aussi dans l'énumération des nouveaux impôts. Le produit de ces taxes étant
de 5,655,000 liv. sterl., et celui des impôts abolis étant de
10,763,000 liv. sterl., il s'ensuit que le pays y a gagné un allé-
gement de 5,108,000 liv. sterl., et qu'en regard de cette réduction de 5 millions sterling sur l'ensemble des taxes, le revenu
public s'était accru de 4,726,000 liv. sterl. »

Ces faits ne semblent pas aussi décisifs que les paroles
du chancelier de l'échiquier l'indiquent. Voilà bientôt
dix ans que la réforme commerciale a commencé en Angleterre, et, si l'on retranche du budget le produit de
l'*income-tax*, on trouvera que le revenu de 1850 reste
d'à peu près 20 millions de francs (773,479 liv. sterl.)
inférieur au revenu de 1842. En prenant un à un les résultats des impôts, on voit que l'*excise*, qui rendait
13,678,835 livres sterling en 1842, a donné 14,316,083
livres sterling en 1850, ou 637,248 livres sterling de
plus qu'en 1842, malgré la suppression de certaines
taxes, jusqu'à concurrence de 1,410,280 liv. sterl. Les
douanes ont été moins favorisées ; car leur produit en
1850 présente un déficit de 1,456,670 liv. sterl., comparativement à celui de 1842. Les droits établis à l'importation des sucres portaient, en 1844, sur 209 millions
de kilogrammes et rendaient 130 millions de francs.
Après le changement du tarif, la consommation a fait
des progrès rapides, au point de représenter aujourd'hui
un accroissement de 80 millions de kilogrammes ; mais
le revenu que le trésor retirait de cet article n'a pas repris encore son niveau : la recette, après s'être élevée
en 1848 à 112 millions de francs, est retombée à 103
millions en 1849. En cinq années, l'Angleterre a perdu,

sur cette seule branche de ses ressources, la somme énorme de 139 millions de francs.

De l'examen auquel je viens de me livrer, on peut conclure, ce me semble, que, s'il est raisonnable d'admettre qu'une réduction d'impôts portant sur les droits qui frappent les articles de grande consommation ne laissera pas dans les caisses publiques un vide égal au produit antérieur de ces taxes, on ne peut pas en attendre, même avec l'aide du temps, un accroissement de consommation qui comble entièrement la lacune et qui couvre le déficit. Toute diminution des taxes opérée sur une large échelle se traduit par un abaissement, sinon correspondant, tout au moins considérable dans le chiffre du revenu public. De là, quand un excédant du revenu se manifeste, la nécessité de ne pas le sacrifier d'une manière absolue à la modération de l'impôt, et d'en consacrer une partie à la réduction de la dette publique, pendant que l'on tient le reste en réserve pour parer aux exigences de l'imprévu.

C'est pour avoir manqué à cette règle élémentaire de l'administration des finances que le gouvernement britannique a fait naître, à diverses reprises, pour le royaume-uni, des embarras qui ont bien pu concourir à développer le génie de la nation en le mettant aux prises avec les obstacles, mais qui ont laissé dans sa dette des traces ineffaçables et qui l'ont exposée au plus grands périls. Sir Robert Peel n'est pas le premier ministre qui ait imaginé, en Angleterre, d'améliorer, par des remaniements de taxes, l'assiette du revenu public. Dès 1830, le duc de Wellington avait fait remise de l'impôt sur la bière, qui produisait au delà de 100 millions de francs.

L'année suivante, le revenu se trouva diminué d'environ 90 millions, somme à peu près équivalente. De 1831 à 1836, lord Grey et lord Melbourne retranchèrent successivement ou réduisirent diverses taxes jusqu'à concurrence de 178 millions de francs. A mesure qu'un excédant se déclarait dans le revenu, sous l'influence de la prospérité qui allait croissant, au lieu de l'appliquer au remboursement de la dette, ils s'empressaient d'affaiblir les ressources en dégrévant l'impôt. Aussi, lorsque l'activité industrielle et commerciale parut se ralentir, et avant même les jours de l'adversité, le déficit se révéla, d'abord accidentel, mais bientôt périodique. En vain le parlement accorda-t-il un droit additionnel de 5 pour 100 sur toutes les taxes ; le déficit ne fit que grandir jusqu'au changement du ministère et du système. Plus tard, en 1846, la retraite de sir Robert Peel ayant laissé le champ libre aux whigs, ceux-ci reprirent leurs allures ; en moins de trois années, ils se virent réduits à couvrir un nouveau déficit par un emprunt de 2 millions sterling que l'excédant de 1850 a servi à rembourser.

Que fera-t-on de l'excédant de 1851 ? La prudence commande évidemment de le consacrer au rachat de la dette, et de ne plus toucher de quelque temps à un système financier dans lequel l'équilibre tient à un accident et qui ne laisse entre les dépenses et le revenu qu'une marge aussi étroite ; mais l'opinion publique ne permet pas au gouvernement de prendre conseil de sa prévoyance et de l'intérêt réel du pays.

Le chancelier de l'échiquier, entraîné par la violence de ce courant, avait proposé de convertir la taxe des fenêtres en impôt sur les maisons, avec perte de 700,000 liv. sterl. (17,500,000 fr.) pour le trésor. A cette réduction, il en joignait d'autres sur le tarif des sucres et des cafés, sur les bois de construction et sur les graines de semences, qui représentent ensemble un sacrifice annuel sur le revenu de 1,550,000 liv. sterl. (38,750,000 fr.). En supposant un accroissement de consommation qui résulterait de la modération des droits, sir Ch. Wood espérait recouvrer près de 400,000 liv. sterl. sur cette perte ; mais, au total, il agissait comme si l'excédant des recettes sur les dépenses était acquis à perpétuité, et il en abandonnait la plus grande partie pour apaiser les clameurs des faux réformistes.

On sait déjà qu'un sacrifice incomplet ne les a pas désarmés, et que, le ministère hésitant à leur immoler entièrement le budget, ils ont immolé le ministère. Les hommes les plus considérables du parti radical en sont venus à tenir un langage qui ne ressemble pas mal à celui de nos démagogues, et l'on a entendu M. Hume s'écrier : « Je tiens autant que qui que ce soit au maintien de la foi publique ; mais je ne voudrais pas consacrer l'excédant du revenu au rachat de la dette, tant qu'il serait possible d'en faire un meilleur emploi. N'aurait-il pas mieux valu, l'année dernière, abolir le droit sur les savons que d'acheter 1,200,000 liv. sterl. de consolidés? » Le même raisonnement s'applique à tous les impôts. Si l'on abolit le droit sur les savons, pour donner plus de liberté à cette industrie, pourquoi ne ferait-on pas la même remise de taxes à l'agriculture, en supprimant le droit sur la drèche, qui produit plus de 100 millions de francs? De suppression en réduction d'impôt, le trésor finirait par ne plus recevoir non-seulement de quoi éteindre la dette, mais même de quoi en servir l'intérêt. Que deviendrait alors cette foi publique dont M. Hume ne croit pas déserter la cause en énervant, comme il conseille de le faire, les ressources de l'État?

Le ministère de lord John Russell cédera, et le trésor succombera dans la lutte. L'Angleterre commence à éprouver les symptômes de cette épidémie de destruction qui désole le vieux monde. Sous prétexte d'économie, là comme chez nous, on pousse à la désorganisation administrative; sous couleur d'alléger les charges du travail, on y proclame aussi la guerre à l'impôt. Écoutons les plaintes que cet état des esprits arrache à l'*Economist*, organe avancé, mais éclairé, des principes de la science.

« La réunion publique qui vient d'avoir lieu à Southwark (faubourg de Londres), et dans laquelle on s'est occupé de notre système de taxes en général ainsi que de la taxe des fenêtres en particulier, nous donne une grande leçon que l'on ne doit pas oublier. Il paraît que le langage violent, irréfléchi, souvent même hypocrite et déloyal de cette secte de politiques qui s'en vont chaque année prêchant au gouvernement les réductions de dépenses comme son premier devoir, et excitant l'hostilité du peuple contre l'impôt, qu'ils lui représentent comme son principal grief, est à la veille de porter les fruits amers qu'il devait produire. Le nombre est déjà grand, et il s'accroît tous les jours, dans les rangs de la classe moyenne et des classes inférieures, de ceux qui regrettent et qui blâment la dépense la plus nécessaire comme la plus modérée. Les taxes les plus irréprochables deviennent le but contre lequel on dirige les haines populaires. Toute tentative faite pour ramener les contribuables à la raison, même quand elle émane des amis les plus éprouvés d'une politique libérale, s'abîme dans une tempête de désapprobation ou de mépris.

« Il n'y a pas de moyen plus facile ni plus vil d'obtenir une popularité passagère que celui qui consiste à se donner les de-

22

hors d'une vigilance défiante à l'endroit de toutes les saignées faites à la bourse du public, en prenant l'initiative de la destruction de tel ou tel impôt plus ou moins coûteux ; mais il n'y a pas non plus de voie qui mène plus sûrement à un échec en fin de compte, ni de conduite qui rencontre un châtiment plus certain et plus exemplaire. Tous les impôts sont impopulaires et doivent l'être ; les taxes les mieux assises ne sont que des maux nécessaires ; elles pèsent toutes et quelquefois deviennent dommageables à ceux qui les paient. Si la preuve de leur mauvaise tendance devenait une raison pour les détruire, il serait impossible de lever un revenu pour l'État... Pour justifier l'abolition d'un impôt, il faut montrer ou que l'on peut, en toute sécurité, se passer du revenu qu'il procure, ou qu'il est plus onéreux et plus funeste à la société que tel autre qu'il s'agirait d'y substituer, et, même ce point éclairci, il resterait encore à établir que les maux qui résulteraient de ce changement ne l'emportent pas sur le bénéfice qui peut en résulter.

« Il est grand temps de faire résolûment une levée de boucliers systématique contre les funestes conséquences de la conduite que nous avons signalée. Il importe à notre sécurité pour l'avenir et à la bonne administration des affaires publiques que tous les directeurs de l'opinion, soit dans le parlement, soit dans la presse, que tous ceux qui ont aujourd'hui ou qui auront pour devoir de gouverner le pays, ou d'agir sur l'esprit de ceux qui le gouvernent, envisagent sérieusement la responsabilité solennelle qui s'attache à leur position, et qu'avertis par les tendances dangereuses qui viennent de se manifester dans les rangs d'une partie de la population, ils s'abstiennent désormais d'éveiller cette *haine ignorante de l'impôt* qui, si elle était poussée plus avant et si elle continuait plus longtemps, finirait par rendre impossible l'administration de ce grand empire. »

Ainsi la guerre à l'impôt désorganise le gouvernement et embarrasse la marche de l'administration en Angleterre au milieu d'une prospérité presque fabuleuse et malgré l'influence protectrice d'institutions que le souf-

fle révolutionnaire n'a pas encoré ébranlées. Quel avertissement pour les peuples qui ont des institutions dont le
temps n'a pas éprouvé la solidité, qui obéissent à des
gouvernements peu sûrs d'eux-mêmes, et qui, après
avoir traversé l'émeute, la guerre civile et le ralentissement ou la suspension du travail, commencent à peine à
jouir d'une amélioration éphémère !

I. — SITUATION FINANCIÈRE.

Abordons maintenant la situation de la France. Quand
on envisage d'un coup d'œil impartial et sûr les résultats de l'année 1850, on reconnaît que cette période
marque un progrès dans la gestion de la fortune publique
aussi bien que dans le développement de la fortune privée.
Assurément l'agriculture, qui est la grande industrie de
la nation française, a souffert de l'avilissement qui continue à se faire sentir dans le prix des denrées ; cependant le marché anglais a ouvert aux produits de nos
champs et de nos vergers un débouché très-important
et qui absorbe en grains seulement 3 à 4 millions d'hectolitres. C'est comme si la France avait 2 millions de
consommateurs de plus à nourrir. En même temps l'assemblée nationale, d'accord avec le pouvoir exécutif, a
réduit de 17 centimes, pour l'année 1851, les charges
supportées dans l'intérêt de l'État par la propriété foncière. Il y a là de quoi réconcilier grands et petits propriétaires avec une situation dont le bien est l'œuvre des
pouvoirs établis, dont le mal tient à l'instabilité anar-
chique, organisée à l'état d'institution par les constituants
de 1848.

L'industrie manufacturière a déployé, en 1850, une activité sans exemple depuis longues années, et elle a joui d'une prospérité sans mélange. — Paris, Lyon, Saint-Étienne, Mulhouse, Rouen, Elbeuf, Reims, Sedan, Limoges, Amiens, Saint-Quentin et Roubaix, n'avaient jamais fait de plus brillants bénéfices. Le bas prix des denrées a concouru, avec l'élévation des salaires, à améliorer la condition des ouvriers. Pour cette, classe de citoyens plus encore que pour toutes les autres, les privations ont cessé, les désastres de la veille ont été réparés, et l'on a pu songer encore une fois au lendemain. Depuis le 1er janvier 1850, nous voyons s'accroître d'environ 5 millions par mois le fonds des caisses d'épargne. Après avoir épuisé les conséquences du désordre, les ouvriers ont éprouvé au plus haut degré les bienfaits de l'ordre ; la Providence a voulu, sous ces deux formes, leur prodiguer la lumière des mêmes enseignements.

Sans doute, tous les ateliers n'ont pas participé au mouvement dans une égale mesure. Les industries qui ont besoin de compter sur l'avenir pouvaient difficilement prendre l'essor. Les travaux de construction, les armements de long cours et les entreprises de chemins de fer n'ont retrouvé qu'une faveur médiocre. Cependant la métallurgie, entièrement paralysée en 1848 et en 1849, a recommencé à vendre et par conséquent à produire. Le prix des bois s'est relevé. Après les objets de grande consommation, les articles de luxe ont été recherchés au delà de toute espérance. Il s'est manifesté dans l'ordre social à peine raffermi une exubérance d'activité et de séve, mais au jour le jour et argent comptant, comme on fait des marchés sous la tente. Le crédit a disparu des transactions, et laisse un vide immense dans le commerce ainsi que dans l'industrie.

Le revenu de l'État obtient sa part de l'amélioration générale. En 1850, le produit des impôts indirects a excédé de 46 millions les évaluations portées au budget. Sans la part d'accroissement qui résulte des nouveaux droits de timbre et d'enregistrement, on pourrait dire que le revenu public a retrouvé le secret de cette force impulsive qui en déterminait, avant le temps d'arrêt marqué par la disette de 1847, la progression périodique.

En même temps et par un mouvement parallèle, les annulations de crédit compensaient, en partie du moins, les additions de dépense. On voyait s'atténuer, pour ainsi dire jour par jour, les découverts légués par les années antérieures. C'est ainsi que le déficit de 1849, évalué d'abord à 290 millions, ne figurait plus que pour une somme de 249 millions dans la dernière discussion du budget et tombe aujourd'hui à 202 millions.

Dans son rapport sur le budget des recettes pour l'année 1851, M. Gouin estimait que le découvert total, à la fin de 1850, serait de 638 millions, allégé jusqu'à concurrence de 38 millions par la négociation des rentes que le trésor avait trouvées dans le portefeuille des caisses d'épargne. L'évaluation présentée un jour plus tard, dans la séance du 17 juillet, par M. le ministre des finances faisait descendre ce découvert à 632 millions, qui devaient se réduire, moyennant 15 millions de crédits annulés et 42 millions d'accroissement dans les recettes, à 575 millions. Dans l'exposé qui précède le budget de 1852, M. de Germiny le ramène à la somme de 571 millions, dont voici les éléments :

Anciens découverts, y compris la compensation due aux caisses d'épargne	260,870,600 fr.
Découvert de 1848	3,005,000
— de 1849	202,000,000
— de 1850	105,507,500
TOTAL...................	571,383,100

Dans la séance du 13 février dernier, M. Fould, admettant de nouvelles annulations de crédit pour l'année 1850, n'en portait le découvert qu'à 79 millions. M. Passy l'évaluait à 91 millions, comme organe de la commission des crédits supplémentaires. En partant de cette donnée, qui est la dernière et qui semble la plus large, on voit que les découverts, à la fin de 1850, se réduisent à la somme de 557 millions : c'est un progrès de 43 millions sur les estimations de M. Gouin, et de 14 millions sur celles du ministre des finances lui-même [1].

Les résultats de l'exercice 1851 modifieront-ils cette situation, et dans quelle mesure ? Nos budgets ne se soldant pas en équilibre, la dette flottante doit s'accroître

[1] S'il n'y avait pas eu d'atténuation, les découverts auraient été, d'après les évaluations primitives, savoir :

Découverts antérieurs	260 millions.
de 1848	80
de 1849	290
de 1850	155
TOTAL............	785 millions.

La différence entre les résultats prévus et les résultats réalisés est donc de 228 millions à l'avantage du trésor.

évidemment chaque année. Dans quelle proportion l'année qui s'écoule va-t-elle ajouter aux charges du passé ? Voilà ce qu'il convient de déterminer d'une manière précise, avant d'aborder l'examen des propositions que le gouvernement nous fait pour 1852, pour l'année critique.

« On ne peut encore former, dit M. le ministre des finances, en exposant les motifs de ce budget, que des conjectures sur les résultats de l'exercice 1851. Le service ordinaire, voté avec un excédant de recette de 4,137,200 fr., présente, dès aujourd'hui, un découvert de 7,866,800 fr., par suite du vote ou de la présentation de divers projets de loi portant ouverture de crédits additionnels pour une somme totale de 12,004,000 fr. Il y a lieu de prévoir en outre que des besoins supplémentaires viendront, dans le cours de l'exercice, s'ajouter à cet excédant ; mais, en tenant compte des annulations habituelles de crédits qui s'opèrent en clôture d'exercice et des plus-values considérables que l'expérience des deux années précédentes fait pressentir sur les impôts indirects, il nous est permis d'espérer que le budget de 1851, pour le service ordinaire, se réglera en équilibre. Si l'ordre continue à régner, cet espoir s'accomplira.

« Quant aux travaux extraordinaires de 1851, les crédits qui ont été ouverts par la loi du budget pour 67,391,500 fr. s'élèvent maintenant à 67,623,700 fr. par le report d'un crédit non employé.

« En résumé, les découverts des exercices antérieurs, ajoutés à ceux des années 1848, 1849, 1850 et 1851, s'élèvent à 646,873,600 fr. »

En regard de ce chiffre qui pourrait paraître effrayant, M. le ministre des finances fait figurer, par forme d'atténuation, diverses ressources. Il indique vaguement une plus-value dans le produit des impôts indirects, les annulations de crédit, les obligations des compagnies du Nord et de Rouen pour une valeur de 43 millions, la vente de 22,000 hectares de bois qui doit ajouter 25 millions aux recettes de 1851, enfin les sommes que la concession du chemin de fer de Lyon peut faire rentrer dans les caisses de l'État.

Dans la séance du 13 mars, le véritable auteur du budget de 1852, M. Fould, a donné un corps à ces hypothèses. M. Fould pense que le découvert de 646 millions se trouvera réduit à 616 millions, au 31 décembre 1851, par les annulations de crédit opérées jusqu'à concurrence de 30 millions sur l'exercice 1850, et il ajoute : « En regard de ces 616 millions, qui sont le chiffre extrême des découverts, vous avez à mettre, d'une part, une somme qu'il est difficile de fixer d'une manière certaine, mais que dans plusieurs occasions j'ai portée à 100 millions : c'est le chemin de fer de Lyon, exécuté jusqu'à Châlons. Ce chemin de fer, s'il est vendu, vaudra cette somme, je l'espère. Vous avez donc déjà une réduction de 100 millions, restent 516 millions. Nous vous avons demandé l'autorisation d'aliéner certaines forêts ; le ministre des finances est en position aujourd'hui de réaliser jusqu'à concurrence de 25 millions de ces propriétés... Vous avez en outre 43 millions de valeurs dans le portefeuille du trésor qui n'ont pas encore été comptés dans l'actif : ces valeurs proviennent de la compagnie du chemin de fer du Nord. Il reste des obligations de la compagnie du chemin de fer de Rouen 14 millions ; 43 et 14 font 57 : c'est donc 57 millions à déduire des 516 millions. Vous arrivez à 460 millions. » Pour compléter les calculs de M. Fould, il faut retrancher encore les 25 millions qui représentent, suivant lui, le produit des forêts que le ministre des finances est autorisé à aliéner; à ce compte, le découvert se trouverait ramené à 435 millions à la fin de l'exercice.

Le tableau que trace de la situation l'ancien ministre des finances n'est-il pas quelque peu flatté ? Pour approcher de la vérité, ne faut-il pas porter sur l'ensemble des faits une appréciation plus sévère? J'admets, pour la liquidation des exercices antérieurs à 1850, le chiffre des découverts tel que l'indique l'exposé présenté par M. de Germiny ; je le suppose invariablement fixé à 465 millions. J'adopte, pour 1850, l'évaluation qui a été faite par la commission des crédits supplémentaires, soit un découvert de 91 millions. Quels seront maintenant les résultats de l'année 1851? L'excédant des dépenses votées ou à voter s'élevait, au commencement de février, à 77 millions. Les mois qui vont s'écouler grossiront probablement encore de 25 à 30 millions le chiffre des crédits supplémentaires, et porteront à 107 millions l'insuffisance des ressources telles que le budget les évalue. Ces évaluations seront-elles dépassées? Les contributions indirectes, dont la commission du budget a estimé les produits à 718 millions pour 1851, rendront-elles 22 millions de plus, ainsi que M. Fould le suppose ? Il y aurait de la témérité à l'affirmer. Déjà le produit des deux premiers mois est inférieur de 1 million environ à celui de janvier et février 1850. Le ralentissement du travail et par conséquent de la consommation pendant le mois de mars a dû encore être plus sensible ; la crise politique qui commence diminuera certainement la récolte du trésor. Prenons donc les évaluations du budget telles quelles. Croyons aussi que les annulations de crédit n'atteindront pas leur niveau habituel dans le cours d'un exercice sur lequel pèseront de grandes nécessités. Quand on porterait à 25 millions les radiations de dépenses, le déficit réel de 1851 serait encore de 82 millions, ce qui élèverait à près de 639 millions la somme des découverts à la fin de cet exercice.

Examinons maintenant la valeur des atténuations sur lesquelles paraissent compter les représentants officiels du trésor.

Premièrement, il n'y a rien de plus problématique, à l'heure qu'il est, que la vente à des conditions avantageuses de 22,000 hectares de bois. L'état précaire et agité dans lequel nous vivons frappe les propriétés d'une dépréciation qui ne paraît pas toucher à son terme. Les acheteurs ne se montrant pas empressés, les vendeurs se contiennent, ce qui donne encore une espèce de tenue au marché ; mais que l'on jette sur ce marché 22,000 hectares de bois dans le cours de 1851, et l'on verra si les capitaux peuvent être attirés sans une très-forte prime. Le trésor ne réalisera l'opération qu'en vendant à tout prix, en retirant peut-être 15 à 18 millions de ce qui, dans un meilleur temps, en vaudrait 30. Pour s'exposer à de pareils sacrifices, il faudrait avoir en perspective des résultats plus importants.

Les 57 millions qui représentent les obligations souscrites au profit de l'État par les compagnies du Nord et de Rouen ne deviendront disponibles que par l'autorisation de les négocier, autorisation qui doit émaner de l'assemblée nationale : la caisse des dépôts peut s'en charger et donner sans difficulté à l'État la contre-valeur en espèces ; mais il ne faut pas oublier que la caisse des

dépôts, en se prêtant à cette mesure, perdra pour quelques années la faculté de servir utilement, dans des
opérations semblables, d'auxiliaire au trésor.

Reste la concession du chemin de fer de Lyon. Cette
difficulté, j'en conviens, est pour le moment le nœud
gordien de nos finances. La ligne de Paris à Avignon
doit être promptement exécutée dans toute son étendue.
Nous ne pouvons pas, avec la double concurrence de
Trieste et de Southampton, interrompre la ligne de communication de l'Océan avec la Méditerranée et l'arrêter
à Châlons-sur-Saône. De Châlons à Avignon, il reste
200 millions encore à dépenser. Quel homme de sens, à
moins d'être enlacé dans les liens des partis extrêmes,
oserait conseiller à l'État d'ajouter cette charge à tant
d'autres? Pouvons-nous à la fois emprunter 200 millions, pour donner à l'État la jouissance exclusive d'une
ligne qu'il n'est pas habile à exploiter, et faire un second
emprunt de 100 à 150 millions pour diminuer d'autant
le fardeau ainsi que les périls de la dette flottante? En
concédant à une compagnie la ligne de Paris à Lyon,
l'on obtiendrait, pour prix de la concession, une ressource immédiate ou prochaine de 100 millions, dont
50 à 60 seraient consacrés à subventionner l'exécution
du chemin de fer de Lyon à Avignon. L'économie pour
le trésor serait ainsi d'au moins 240 millions, sans parler de la sécurité qui résulterait d'une réduction de la
dette exigible.

Supposons qu'une compagnie fortement constituée se
présente avant l'épreuve si critique de juin 1851, que
l'assemblée, se dégageant des entraves et des intrigues
dont l'embarrassent les intérêts locaux, ratifie le traité

conclu par le gouvernement, et que le trésor entre en possession des avantages qui en résultent ; voilà le découvert diminué de 100 millions. Retranchez encore les 57 millions que représentent les obligations du Nord et de Rouen, et le découvert descend à 482 millions. Admettez en face de ces excédants de dépenses accumulés un encaisse habituel de 70 millions, qui représente les anticipations du revenu, et vous ramènerez à 412 millions la dette flottante proprement dite. Il y aurait là une situation de trésorerie de nature à faire cesser les alarmes. La dette flottante de la France n'excéderait plus celle de l'Angleterre. On se rapprocherait, sans y rentrer, il est vrai, d'une façon complète, de l'état normal.

Nous avons indiqué les combinaisons à l'aide desquelles il devient possible d'alléger les embarras et de conjurer les périls, la position en un mot vers laquelle doivent graviter dès aujourd'hui nos finances. Nous avons sondé l'abîme du découvert, sans chercher à faire illusion, par un effet d'optique, sur sa véritable profondeur. Arrêtons-nous maintenant sur le point de départ. Voici le montant et la composition de la dette flottante. Les chiffres qui suivent donnent la situation exacte au 1er mars 1851.

DETTE PORTANT INTÉRÊT.

Prêts des communes et des établissements publics...	111,914,600 fr.
Avances des receveurs généraux..................	77,186,500
Prêt de la caisse des invalides....................	3,111,600
Prêts de diverses caisses........................	365,200
Caisse des dépôts, prêts en compte courant........	37,872,600
Caisses d'épargne, prêts en compte courant........	140,353,600
A REPORTER...............	370,804,200

REPORT...............	370,804,200
Bons du trésor................................	110,424,300
Banque de France............................	100,000,000
TOTAL..........	581,228,500
DETTE SANS INTÉRÊT.......	11,518,000
TOTAL GÉNÉRAL......	592,746,500 (¹)

En général, la dette flottante reste inférieure à la somme des découverts que le trésor compense en partie, dans son encaisse habituel, par l'anticipation des recettes sur les dépenses. Par une exception qui montre à quel point les ressources de trésorerie abondent, la dette flottante au 1er mars 1851 était supérieure à la somme des découverts. L'État disposait de larges réserves. Sa provision de numéraire, soit au comptoir central, soit en dépôt à la Banque de France, s'élevait, le 8 mars, à 115 millions, somme qui excédait de 5 millions les bons du trésor (²). Les valeurs de portefeuille figuraient à

(¹) Voici le rapprochement des chiffres principaux de la dette flottante à diverses époques, depuis le mois de janvier de l'année dernière. On verra ainsi le chemin qu'elle a fait en quinze mois.

	Au 1er janvier 1850	Au 1er mars 1850	Au 1er juillet 1850	Au 1er mars 1851
Prêts des communes, etc..	107,161,700	110,814,529	114,189,100	111,914,600
Avances des receveurs généraux.................	57,057,500	66,560,685	59,806,800	77,186,500
Caisse des dépôts........	39,321,700	37,523,640	49,349,800	37,872,600
Caisses d'épargne........	58,863,000	85,029,058	102,650,100	140,353,600
Bons du trésor	109,975,200	104,000,000	85,520,900	110,424,300
Prêts de la Banque.......	100,000,000	100,000,000	100,000,000	100,000,000
Prêts sans intérêt........	12,016,500	12,016,500	11,763,500	11,518,000
TOTAL GÉNÉRAL.	499,862,400	517,799,963	540,304,200	592,746,500

(²) Le 27 mars, après le paiement du semestre des rentes 5 et 4 pour 100, le trésor avait encore à la Banque plus de 93 millions.

l'actif pour 107 millions (¹) : au total, 223,133,134 fr. Ainsi, l'actif du trésor, le 8 mars dernier, était supérieur de 33 millions à cette magnifique réserve de 190 millions qu'avait laissée aux vainqueurs de février le gouvernement de Juillet, et que dévora en si peu de temps le gouvernement provisoire (²). A aucune époque, il faut le reconnaître, le trésor ne s'était trouvé en mesure de faire face plus victorieusement aux chances de l'imprévu.

Avec un encaisse aussi considérable et avec un portefeuille aussi riche, le ministre des finances peut, selon les exigences de la situation, soit pourvoir, s'il le faut, à 75 millions de dépenses de plus, soit à réduire de 75 millions les engagements de la dette flottante. En supposant que la commission du budget conseille cette réduction, quels sont les chapitres sur lesquels devrait porter la réforme et qu'indique au regard exercé du ministre un péril pressant ?

Évidemment, les prêts des communes, des établissements publics et de la caisse des dépôts, qui s'élèvent ensemble à 153 millions, ne sauraient inquiéter le trésor, et forment la partie en quelque sorte invariable de la dette flottante. Les remboursements qui interviennent sont presque toujours compensés par des placements nouveaux. J'en dirai autant des bons du trésor. Il faut

(¹) Le portefeuille contenait pour 24 millions de traites d'adjudications de coupes de bois, pour 45 millions d'obligations de chemins de fer, et pour 18 millions de rentes non livrées du dernier emprunt.

(²) Savoir :

Solde en numéraire et à la Banque.	135 millions.
Valeurs de portefeuille............	55

ouvrir un refuge aux capitaux qui, en attendant un emploi définitif, cherchent un emploi temporaire. Le trésor est le banquier naturel des capitalistes grands et petits qui ne veulent pas garder un fonds de caisse improductif. Il reçoit, en payant un loyer modique, ces richesses flottantes qui sans cela ne porteraient pas d'intérêt óu qui iraient grossir le courant déjà assez fort de la spéculation en matière de fonds publics ou de valeurs industrielles. C'est là une ressource élastique ; mais pour pouvoir, en cas de nécessité, emprunter largement sous cette forme, il faut tenir en circulation une certaine somme de billets et ne pas faire perdre aux capitalistes l'habitude de considérer le trésor comme une caisse de dépôt. L'Angleterre a émis des billets de l'échiquier jusqu'à concurrence de 600 millions de francs. Sa dette flottante, échafaudée sur cette unique base, s'élève encore aujourd'hui à 400 millions. Sans aller jusque-là, sans jeter, comme le dernier ministère de la monarchie, pour 320 millions de bons du trésor sur la place, il est permis de penser qu'une circulation habituelle de 100 à 120 millions, qui pourrait, le cas échéant, s'étendre à 200 millions, n'aurait rien d'exagéré pour la France, même avec les éléments de trouble inhérents au système républicain.

Les avances des receveurs généraux ont varié de tout temps entre 50 et 60 millions ; elles approchent aujourd'hui de 80 millions. C'est une ressource dont on abuse, un moyen de crédit que l'on tend jusqu'à le forcer. Il ne faut pas attirer à Paris tout l'argent ni tout le crédit de la France. Le ministre fera sagement de rembourser aux receveurs généraux 20 millions, en ramenant ainsi leurs avances au niveau qu'elles atteignaient il y a quinze mois. Les banquiers départementaux du trésor recouvreront ainsi une certaine liberté d'action, et les capitaux que le public leur confie chercheront un emploi dans les entreprises locales.

Les fonds des caisses d'épargne tendent à devenir encore une fois le véritable embarras de la dette flottante. Les dépôts accumulés et versés en compte courant au trésor s'élevaient, le 1er mars 1851, à 140 millions. Depuis le 1er mars 1850, l'accroissement avait été de 57 millions ; il s'opère aujourd'hui, selon le témoignage de M. le ministre des finances, à raison de 7 à 8 millions par mois. A ce compte, le 31 décembre 1851, les fonds des caisses d'épargne entreraient pour plus de 200 millions dans la composition de la dette flottante.

La dette que contracte l'État à l'égard des déposants est exigible à toute heure. L'État ne peut ni fixer un terme aux remboursements, comme lorsqu'il s'agit des bons du trésor, ni en échelonner les échéances ; c'est un compte courant dans lequel il reçoit et emploie les fonds, en s'engageant à les tenir disponibles et à les restituer à la première sommation. Tout va bien dans les périodes de sécurité et de travail, car alors la masse des dépôts s'accroît par moissons régulières, et les fonds que retirent les déposants sont remplacés par de nouveaux dépôts ; mais aussitôt que l'activité industrielle se ralentit ou que l'ordre public est troublé, les porteurs de livrets, pressés par le besoin ou stimulés par l'effroi, accourent redemander leurs épargnes. Il faut dans ce cas que le trésor s'exécute et qu'il épuise ses réserves pour les satisfaire, ou qu'il déclare lui-même son impuissance, et que, par un procédé révolutionnaire, il suspende ses paiements. Ces éventualités redoutables sont le plus grand péril en matière de finances auquel un gouvernement puisse se trouver exposé.

Sous la monarchie de Juillet, la disponibilité du capital concourant avec l'intérêt élevé que le trésor accordait aux caisses d'épargne a fait préférer ce placement aux fonds publics; on vit s'élever en 1844 l'accumulation des dépôts à 392 millions. La dette de l'État envers les déposants était encore de 355 millions le 24 février 1848. Le trésor n'ayant pas pu rembourser une somme aussi considérable, il a fallu donner des rentes et se résigner, pour être équitable, à une perte de 140 millions, c'est-à-dire à payer en réalité 495 millions, ou 40 pour 100 au delà de ce qu'on avait reçu.

Nous avons à tirer une leçon de cette catastrophe. Si l'on ne prend aucune mesure pour arrêter le progrès, menaçant encore une fois, des comptes courants ouverts par le trésor aux caisses d'épargne, en moins de quatre années, l'accumulation des dépôts incessamment exigibles dépassera bientôt 200 millions. Les épargnes du peuple, pompées sans nécessité par l'État, cesseront d'alimenter et d'accroître la production. Le pays sera privé d'une féconde rosée, en même temps que le trésor sera surchargé de richesses sans emploi, ou poussé par l'abondance des capitaux à des dépenses de luxe.

M. Delessert, reprenant les conclusions de la commission nommée en 1850, propose : 1° de réduire le maximum du compte de chaque déposant en capital à 1,000 francs au lieu de 1,500 francs, et, avec l'accumulation des intérêts, à 1,250 francs au lieu de 2,000 francs;

23.

2° de ne bénéficier, à partir du 1ᵉʳ janvier 1852, sur les capitaux versés aux caisses d'épargne, qu'un intérêt de 4 et demi pour 100 au lieu de 5. Cette proposition, acceptée en principe par le ministre des finances, a été renvoyée à la commission du budget. Il reste, pour la rendre plus complète et plus efficace, à décider que l'abaissement du taux de l'intérêt descendra à 4 et demi pour 100 à partir du 1ᵉʳ juillet 1851, et à 4 pour 100 à partir du 1ᵉʳ janvier 1852. La loi du 22 juin 1845 donne aux déposants la faculté d'acheter sans frais, par l'intermédiaire des caisses, des rentes sur l'État jusqu'à concurrence des sommes déposées. Ce qui prouve qu'ils connaissent le prix du placement qui leur est offert pour l'accumulation de leurs économies partielles, c'est que la conversion volontaire de ces économies s'est élevée en capital à 24 millions de 1845 à 1850. Il n'y aurait pas d'inconvénient sérieux à pousser plus loin la logique de cette mesure, et à ordonner par la loi que tout dépôt qui aurait atteint, en capital et intérêts, le maximum de 1,250 francs, serait, faute par lui de le retirer dans le mois, converti en rentes sur l'État.

Les consolidations amenées par la révolution de Février, si elles ont grevé l'État, ont du moins eu pour effet de rendre populaires les placements en rentes. M. Gouin fait remarquer que les déposants auxquels le trésor, en 1848, a remboursé 350 millions en rentes 5 pour 100, soit par 19,618,747 francs de rentes, au prix de 71 fr. 80 cent., ont conservé la plus grande partie de ces rentes, malgré le bénéfice considérable qu'ils en auraient retiré par la vente aux prix relativement très-

élevés qui ont été cotés depuis (¹). Le nombre des inscriptions, qui était déjà de 291,808 au 1ᵉʳ janvier 1848,
s'élevait à 823,790 le 1ᵉʳ janvier 1851, d'où il suit que
la révolution de Février a imprimé à la propriété mobilière le caractère démocratique que la révolution de 1789
avait donné à la propriété foncière. La possession de la
rente est divisée aujourd'hui comme celle du sol. La
France, qui comptait déjà 5 à 6 millions de propriétaires, compte maintenant plus de 800,000 rentiers. Il y a
là une garantie de plus pour l'ordre social et un attrait
nouveau pour le travail. En élargissant la porte de la
consolidation, l'on n'affaiblira donc pas l'institution des
caisses d'épargne, on n'arrêtera pas les progrès de l'économie, et l'on ne découragera pas les sentiments de
prévoyance. Aucun intérêt ne combat ici l'intérêt, d'ailleurs prépondérant, du trésor.

Les livrets de 1,250 francs et au-dessus doivent représenter, si la proportion est restée la même depuis 1845,
au moins le tiers du capital des caisses d'épargne. La
proposition de M. Delessert, en la supposant convertie
en loi, pourrait donc mettre le trésor dans la nécessité
de rembourser aux déposants une somme d'environ
40 millions. Voilà l'éventualité à laquelle il faut pourvoir, soit par une émission de rentes qui aurait le même
caractère que le dernier emprunt, soit en faisant une
large saignée, pour donner de l'argent comptant, à l'encaisse du trésor. Cette dernière combinaison, plus conforme aux précédents et aux principes, aurait l'inconvé-

(¹) Rapport de la 17ᵉ commission d'initiative sur la proposition de M. Delessert.

nient de ne pas réduire le découvert et se bornerait à modérer pour quelque temps le mouvement de la dette flottante.

Les esprits timides voudraient que l'État allât plus loin, et qu'il ouvrît un emprunt direct de 100 millions, dont le produit lui servirait à rembourser les 100 millions qu'il doit à la Banque de France. Je n'aperçois pas clairement cette nécessité. Un emprunt de quelque importance dans une époque agitée, et lorsque le 5 pour 100 est à 93 fr., est un de ces expédients suprêmes auxquels on ne doit recourir qu'après avoir épuisé toutes les autres ressources. Le ministre des finances, en se refusant, depuis dix-huit mois, à emprunter, a rendu un service très-réel au crédit. Je crois qu'il est désirable et possible de prolonger la durée de ce système, surtout si l'on se détermine à réduire, par des consolidations opérées sur les livrets qui ont atteint le maximum, la dette contractée à l'égard des caisses d'épargne.

Quant à la Banque, avant de reprendre ses paiements en espèces et pour affronter les événements avec toute sa liberté d'action, elle aurait dû par prudence stipuler le recouvrement intégral de sa créance sur le trésor ; mais, puisqu'elle ne l'a pas fait, puisqu'elle s'est bornée à réduire de 75 millions les engagements qui résultaient de la loi du 19 novembre 1849, il convient d'examiner si quelque danger imminent nous appelle à modifier l'état présent des choses.

En principe, la Banque de France, étant destinée à développer le crédit commercial, ne peut pas, sans troubler la sécurité de la circulation fiduciaire, devenir un instrument de crédit pour l'État. Lorsque les valeurs que représentent son capital et les comptes courants sont engagées dans les escomptes, ou lorsque la circulation de ses billets excède dans une forte proportion sa réserve métallique, en un mot, lorsque la Banque se livre aux opérations en vue desquelles elle a été fondée, alors il n'est ni régulier ni prudent de détourner les sommes dont elle dispose vers les canaux de la dette flottante, et de convertir ainsi le banquier du commerce en banquier du trésor. Ces choses-là ne se font que par le procédé révolutionnaire. En 1848, le gouvernement républicain obligea la Banque à lui prêter d'abord 50 millions contre des bons du trésor, et plus tard 150 millions contre une hypothèque sur les forêts domaniales ; mais il fallut, pour rendre ces emprunts possibles, suspendre les paiements en espèces et décréter le cours forcé des billets, permettre, pour tout dire, à la Banque de battre monnaie pour le service soit du public, soit de l'État.

Le 15 mars 1848, au moment où les billets de la Banque de France furent déclarés monnaie courante et obligatoire, la circulation de la Banque s'élevait à 275 millions ; elle devait 42 millions au trésor et 81 millions à divers déposants : au total 398 millions exigibles à vue. Depuis le 26 février, elle avait remboursé pour 70 millions de billets à la foule qui assiégeait les guichets ; il ne lui restait plus que 123 millions en numéraire. La moitié de son capital était immobilisée en rentes. Son portefeuille, surchargé par une telle crise, s'élevait à 303 millions. Un tiers de ces effets n'était pas réalisable et ne fut pas réalisé à l'échéance ; les deux autres tiers ne devaient rentrer que successivement et par fractions dans une période moyenne de quarante-cinq jours. Ajoutons que la Banque ne pouvait pas arrêter ou même ralentir ses escomptes sans provoquer des catastrophes qui auraient amené le naufrage universel des fortunes et du crédit. Dans une telle situation, engagée comme elle l'était, et tenue de réserver ce qui lui restait de forces pour venir au secours du commerce et de l'industrie, la Banque n'aurait jamais songé d'elle-même à prêter au trésor, envers lequel il lui devenait déjà bien difficile d'acquitter sa dette.

Depuis cette époque, les opérations de crédit ont diminué de jour en jour. La France, peu rassurée sur l'avenir, revient insensiblement aux procédés qui marquèrent l'origine des sociétés commerciales; les transactions ne se font plus qu'au comptant. On troque l'argent contre la marchandise; avec la confiance disparaît ou s'annule la valeur des personnes ainsi que des institutions de crédit. La Banque de France va tous les jours s'affranchissant davantage de ses engagements commerciaux. Le portefeuille, qui, après la réunion des banques départementales à l'établissement central, s'élevait encore à 327 millions le 18 mai 1848, et à 165 millions le 11 janvier 1849, n'était plus, le 12 juillet suivant, que de 126 millions; la moyenne du portefeuille à Paris pendant l'année 1850 n'a pas excédé 29 millions; à ce taux, et à quelques millions près, il reste aujourd'hui stationnaire.

L'émission des billets a pris, il est vrai, un développement très-remarquable; mais elle n'ajoute rien à l'étendue de la circulation et ne fait que remplacer les espèces, elle se trouve couverte et au delà par l'encaisse métallique, qui n'a pas cessé un instant de s'accroître comme à vue d'œil. Le 18 mai 1848, les billets émis s'élevaient à 403 millions; le 15 novembre 1849, ils atteignaient, à 5 millions près, la limite légale de 452 millions; le 16 mai 1850, sous l'empire de la loi qui élevait cette limite à 525 millions, la circulation était de 482 millions, et le 3 avril 1851, avec la liberté sans limites, de 524 millions et demi. Suivons maintenant le progrès de la réserve en numéraire : elle est de 115 millions le 18 mai 1848, de 194 millions au mois d'août suivant, de 269 millions le 11 janvier 1849, de 348 millions à la fin de juillet, de 423 millions à la fin de décembre, de 471 millions le 18 mai 1850, et de 539 millions le 3 avril 1851. Ainsi, pendant que la circulation s'accroissait de 121 millions ou de 30 pour 100, l'encaisse métallique s'élevait de 115 millions à 539 millions, ce qui représente un accroissement de 369 pour 100. A l'heure qu'il est, la Banque de France n'est pas seulement le plus puissant réservoir de numéraire qui existe dans le monde entier (¹); elle absorbe et ne tardera pas à renfermer la richesse disponible de la France.

Si le public commerçant abandonne la Banque, si la somme des effets escomptés par cet établissement égale à peine celle des valeurs déposées par les particuliers en compte courant, il faut bien que la Banque cherche un autre client, et qu'elle transforme, en partie du moins, ses opérations. Les prêts ou avances à faire à l'Etat, pourvu qu'on les renferme dans des limites prudemment

___

(¹) La réserve métallique de la banque d'Angleterre s'élevait, le 8 mars dernier, à 14,423,685 livres sterling (361 millions de francs). Sa circulation active excédait 474 millions de francs, et ses comptes courants (*deposits*) 435 millions de francs.

calculées, sont la conséquence directe de cette situation nouvelle. Sans ce débouché ouvert à ses capitaux, la Banque n'aurait plus de raison d'être, car elle ne rendrait plus que fort peu de services au commerce.

Le trésor peut emprunter aujourd'hui jusqu'à concurrence de 125 millions, savoir : 50 millions sur dépôts de bons de la république, et 75 millions en compte courant à 4 pour 100 d'intérêt, avec compensation à 4 pour 100 également pour les fonds que le trésor dépose. 100 millions ont été prêtés dans ces conditions, et le loyer que la Banque en a retiré figure dans ses revenus, en 1850, pour un peu plus de 2 millions. L'État ne saurait obtenir un emprunt à des conditions moins onéreuses ; quant à la Banque elle-même, non-seulement ce prêt ne fait naître pour son crédit ni embarras ni dangers, mais elle se verrait bientôt réduite à l'état de l'avare qui couve stérilement ses écus, si le trésor ne lui offrait l'emploi de ses ressources disponibles. Sans cela, la France n'aurait entassé ses richesses dans les caves de ce sanhédrin, que pour les rendre improductives. Autant vaudrait les jeter au fond de la mer.

Je pense donc qu'il convient, au lieu de rembourser les 100 millions empruntés par l'État, de renouveler sur cette base pour 1852, en épuisant au besoin le crédit entier de 125 millions, les traités conclus avec la Banque. Ce n'est pas là le côté faible de la dette flottante. Il faut chercher ailleurs le danger auquel on veut et l'on doit pourvoir. Ce danger, nous l'avons montré principalement dans l'accumulation des versements opérés par les caisses d'épargne et dans l'exagération des avances faites par les receveurs généraux (¹). La richesse de l'encaisse permet de rembourser dès à présent aux deux comptes 50 à 60 millions, et de réduire d'autant la dette flottante.

La dette flottante, on le voit, porte aujourd'hui tout le poids des découverts antérieurs et des découverts postérieurs à l'exercice 1848. Nous les avons évalués, en les supposant liquidés au 31 décembre 1851, à près de 640 millions. En mesurant l'espace que nous avons parcouru depuis la révolution de Février et en cherchant à se rendre compte de l'effet utile des efforts auxquels nous nous sommes livrés pour ramener l'ordre dans les finances, on peut constater que nous sommes parvenus à équilibrer, dans le budget ordinaire, les dépenses avec les recettes, à condition de suspendre l'action de l'amortissement pour un terme indéfini. Les travaux extraordinaires nous coûtent de 75 à 90 millions par année, ce qui répond à la somme des impôts supprimés depuis l'origine de la période révolutionnaire, d'où il suit évidemment que, si nous avions eu la sagesse de maintenir dans son intégrité le système des taxes que nous avait légué la monarchie, les finances de ce pays seraient aujourd'hui dans un état normal. L'amortissement, devenu libre, servirait à éteindre la dette, ou pourvoirait aux dépenses extraordinaires des travaux publics.

En renonçant volontairement aux deux tiers de l'im-

(¹) Au 1ᵉʳ avril, les avances des receveurs généraux se trouvaient réduites d'environ 10 millions, et les versements des caisses d'épargne augmentés d'une somme équivalente. Depuis le 1ᵉʳ janvier, le compte des caisses d'épargne s'était accru de 22,726,700 francs, ou de 7,575,576 francs par mois.

pôt du sel et à 17 centimes sur le produit de la contribution foncière, le gouvernement républicain s'est condamné à l'abandon des ouvrages commencés ou à
l'emprunt. On peut, à force d'habileté, ajourner l'é-
chéance de cette alternative, mais on n'y échappera pas.
Emprunter à la Banque de France ou aux banquiers,
voilà le dernier mot de la situation qui s'ouvre avec le
budget de l'année 1852.

II. — BUDGET DE 1852. — DÉPENSES.

Le budget de l'année 1852, tel que le propose M. le
ministre des finances, est littéralement calqué sur celui
de 1851, tel que les votes de l'assemblée nationale l'ont
fait. L'assemblée ne peut pas se plaindre ; elle avait
demandé que l'amortissement, dotation et arrérages
compris, fût rétabli au chapitre de la dette publique, par
respect pour le principe qui s'étend à tous les engagements que l'État a contractés ; l'amortissement y figure
en effet, porté pour ordre en dépense et en recette. La
commission de 1851 avait fixé à 382,000 hommes l'effectif de l'armée dans un moment où cet effectif s'élevait
encore à 440,000 hommes ; le budget de 1852 le fait
descendre à 377,000 hommes, comme si cette obéissance
apparente, qui consiste à dissimuler les nécessités de
la situation, ne se réservait pas la marge indéfinie
des crédits supplémentaires. Par suite de la loi du
5 décembre dernier, qui accorde un supplément de
40,000 hommes pendant six mois, l'effectif moyen
de 1851 se trouve fixé à 402, 130 hommes. Un nouveau

supplément de 20,000 hommes deviendra nécessaire pour les six derniers mois. Une armée de 400,000 hommes n'a rien d'excessif, et devient, pour deux années au moins, l'indispensable garantie de notre sécurité dans l'état de la France et de l'Europe. A ce compte, il faut ajouter, pour l'entretien de nos forces militaires, 13 à 14 millions aux dépenses de 1851. Le budget de 1852 devra supporter les même charges.

Depuis plus de vingt ans, on s'élève, sans trop de succès, en France, contre cet abus des crédits supplémentaires qui forment chaque année comme un second budget. Faut-il s'en prendre uniquement à la facilité ou à l'imprévoyance des ministres ? Si l'évaluation des dépenses était préparée avec cette sûreté et avec cette franchise de coup d'œil qui ne laissent aucune éventualité dans l'ombre, les crédits à demander en cours d'exercice égaleraient à peu près, par la force même des choses, les crédits à annuler : l'équilibre s'établirait sans difficulté au moyen de ces compensations inévitables ; mais nous ne procédons pas avec cette simplicité, ni avec ce bon sens. Ce qui fait principalement l'excédant des dépenses, c'est que l'on se refuse à prévoir, en établissant le budget, tout ce qui doit être prévu. Le ministère, la commission du budget, la majorité de l'assemblée, tout le monde se rend complice de cette dissimulation volontaire. On se donne ainsi la satisfaction de peindre en beau, la moitié de l'année, une situation sur laquelle on vient ensuite, pendant l'autre moitié, et lorsque déjà les résultats parlent, passer une couche de deuil. Cette tactique puérile ne convient pas, dans la pratique du gouvernement, à une nation qui est parvenue à l'âge viril. On ne la tolérerait pas en Angleterre, et il y a trop longtemps qu'elle déshonore chez nous le système représentatif.

Le budget de 1851, suivant la loi du 29 juillet 1850, s'élève à 1,434,634,047 francs, qui se décomposent ainsi : dépenses ordinaires, 1,367,242,509 fr. ; dépenses extraordinaires, 67,391,538 fr. Les crédits supplémentaires votés ou à voter portent déjà l'ensemble des dépenses, le 1ᵉʳ avril, à 1,455,135,655 fr., et ce n'est pas le dernier mot de l'exercice (1).

En regard de ces charges, la loi des recettes (7 août 1850) évalue à 1,371,379,758 fr. le revenu de l'année 1851. Il en résulte une insuffisance apparente de 83,755,897 fr. M. Fould attend des progrès du revenu public un accroissement d'environ 22 millions, qui porterait les recettes de 1851 à 1,393 millions. En supposant que les crédits supplémentaires qui pourront encore être présentés soient couverts par les annulations de crédit qui interviennent en règlement d'exercice, l'insuffisance réelle serait, dans ce cas, réduite à 62 millions. Mais qui voudrait garantir que le produit des impôts indirects en 1851 égalera celui de 1850, et que la même cause qui diminuera les ressources n'augmentera pas les dépenses ? Je crois avoir serré de plus près la vérité en admettant pour l'année actuelle un découvert de 80 à 85 millions.

Le budget de 1852 est évalué, dans les propositions de M. le ministre des finances, à la somme totale de 1,447,091,096 fr., laquelle comprend les dépenses or-

---

(1) Au 1ᵉʳ avril, les crédits supplémentaires déjà votés pour l'exercice 1851 s'élevaient à 15,996,451 francs ; les crédits à voter, à 4,505,157 francs : total, 20,501,608 francs.

dinaires pour 1,372,978,828 fr. et pour 74,112,268 fr. les dépenses des travaux extraordinaires. Il faut y ajouter, pour se placer dans le vrai et avant tout crédit supplémentaire, 13 à 14 millions pour l'effectif de l'armée et 3 à 4 millions pour le service des paquebots de la Méditerranée ; les évaluations, ramenées à une plus grande exactitude, s'élèveraient ainsi à 1,464 millions.

Le ministre des finances estime à 1,382,663,416 fr. les recettes de l'année 1852. A cette époque, si nous avons traversé heureusement l'épreuve que nous a réservée la fatalité ou plutôt le machiavélisme révolutionnaire, le revenu public atteindra certainement le chiffre de 1,400 millions et les dépassera peut-être ; il y aurait par contre une large défalcation à faire sur le calcul des recettes, si la crise se prolongeait jusqu'au milieu de l'année 1852. Adoptons provisoirement et comme une moyenne entre des chances opposées l'hypothèse ministérielle ; il en résulte au premier aperçu un déficit ou tout au moins une insuffisance probable de 82 millions. Que l'on additionne ce découvert avec ceux des années antérieures, et l'on atteint le chiffre colossal de 720 millions, résultat qui serait bien fait pour nous effrayer, si le pouvoir législatif ne trouvait pas les moyens d'en diminuer la gravité, ou s'il le laissait peser exclusivement sur la dette flottante.

Quoi qu'il arrive, les dépenses de 1852 ne resteront pas inférieures à celles de 1851. Les nécessités sont les mêmes ; les conséquences ne peuvent pas différer. Nous n'irons pas déposer les armes, dégarnir le trésor, affaiblir l'administration, ni désorganiser la force publique, pas plus au lendemain qu'à la veille de la crise. Nous serons bien heureux s'il ne faut pas augmenter les efforts et ajouter aux sacrifices ; à coup sûr, le temps des économies n'est pas venu. Voilà l'esprit dans lequel on doit aborder l'examen du budget ; mais avant toute discussion, il convient de présenter le tableau des divers chapitres de dépenses, tels que les a proposés le ministre des finances, M. de Germiny.

	CRÉDITS	
DÉPENSES ORDINAIRES.	DEMANDÉS pour 1852.	VOTÉS pour 1851.
Dette publique............................	394,522,537 f.	391,154,760 f.
Dotations................................	9.048.000	8,992,620
Services généraux des ministères. — Justice...................	26.612,995	26,571,345
Affaires étrangères............	7,153,700	7,076,219
Instruction publique............	22,794,990	21,632,481
Cultes........................	41,909,972	40,784,722
Intérieur. — Dépenses imputables sur les fonds généraux...	27,701,360	27,790,520
Dépenses sur les fonds départementaux.....	100.311,430	98,753,330
Travaux publics................	59,026.096	63,926,245
Guerre........................	304,794,069	303,814,628
Marine et colonies............	103.044,608	102.494,413
Finances......................	28,126,130	28,030,160
Frais de régie et d'exploitation des impôts et revenus publics........................	149,570,477	149,082,100
Remboursements et restitutions............	80,791,660	79,611,680
TOTAL GÉNÉRAL des dépenses ordinaires..	1,372,978,828 f.	1,367,242,509 f.

	CRÉDITS	
DÉPENSES EXTRAORDINAIRES.	DEMANDÉS pour 1852.	VOTÉS pour 1851.
Ministère des travaux publics...............	66,527,268 f.	59,476,538 f.
— de la guerre....................	3,710,000	3,710,000
— de la marine....................	3,875,000	3,955,000
— des cultes....................	»	250,000
TOTAL des dépenses extraordinaires..	74,112,268 f.	67,391,538 f.
TOTAL GÉNÉRAL des dépenses ordin. et extraord.	1,447,091,096 f.	1,434,634,047 f.

La comparaison des crédits demandés pour 1852 avec

les crédits accordés pour 1851 fait ressortir une augmentation de 12,457,049 francs dans les évaluations du prochain exercice. Ce résultat se compose d'un accroissement d'environ 11 millions sur le budget ordinaire et
de 7 millions sur le budget extraordinaire, compensé
par une réduction de 5 millions dans le budget ordinaire
sur le chapitre des travaux publics.

L'accroissement que l'on remarque dans les dépenses
prévues pour 1852 est loin d'accuser un défaut d'économie dans la gestion de la fortune publique. Quand on
l'analyse de plus près, on trouve d'abord, au chapitre
de la dette publique, 4 millions de plus qui sont la conséquence de la consolidation des réserves de l'amortissement. Viennent ensuite près de 1,500,000 francs ajoutés
aux chapitres des frais de perception et de restitution à
faire aux contribuables, qui s'expliquent par le développement même du revenu. Les dépenses départementales
s'augmentent de 1,500,000 francs par la libéralité des
conseils généraux, jaloux d'améliorer les conditions de
la voirie. L'instruction publique et les cultes surchargent
leur budget de 2 millions, destinés à mieux doter le clergé
paroissial et l'enseignement primaire. On ne saurait
faire trop de sacrifices pour l'éducation morale du pays
en présence des doctrines sauvages et impies qui le dé-
solent.

En dehors de la dette publique, qui représente les
charges léguées par le passé à la génération présente,
des dépenses qu'exige l'entretien sur un pied respectable
de la marine et de l'armée, des dépenses communales
et départementales qui ne se rattachent que pour ordre
au budget de l'État, enfin des frais de perception, de

régie et d'exploitation qui sont à déduire du revenu brut, l'administration intérieure et extérieure ne coûte guère plus de 200 millions à la France. Encore les travaux publics, l'entretien et le développement des routes, canaux, ports, rivières, ponts et phares, figurent-ils dans ce chiffre pour environ 60 millions. Les cultes et l'instruction primaire réclament près de 65 millions, en sorte qu'il reste à peine 80 millions pour les dépenses de l'administration proprement dite. Ces faits, s'ils étaient mieux connus, réduiraient très-certainement à néant les griefs que l'esprit de parti élève contre un système de gouvernement dont l'assemblée constituante jeta les fondements en 1790, et qui reçut, au commencement du siècle, sa forme définitive de la main puissante du premier consul.

Je ne présente pas, il s'en faut, un budget de 1,500 millions (¹), l'ordinaire, l'extraordinaire et le supplémentaire compris, comme l'état définitif et comme le type de nos finances ; mais, si l'on ne veut pas désorganiser les services administratifs, je ne vois d'économie possible dans les dépenses que par la diminution des forces militaires et des travaux extraordinaires entrepris par l'État.

On sait déjà qu'il y a lieu, non de réduire l'effectif, mais plutôt d'ajouter sur ce point aux évaluations du budget, pour maintenir à l'extérieur de la France une armée qui, en fournissant 70,000 hommes à l'Algérie,

---

(¹) Les dépenses de la France ont été en 1848 de 1,765 millions, en 1849 de 1,762 millions, en 1850 de 1,515 millions ; pour l'année 1851, elles s'élèvent jusqu'à présent à 1,455 millions.

10,000 hommes à l'occupation de Rome, et 20,000 hommes à la gendarmerie, présente encore, déduction faite du sixième pour les incomplets, 250,000 hommes sous les armes. N'oublions pas qu'en 1852 comme en 1851, ces 250,000 soldats, avec l'admirable discipline et avec le patriotisme qui règnent dans leurs rangs, deviendront le boulevard de l'ordre, comme ils sont déjà l'espoir et l'orgueil du pays.

L'exécution des travaux publics, ralentie en 1851, paraît destinée à recevoir de l'État, en 1852, une impulsion plus féconde. Les dépenses sont accrues beaucoup au delà de ce qu'indiquent les chiffres globaux. Dans le service ordinaire, 7 millions figuraient au crédit de l'exercice 1851, pour représenter les frais des chemins de fer exploités par l'Etat. Cette somme se trouve retranchée du budget de 1852, les lignes de Lyon et de l'Ouest devant être concédées à des compagnies financières. En revanche, l'on augmente de 1 million le fonds de grosses réparations des routes nationales. Les réparations qu'exigent les palais et bâtiments publics entraînent une augmentation de crédit de 700,000 fr. : il s'agit du Louvre, de l'Élysée, de la Sainte-Chapelle, du bâtiment des Affaires étrangères et de l'aqueduc qui porte les eaux de la Seine à Versailles. Dans l'abandon où sont aujourd'hui les travaux de construction à l'intérieur des villes, et principalement dans la capitale, cette allocation supplémentaire ne peut pas recevoir un meilleur emploi.

Le budget extraordinaire des travaux publics ne comporte en apparence qu'un excédant de 7 millions sur celui de 1851 ; mais celui-ci renfermait une allocation de 13 millions pour les travaux du chemin de fer de

Lyon entre Dijon et Tonnerre, qui disparaît complète-
ment dans la nomenclature des lignes exécutées par
l'État pour le prochain exercice. C'est donc au profit des
ouvrages qui se continuent un accroissement de 20 millions. Le gouvernement propose de consacrer 16 millions au chemin de fer de Paris à Strasbourg, qui est la
grande ligne stratégique et commerciale dans la direction de l'Allemagne ainsi que de la Suisse, et 16 millions à l'achèvement de la ligne de Paris à Bordeaux,
qui est la grande artère des relations avec le sud-ouest de
la France et avec l'Espagne. En 1849, le crédit affecté
à l'exécution des chemins de fer entrepris par l'État s'é-
levait à 82 millions; l'allocation était encore de 63 millions en 1850; après être descendue à 41 millions
en 1851, on la fait remonter à 46 millions en 1852.

Les lignes entreprises par l'État, dans le système de
la loi de 1842, devaient coûter, si l'on excepte les chemins du Nord et de Lyon, environ 450 millions, 340 millions ont été dépensés; pour terminer les travaux et pour
livrer le réseau à l'exploitation, nous aurons à dépenser
encore 125 millions, en comptant les suppléments de
crédit qui deviendront nécessaires. Il restera donc environ 80 millions à porter au budget des exercices qui
suivront celui de 1852. Le gouvernement et l'assemblée,
au milieu des perturbations de l'année prochaine, pourront être entraînés cependant à porter quelques millions
de plus sur l'embranchement de Reims, sur la ligne de
l'Ouest, sur les chemins de Clermont et de Limoges.
L'intérêt public n'exige-t-il pas d'ailleurs que le réseau
des chemins de fer, auquel l'État consacre de si grands
sacrifices, soit livré à l'exploitation au plus tard en 1854?

et ne sera-ce pas assez d'avoir mis douze années, à partir de 1842, à doter la France de ces voies rapides de communication dont l'Angleterre et la Belgique jouissent depuis cinq ans, dont l'Allemagne était en possession avant que les troubles de 1848 vinssent interrompre l'activité des entreprises industrielles?

Les travaux de canalisation, les ports et les phares sont suffisamment dotés par le budget de 1852, si l'on ne veut pas mener de front tous les ouvrages. Nous avons déjà fait beaucoup, nous aurons bientôt assez fait pour améliorer le régime des transports. Il nous reste à mettre plus directement le sol en valeur par l'endiguement des cours d'eau, par les irrigations et par le reboisement des terrains en pente. L'irrigation du sol est surtout d'une utilité immédiate et, tout en augmentant la richesse de l'agriculture, promet au trésor public, en échange de faibles sacrifices, un magnifique revenu. En établissant ou en augmentant les retenues sur les cours d'eau de quelque importance aux deux versants des Vosges et des Cévennes, dans la chaîne du Jura, dans les montagnes du centre et à l'origine des vallées pyrénéennes, on doublerait probablement la surface arrosable.

J'ai sous les yeux un travail plein d'intérêt de M. Colomès de Juillan, ingénieur en chef des ponts et chaussées, qui établit, comme conclusion des études auxquelles il s'est livré dans les Pyrénées, qu'en augmentant l'étendue des réservoirs naturels qu'offrent les lacs de cette région aux pluies et aux neiges, on peut, dans la partie occidentale de la chaîne, dériver à l'étiage 100 mètres cubes d'eau par seconde, qui suffiraient à arroser

dans six départements 130,000 hectares. L'exécution de
cette belle entreprise coûterait 9 à 10 millions, et produirait chaque année un surcroît de revenu au moins
égal pour les propriétaires riverains. Que le trésor en
reçût pour sa part le huitième, et il retirerait encore
un intérêt de plus de 12 pour 100 du capital consacré à
une œuvre aussi utile.

Une partie de ce projet, ne fût-ce qu'à titre d'essai,
devrait trouver place, en 1852, dans le budget des travaux extraordinaires. Il s'agirait de conduire les eaux de
la vallée de la Neste, par une rigole, sur le plateau de
Lannemezan, d'où l'on verserait à l'étiage deux mètres
cubes par seconde dans le bassin du Gers, autant dans
celui de la Bayse, et autant dans celui de la Save, en réservant un mètre cube pour l'arrosage même de ce plateau, élevé de six cents mètres au-dessus du niveau de
l'Océan. Ces travaux ne coûteraient pas 1 million, et seraient répartis sur deux exercices. On pourrait encore,
avec une dépense supplémentaire de 3 à 400,000 francs,
doubler la capacité des lacs qui dominent le cours des
deux Nestes, afin de verser à l'étiage dans la Garonne
huit mètres cubes de plus par seconde, qui alimente-
raient plus tard le canal de Saint-Martory ; ce que l'on
enlèverait à la puissance torrentielle et dévastatrice du
fleuve dans le temps des crues, viendrait ainsi, dans la
saison sèche, se répandre, comme une infaillible rosée,
sur des champs auxquels l'humidité et la chaleur heureusement combinées peuvent faire tout produire.

En résumé, la situation ne comporte pas de retranchements sur l'évaluation des dépenses pour l'année 1852. Un accroissement est beaucoup plus proba-

ble. Avec les 17 à 18 millions de supplément que réclameront, dans le budget ordinaire de 1852, l'effectif militaire et les paquebots de la Méditerranée, avec les 5 à 6 millions qu'il devient utile d'ajouter aux dépenses extraordinaires, l'ensemble des dépenses s'élèvera, d'entrée de jeu, à 1,472 millions.

III. — RECETTES.

Le revenu de l'État est évalué, pour l'année 1852, à 1,382 millions, y compris les 79 millions de l'amortissement, qui sont un article purement fictif du budget des recettes. Pour toute ressource extraordinaire, on y voit figurer un remboursement de 4 millions à faire par la compagnie du Nord. L'évaluation des ressources ordinaires excède d'environ 11 millions celle qui avait été adoptée pour les recettes de l'année 1851. Voici les détails de cette comparaison :

ÉVALUATIONS	PROPOSÉES pour 1852.	ADOPTÉES pour 1851.
Contributions directes......................	409,658.390 f.	407,915,110 f.
Revenus et prix de vente de domaines.........	10,270.564	8,594,454
Produits des forêts et de la pêche............	34,976,940	35,888,605
Impôts et revenus indirects. { Enregistr. et timb. 271,566,000 f / Douanes et sels... 154,336,000 / Contrib. indirectes: 309,688,000 / Produit des postes. 45,386,000	780,976,000	763,126,117
Divers revenus. { Taxe ann^{lle} sur les biens de main-m^{te}	3,150,000	3,150,000
Produits universitaires.............	1,750,156	1,788,703
Produits éventuels affectés au service départemental...............	19.200.000	17,480,000
Produits et revenus de l'Algérie....	12,265,000	14,560.000
Rente de l'Inde.................	1,050,000	1,050,000
Recettes des colonies (loi de 1841).	5,610.400	5,477,300
Produits divers du budget..................	19,415,000	31,691,519
Remboursements (chemin du Nord)	4,000,000	4,000,000
Réserve de l'amortissement..................	79,642,966	75,660,150
Remboursements (chemin d'Avignon).........	»	1,000,000
TOTAL GÉNÉRAL ..	1,382,665,416 f.	1,371,579,758 f.

Les augmentations de 1851 sur 1852 s'élèvent à 27,807,189 francs, compensées par les diminutions jusqu'à concurrence de 16,523,531 fr. L'accroissement est donc de 11,283,658 fr. en résultat.

Voilà pour la différence apparente. Au fond, ce qui distingue les évaluations de 1852 de celles de 1851, c'est d'abord un retranchement de 12 millions sur le chapitre des produits divers, retranchement qui s'explique par la concession projetée des chemins de fer de Lyon et de l'Ouest à l'industrie privée ; ces lignes ne devant pas rester dans les mains de l'État, il n'y a plus lieu d'en faire figurer les produits dans les éléments du revenu public, pas plus que de porter les frais d'exploitation en dépense. C'est ensuite un accroissement d'environ 18 millions dans le revenu des impôts indirects.

Cet accroissement est au moins problématique. On a pris pour base des évaluations de 1852 les produits réalisés en 1850, sans tenir compte du ralentissement probable du travail et de la consommation. L'on a supposé que le commencement de prospérité qui s'était déclaré pendant une année de repos et de trêve, à une égale distance des époques climatériques de 1848 et de 1852, irait se continuant, peut-être même se développant, dans d'autres circonstances. On a fait plus, on a oublié que des modifications proposées ou à proposer dans certains impôts devait résulter une diminution très-sensible dans le revenu.

Prenons pour exemple les droits établis sur les boissons. Le budget adopte pour base des évaluations de 1852 les produits de 1850, augmentés d'un jour de perception en raison de l'année bissextile, soit un peu plus de 101 mil-

lions. Cependant les faits doivent se modifier, et l'assiette
de l'impôt ne restera pas la même. La commission d'enquête, d'accord avec le ministre des finances, demandera
une réduction de moitié dans le tarif des entrées, d'où
peut résulter pour le trésor une perte de 5 à 6 millions. Si l'impôt n'est pas énergiquement défendu,
la discussion entraînera d'autres sacrifices. En tout
cas, l'on se ferait une illusion étrange, si l'on espérait la conservation intégrale de cette branche de revenu.

J'en dirai autant des droits sur les sucres. Le projet
de loi soumis en ce moment à la discussion de l'assemblée est la première application que l'on ait tentée en
France de la politique qui consiste à provoquer l'accroissement de la consommation par la modération des tarifs. Cette politique est vraie, elle favorise les progrès de
l'aisance générale ; mais, si l'effet en est direct et certain
sur l'alimentation, elle ne tourne pas toujours à l'avantage du trésor public. C'est ce qui me paraît complétement démontré par l'expérience de l'Angleterre. Le
gouvernement britannique a réduit, en quatre années,
le droit sur les sucres de ses colonies de 59 fr. 5 cent.
par 100 kilogrammes à 24 fr. 50 cent. Une diminution
aussi énorme, environ 60 pour 100, devait imprimer à
la consommation des sucres un développement rapide.
En effet, le stimulant a été si énergique, que les quantités consommées annuellement se sont élevées en six années de 210 millions de kilogrammes à 300 millions ;
mais cet accroissement n'a pas suffi pour combler les
vides du revenu. En 1845, la première année de la réforme, le produit des droits sur les sucres tombait de

130 millions de francs à 89; aujourd'hui la perte st encore de 20 millions par année.

Le gouvernement français a proposé de réduire les droits sur les sucres de 49 fr. 50 cent. à 27 fr. 50 cent., soit de 22 fr. ou de 44 pour 100. Cette réduction s'opérerait en quatre années et par fractions égales, à raison de 5 fr. 50 cent. par année. Les 116 millions de kilogrammes que la France a consommés en 1849 ont rendu au fisc 58,569,000 fr. La perte serait de 25,770,000 fr., si la consommation devait rester stationnaire. Pour que le trésor retrouvât, sous l'empire du droit réduit, le même revenu dont il jouit à cette heure, il faudrait un accroissement de 64 millions de kilogrammes dans les quantités consommées. Les causes qui ne permettront pas d'obtenir ce résultat sont nombreuses et puissantes. Premièrement la France n'est pas, comme l'Angleterre, le pays des boissons chaudes. Nous ne prenons pas du thé ou du café deux ou trois fois par jour. Les peuples qui récoltent et qui boivent du vin ne font qu'une faible consommation de sucre; pour augmenter sensiblement cette consommation, des mœurs et des habitudes différentes ne seraient pas moins nécessaires que le bas prix de la denrée. On a d'ailleurs exagéré, dans des appréciations peu exactes, les quantités de sucre qui entraient dans l'alimentation des peuples étrangers. Si l'Angleterre en consomme 11 kilogrammes par individu et par année, en Hollande, quoi que l'on ait dit, la proportion n'est que de 5 à 6 kilogrammes. En Belgique, les droits sont modérés, et le sucre se vend à meilleur marché qu'en France; cependant la consommation n'excède pas sensiblement 3 kilogrammes par individu. Est-il raisonnable d'espérer que, dans un pays comme le nôtre, où l'aisance ne descend pas aussi bas qu'en Belgique et ne se répand pas aussi loin, l'usage du sucre fera de plus grands progrès?

Ce n'est pas tout. En supposant la thèse du projet de loi fondée en raison, le moment paraît mal choisi pour le mettre en pratique. Le trésor public n'est pas riche et ne peut pas courir les aventures. Une expérience à faire, un problème à résoudre en matière de finances, voilà ce que l'on doit par-dessus tout éviter aujourd'hui. Quand l'abondance sera rentrée dans les caisses de l'État, quand les colonnes du budget cesseront d'étaler des découverts annuels, alors on pourra modérer, au risque de voir baisser le niveau du revenu, les tarifs établis pour les sucres ; mais, dans un temps aussi incertain et avec un trésor indigent, nous n'avons pas le droit de faire des remises d'impôt. On n'est pas homme d'État ni financier en jetant le budget par la fenêtre.

Les mêmes raisons s'opposent, et plus fortement encore, à l'abaissement des droits sur les cafés. Sous l'empire de ces droits, qui sont modérés après tout, la consommation du café a doublé depuis dix-huit ans en France. Ainsi l'on ne peut pas dire que les tarifs en gênent le développement. En Angleterre, il est vrai, la réduction des droits a concouru à répandre l'usage du café dans les rangs les plus humbles de la population ; mais cette taxe était, avant la réduction, deux fois plus élevée que chez nous. On propose d'abaisser le tarif de 50 pour 100. La consommation est aujourd'hui de 18 millions de kilogrammes ; il faudrait donc une consomma- de 28 à 30 millions de kilogrammes pour ne rien perdre

25.

du revenu. Je ne crois pas prudent de se lancer dans cet inconnu. Maintenons aujourd'hui les impôts tels qu'ils sont ; nous songerons plus tard aux réformes.

En se référant à ce qui vient d'être dit, on reconnaîtra qu'il n'y a guère lieu d'espérer que les recettes de 1852 égaleront les évaluations portées au budget. Pour rester dans le vrai, pour se tenir plus près des résultats probables, il convient de ramener le chiffre global du budget aux estimations adoptées par la commission qui a examiné celui de 1851, soit à 1,371 millions.

CONCLUSION.

En résumé, l'exercice 1852 va s'ouvrir avec un découvert de 640 millions. La différence entre les dépenses de l'État et le revenu public ne paraît pas devoir s'élever à moins de 100 millions dans le cours de cet exercice. Il faut donc compter sur un découvert total de 740 millions au 31 décembre 1852.

Nous avons indiqué déjà les moyens à l'aide desquels on pouvait soulager la dette flottante d'une partie de cet énorme poids. Ces moyens consistent à réaliser, par une cession faite à la caisse des dépôts, jusqu'à concurrence de 57 millions, la valeur des obligations souscrites par les compagnies du Nord et de Rouen, à concéder à une compagnie financière, en stipulant en remboursement d'au moins 100 millions, le chemin de fer de Lyon, qui va être terminé jusqu'à Châlons-sur-Saône ; enfin à donner au trésor l'autorisation d'émettre des rentes, jusqu'à concurrence d'un capital de 40 à 50 millions, pour la consolidation des livrets qui excéderaient le maximum de 1,250 francs. On réduirait ainsi de 200 millions la somme des découverts, et, comme l'anticipation des recettes sur les dépenses fournit en moyenne une ressource de 70 millions, la dette flottante se trouverait ramenée à 470 millions : ce serait là une situation, je ne dirai pas complétement satisfaisante, mais qui éloignerait du moins toute idée de péril et même toute crainte d'embarras.

Je sens bien que je me borne à proposer des expédients, et que ce système de palliatifs ne rétablit pas l'équilibre dans les finances publiques ; mais les solutions provisoires sont les seules possibles aujourd'hui. Nous vivons au jour le jour en toutes choses ; nous faisons des lois pour une année ; nous plantons à la hâte sur quelques piquets la tente du parlement, comme des nomades politiques destinés à des migrations perpétuelles. Depuis le commencement du siècle, à l'exemple de l'ancienne Égypte, nous comptons les semaines d'années par dynastie. Chaque gouvernement s'abrite sous les ruines de celui qui l'a précédé, menacé de fournir le même genre d'abri à ceux qui vont le suivre. Comment fonder de véritables finances dans un pays où la scène, les personnages et le sol, tout se dérobe devant vous ?

Le temps est aux moyens extraordinaires ; mais, comme on ne peut pas employer ces ressources d'une manière permanente et à l'état de système, le moment viendra certainement de fortifier les ressources ordinaires et d'accroître le revenu. Les impôts indirects sont une espèce d'échelle mobile de la fortune publique ; leur produit s'élève avec la prospérité et s'abaisse dans l'adversité. Le trésor fait une récolte abondante lorsque la nation consomme beaucoup ; par ce côté, les finances dépendent entièrement de la politique. En 1848, le produit des impôts indirects, très-considérable pendant les deux premiers mois, tomba de 150 millions, après la révolution de Février, pour l'année entière. Il s'est relevé de 50 millions en 1850. Le revenu indirect suit naturellement l'essor que prennent l'industrie et la richesse. C'est un progrès qui va de soi quand l'ordre règne dans les rues et la sécurité dans les esprits.

Une nation qui ne parvient pas à couvrir ses dépenses ne doit pas craindre de s'imposer pour faire face aux nécessités qui pèsent sur elle. J'ai déjà demandé le rétablissement d'un décime, par voie d'addition, à la taxe du sel, dans l'espoir d'en obtenir 25 millions de plus ; mais, puisque le gouvernement ne l'a pas proposé et que l'assemblée n'a pas suppléé par son initiative au silence du gouvernement, aux approches de 1852 il me paraît impossible d'aborder une difficulté de cette nature. Nous ne devons pas fournir des armes aux ennemis de l'ordre social. Le souvenir des 45 centimes a été exploité contre le gouvernement provisoire ; l'impôt du sel, si l'on commettait à cette heure l'imprudence de l'aggraver, deviendrait un bélier d'attaque à l'aide duquel pouvoir législatif et pouvoir exécutif seraient bientôt battus en brèche. Il ne faut exiger de pareils sacrifices que lorsqu'on est en position de faire appel à la raison calme du pays. Je reconnais que les pouvoirs publics doivent s'adresser à l'impôt pour couvrir l'excédant des dépenses ; mais j'ajoute que cela ne peut se faire qu'après l'épreuve de 1852.

Au surplus, la crise que l'on redoute pour l'année 1852

ne paraît pas devoir se prononcer, si elle éclate et quand elle éclatera, sous la forme d'une perturbation jetée dans les régions financières. Les portefeuilles des capitalistes ne sont pas aujourd'hui encombrés de valeurs de toute espèce comme dans les premiers mois de 1848. Ce sont les épargnes des départements qui viennent à Paris s'échanger par fractions contre des rentes. Les banquiers n'ont pas rempli leurs caisses d'actions de chemins de fer achetées à un très-haut prix. Il n'y a pas de grandes spéculations engagées dans l'industrie ni dans le commerce. Aucun emprunt ne surcharge la place. La Banque voit peu à peu se réduire ses escomptes, qui représentent à peine le tiers des valeurs qu'elle avait l'habitude d'accepter. Les compagnies de chemins de fer ont demandé, ou peu s'en faut, à leurs actionnaires tout ce qu'elles avaient à leur demander. Les capitalistes ne se sentent pas gênés, les capitaux restent disponibles ; en un mot, les ressources abondent pour l'heure du péril.

Le véritable danger qui nous menace, c'est la suspension ou plutôt le ralentissement du travail. En 1848, les manufacturiers ne fermèrent pas leurs ateliers, parce qu'ils pouvaient préparer des approvisionnements, les magasins étant vides. Aujourd'hui, les magasins commencent à s'encombrer ; pour entretenir la main-d'œuvre sans interruption, des commandes directes seraient donc nécessaires : il faudrait qu'une activité nouvelle, imprimée à l'exportation de nos marchandises, vînt compenser la langueur du marché national. En 1848, l'État dépensa 150 millions en travaux extraordinaires, sans parler de la dépense complétement stérile et dégradante des ateliers nationaux ; en même temps, les compagnies de chemins de fer, poursuivant leurs entreprises, occupaient un grand nombre d'ouvriers. Aujourd'hui, la dépense de l'État en terrassements et en ouvrages d'art est réduite de moitié ; presque toutes les compagnies ont terminé ou sont à la veille de terminer leurs travaux ; il faut donc susciter de nouvelles et grandes opérations, si l'on veut offrir à l'activité inquiète des esprits et aux bras sans emploi un large exutoire.

Déjà le travail se ralentit dans les fabriques, le bas prix des denrées n'encourage pas les propriétaires fonciers à se jeter dans les dépenses d'amélioration que réclame la culture du sol. La production et par suite la consommation commencent à languir. Il appartient aux pouvoirs publics d'apporter un remède prompt et sûr à cet état des choses. N'attendons pas que les ateliers se ferment et que les multitudes affamées nous demandent du pain. Que la fermeté du gouvernement et la sagesse de l'assemblée rendent la confiance au pays. Appelons, en concédant les lignes de Lyon et d'Avignon, au secours de nos capitaux hésitants ou alarmés, les capitaux entreprenants qui surabondent en Angleterre. Ce qui n'était qu'une question de bonne politique devient désormais une question de salut public. Créons du travail à tout prix, ce sera, quoi qu'il puisse arriver, rendre la confiance aux intérêts et donner la sécurité à tout le monde.

VI

LES FINANCES DE LA GUERRE.

1854.

I. — LES FINANCES DE LA RUSSIE.

La guerre que suscite la question d'Orient est une de
ces rares occasions dans lesquelles l'intérêt national, se
manifestant avec évidence à tous les yeux, doit imposer
silence aux passions de parti et même aux convictions les
plus étroitement liées à la personnalité humaine. Il y va,
pour l'Europe, de l'indépendance de plusieurs peuples,
de l'équilibre général des forces, de l'avenir de la civilisation. C'est là une cause juste et grande. L'opinion publique le proclame, avec une autorité irrésistible, en
isolant le gouvernement russe et en le laissant sous le
poids du blâme universel ; mais ce qui domine tout, les
armées sont en présence. Au moment où les flottes
combinées occupent la mer Noire et la Baltique, où les
troupes de la France et de l'Angleterre, après avoir couvert la capitale de l'empire ottoman, ayant les soldats
d'Omer-Pacha pour avant-garde et pour arrière-garde
les bataillons autrichiens, vont refouler les légions mos-
covites, quel Français digne de ce nom, quelque opinion
qu'il garde sur le caractère et sur la conduite du gou-

vernement, ne ferait des vœux pour le succès de nos
armes?

Au point de vue politique, un résultat immense nous
est dès à présent acquis. La coalition qui menaçait à toute
heure nos intérêts ou nos frontières, dont les traités
de 1815 étaient la plus haineuse expression, et que la
révolution de 1848 avait resserrée en donnant à l'empereur Nicolas le rôle éminent de protecteur de l'ordre
européen, n'existe plus que dans l'histoire. Malgré la
différence et peut-être l'antipathie naturelle de leurs
gouvernements, il s'opère entre la France et l'Angleterre
un rapprochement qui survivra aux circonstances et
qui les intéressera, quoi qu'il arrive, à leur mutuelle
grandeur. L'Autriche et la Prusse ont ouvert les yeux
et donné le signal à la confédération germanique, qui,
en dépit de quelques princes hésitants encore ou résis-
tants, doit passer bientôt d'une neutralité impolitique et
impossible à l'hostilité directe contre les desseins que ne
dissimule plus le cabinet de Pétersbourg. En défendant
l'intégrité de l'empire ottoman, nous allons provoquer,
ce qui n'importe pas moins à notre repos, le réveil de
l'Allemagne. Le danger que Napoléon signalait sur le
rocher de Sainte-Hélène à l'Europe prosternée, est désormais conjuré par l'union de la France et de l'Angleterre. Pendant que nous écartons les Russes de Constantinople sous la forme brutale de la conquête, la suzeraineté
qu'ils affectaient sous la forme adoucie de patronage
ou d'influence se voit répudiée à Vienne et à Berlin.
L'Allemagne accepte la solidarité de notre diplomatie,
en attendant le moment, qui ne peut tarder, d'arborer
le même étendard et de joindre ses armes aux nôtres.

Ainsi, neutres, expectants ou belligérants, tous les États de l'Europe se prononcent contre les prétentions et vont faire obstacle à l'ambition de la Russie. Lord John Russell, envisageant les difficultés de cette grande entreprise, disait, il y a quelques jours, aux membres de la majorité ministérielle, que le résultat était incertain, et pour l'assurer il leur demandait de l'argent. Le peuple anglais ne marchandera pas les sacrifices ; comme il veut la fin, il voudra aussi les moyens : après avoir reçu de nous l'impulsion, il nous donnera l'exemple.

A Dieu ne plaise que je rabaisse l'importance du commandement ! Le résultat dépendra sans doute avant tout de la direction qui sera donnée aux opérations militaires ; mais si la victoire appartient en définitive aux gros bataillons, aujourd'hui plus que jamais l'argent doit faire pencher la balance : de bonnes finances donnent de puissantes armées ; le gouvernement le plus riche, pourvu qu'il ait une administration prévoyante et économe, est aussi le gouvernement le plus fort.

Au point où la civilisation a conduit les peuples, toutes les armées ayant leurs traditions de bravoure, les notions de la tactique étant à peu près également répandues partout, et la science ayant fait faire aux moyens de destruction, à peu de chose près, les mêmes progrès qu'aux moyens de production, l'ascendant doit rester, en fin de compte, à la nation qui peut mettre en ligne les ressources les plus formidables et qui se trouve capable de soutenir la lutte le plus longtemps. Rien ne le prouve mieux que l'exemple de l'Angleterre à une époque où, après avoir résisté au génie expansif de notre révolution, elle tenait en échec, au moyen de l'Europe

soudoyée, le plus grand conquérant des temps modernes.
Pour expliquer les événements de 1814 et de 1815, il
suffit de rappeler que la France, après des efforts gigantesques, se trouva plus tôt épuisée d'hommes que sa ri-
vale ne fut épuisée d'argent.

Aujourd'hui comme alors, et peut-être plus qu'alors,
la guerre organisée sur une grande échelle est principalement une question de budget. Il ne suffit pas de rassembler à un jour donné, et en prodiguant d'un seul
coup toutes les ressources dont on peut disposer, des
armées nombreuses, bien commandées et formées à l'é-
cole d'une discipline sévère ; ces armées, il faut encore
les nourrir, les fortifier d'un puissant matériel de campagne et de siége, et les pourvoir de moyens de transport ; il faut réparer les pertes et combler les vides
qu'ont bientôt faits dans les rangs le feu, le fer ainsi que
les maladies ; tout cela suppose des trésors qui se renouvellent. La guerre concerne donc les administrateurs
autant que les généraux. Avant de l'entreprendre, un
grand État doit dresser le bilan de ses recettes et de ses
dépenses, examiner jusqu'où peuvent aller ses ressources tant ordinaires qu'extraordinaires, ce que produira
l'impôt et ce que donnera le crédit, mesurer en un mot
sans illusion ses forces au fardeau.

Les questions de finance ne s'élèvent guère, ou tout
au moins ne sont débattues avec l'attention qu'elles
méritent et ne deviennent des questions politiques que
pendant les loisirs réparateurs de la paix. Dans ces moments, un budget bien ou mal équilibré consolide ou
renverse un ministère, et sir Robert Peel triomphe où
lord Melbourne avait échoué. Alors encore un déficit fait

éclater ou fait reculer une révolution : le déplorable état
des finances exposé à l'assemblée des notables détermina-
le mouvement de 1789 ; l'enthousiasme factice de 1848
ne tint pas contre un impôt extraordinaire de 45 centimes. Il semble que les nations ne puissent s'occuper de
la gestion de leur fortune que lorsqu'elles n'ont plus à
verser leur sang.

C'est surtout pendant la guerre, et en vue des nécessités qu'elle entraîne, que l'on devrait agiter et mettre
à l'ordre du jour ces graves difficultés. La guerre se
rassasie d'or encore plus que de batailles ; il y a peu de
campagnes qui n'exigent un second budget. Le problème qui se pose en ce moment consiste à inventer des
moyens d'action en quelque sorte illimités, sans imposer au pays de trop lourds sacrifices. Il faut rassembler
de tous les côtés des eaux qui grossissent le fleuve du
revenu sans en tarir ni même en affaiblir les sources.
C'est alors que l'influence d'un bon système se montre
plus décisive, et que le danger d'une fausse mesure devient plus grand. Ajoutons que la nécessité, quand elle
ne suggère pas des expédients désastreux, aiguillonne le
bon sens des peuples et le génie des individus en les lan-
çant dans la voie des découvertes. C'est au bruit de la
guerre d'Amérique qu'un professeur de morale, s'attachant à constater les lois suivant lesquelles les États dé-
périssent ou prospèrent, Adam Smith, écrivit l'immor-
tel ouvrage de *la Richesse des Nations*. Le crédit public
se développa dans la Grande-Bretagne quand il fallut,
pour lutter avec la révolution française, ameuter l'Europe à force de subsides et couvrir de vaisseaux toutes
les mers. Il naquit en France le jour où, l'impôt ne suf-

fisant plus, on dut recourir à l'emprunt pour payer la rançon de l'invasion.

La guerre d'Orient vient à peine de commencer, et déjà tous les gouvernements empruntent. La Turquie, après avoir renoncé, par des scrupules inintelligents, à un emprunt conclu à un taux inespéré, et qui liquidait ses embarras les plus pressants, se met aujourd'hui en quête de prêteurs et frappe, comme elle peut, à toutes les portes. Le gouvernement russe, après avoir tâté les divers marchés, se voit exclu des principales places de crédit et réduit à l'expédient odieux, autant que stérile, de l'emprunt forcé. La Prusse demande plus de 100 millions de francs au crédit ; la France, au moyen d'une souscription publique, et en donnant à peu près 5 pour 100 du capital prêté, vient d'emprunter 250 millions. L'Autriche, après deux emprunts successifs, en ouvre un troisième payable en cinq années, à raison de 250 millions par année, qui doit lui servir, indépendamment du déficit annuel à combler, à retirer de la circulation une certaine quantité de papier-monnaie, et à rappeler dans le pays l'or et l'argent, la monnaie métallique. L'Angleterre seule se défend encore de faire un appel direct au crédit ; mais, à défaut de la dette fondée, elle augmente la dette flottante, autre supplément à l'impôt.

Ainsi tous les gouvernements empiètent sur le patrimoine des générations à venir, soit pour soutenir, soit pour préparer la lutte. Ils assiégent, chacun dans l'espoir de l'attirer de son côté, le monde essentiellement pacifique des capitaux. Par cet empressement, qui s'inspire pour les uns de la nécessité et pour les autres du calcul, ils donnent la mesure de leurs forces. On peut préjuger et même annoncer presque à coup sûr, en comparant les ressources financières des belligérants, l'issue de la crise dans laquelle l'Europe vient d'entrer. Il y a là une sorte d'anatomie comparée, s'exerçant sur les éléments de l'impôt et du crédit, dont il est permis d'attendre quelque lumière. De cette hauteur d'où on les domine aisément, nous allons étudier l'assiette des deux camps entre lesquels n'oscillera pas longtemps la fortune.

Je suppose que cette guerre, qui semblait n'être d'abord qu'un champ de bataille ouvert à la diplomatie, éveille aujourd'hui des deux parts les susceptibilités de l'honneur national. J'admets qu'à force d'exciter le fanatisme d'une population ignorante, le cabinet de Pétersbourg soit parvenu à déterminer, dans les rangs où se recrute l'armée, une ambition de conquête qui fasse contre-poids à la résolution calme et éclairée qui anime les populations de l'Occident. Eh bien! le peuple russe, quand il prendrait la querelle à son compte, quand il se lèverait comme un seul homme et marcherait au combat comme à une croisade, ne sauverait pas le tsar de l'humiliation qui l'attend.

La Russie, telle que l'ont faite la conquête et les traités, débordant de toutes parts hors de ses limites naturelles, présente une agrégation de soixante millions d'habitants. Les éléments de ce redoutable faisceau ne sont rien moins qu'homogènes. Des races ennemies occupent les contrées les plus riches de l'empire, qui sont les régions de l'occident, les frontières de l'esprit européen. S'appuiera-t-on sur les provinces allemandes, qui gardent la tradition luthérienne, pour faire prévaloir la suprématie du rite grec ? Confiera-t-on la défense de l'autocratie moscovite à ces Polonais que l'on opprime sans les dompter, et qui ne cesseront, même quand la France et l'Angleterre les oublieraient, d'aspirer à l'indépendance ? Le reste du territoire est cultivé par des serfs que ni la propriété ni la liberté n'ont préparés à l'amour de la patrie. Ceux-ci vivent dispersés sur un immense territoire et comme campés dans le désert. Les Russes n'ont plus en eux la force rude de la barbarie, sans avoir acquis la puissance que donnent l'industrie et les lumières. Comme Joseph de Maistre l'a si bien vu, c'est une nation du xve siècle : elle n'a ni la mobilité ni les instincts belliqueux des hordes qui envahirent l'empire romain au ive siècle, ni le génie d'expansion qui caractérise au xixe des populations plus agglomérées, plus riches et plus policées. Le peuple russe est le meilleur instrument que l'on puisse imaginer de l'obéissance passive. Par cela même, il n'apportera dans la lutte aucune force qui lui soit propre. Ce n'est pas à lui que nous aurons affaire, c'est à son gouvernement.

La Russie se présente au combat avec tous les genres d'infériorité, même celle du nombre. Sans parler des cinquante millions d'Allemands qui s'engageront tôt ou tard dans la querelle, ni de cette race turque qui a eu l'honneur de porter les premiers coups et qui a victorieusement gardé sa ligne de défense, la France et l'Angleterre comptent ensemble soixante-cinq millions d'habitants, tous hommes libres, et qui à travers les différences d'opinions marchent unis par le sentiment national. Leur population, comparée aux Slaves du culte

grec, avec le capital d'instruction et de richesse dont
elle dispose, représente une machine de guerre qui a la
même supériorité que les canons à la Paixhans sur de
grossières et impuissantes balistes. La civilisation aujourd'hui n'est pas, comme dans la décadence de l'empire romain, un signe de défaillance, car elle repose non
sur l'oisiveté et sur l'esclavage, mais sur la liberté et sur
le travail. Le travail forge de nos jours des cœurs tout
aussi dispos et des bras tout aussi robustes que la guerre.
Nous n'avons pas besoin de transformer les contrées de
l'Occident en camps d'exercice, car la discipline des
ateliers et les fatigues régulières de la charrue préparent
pour nous des soldats. En moins de six mois, la France
met sur pied cinq cent mille hommes, et c'est un jeu
pour l'Angleterre que d'armer soixante vaisseaux de ligne portant soixante mille hommes et six mille canons.
Ajoutons que, lorsqu'il devient nécessaire de multiplier
les forces par la rapidité des mouvements, l'industrie
commerciale en France et en Angleterre peut mettre au
service du gouvernement seize mille kilomètres de chemins fer et des flottes tant à voiles qu'à vapeur qui
transportent des armées en quelques jours sur tous les
points d'attaque. Les Russes au contraire n'ont en dehors de leurs escadres de guerre ni vaisseaux ni matelots qui leur appartiennent ; ils manquent même de routes et n'ont que deux lignes de fer avec un matériel sans
importance, celles qui relient Varsovie à Cracovie et
Saint-Pétersbourg à Moscou ; enfin les moyens de transport sont tellement imparfaits et tellement rares au delà
de la Vistule, qu'au printemps de cette année le gouvernement ayant mis en réquisition tous les charrois

pour les mouvements de troupes, le commerce de la Russie avec la Prusse et des provinces russes entre elles s'est trouvé pendant quelques mois complétement arrêté.

Dans l'empire moscovite, le concours que la population peut prêter à la politique du pouvoir est donc tout au plus une force morale. L'empereur Nicolas, en le provoquant, n'a pas dû se faire d'illusion sur les résultats. On a le droit de penser que de telles démonstrations n'ont été pour lui qu'un moyen diplomatique. Abandonné ou blâmé par l'opinion publique dans toute l'Europe, il aura voulu se réfugier derrière la pression du sentiment national. Il a paru subir chez lui la loi qu'il prétendait imposer aux autres ; mais en somme cette complicité à peine apparente de la nation ne fera pas verser un écu de plus dans ses caisses, et n'ajoutera pas, volontairement du moins, un homme à ses régiments. Le gouvernement en Russie ne s'est pas contenté de personnifier le peuple, il l'absorbe. En dehors de lui, et c'est là son châtiment, il n'y a pas plus de point d'appui que de résistance. Au lieu d'être le sommet, le couronnement de la pyramide sociale, le pouvoir dans cet empire ne figure aux yeux qu'un colosse sans piédestal.

Le gouvernement russe, au début, avait un grand avantage sur la France et sur l'Angleterre. Celles-ci ne voulaient pas la guerre et n'y étaient pas préparées ; lui, il se vantait d'être prêt à toute heure, et de tenir sous les armes sept à huit cent mille soldats. Il semblait n'avoir besoin ni de lever, ni d'équiper, ni de mobiliser des troupes. Cet empire, organisé, disait-on, pour la conquête, n'avait qu'un signal à faire pour précipiter à volonté ses innombrables et irrésistibles légions sur

l'Occident ou sur l'Orient. Malheur à la nation qui attirerait ces orages tout chargés sur sa tête ! l'indépendance
de l'Europe n'était due qu'à la modération du tsar. Quelques étapes, qui seraient aisément franchies, le sépa-
raient à peine de Constantinople, et la pente des chemins
de fer allemands l'entraînait sur le Rhin. On n'oublie
pas que le cabinet de Pétersbourg, en même temps qu'il
envoyait à Constantinople le prince Menchikof, concen-
trait plusieurs corps d'armée sur ses frontières méridionales. Des levées d'hommes s'opéraient à petit bruit.
En outre, l'emprunt récemment conclu à Londres, malgré les réclamations prophétiques de M. Cobden, four-
nissait pour tous ces préparatifs d'importantes réserves.
Le gouvernement russe était le seul qui eût fait provision
par avance d'hommes et d'argent.

Ainsi l'empereur Nicolas, ayant pris de longue main
toutes ses mesures, semblait n'avoir plus qu'à poursuivre
devant l'Europe étonnée, et hors d'état de se défendre,
l'exécution triomphante des projets que Catherine avait
légués à ses héritiers. Aussi, quand les deux corps d'armée réunis sous le commandement du prince Gortchakof
passèrent le Pruth, l'on se demanda si les Anglo-Fran-
çais arriveraient à temps pour protéger Constantinople.

Cependant les actes ne répondirent pas d'abord aux
menaces. Le cabinet de Pétersbourg ne parut pas se sou-
cier ou se trouva hors d'état de justifier les craintes qu'il
avait inspirées. A la fin de 1853, et après six mois d'occupation, l'armée russe dans les principautés n'atteignait
pas le chiffre de quatre-vingt mille hommes. Ces Turcs
qu'elle affectait de mépriser l'ont battue dans toutes les
rencontres, à Oltenitza, à Citaté, sous les murs de Silis-

trie et autour de Giurgevo. Le maréchal Paskévitch lui-
même, l'homme qui avait fait poser les armes à la Hongrie révoltée, le vainqueur de la Perse, de la Turquie
et de la Pologne, la plus grande illustration militaire de
l'empire, un général que la fortune n'avait jamais trahi,
envoyé avec de puissants renforts et secondé par des
lieutenants habiles, n'a passé le Danube et n'a mis le
siége devant Silistrie que pour reconnaître, après une
succession d'échecs meurtriers, la nécessité de la retraite.
C'est lui qui donne le signal de la prudence, ou plutôt
du découragement ; pendant qu'il s'achemine vers Bucharest, les meilleurs généraux de l'armée se font tuer
dans d'inutiles assauts. Les Russes ont déjà perdu vingt-
cinq à trente mille hommes tant sur les champs de bataille que dans les hôpitaux. Leurs flottes s'abritent derrière les batteries de Sébastopol et de Cronstadt; leurs
troupes se retranchent derrière le Sereth et derrière le
Pruth. A la seule apparition des drapeaux de la France
et de l'Angleterre, et bien avant que les colonnes autri-
chiennes aient pénétré dans la Valachie, l'armée d'invasion passe de l'offensive à la défensive. En même temps
la diplomatie moscovite prend un ton plus humble :
l'Europe est déjà vengée.

Mais ce que l'on ne croirait pas, si l'on n'en jugeait par
les résultats, le gouvernement russe a fait pour cette
campagne, si témérairement commencée, un effort qui
l'épuise. Trois recrutements ont été ordonnés coup sur
coup. Supposez que l'on enlève trois cent mille serfs à la
propriété au delà du recrutement ordinaire ; c'est un
impôt de 300 millions frappé sur le capital foncier, sans
parler de l'équipement, mis à la charge des seigneurs,

et qui représente encore une charge d'environ 50 millions de francs. Les hommes vont manquer à la culture des champs, et cette pénurie de bras ne peut qu'ajouter à la cherté déjà excessive des denrées. Le commerce russe, privé des avances importantes que lui faisait chaque année l'Angleterre, et qui ne montaient pas à moins de 5 millions sterling, a perdu en outre ses meilleurs débouchés au dehors, depuis que les flottes combinées bloquent hermétiquement les ports de la Baltique et ceux de la mer Noire. Le change a baissé de plus de 20 pour 100 (¹), l'exportation de l'or est prohibée, les faillites se succèdent et s'accumulent sur toutes les places. Que la guerre se prolonge, et il ne restera bientôt plus un comptoir ouvert à Pétersbourg. Ainsi, après avoir ruiné le commerce et détruit le crédit, l'on accable les propriétaires fonciers en les dépouillant de leurs instruments de travail, en leur enlevant les paysans censitaires ou serfs qui font leur principale richesse; mais si l'on appauvrit les propriétaires, si pour remplir les camps on dépeuple les campagnes, je demande qui paiera désormais l'impôt?

Voilà comment le gouvernement du tsar répare les pertes de la guerre; il reste à voir par quels procédés il subvient aux dépenses qu'exigent ses armements. L'administration russe ne rend ses comptes qu'à l'empereur, qui se garde bien d'initier la publicité à de pareils mystères. Un budget serait une révolution dans ce pays; mais si nous ne savons pas exactement ce que l'empire dépense ni comment il le dépense, on peut difficilement

_____

(¹) La valeur du rouble argent est tombée de 4 francs à 3 francs 8 centimes.

couvrir d'une discrétion aussi profonde les moyens à
l'aide desquels on se procure de l'argent. Il est manifeste,
quelques précautions que l'on prenne pour le dissimuler, que le cabinet de Pétersbourg se trouve dès à présent
acculé à tous les expédients qui caractérisent un gouvernement aux abois. Outre les ressources ordinaires, il a
dévoré ou dévore en ce moment : 1° les sommes qui
étaient restées disponibles sur le produit du dernier emprunt ; 2° les fonds qu'il avait temporairement placés en
France, en Angleterre et en Hollande ; 3° les 30 millions
de roubles (120 millions de francs) dont il a diminué la
réserve métallique déposée en garantie du remboursement des *billets de crédit* dans la forteresse de Saint-Pétersbourg ; 4° les 24 millions de roubles (96 millions de
francs) que représentent les nouveaux *billets de série* ou
bons du trésor émis depuis le 1er janvier 1853 (1) ; 5° les
emprunts faits aux caisses publiques, dont le chiffre
n'est pas connu, mais qui ont dû être considérables, à en
juger par ce fait révélé par le *Moniteur* du 4 juin, que le
Lombard de Moscou aurait envoyé en une seule fois
19 millions de roubles (76 millions de francs), et par cet
aveu dont tous les journaux ont retenti, que le trésor
russe a mis la main sur la réserve formée par les bénéfices de la banque de crédit foncier à Varsovie, bénéfices
qui s'élevaient à 28 millions de francs ; 6° enfin les contributions volontaires tarifées au dixième du revenu,

---

(1) Nous n'avons aucun moyen de vérifier si, dans les 96 millions de francs dont nous empruntons le chiffre au *Moniteur*,
se trouve comprise la série de bons du trésor mise en circulation dans le royaume de Pologne par un ukase du 28 avril, et
qui s'élevait à 20 millions de francs.

sans parler des 80 millions de francs que le clergé, si l'on en croit les publications officielles, devait déposer sur l'autel de la patrie.

Eh bien! ce n'est pas encore assez. Soit que le gouvernement russe veuille se ménager des ressources pour les besoins qu'il prévoit, soit que les nécessités du moment le talonnent, il a cherché à négocier sur les marchés étrangers un emprunt de 50 millions de roubles (200 millions de francs); mais, ne trouvant de prêteurs ni à Paris ni à Londres, quoiqu'il mît son crédit au rabais et offrît un intérêt d'environ 6 pour 100, repoussé même d'Amsterdam et de Berlin par la défiance encore plus que par le patriotisme, il a converti cet appel à la bonne volonté des capitalistes anglais, français, hollandais ou allemands en une charge obligatoire pour toutes les provinces de l'empire. Chaque ville, considérée comme un centre de capitaux, est tenue d'en souscrire une part proportionnée à son importance : quiconque ne s'empressera pas de fournir le tribut qu'on lui impose, sera considéré comme hostile à l'empereur, et cela dans un pays où le moindre signe d'opposition met en péril la personne aussi bien que la fortune. L'emprunt forcé, cette confiscation partielle, cette mesure que les gouvernements avaient laissée jusqu'alors aux révolutions, n'est pas un acte isolé, mais semble faire partie d'un système. La razzia porte jusque sur les choses de la religion. C'est ainsi que l'on s'est emparé des vases sacrés à Czenstochowa, pour une valeur de 1 million de roubles. Mais quoi! n'est-il pas de bonne guerre de dépouiller les églises catholiques pour défrayer la croisade entreprise au nom du rite grec?

27

Ainsi, en portant à 75 millions de francs le reliquat de l'emprunt négocié à Londres et des fonds placés à l'étranger, et à 100 millions le produit des dons volontaires et des confiscations, en supposant que les 200 millions de l'emprunt forcé soient rentrés dans les caisses publiques, et que les fonds empruntés récemment aux lombards et aux banques n'excèdent pas 100 millions, le gouvernement russe aura réalisé en moins de dix-huit mois une somme d'environ 700 millions de francs en dehors des ressources ordinaires. C'est littéralement un second budget qu'il aura dépensé [1].

On remarquera que ces expédients ne sont pas de ceux qui se reproduisent. Les dons patriotiques offerts par ordre et les emprunts forcés, auxquels la population se résigne péniblement aujourd'hui, échoueront plus tard contre la détresse publique. Les lombards cesseront de recevoir en dépôt les épargnes de l'industrie et du commerce, quand il aura été constaté que le trésor ayant absorbé leurs fonds disponibles, ces établissements, ou ne pourront pas rembourser les sommes prêtées, à la demande des déposants, ou ne pourront opérer ce remboursement qu'en papier-monnaie. Les *billets de série* ou bons du trésor déjà émis s'élevant à plus de 300 millions, il devient très-difficile d'en émettre de nouveaux dans un pays où la masse des capitaux flottants doit être nécessairement peu considérable. Dans les contrées où la fortune mobilière s'est développée sur la plus grande échelle, la dette à terme du trésor représentée par des

[1] Sans compter le produit des réquisitions de toute nature dont les Russes ont accablé la Moldavie et la Valachie, produit que M. Ubicini évalue à 50 millions de francs.

billets dans la circulation des valeurs atteint rarement le chiffre de 300 millions. La Russie fera-t-elle sans péril ce qu'aucun ministre n'a tenté en France, sous la république comme sous la monarchie? La réserve monétaire de la forteresse, qui était encore au mois de mars, suivant *le Moniteur,* de 116 millions de roubles (464 millions de francs), peut supporter, j'en conviens, des réductions ultérieures ; mais cette ressource ne conduira pas bien loin : une nouvelle saignée de 30 millions de roubles (120 millions de francs), faite à ce grand dépôt métallique, mettrait en péril la solidité de la circulation, dès à présent fort compromise. Il ne faut pas oublier que le rouble de papier, qui avait dans le principe la valeur du rouble argent, soit 4 francs de notre monnaie, a été successivement déprécié par des émissions surabondantes jusqu'à perdre 75 pour 100. Le rouble de papier ne vaut plus aujourd'hui que 1 franc. Encore un pas de plus, et cette monnaie fiduciaire aura le sort des assignats.

Non-seulement les ressources extraordinaires que le gouvernement russe a fait jaillir, depuis dix-huit mois, des facultés contributives du pays en les excédant, vont lui manquer dans les années qui suivront ; mais il verra et voit déjà diminuer ses ressources ordinaires. Le revenu public de la Russie était évalué, par les statisticiens, il y a quelques années, à 600 ou 650 millions, en y comprenant le produit des lavages aurifères de la Sibérie et de l'Oural. Les recettes du trésor n'ont pas dû faire des progrès très-sensibles dans ces contrées, où le système prohibitif contribue, autant peut-être que le servage des cultivateurs, à rendre la richesse stationnaire. Il n'en est pas de la Russie comme de l'Autriche, où la réforme administrative a porté le revenu en quelques années, de 164 millions de florins, point culminant de l'ancien état de choses en 1846, et de 122 millions de florins, chiffre qui exprimait l'influence de l'état révolutionnaire en 1848, à 226 millions de florins en 1852. Cependant *le Moniteur*, sur des données dont le gouvernement français a sans doute vérifié l'exactitude, évalue à 800 millions de francs les recettes annuelles du trésor moscovite. La moitié de ces recettes étant fournie par la ferme des eaux-de-vie et par les droits de douane, *le Moniteur* suppose que la guerre actuelle et le blocus des deux mers amèneront un déficit de 50 millions de roubles ou de 200 millions de francs, en calculant le rouble au pair, dans le produit de ces deux branches d'impôt.

Je ne saurais estimer le déficit à un chiffre aussi considérable. Il est vrai que la présence des flottes combinées dans la mer Noire et dans la Baltique paralyse le commerce extérieur de la Russie, qui, pour les seules exportations par cette double voie, excédait 300 millions de francs ; mais on admettra bien qu'une partie du mouvement commercial se reportera de la frontière de mer sur la frontière de terre, et que le trésor récupérera ainsi une partie des recettes qui semblaient entièrement perdues pour lui. Le gouvernement russe l'a tellement senti qu'il vient, pour attirer le commerce dans cette direction, de modérer les droits de douane. Ainsi la nécessité lui a suggéré une mesure tout à fait contraire à ses précédents, et qui est une bonne opération, si on l'envisage au point de vue de l'économie politique. Quant au produit des droits établis sur les eaux-de-vie, il n'y a pas lieu de prévoir une diminution très-sensible. La guerre ne fera pas évidemment en Russie ce que la disette n'a pas fait cette année en France. Les mougiks ne boiront pas moins d'eau-de-vie qu'auparavant; ils préféreraient se passer de pain ou de bouillie d'avoine. Peut-être même en consommera-t-on davantage, car, si les propriétaires ne peuvent pas exporter leurs grains, ils en livreront une partie aux distilleries. C'est donc calculer très-largement que d'admettre que le revenu public va diminuer d'un huitième ou de 100 millions de francs sous l'empire des circonstances présentes.

Avec un revenu de 700 millions, la Russie peut-elle faire face aux éventualités d'une guerre qui range dès cette année toutes les forces de l'Europe parmi ses adversaires directs ou indirects? Ce revenu s'est trouvé insuffisant pendant la paix, puisque le gouvernement russe n'a couvert qu'à l'aide des emprunts contractés à l'étranger le déficit annuel de ses finances. Comment supposer que la période des batailles rendra l'équilibre financier plus facile, et que l'on alimentera la guerre par l'impôt?

L'empereur Nicolas n'a pas résolu, comme on l'a prétendu, le problème d'entretenir à peu de frais un grand état militaire. Proportionnellement au nombre des hommes, l'armée en Russie coûte tout aussi cher qu'ailleurs. Le soldat y est mal nourri et mal vêtu, à l'exception de la garde : on l'a vu mendier son pain, l'automne dernier, dans les rues de Bucharest; mais le trésor ne gagne rien à cette sobriété forcée, car ce que l'on soustrait à l'estomac et à l'équipement des malheureux soldats devient le butin des colonels, des généraux et des intendants.

En dépit des exécutions que l'empereur fait de temps
en temps pour rappeler ses fonctionnaires au sentiment
du devoir, le vol est enraciné dans les mœurs administratives. Le trésor public, par un principe d'économie
mal entendu, paie misérablement les employés de l'État,
et ceux-ci s'en dédommagent à pleines mains par le
pillage combiné des contribuables et du trésor ; nous ne
pourrions rien dire sur ce triste sujet qui égalât l'hor-
reur du tableau que les Russes en font eux-mêmes.

Le cabinet de Pétersbourg, ayant à couvrir ses frontières de terre et de mer à la fois, ne peut pas mettre
sur pied moins de huit à neuf cent mille hommes. Or,
que l'on s'y prenne comme on voudra, une armée de
neuf cent mille hommes en campagne, représente
une dépense annuelle d'au moins 900 millions de
francs ; ajoutez l'entretien de quarante vaisseaux de ligne, avec l'accessoire des bâtiments légers et des navires à vapeur qui doivent toujours être prêts à prendre
la mer, et vous arriverez sans peine au milliard. Supposez maintenant que la Russie ne prélève que 200 millions sur son revenu pour servir l'intérêt de sa dette
et pour subvenir aux dépenses de l'administration
civile ; il faudra encore que le gouvernement, en dehors
de son revenu ordinaire, se procure chaque année,
pour soutenir la lutte, une somme de 500 millions !

Cela est-il possible aujourd'hui ? cela sera-t-il possible
l'année prochaine ? En admettant que la Russie fournisse
quelque temps les hommes, pourra-t-elle fournir l'argent ? Sous une forme ou sous une autre, la population
de l'empire est-elle en état de payer chaque année au
trésor un tribut additionnel et extraordinaire de 500 mil-

lions de francs ? Toute la question de la guerre est là, et je crois qu'il suffit de la poser pour la résoudre.

La somme d'impôts qu'un peuple peut supporter dépend de la richesse nationale. L'Angleterre paye au fisc 50 à 60 fr. par tête plus aisément que la Russie 12 à 15 fr. D'où vient cela, sinon de ce que le capital anglais surpasse le capital moscovite dans une proportion beaucoup plus forte que ne l'est la différence d'un système de taxes à l'autre ? Qu'importe que le citoyen de la Grande-Bretagne soit imposé trois ou quatre fois plus que le propriétaire foncier ou le marchand de l'empire russe, si le revenu du premier est en moyenne huit ou dix fois supérieur à celui du second ?

La richesse mobilière, qui a pris de si grands développements dans l'Europe occidentale, était naguère inconnue et ne fait que de naître en Russie. La richesse foncière est ce qu'elle peut être dans un pays qui n'a ni routes, ni canaux, ni chemins de fer, et où le soin de féconder le sol se trouve abandonné à des agrégations ou à des communautés de serfs. L'agriculture manque également de capitaux et de méthodes : elle produit peu, et n'a ni moyens de transport économiques, ni débouchés qui mettent ses produits en valeur. Cet empire n'est pas un territoire, c'est un espace à remplir, une solitude intermittente qui n'a ni foyers de production, ni centres de consommation, sauf quelques oasis comme Moscou et Pétersbourg, où s'étale un luxe effréné au milieu d'un océan de misère.

Entre l'occident de l'Europe et la Russie, la différence est celle du travail libre au travail esclave. Dans l'ordre industriel, le premier de ces termes représente l'abondance, et le second la stérilité. Le travail accompli par l'intelligence et par les bras des hommes libres ouvre à la richesse des espaces sans bornes ; en même temps, comme le veut la logique, il agrandit le champ et multiplie les formes de l'impôt. La nation anglaise, qui payait à l'échiquier, pendant l'année 1801, 34 millions sterling (850 millions de francs) en taxes de toute nature, a pu quatorze ans plus tard, grâce aux progrès de l'industrie et de l'aisance générale, fournir, sans parler des emprunts, l'énorme contribution de 72 millions sterling (1 milliard 800 millions de fr.). Sous le régime de la liberté industrielle, qui date en France de 1789, nous avons vu le revenu public monter de 4 ou 500 millions à 1,300 ou 1,400. Si le gouvernement russe veut réaliser les mêmes prodiges dans les contrées qui lui obéissent, il faudra qu'il émancipe le travail ; mais tant que le sol sera exploité par des esclaves, tant que la propriété consistera moins dans un hectare de terre que dans une tête de serf, tant que l'on hypothéquera, pour emprunter, des âmes (¹) et non des domaines, ce sera une illusion de penser que la production, la richesse et l'impôt peuvent augmenter dans une proportion sérieuse.

Pour exciter l'homme à produire, il faut l'intéresser, par la propriété ou par le salaire, à la récolte des produits. Le possesseur du sol ne songe à l'améliorer par la culture que lorsque la loi lui garantit qu'il jouira paisiblement et sûrement de cet accroissement de richesse, et qu'il le transmettra sans obstacle de la part du souve-

_____

(¹) Au 1er janvier 1853, suivant le compte-rendu officiel, 5,200,000 têtes de paysans étaient hypothéquées aux lombards.

rain soit aux légataires qu'il aura choisis, soit à ses légitimes héritiers. L'ouvrier de son côté, le laboureur ne
travaille avec courage que lorsqu'il est certain de recevoir la récompense de ses efforts et là où le salaire se mesure équitablement au travail. Or la propriété n'existe
que de nom en Russie, et c'est par un phénomène exceptionnel que l'on y rencontre çà et là, dans les villes particulièrement, la pratique du salaire. La culture des
champs, au lieu d'être la tâche la plus noble et le premier intérêt de chacun, n'est pour tous qu'une corvée.
L'homme dans ces régions n'épouse pas la terre, il
ne cherche ni à la féconder, ni à l'embellir, car qui peut
savoir si le possesseur de la veille sera celui du lendemain ? Le cultivateur est enchaîné à la glèbe ; mais la
glèbe peut changer de maître par la volonté du tsar. On
ne s'attache donc ni à la personne ni à la chose, et il ne
se forme entre les hommes ni liens d'affection ni liens
d'intérêt. L'organisation intérieure de la société est le
communisme moins l'égalité, une sorte de communisme
hiérarchique : les serfs sont les esclaves des seigneurs
qui occupent le sol, et les seigneurs à leur tour, propriétaires de paysans bien plus que de terres, sont les
serfs de la couronne, qui les élève selon son bon plaisir
ou les abaisse, les enrichit ou les réduit à l'indigence,
leur donne ou leur retire la propriété. Le titre de la possession n'est, à ce compte, ni héréditaire ni viager ; il est
précaire. Sur la tête du propriétaire plane à toute heure
la menace commune, l'arme favorite du despotisme, la
confiscation. La propriété n'existe que chez les nations
libres, car elles seules peuvent mettre la force sociale au
service du droit. Il n'y a dans l'empire russe, comme

dans l'empire romain au temps de sa décadence, qu'un seul propriétaire, qui est l'empereur.

L'amélioration du sol suit les progrès qui viennent à s'opérer dans la condition des personnes. L'impôt ne saurait augmenter d'une manière durable qu'à mesure que l'on voit s'accroître la richesse de la nation. La guerre actuelle, loin d'ajouter aux forces productives de la Russie, les diminue et tend à les détruire ; elle ne laisse donc aucune marge à l'augmentation de l'impôt. Si le gouvernement russe augmente les taxes indirectes, il ne fera que donner une prime plus forte à la fraude ; une expérience récente doit l'avoir édifié à cet égard : on sait que le rendement des mines de la Sibérie a décru depuis l'augmentation de la redevance payée à la couronne. S'il fait porter la surcharge sur les contributions directes, le recouvrement de l'impôt deviendra impossible : les propriétaires, déjà ruinés par l'emprunt forcé et par la suspension du commerce, offriront peut-être des denrées au fisc, une contribution en nature ; mais ils n'auront certes pas d'argent à lui donner. Il faut donc en prendre son parti, la guerre a diminué largement les revenus de l'État ; on ne les relèvera pas par des ukases. En supposant que l'échiquier russe fût en bonne odeur auprès des capitalistes, examinons s'il serait aujourd'hui en mesure de leur demander, à défaut de l'impôt, les 400 ou 500 millions qui vont lui devenir nécessaires pour prolonger la lutte pendant l'année 1855.

Depuis le rétablissement de la paix en Europe, tous les gouvernements ont abusé du crédit. Au moment où le niveau de la fortune publique s'élevait sur les ailes de l'industrie, et avec la richesse de tous le revenu de l'État, ils ont donné à leurs dépenses un essor démesuré, qui a laissé bien loin celui des recettes. Ces dépenses, qui accusaient presque toujours leur imprévoyance ou leur prodigalité, ont rarement été productives. Celles qui avaient pour objet d'étendre le réseau des moyens de communication, tels que routes, canaux et chemins de fer, et d'ajouter ainsi à ce capital de la nation, dont tous les individus profitent, n'ont figuré dans le catalogue qu'à titre d'exception. Cette débauche d'emprunts, dans laquelle les États les moins solvables se sont particulièrement signalés, en étendant et en généralisant le placement des capitaux en rentes, a fondé le crédit public ; mais il faut convenir que ce sont là des fondations impures. Le crédit public a besoin de faire oublier son origine par ses services; autrement on ne l'envisagerait bientôt que comme un moyen de plus d'excéder et de ruiner les peuples, en dissipant l'avenir sans profit réel pour le présent.

Entre tous les gouvernements qui empruntent, le cabinet russe semble s'être distingué par sa sobriété. Cependant cette modération n'est qu'apparente. Sans doute, la dette perpétuelle et la dette à terme, mises ensemble, ne s'élèvent qu'à 401 millions de roubles (1,600 millions de francs), somme qui représente à peu près le double du revenu de l'État [1], tandis que le capital de la dette

---

[1] Ancien et nouvel emprunt de Hollande .... 57,149,000 roubles argent.
Dette intérieure à terme......... 110,867,055 florins.
Rentes perpétuelles intérieures et extérieures .... 223,861,476 roubles argent.
Autres dettes diverses .... 5,280,004 livres sterling.

Ce qui forme environ un total de. 401,552,111 roubles argent.

publique est en France quatre fois plus considérable que les recettes annuelles du trésor, et en Angleterre au moins vingt fois; mais la dette publique en Russie n'est ni la plus lourde ni la plus redoutable des obligations qu'en matière de crédit le gouvernement a prises à sa charge.

Les institutions de crédit ne sont pas compatibles avec le pouvoir absolu. Si elles n'existaient pas au moment où ce régime s'établit, elles ne pourraient plus naître ; car le crédit est l'expression de la confiance, et pour que la confiance supplée le capital, il faut des conditions de sécurité et de liberté, des garanties en un mot que le despotisme n'apporte à personne. Quand elles existent au moment où s'élève cette domination sans frein comme sans contrôle, elles déclinent bientôt et voient leur clientèle s'éloigner. Le pouvoir absolu tend d'ailleurs à les envahir, et, dès que l'occasion s'en présente, à les absorber. Le monopole du pouvoir mène inévitablement à tous les autres.

Cela devait arriver particulièrement en Russie. Là, le gouvernement peut être tenté à chaque instant de prendre en main une initiative que la nation déserte, ou dont elle n'a pas la pensée. Pierre le Grand, en travaillant à la grandeur du peuple russe, ne l'a pas associé à sa propre réforme : il en a fait les automates du progrès. La métamorphose, au lieu d'éclore sous l'influence de la persuasion et de l'exemple, s'est accomplie en quelque sorte par ordre, et conserve encore aujourd'hui le caractère d'un acte d'autorité. Il y a peut-être dans la race slave moins de spontanéité et de génie inventif que d'esprit d'imitation. L'habitude a d'ailleurs façonné les Russes à dépendre du gouvernement en toutes choses. Si la personnalité individuelle et l'esprit d'association avaient jamais existé dans l'empire, il y a longtemps que ces deux forces, ne trouvant plus où se prendre, auraient donné leur démission.

Pierre le Grand, à force de génie et de persévérance, avait organisé une armée, improvisé une marine, commencé une administration. Ses successeurs, continuant ce rôle et l'exagérant, ont entrepris de créer l'industrie ainsi que le commerce. C'était déjà une assez grave difficulté que d'établir solidement le crédit de l'État. Ils ont voulu faire davantage. Devançant à beaucoup d'égards par la pratique les théories du socialisme le plus aventureux, ils ont prétendu distribuer le crédit à tout le monde. Ce que le gouvernement russe n'a pas fait par lui-même en matière de crédit, il l'a suscité par sa garantie et se l'est approprié. Banques d'émission, caisses de prêt et de dépôt, institutions de crédit hypothécaire, caisses d'épargne et monts-de-piété, tout émane de lui seul ou remonte à lui en dernière analyse. C'est une espèce de communisme financier qui s'ajoute au communisme foncier, et qui en aggrave les conséquences en faisant de toutes ces mailles une chaîne sans fin.

Dans les autres États de l'Europe, il est arrivé plus d'une fois que l'esprit d'association, livré à ses propres forces, ne pouvait pas se placer à la hauteur des entreprises d'utilité publique. Les gouvernements ont alors pensé qu'il leur appartenait de l'encourager ou de le soutenir; ils se sont bien gardés de le supplanter. Ils ont compris que, dans l'intérêt même du succès, il ne fallait ni affaiblir ni partager la responsabilité des compagnies, ni surtout les dispenser de la prévoyance.

Quand la garantie d'intérêt a été accordée à une compagnie qui entreprenait un canal ou un chemin de fer,
cette garantie n'avait d'autre objet que de faciliter la
formation du fonds social; elle portait sur l'intérêt du
capital plutôt que sur le capital même. L'État s'obligeait,
pour le cas peu probable où les produits nets de l'entreprise n'auraient pas permis de servir aux actionnaires
un revenu de 3 ou 4 pour 100, à fournir ce revenu
aux dépens du trésor public et à contribuer au besoin au fonds d'amortissement; mais il ne contractait
aucune autre charge. Sa garantie ne s'étendait pas aux
opérations de la compagnie, dont il ne devenait en aucune façon solidaire. Son rôle était de surveillance et de
tutelle, mais nullement de gestion.

Le gouvernement russe n'a pas observé cette réserve
salutaire. La garantie qu'il a donnée à tous les établissements de crédit est universelle et absolue. Il en résulte
que ces institutions ne tardent pas à se trouver exposées
à un double péril : leur solidité peut se trouver à la fois
compromise par les fautes des hommes qui les dirigent
et dont la responsabilité est purement nominale, et par
les exigences d'une politique qui est responsable en fait,
mais qui consulte ses convenances plutôt que l'intérêt
même du crédit. L'État de son côté, pouvant être engagé
indéfiniment par les opérations de ces diverses caisses ou
banques qui prêtent d'une main et empruntent de l'autre,
outre le fardeau de ses propres fautes à porter, court le
risque de succomber sous le poids de toutes les folies
dans lesquelles restent maîtres de se lancer, à la tête de
chaque établissement, autant de Laws de contrebande.

Ces folies ne sont pas une hypothèse gratuite; elles ont

été commises sur la plus large échelle, et en grande partie par des excitations qui venaient du gouvernement. La banque d'emprunt, la banque de commerce, les lombards et les hospices d'enfants trouvés, en un mot tous les établissements de crédit administrés sous le contrôle et avec la garantie de l'État, reçoivent en dépôt des sommes qui portent intérêt au profit des déposants, et dont le remboursement est exigible à court délai. Suivant le dernier compte-rendu adressé à l'empereur par le ministre des finances, les sommes déposées ainsi à titres divers s'élevaient, le 1er janvier 1853, à 806,083,233 roubles d'argent (3,224,332,932 fr.). Le compte-rendu se borne à la Russie ; on sait que la Pologne a son établissement spécial, qui a reçu en dépôt 138 millions de francs. Le danger de cette situation provient non-seulement de la masse de capitaux incessamment exigibles, mais de ce que la plus forte partie de ces capitaux se trouve immobilisée par suite des placements qu'en font les caisses publiques au dehors, sous la forme de prêts sur immeubles remboursables à longs termes et par annuités. *Le Moniteur* fait remarquer que les lombards, qui tiennent lieu en Russie depuis plus d'un siècle de monts-de-piété, de caisses d'épargne et de caisses de crédit foncier, ont ainsi prêté 463 millions de roubles (1,852 millions de fr.). Le compte-rendu officiel ne nous paraît pas autoriser cette interprétation. En effet le ministre russe se borne à dire que « les lombards ont reçu en dépôt 415 millions de roubles, et que ces établissements ont prêté 463 millions de roubles tant aux particuliers qu'aux administrations publiques. » Mais quand les prêts faits par les lombards ne seraient pas entièrement absorbés par la propriété foncière, cela ne diminuerait pas le chiffre ni le danger de ces placements. La banque d'emprunt et les établissements de charité prêtent aussi sur hypothèque : les créances de la banque d'emprunt seule s'élevaient, à l'ouverture de l'exercice 1852, à 326,456,474 roubles (environ 1,300 millions de fr.), et le compte-rendu nous apprend que les terres seigneuriales sur lesquelles ces créances étaient hypothéquées renfermaient 634,651 paysans. Les prêts hypothécaires, les capitaux immobilisés tant par les lombards que par les banques semblent donc au total représenter une somme qui excède largement 463 millions de roubles. *Le Moniteur*, au lieu d'exagérer le mal, l'atténue. *Le Siècle* (1) nous paraît être plus près de la vérité, quand il dit : « Sur les 3,221,598,420 fr. reçus par les banques russes, 84 millions seulement étaient représentés par des effets commerciaux ou par des marchandises reçues en nantissement. Les *trois milliards cent seize millions* restants avaient été employés en avances au trésor et en prêts hypothécaires remboursables en trente-six années. Ce sont là les termes du compte-rendu ; mais à Saint-Pétersbourg l'opinion la plus générale, celle que l'on formule tout bas, c'est que le gouvernement a, de longue date, appliqué à des besoins personnels la plus forte partie de cette somme effrayante. Peu importe. Les fonds qu'il ne doit pas étant représentés par des annuités à longue échéance, le trésor n'en supporte pas moins tout le poids et tous les embarras des remboursements immédiats. »

(1) Numéro du 28 juin 1854.

Pour rester complétement dans le vrai, il convient de faire remarquer que les établissements de crédit, qui avaient reçu en dépôt, à l'ouverture de l'exercice 1853, 806 millions de roubles, en avaient prêté 893 millions. La différence entre ces deux chiffres, soit 87 millions (348 millions de francs), représente sans doute le capital de ces institutions accru de leurs réserves et de leurs bénéfices. Le compte-rendu officiel ne s'explique pas sur le capital des lombards, mais il indique ceux de la banque d'emprunt, de la banque du commerce et des directions de charité, qui s'élèvent ensemble à 36,530,000 roubles (environ 146 millions de francs). Ainsi, dans les créances qu'il faut porter à l'actif des établissements de crédit, leur capital forme à peine le dixième des sommes prêtées. Un fonds social de 350 millions de notre monnaie, s'il était resté disponible, s'il était employé comme fonds de roulement, constituerait, pour parer aux remboursements imprévus, une réserve importante; mais non, aucune ressource ne demeure libre : capital, réserves, sommes reçues en dépôt, tout se trouve engagé dans des prêts à long terme. Les banques remboursent les dépôts qui sont réclamés avec les dépôts qu'elles reçoivent. On peut leur demander chaque jour les sommes déposées, tandis qu'elles ne peuvent faire rentrer dans leurs caisses les sommes qu'elles ont prêtées qu'à des échéances échelonnées dans un intervalle de trente-six ans. Pour tout dire, les établissements de crédit prêtent en dette fondée et empruntent en dette flottante. Je ne conçois pas d'opérations moins régulières, ni de situation plus périlleuse en matière de crédit.

Dans les années prospères et par des temps calmes,

une sorte de balance s'établit, il est vrai, entre les nouveaux dépôts et les retraits de fonds. En 1852, les
sommes déposées s'élevèrent à 202 millions de roubles,
et les sommes retirées à 198 millions; l'excédant se
trouva de 4 millions de roubles au compte de la recette.
Dans les moments de crise, la balance penche bien vite
du côté des remboursements. Alors en effet, les épargnes du pays s'arrêtant, personne ne vient apporter de
l'argent aux caisses publiques, et comme la détresse est
générale, ceux qui avaient fait des épargnes et qui en
avaient versé le produit se hâtent d'en demander la restitution pour les appliquer aux besoins du moment. C'est
là ce qui arrive déjà, si l'on en croit le correspondant du
Siècle : « Les banques et les lombards étaient, le jour
de mon départ, doublement assaillis de demandes d'argent par ceux qui n'avaient pas eu recours encore au
crédit et qu'une gêne inattendue mettait dans l'obligation d'emprunter et par ceux que le même état de gêne
forçait à retirer leurs dépôts antérieurs. »

Il est de principe et de tradition, depuis que le crédit
public, phénomène relativement nouveau dans l'ordre
des sociétés, existe en Europe, que les banques qui reçoivent de l'argent en dépôt avec ou sans intérêt, et sous
la condition de le restituer sur la demande des déposants
ou à bref délai, n'emploient les sommes déposées qu'en
prêts à très-courte échéance. Elles escomptent des effets
de commerce et prêtent sur dépôt de métaux précieux,
de marchandises ou de rentes, mais pour un terme qui
n'excède pas trois mois, et qui est en moyenne dans les
usages de la Banque de France, le plus grand escompteur du continent, de quarante-cinq à cinquante-cinq

jours. De cette manière, l'argent ne reste pas emprisonné ni le capital improductif ; il circule sans cesse et va féconder partout l'industrie et le commerce. En même temps il ne s'éloigne pas trop de sa source. Des rentrées quotidiennes mettent les banques en mesure de faire face aux demandes de remboursement, s'il y a lieu. C'est le seul moyen, tout en ne laissant pas les capitaux flottants sans emploi, de donner une base solide aux opérations de crédit et une complète sécurité aux capitalistes.

En bonne règle, les établissements qui prêtent à longue échéance empruntent de même, ou ne puisent que dans la bourse de leurs actionnaires et n'immobilisent ainsi que le capital qui leur appartient. Partout ailleurs qu'en Russie, les caisses de crédit foncier ne reçoivent en dépôt que des sommes qui doivent être converties en cédules hypothécaires. Les obligations ou lettres de gage qu'elles émettent ne sont remboursables, comme les prêts qu'elles font, que par voie d'annuités. Tantôt elles remettent ces obligations à leurs emprunteurs pour en faire argent, comme cela se pratique en Pologne ; tantôt, abandonnant cette méthode un peu trop primitive, elles négocient elles-mêmes leurs obligations et se procurent ainsi, au cours qui règne sur le marché des fonds publics, les sommes qu'elles ont consacrées ou doivent consacrer à des prêts dont la terre est le gage. Toutes les banques immobilières qui ont accepté des dépôts exigibles sur l'heure ou qui ont émis des billets remboursables, soit à vue, soit à courte échéance, ont fait honteusement naufrage au bout de quelques années. Il était réservé aux établissements que les tsars ont créés de se lancer à fond de train dans des opérations que la science réprouve et que l'expérience des autres peuples a condamnées sans appel.

Les banques russes doivent à leurs clients, qui seront bientôt leurs dupes, la somme énorme de 3,224 millions de francs. Le remboursement d'une dette aussi extravagante est-il matériellement possible? L'empire moscovite ne renferme pas en papier de circulation et en monnaie métallique une valeur égale. En admettant la solvabilité des banques, les moyens d'échange, l'argent, manqueraient infailliblement. Le capital flottant, les ressources monétaires du pays y passeraient sans éteindre la dette; c'est un gouffre à peu près sans fond et que l'on chercherait en vain à combler. Mais les banques ne sont pas solvables, et l'État, qui a garanti leurs opérations, ne l'est pas davantage.

Les établissements de crédit n'ont pas de réserves en caisse. Les dépôts qu'on leur a versés ont été aliénés et dénaturés par l'emploi qui en était fait. Les lombards ont incorporé ces capitaux flottants à la terre. Les écus qui sont entrés dans leurs caisses se trouvent aujourd'hui représentés par des maisons, par des usines, par des domaines, et surtout par des têtes de serfs. En supposant que les banques reçussent d'un pouvoir autocratique l'autorisation de résilier les contrats d'emprunt, peuvent-elles jeter en un jour toutes les propriétés de l'empire sur le marché? On dira que les banques ont d'abord leur recours contre l'État. Sans doute, l'État est leur premier débiteur, car, à moins que les avances faites au gouvernement n'aient donné lieu à une hypothèque assise sur les domaines de la couronne, circonstance sur laquelle le compte-rendu officiel ne s'explique pas, l'État, ayant emprunté en compte courant, doit rembourser à la première sommation. Ainsi, la dette flottante des établissements de crédit, cette dette de 3 milliards, est en définitive, soit à titre direct, soit à titre de garantie, la dette du gouvernement russe. Indépendamment des charges qu'il a ouvertement souscrites, le trésor de l'empire doit aux déposants de cette gigantesque caisse d'épargne une somme de 3 milliards. Les dettes flottantes de tous les autres États de l'Europe, additionnées l'une avec l'autre, n'en représentent pas la moitié.

Les demandes de remboursement seront et elles sont déjà nombreuses et importantes ; les particuliers s'empresseront de retirer leurs dépôts, ne fût-ce que pour verser leur quote-part des contributions et de l'emprunt forcé auxquels on les condamne. Le trésor paiera donc d'une main ce qu'il recevra de l'autre ; mais comment paiera-t-il, et en quelle monnaie ? donnera-t-il de l'argent ou du papier ? Examinons de plus près cette situation vraiment extraordinaire.

Le trésor public, dans les gouvernements de notre époque, est une grande banque chargée d'administrer la fortune de l'État, de percevoir ses revenus et de pourvoir à ses dépenses. Dans certaines contrées, le trésor délègue à des sociétés financières ou à des individus qui présentent des garanties de capacité et de richesse, — tantôt le soin de faire rentrer les impôts, tantôt le service des paiements : il afferme le produit des taxes, comme cela se pratiquait en France avant la révolution de 1789, et comme cela se pratique encore en Italie et en Espagne, ou bien il se repose sur une banque bien accréditée des opérations de trésorerie et du paiement des annuités

qu'il doit à ses créanciers, —système dont l'Angleterre a
donné l'exemple et qui a trouvé depuis bon nombre d'i-
mitateurs. D'autres gouvernements, et particulièrement
ceux qui rattachent à une impulsion commune les divers rouages de l'administration, ont préféré recueillir
directement par leurs agents le produit des taxes, et
faire circuler par les mêmes canaux les fonds destinés à
solder les dépenses de l'État : ceux-là entretiennent une
véritable armée de receveurs généraux et particuliers,
de percepteurs et de contrôleurs, sans parler des ordon-
nateurs, des payeurs et des corps ou tribunaux qui président à la vérification des comptes ; c'est le système
dont la France et la Prusse offrent le modèle le plus
complet.

Mais, que l'on adopte l'un ou l'autre mode d'administration, le trésor de l'État, envisagé au point de vue de
son action sur le pays, est une banque colossale qui reçoit chaque année des sommes importantes et qui les
rend ensuite à la circulation par la rosée quotidienne des
dépenses. Outre ces mouvements de fonds, le trésor public est souvent dans le cas d'entreprendre les plus vastes opérations de crédit. Il n'y a pas de commerce ni
d'industrie qui emprunte davantage ; ces emprunts sont
représentés par des émissions de papier, titres de rentes
pour la dette fondée, et billets de caisse ou bons du trésor pour la dette flottante. Les engagements qui circulent ainsi avec la signature de l'État ne l'exposent pas à
des remboursements imprévus. La dette, en effet, est
perpétuelle et s'amortit par des rachats partiels et successifs, ou bien elle a été contractée avec un terme fixe,
et porte une échéance que l'on a dû calculer, d'après

les ressources éventuellement disponibles. On peut évidemment surcharger le marché des fonds publics et déprécier le cours de ces valeurs par des émissions de rente trop considérables ou trop fréquentes. Il arrive encore que l'on donne à la dette flottante des proportions excessives, que l'on émet des billets de caisse moins pour se procurer des avances sur la rentrée de l'impôt que pour couvrir un déficit périodique du revenu, et que l'on emprunte ainsi plusieurs centaines de millions, avec obligation de les rembourser dans un délai purement commercial, au maximum d'une année, au minimum de trois mois, en courant le risque de quelque crise financière ou politique dont le premier effet sera de retirer au trésor comme à toutes les banques la ressource des capitaux flottants. Le danger ici provient de l'excès des émissions et ne réside pas dans leur nature.

Ce qu'il faut interdire au trésor, ce qui ne rentre pas naturellement dans le cercle de ses opérations, c'est l'émission du papier de banque. Les billets de banque ne sont reçus dans la circulation et n'y font office de monnaie que par le privilége qu'on leur conserve de s'échanger à la première demande contre de l'or ou de l'argent. Cette obligation de rembourser les billets, sans délai et à bureau ouvert, condamne les établissements qui les émettent à tenir en réserve dans leurs caisses une masse considérable de métaux précieux, et à étudier les variations du marché, pour mesurer à ce thermomètre décisif, quoique un peu obscur, l'étendue de la circulation fiduciaire. Une banque y pourvoit au moyen de son capital qu'elle a soin, lorsqu'on la dirige prudemment, de garder disponible. Les associations commerciales qui

émettent des billets à vue, sous le contrôle du gouvernement, présentent encore un autre avantage : si leur
intérêt les porte à exagérer les émissions pour accroître
la somme de leurs bénéfices, une crainte plus forte les
retient, celle d'exposer leur capital et d'affaiblir leur
crédit. L'État, en se chargeant de cette fonction délicate, n'offrirait pas les mêmes garanties. Il ne peut pas
être l'arbitre de la circulation, car il subordonnerait infailliblement l'intérêt du crédit aux exigences de la politique. Les billets seraient émis alors non pas dans la
mesure des besoins de l'industrie et du commerce, mais
pour subvenir aux nécessités du trésor. De plus, ils ne
prendraient la place d'aucune autre valeur dans la circulation ; ils ne serviraient ni à escompter des lettres de
change, ni à acheter des métaux précieux, ni à prêter
sur dépôt de marchandises ; ils ne représenteraient donc
rien, si ce n'est un engagement de l'État.

Quand les banques émettent des billets au porteur
sous la condition du remboursement à vue et en espèces,
le gouvernement, au nom de l'intérêt général, les sur-
veille et les modère. Si les émissions émanaient du trésor
public, qui exercerait ce contrôle et où résiderait le
pouvoir modérateur ? Quand on donne au gouvernement
la faculté d'agir sur la circulation, il l'altère ; quand on
l'autorise à créer des billets de banque, il ne tarde pas
à en faire des assignats. Le papier-monnaie semble
avoir pour lui la fascination de l'abîme.

Ces principes, que nous venons de rappeler, prévalent généralement en Europe. Dans les contrées éminemment industrielles, comme la France et l'Angleterre, de grandes banques ont le privilége de fournir,

par l'émission de leurs billets, un supplément à la monnaie métallique. De chaque côté du détroit, il en circule pour 5 ou 600 millions de francs, qui se maintiennent sans difficulté au pair de l'or et de l'argent dans toutes les circonstances. Lorsque le crédit de ces établissements a fléchi, c'est que les gouvernements ou les révolutions avaient voulu en faire les instruments de leurs expériences financières, et avaient ainsi troublé la marche régulière de la circulation. Les combinaisons de M. Pitt, en obligeant la banque d'Angleterre à exagérer l'émission de ses billets, l'amenèrent à suspendre pendant vingt ans ses paiements en espèces, et chez nous, le cours forcé, avec un règne heureusement plus éphémère, fut l'œuvre de la révolution de Février.

L'empire russe est en dehors des règles et des traditions de l'économie politique. Il ne faut donc s'étonner ni de ce que le gouvernement s'est érigé en banque d'émission, ni de la libéralité avec laquelle il a saturé la circulation de son papier. La monnaie d'or et d'argent en Russie est à peu près bannie du commerce. Les *billets de crédit*, qui descendent jusqu'à la plus infime coupure, y servent de billets de banque ; le gouvernement, qui les émet, contracte l'obligation de les rembourser à présentation. Au 1er janvier 1853, le montant de ces billets était de 311,375,581 roubles d'argent (plus de 1,245 millions de francs), qui représentaient ainsi une somme égale aux forces réunies de la circulation de banque en France et en Angleterre. Pour garantir d'une nouvelle dépréciation cette monnaie qui surabonde, l'empereur Nicolas, avec une prudence dont sa politique d'aujourd'hui va déconcerter les calculs, avait amassé

dans la forteresse de Saint-Pierre-et-Saint-Paul des trésors métalliques jusqu'à concurrence de 146 millions de
roubles (584 millions de francs) (¹). La réserve destinée
à parer aux demandes de remboursement avait donc de
quoi rassurer pleinement le peuple russe. La somme des
espèces, comparée à celle des billets en circulation, présentait le rapport de 47 à 100. C'était pendant longtemps
le plus grand dépôt de métaux précieux qui existât en
Europe. La réserve de la Banque de France n'a dépassé
en effet qu'à des intervalles très-irréguliers et peu durables la limite de 600 millions.

Avec une banque d'émission, l'on aurait eu la chance
de voir se maintenir le niveau du réservoir métallique ;
mais, le gouvernement créant le papier qui sert de monnaie d'un bout à l'autre de l'empire, on pouvait craindre
tout à la fois qu'il ne diminuât la valeur de l'encaisse
en métaux précieux, et qu'il n'augmentât la masse des
billets circulants. La première de ces éventualités s'est
déjà réalisée ; la seconde, si elle est encore à s'accomplir, paraît inévitable et imminente.

En mars 1854, une saignée de 30 millions de roubles
d'argent avait déjà été faite, comme nous l'avons indiqué
d'après le *Moniteur*, au réservoir métallique. En supposant, ce qu'il est difficile d'admettre, que la somme
des billets en circulation fût restée la même, le rapport
de l'encaisse à la circulation ne présenterait plus que la
proportion de 37 à 100. A l'heure où j'écris, ce rapport

(¹) Plus exactement 146,794,848 roubles d'argent, dont
130,179,313 en espèces ou lingots, et 16,614,929 en fonds publics. La réserve métallique n'était donc en réalité que d'en
viron 520 millions de francs, qui se trouvent réduits à 400.

n'est peut-être plus que de 30 ou même de 25 pour 100, et descend encore. Le mal doit s'aggraver par le défaut de publicité. La crainte du danger, quand on en connaît l'existence sans en pouvoir mesurer l'étendue, dégénère bientôt en panique. En 1852, le trésor russe avait reçu, contre les billets de crédit qu'il émettait, 15,322,794 roubles en espèces ; il avait remboursé en or ou en argent les billets présentés à l'échange pour une somme de 7,978,341 roubles ; sa réserve en numéraire s'était donc accrue, dans le mouvement de l'année, de plus de 7 millions de roubles (environ 29 millions de francs). En 1853, l'éventualité de la guerre jetant l'alarme dans les esprits, les remboursements ont dû excéder l'apport des espèces. En 1854, on touche à la dépréciation des billets. En 1855, la guerre continuant, et avec la guerre les dépenses sans mesure, il faudra recourir à cet expédient qui est le masque ou le premier pas de la banqueroute, je veux dire la suspension des paiements en espèces, le cours forcé du papier de crédit.

Quoi qu'il en soit, les billets qui circulent en Russie engagent le trésor et constituent pour lui une nouvelle dette flottante. C'est un passif de 12 à 1,300 millions qui ne peut que s'accroître, tandis que l'actif de 4 à 500 millions en espèces ou lingots que l'on tient en réserve va s'affaiblissant tous les jours.

La dette flottante de l'empire russe, dont le capital égale, ou peu s'en faut, le capital que représente la dette consolidée en France, se compose donc de trois éléments distincts. Le trésor doit d'abord le montant des *billets de série*, qui sont des bons de service remboursables à des échéances déterminées ; c'est une somme de 324 mil-

lions. Le terme indiqué pour le remboursement étant
généralement de huit ans, le huitième seulement des
émissions, une somme d'environ 40 millions, devient
chaque année exigible. Viennent ensuite les *billets de
crédit*, dont l'État a reçu le montant, soit en numéraire,
soit en fournitures, et qu'il s'est engagé à rembourser
sur la demande des porteurs, — une masse de 12 à
1,300 millions. Enfin, à titre de garant et sous le nom
des établissements de crédit, il doit aux propriétaires des dépôts confiés à ces institutions la somme
fabuleuse de 3,200 et quelques millions qui sont
toujours remboursables. La dette flottante, sous cette
triple forme, approche donc de 5 milliards de notre
monnaie. Si l'on veut mesurer la portée d'un pareil engagement, il suffit de se rappeler que, pour faire honneur à une lettre de change de 5 milliards, il y aurait à
peine, en mettant à contribution l'Europe, l'Amérique
et l'Asie, assez d'or et d'argent monnayés dans le monde.

Comment une situation aussi critique a-t-elle pu se
prolonger, même à la faveur de la prospérité nationale
et de la paix? Voilà ce qu'il est difficile de comprendre.
Nous avons vu, pour des folies moins gigantesques, sombrer dans les deux hémisphères le crédit de plusieurs
États qui n'avaient pas des ressources inférieures à celles
de la Russie; mais la guerre, en tout cas, va faire cesser
les incertitudes. Les côtés faibles d'un système financier
ne se laissent jamais plus clairement apercevoir que dans
les moments de crise, à la lumière sinistre de l'émeute
ou au bruit du canon. Si le gouvernement provisoire en
France, après les journées de Février, en présence d'une
dette flottante qui ne s'élevait pas à 1 milliard y compris

les fonds versés au trésor par les caisses d'épargne, et dont 600 millions seulement étaient exigibles, se trouva conduit à une suspension temporaire de paiements, et s'il fallut l'énergique loyauté du comité des finances devant l'assemblée constituante pour obliger les maîtres du pouvoir à rembourser les capitaux que l'État avait reçus et employés avec la seule monnaie dont l'État pût alors disposer, c'est-à-dire en rentes, que va devenir le gouvernement russe en présence d'une dette flottante cinq ou six fois plus forte, pressé par la double nécessité de faire face aux remboursements exigés par ses innombrables créanciers à vue, et d'improviser les centaines de millions que la guerre doit consommer?

L'empire moscovite a été mis, à juste titre, hors la loi du crédit européen. A l'intérieur, le gouvernement a trop emprunté pour qu'il lui soit possible d'emprunter encore ; le trésor public a littéralement absorbé toute la richesse mobilière du pays. On n'a plus rien à lui donner ni à lui prêter, parce qu'il avait tout reçu ou pris à l'avance. Et quand son crédit chancellera, dans l'opinion des Russes eux-mêmes, ce sera comme un tremblement de terre dans lequel toutes les fortunes seront englouties.

Laissons le gouvernement russe s'arranger avec ses créanciers de l'intérieur comme il pourra pour la liquidation du passé, et parlons des besoins de la guerre. Si l'empereur ne cède pas, si la Russie continue de braver l'Europe occidentale, il faudra qu'après avoir dépensé en 1854 la valeur de deux budgets, elle trouve, comme nous croyons l'avoir démontré, en dehors de ses ressources ordinaires, une somme de 5 ou 600 millions pour préparer et pour fournir la campagne de 1855. Ces trésors de l'action, faute desquels on devrait licencier une partie de l'armée et se replier derrière les frontières, le gouvernement voudra sans doute les puiser dans la réserve métallique de la forteresse ou dans une émission supplémentaire de *billets de crédit*, peut-être même dans l'un et dans l'autre expédient combinés ; mais s'il diminue la réserve des métaux précieux qui soutiennent la valeur des billets, il ébranlera la confiance ; s'il augmente la somme du papier circulant, s'il en offre plus qu'on n'en demande, il l'aura bientôt déprécié, et, avec une somme plus forte de billets, il se procurera une moindre quantité des objets qui lui sont nécessaires. Dans tous les cas, il ajoutera peu à ses ressources, et il appauvrira du même coup le trésor et le peuple. Il pourra imprimer une grande activité à la presse qui vomira les assignats, mais il n'en fera pas jaillir de l'argent.

Sans forcer les inductions qu'il est permis de tirer des faits, et sans prédire à l'ennemi des catastrophes qui semblent pourtant fort probables, comme l'entêtement ne suffit pas pour féconder des finances ni pour mettre en mouvement des armées, nous sommes en droit d'affirmer que, la guerre prenant de telles proportions, la Russie n'a pas les moyens de fournir deux campagnes. Si le gouvernement du tsar, au prix des plus grands sacrifices et des plus cruelles souffrances, en décrétant le cours forcé des billets et la banqueroute des établissements de crédit, parvenait à résoudre cette difficulté, ce serait un effort suprême. A la troisème campagne, l'empire russe, humilié et désorganisé, ne résisterait pas mieux à la révolte qu'à l'invasion.

II. — LES FINANCES DE L'ANGLETERRE.

Il nous reste à montrer que ce poids de la guerre, que le gouvernement russe a imprudemment soulevé et qui l'accable, est porté comparativement avec aisance par les peuples de l'Occident. La France et l'Angleterre, au moment de la prise d'armes, se trouvaient affaiblies par les sacrifices de tout genre qu'avait entraînés pour elles, après la récolte de 1853, le renchérissement extraordinaire des grains. La Russie au contraire avait profité de la disette, et l'exportation des blés vendus à très-haut prix avait fait affluer l'argent dans ses provinces méridionales. En dépit de cette abondance temporaire, il ne paraît pas que le commerce et la propriété présentent aujourd'hui à l'impôt une surface beaucoup plus considérable ; le gouvernement russe, en fouillant la richesse nationale, est bientôt arrivé au tuf. Les choses ne vont pas ainsi de l'autre côté de cet échiquier des batailles. La France et l'Angleterre, sans être, comme on l'a prétendu, inépuisables, ont, dans les tributs combinés de l'impôt et du crédit, de quoi soutenir la guerre aussi longtemps qu'il le faudra.

Les finances de la Grande-Bretagne ont été réglées en vue de la paix, mais avec un cadre tellement large et sur des bases si éminemment solides, que les ressources propres à la guerre peuvent s'y déployer sans difficulté. Depuis plus de vingt ans, sous la domination des tories comme sous celle des whigs, et quel que soit l'homme d'État qui dirige les affaires, le gouvernement de cet heureux pays travaille à soulager la nation en diminuant les

dépenses publiques et en donnant une meilleure assiette
à l'impôt. Deux ministres en ont principalement la gloire :
M. Huskisson, qui reconnut et proclama le premier que
les taxes modérées, pourvu qu'on les établît sur des objets de grande consommation, étaient les plus productives, — et sir Robert Peel, qui mit fin au règne de la
protection en matière d'industrie et de commerce, tant
en réduisant les droits d'importation qui grevaient les
marchandises étrangères qu'en affranchissant de tout
droit les denrées alimentaires et les matières premières
du travail. Le système inauguré par M. Huskisson, et
dont sir Robert Peel semble avoir posé les limites, tend
à réaliser cet idéal de la civilisation par son côté matériel,
la vie à bon marché et le taux élevé des salaires. Il en
résulte non-seulement pour l'ouvrier un progrès de bien-
être et de dignité, mais encore pour l'État un accroissement de puissance, la certitude de commander à une
population disposée par l'aisance et par le contentement
aux sacrifices que peut exiger l'intérêt public.

Sir Robert Peel, en opérant le déplacement de l'impôt,
a rendu à l'Angleterre un service qui n'est pas moins
considérable. Avant les réformes de 1842 et 1846, les
taxes indirectes, les taxes de consommation, alimentaient
à peu près exclusivement le revenu de l'État. Les contributions directes, celles qui s'adressent à la richesse
mobilière ou à la propriété, ne figuraient au budget
que pour la forme. Les contribuables payaient tribut au
fisc, non pas dans la proportion, mais plutôt en raison
inverse de leur fortune. C'était en quelque sorte le système de l'impôt progressif retourné : le trésor ne demandait au possesseur du sol qu'une imperceptible

obole ; il prélevait au contraire sur le thé, sur le sucre, sur le café, sur la bière et sur le pain du laboureur et de l'ouvrier le gain le plus clair de leur journée. Le budget était dépensé par les riches et payé par les pauvres. Sir Robert Peel a prouvé que les réformes préviennent les révolutions : le déplacement de l'impôt a rendu inutile le déplacement du pouvoir. Aussi la tempête de 1848 a trouvé l'Angleterre inébranlable.

Sir Robert Peel a introduit ou étendu l'impôt direct dans le système financier de la Grande-Bretagne, sous la forme de l'*income-tax*. Sans doute, l'on aurait pu atteindre le même but par des moyens politiquement et scientifiquement moins contestables ; mais l'impôt sur le revenu avait pour lui en Angleterre la sanction d'un long usage qui avait familiarisé la nation avec son mécanisme, et la nécessité l'avait fait entrer dans les mœurs. C'était une taxe de guerre accommodée à une époque de paix. Les résultats ont dépassé les espérances. Pour ne parler que du revenu de l'État, le gouvernement a pu solennellement fermer l'ère du déficit. Depuis cette époque, les recettes du trésor ont constamment excédé ses dépenses : chaque année, le parlement britannique, la seule assemblée que l'on ait mise à cette épreuve en Europe, a eu à délibérer sur l'emploi d'un excédant qui variait entre 2 et 3 millions sterling. Chaque année, il a pu consacrer cette somme soit à des remises d'impôt (1), soit à l'amortissement de la dette publique. A l'ouverture de l'exercice 1854, et au moment où les armées de

---

(1) Le produit des taxes supprimées ou réduites, depuis l'année 1842 jusques et y compris l'année 1850, s'élevait à 10,763,000 liv. sterl. (269,075,000 fr.).

l'Occident ont dû passer du pied de paix au pied de guerre, l'échiquier anglais avait en réserve une provision claire et nette de 70 à 75 millions de francs.

L'Angleterre n'avait contre elle, à la veille du combat, que les hésitations de sa politique. Ce gouvernement, qui n'avait d'abord vu dans l'ambassade du prince Menchikof que la querelle des lieux saints à vider, qui s'inquiétait du prosélytisme religieux de la France quand il aurait fallu surveiller et contenir l'ambition de la Russie, qui parlait encore de la loyauté du cabinet de Pétersbourg au moment où il en recevait les ouvertures les plus compromettantes, et qui a voulu attendre que les Russes eussent franchi le Pruth pour envoyer sa flotte dans le Bosphore, n'a pas montré d'abord un coup d'œil plus sûr ni une résolution plus ferme dans ses arrangements financiers. On eût dit que le mot même de guerre lui coûtait à prononcer ; il parlait d'une expédition en Orient comme d'une promenade militaire. Plus l'opinion publique le pressait, allant au-devant de tous les sacrifices, moins il se hâtait de les accepter. Les rôles étaient intervertis : c'était le parlement qui offrait l'argent que les ministres auraient dû demander. Le chancelier de l'échiquier, avec une réserve qui faisait plus d'honneur à sa modération qu'à sa prévoyance, présentait à la dernière heure un budget extraordinaire qui se bornait à pourvoir aux besoins des six premiers mois. Le gouvernement semblait croire que le pavillon britannique n'avait, pour rétablir la paix, qu'à se déployer par delà le Sund et le Bosphore.

Dans l'exposé qu'il fit, le 7 mars dernier, à la chambre des communes, M. Gladstone estimait à 4,307,000 liv. st. (107,675,000 fr.) les dépenses extraordinaires que l'état de guerre pouvait entraîner pour la Grande-Bretagne, du 5 avril 1854 au 5 avril 1855 ; mais, grâce à l'excédant de recettes qu'avait légué l'exercice de 1853, l'on n'avait à pourvoir, au moyen de ressources extraordinaires, qu'à un déficit de 2,840,000 livres sterling (71,000,000 fr.). Et comme le produit de l'impôt sur le revenu était évalué à plus de 6 millions sterling pour l'année, en portant la taxe au double du tarif pendant le premier semestre, le chancelier de l'échiquier obtenait un surcroît de revenu de 3,307,500 livres sterling, qui devait combler ce déficit temporaire et laisser encore une marge de 11 à 12 millions de francs pour faire face à l'imprévu.

La combinaison était bonne, mais évidemment insuffisante. Il semblait que les ministres eussent un parti pris de ne mettre leurs moyens d'action en rapport ni avec la gravité des circonstances, ni avec la grandeur du but. L'opinion s'en inquiétait, et le parlement, tout aussi peu rassuré, votait sans comprendre. On demandait pourquoi le ministère, en proposant de doubler l'*income-tax*, n'étendait pas cette augmentation aux produits de l'année entière. Là-dessus, le chancelier de l'échiquier croyait se tirer d'embarras par un hommage rendu à l'omnipotence du parlement.

« C'est notre devoir, disait-il, de ne pas soustraire les dépenses publiques, et particulièrement les dépenses de la guerre, au contrôle de la chambre des communes. Si nous venions vous demander de prendre sur le produit des taxes et de placer dans nos mains une somme considérable de millions à consacrer aux préparatifs de la guerre, vous auriez le droit de nous dire :

« Attendez que la nécessité s'en fasse sentir. Le parlement n'est
pas au moment de se séparer ; nous ne sommes qu'au mois de
mars, et vous pourrez nous faire de nouvelles propositions en
juin ou en juillet, si l'état du pays et la situation de l'Europe le
commandent. »

Le parlement britannique était loin de tenir le langage
que M. Gladstone lui prêtait. Majorité et minorité, tout
le monde avait compris que les préparatifs d'une grande
guerre ne se font pas pièce par pièce ni jour par jour,
que le succès tient au contraire à l'ensemble des dispositions, et que pour donner confiance aux siens autant que
pour frapper l'ennemi de terreur, il faut avoir, dès l'entrée en campagne, la libre et entière disposition des forces ainsi que des ressources dont les circonstances peuvent réclamer l'emploi. Le ministère lui-même ne tarda
pas à reconnaître et autant que possible à réparer son erreur. A deux mois de date, le 9 mai, un nouvel exposé
financier fut présenté à la chambre des communes. Dans
cette seconde édition du budget, la dot de la guerre est
assurée.

Dans son exposé du 7 mars, le chancelier de l'échiquier, présentant une évaluation sommaire du revenu et
des charges de l'État pour l'exercice qui allait s'ouvrir,
estimait les recettes probables à 53,349,000 livres sterling (1,333,725,000 fr.), et les dépenses à 56,189,000
livres sterling (1,404,725,000 fr.), dans lesquelles le
budget de l'armée et de la marine, qui flotte année commune entre 15 et 16 millions sterling, figurait pour
plus de 25 millions ([1]). On sait que dans cette combi-

([1]) Voici les évaluations du 7 mars qui ont servi de base à
celles du 9 mai :

naison le déficit devait être couvert par le produit de *l'income-tax*, que l'on doublait pendant six mois, produit calculé par M. Gladstone à 3,307,000 livres sterling.

Dans l'exposé du 9 mai, le chancelier de l'échiquier a demandé l'autorisation d'augmenter, jusqu'à concurrence de 6 millions sterl., les dépenses de la guerre. En y ajoutant un crédit de 850,000 livres sterling, — sur l'emploi duquel le ministre n'a pas jugé à propos de s'expliquer, — on trouve un total de 63,039,000 livres sterling (1,575,975,000 francs) pour les charges de l'exercice qui s'étend du 5 avril 1854 au 5 avril 1855. Pour défrayer ce surcroît de dépenses, M. Gladstone proposait de nouvelles taxes dont il attendait un produit de 6,850,000 livres sterling. L'ensemble des ressources ordinaires et extraordinaires, non compris les moyens de service que l'on demande au crédit, s'élève donc à la somme de 63,506,000 livr. sterling (1,587,650,000 fr.).

REVENU.		DÉPENSES.	
Douanes................	20,175,000 l. st.	Dette fondée..........	27,000,000 l. st.
Excise (impôts indirects)	14,595,000	Dette flottante.........	546,000
Timbre (*stamp*).......	7,090,000	Dépenses civiles impu-	
Taxes assises.........	3,015,000	tables sur le fonds	
Impôt sur le revenu (*in-*		consolidé (justice, ad-	
come-tax)..........	6,275,000	ministration, etc.)...	2,460,000
Taxe des lettres.......	1,200,000	Armée...............	6,857,000
Terres de la couronne..	259,000	Marine..............	7,488,000
Articles divers........	740,000	Artillerie et génie (*or-*	
		donnance)..........	3,846,000
TOTAL......	55,549,000 l. st.	Commissariat	645,000
		Approvisionnem. (*mis-*	
A quoi il faut ajouter le		*cellaneous supplies*).	4,775,000
produit de *l'income-*		Milice..............	530,000
tax doublé pendant		Expédition en Orient...	1,250,000
six mois...........	3,307,000	Service des paquebots..	792,000
TOTAL GÉNÉRAL...	56,656,000 l. st.	TOTAL......	56,189,000 l. st.

Une marge de 11 à 12 millions est ainsi réservée pour les besoins imprévus.

Pour nous conformer à l'usage reçu en Angleterre, nous donnons ici, dans la comparaison des recettes et des dépenses, le chiffre du revenu net ; mais, si l'on veut rapprocher ces évaluations des budgets dressés pour les autres États, il faudra charger encore des frais de perception et d'exploitation, qui sont pris sur le revenu brut, le bilan annuel de la Grande-Bretagne. On ne saurait les estimer à moins de 4 millions 1/2 de livres sterling pour l'exercice courant, ce qui porte les recettes à 68,006,000 livres sterling, et les dépenses à 67,539,000. Ainsi le budget de 1854 roule sur un chiffre de 1,700 millions de francs. La nation s'est rarement montrée plus libérale des trésors amassés par le travail. Il faut remonter dans les annales de l'Angleterre jusqu'à l'année 1816 pour en trouver un autre exemple.

Les dépenses de l'année financière 1853-54, qui avaient été évaluées à 52,183,000 livres sterling, n'ont pas excédé en réalité la somme de 51,171,000 livres sterling. Par une exception qui devient de plus en plus rare, et qu'il convient de proposer à l'imitation de l'Europe continentale, le gouvernement anglais a dépensé un million sterling de moins qu'il n'avait demandé et a reçu un million de plus qu'il n'avait osé espérer. Il a recueilli ainsi le fruit de ses calculs, et la fortune cette fois a été le prix de la sagesse.

Le budget de 1854, comparé à celui de 1853, fait ressortir une différence d'environ 12 millions sterling. Ce chiffre de 300 millions de francs représente les dépenses de la guerre ; mais comme le revenu de 1853

avait laissé un excédant disponible, l'insuffisance des recettes ordinaires ne paraît devoir être que de 10 millions
sterling. Par quels moyens le gouvernement britannique
y a-t-il pourvu?

La ressource la plus importante sera puisée dans
l'impôt sur le revenu. Cette taxe était de 7 deniers par
livre sterling de revenu, proportion légèrement inférieure à 3 pour 100. On la porta à 1 shilling 2 deniers,
ce qui représente un peu moins de 6 pour 100 ([1]), et l'on
obtint une recette supplémentaire de 6,587,500 livres
sterling, qui doit élever le produit total de la taxe pendant
l'exercice à 12,862,000 livres sterling (321,550,000 fr.),
somme qui égale, à quelques millions près, les produits
cumulés de l'impôt foncier et de l'impôt mobilier en
France ([2]).

On s'est demandé pourquoi le gouvernement britannique, qui trouve sans peine dans une augmentation de
l'*income-tax* les deux tiers de la somme destinée à défrayer la guerre, n'avait pas simplifié la difficulté en élevant un peu plus le tarif de cette taxe, ce qui l'eût dispensé de créer ou de modifier d'autres impôts. Avec un
tarif de 8 pour 100, l'*income-tax* eût donné plus de 17 millions sterling, dont environ 11 millions à titre de ressource extraordinaire. Quel capitaliste, quel propriétaire se serait plaint d'avoir à payer au fisc le douzième
de son revenu? Y a-t-il un pays au monde où l'impôt

([1]) Plus exactement 5 88/100es pour 100.
([2]) Le produit de l'impôt foncier, principal et centimes additionnels, a été évalué, pour l'année 1854, à 264,345,193 fr., et
le produit de l'impôt personnel et mobilier à 63,782,941 : total
des deux taxes, 328,128,134 fr.

foncier, quand il est établi, ne pèse dans une proportion plus forte? Les fruits du capital dans la Grande-Bretagne auraient encore été taxés en temps de guerre moins durement qu'ils ne le sont partout ailleurs en temps de paix.

Mais le chancelier de l'échiquier, qui avait déjà introduit dans le système financier le droit sur les successions, a craint d'exagérer l'impôt direct et de compromettre, en surchargeant les résultats, la fortune naissante du principe. L'équité lui a paru conseiller de ne pas faire supporter entièrement le fardeau de la guerre aux personnes qui jouissaient d'une certaine aisance, à une seule classe de la population. Il a préféré demander le dernier tiers de ce tribut extraordinaire aux impôts indirects, qui s'adressent aux consommateurs de toutes les classes. On a donc augmenté les droits sur les spiritueux, qui doivent fournir un supplément de 450,000 liv. sterl.; sur les sucres de toute provenance, dont on espère obtenir 700,000 liv. sterling de plus, et enfin sur la taxe qui frappe la drèche, et qui est portée de 2 sh. 8 d. 1/2 à 4 sh. par boisseau. M. Gladstone attend de cet impôt, qui produit annuellement 5 millions sterling, une ressource supplémentaire de 2,450,000 liv. sterl. La drèche rendra ainsi à elle seule au trésor 187,500,000 fr., ou 60 et quelques millions de plus que tous les spiritueux ensemble, vins, bières, cidres, alcools, ne rapportent à la France.

Cette dernière partie du plan ministériel a été sanctionnée par le parlement comme les autres, mais avec un assentiment moins général. M. Gladstone fait valoir que la drèche a été successivement dégrévée depuis la paix de 1816, que l'on a supprimé l'impôt sur la bière, qui était en quelque sorte un double emploi, enfin que les autres spiritueux se trouvent beaucoup plus fortement taxés, et qu'il n'y a que stricte justice à l'assimiler davantage au tarif commun. Jusqu'à présent, l'assimilation des taxes s'était opérée par voie de réduction, en modérant les plus élevées, et non par voie d'augmentation, en exagérant les plus modestes. Il a dû en coûter à M. Gladstone de donner ce démenti aux principes que sir Robert Peel avait légués à ses collègues, et que le chancelier de l'échiquier lui-même professait naguère avec tant d'éclat.

Une question plus grave s'élève. Le gouvernement de la Grande-Bretagne a-t-il suivi la meilleure politique en demandant à l'impôt des ressources que le crédit pouvait fournir? Les raisons de cette préférence ont été déduites avec beaucoup de force par le chancelier de l'échiquier dans son exposé du 7 mars; en voici les passages les plus saillants :

« Il n'est pas possible au gouvernement, il n'est pas possible à la chambre des communes, il n'est pas possible au pays, de s'engager d'une manière absolue, ni par une résolution immuable, à défrayer les dépenses de la guerre par des augmentations d'impôt; mais ce qu'il nous appartient de faire, c'est d'approcher de cette difficulté avec un cœur ferme, et de décider, tant que le fardeau ne sera pas trop lourd pour nos épaules, tant que les ressources nécessaires pour le service de l'année pourront être fournies dans l'année par les contribuables, qu'aussi longtemps nous n'aurons pas recours au système des emprunts. Les raisons qui militent contre un appel aux capitalistes, les raisons qui s'opposent à ce qu'on mette ces dépenses à la charge de la postérité, sont nombreuses et graves. Je n'ai pas la présomption de poser des principes qui fassent loi pour les autres nations ; mais il n'y a pas de nation qui se soit engagée dans ce jeu dangereux aussi avant que l'Angleterre, il n'en est pas qui ait hypothéqué l'industrie des générations futures pour une somme aussi effrayante. D'autres États peuvent avoir leurs motifs pour agir différemment. Prenez l'Amérique par exemple. Ayant les mains libres, ne devant rien, et avec un excédant permanent de recettes, rien n'est plus naturel, rien n'est plus facile à comprendre que la conduite qu'elle tient lorsque, pour annexer un nouveau territoire à son empire, elle contracte un emprunt destiné à payer les frais de la guerre qui lui assure cet accroissement. En effet, selon les doctrines les plus rationnelles en matière d'impôt, elle sait que cet excédant temporaire de dépense sera regagné en deux ou trois années, et couvert par le surplus régulier du revenu, et elle évite sagement de porter la perturbation dans son système de taxes, pour faire face à des embarras qui n'ont rien de durable. Les mêmes principes peuvent évidemment s'appliquer à d'autres contrées. Voyez notre grand et puissant voisin le peuple français. La dette de la France, bien qu'elle soit considérable, ne saurait entrer en comparaison avec celle de l'Angleterre. J'ai regret à le dire, mais telle est notre supériorité à cet égard, que la dette de l'Angleterre excède non-seulement celle de toute autre nation prise à part, mais encore celles de toutes les nations réunies. Quiconque a été mêlé à l'administration financière du pays sait à combien de maux une telle situation a donné naissance, quelles lourdes charges il a fallu imposer au peuple anglais pour apaiser la faim dévorante de la dette, combien de travaux utiles elle n'a pas permis d'entreprendre ou de terminer, combien ce poids énorme et perpétuellement accablant a diminué les forces dont nous avions besoin pour aider et pour encourager les entreprises de la philanthropie ainsi que les progrès de la civilisation ! Ceux qui accroîtront la dette sans avoir cédé à une nécessité impérieuse encourront une grande responsabilité.

« M. Mill dit : « Le capital qu'absorbent les emprunts de « l'État est enlevé à des fonds engagés jusque-là dans la pro- « duction, ou qui allaient recevoir cet emploi. En les détournant « de leur destination, l'on agit comme si l'on en prenait le

« montant sur les salaires des classes laborieuses. » Sans nous
embarquer dans les raisonnements abstraits de l'économie politique, tout le monde conviendra que, lorsqu'on demande des
subsides à l'impôt, la somme nécessaire est fournie par les épargnes qui constituent pour chaque contribuable l'excédant du revenu sur la dépense, tandis que, si l'on a recours à l'emprunt,
l'on agit directement, et jusqu'à l'épuiser, sur cette partie du
capital de la nation qui se trouve immédiatement disponible
pour les besoins de l'industrie et du commerce. Dans le premier cas, nous prenons principalement sur le superflu ; dans
le second, nous allons droit à la source même du capital qui
alimente l'activité du travail, et d'où découle le bon marché de
la production. En considérant la question d'un point de vue
moins scientifique, M. M'Culloch dit, dans son ouvrage sur
l'impôt, à propos des dépenses que la guerre amène : « L'industrie et l'économie des individus peuvent seules compenser
avec quelque efficacité les profusions et les ravages de la guerre.
Pour mettre ces vertus en honneur, il faudrait que chaque
homme pût se rendre un compte exact de l'influence que les
dépenses de la guerre exercent sur sa fortune et sur les moyens
qu'il a de subsister. Le défaut capital du système des emprunts
consiste en ce qu'il trompe le public en ne troublant pas soudainement le bien-être de chacun. Ses empiétements sont gra-
duels et passent inaperçus. Il n'exige sur le moment que de légers sacrifices ; mais il ne revient jamais sur ses pas : *vestigia
nulla retrorsùm*. C'est un système d'illusion et de déception. Il
ajoute les taxes aux taxes, sans que l'on puisse jamais abolir
aucune de celles qui ont été ainsi établies, en sorte qu'avant
que le public s'éveille au sentiment du danger, la propriété et
le travail se trouvent grevés, à titre permanent, d'un tribut annuel beaucoup plus considérable, pour servir l'intérêt de la
dette, que celui auquel il aurait dû se soumettre pour défrayer
les charges de la guerre à mesure que la nécessité s'en présentait. » Mais quelque force qu'aient les motifs tirés de la science
économique, je ne trouve pas moins puissantes les raisons de
l'ordre moral. Les dépenses de la guerre sont le frein moral
que le Tout-Puissant impose à l'ambition des conquêtes. Il y a

dans la guerre un attrait et une excitation qui tendent à la revêtir d'un certain charme pour le peuple, et à lui fermer les yeux sur les maux qui en sont la conséquence. La nécessité de pourvoir année par année aux charges que la guerre détermine est un frein salutaire et sûr. Les hommes sont ainsi amenés à réfléchir, à comparer les avantages qu'ils se promettent avec les sacrifices qu'il leur en coûtera pour les obtenir. »

Les raisonnements de M. Gladstone, flanqué comme il se présente de la double autorité de M. Mill et de M. M'Culloch, ne sont pas à beaucoup près sans réplique. Le gouvernement anglais fait une entreprise morale et courageuse, en tentant de soutenir la guerre à l'aide des sacrifices que s'imposent les contribuables, en évitant de s'engager sur la pente séduisante de l'emprunt : c'est un devoir pour les gouvernements de réserver l'avenir intact, quand ils le peuvent ; mais il ne faudrait pas exagérer les conséquences de cette doctrine ni l'ériger, sans égard aux circonstances, en principe qui ne doive jamais fléchir. C'est ici que l'appréciation des faits vient à propos éclairer la politique. La guerre a tantôt pour but un avantage présent, et tantôt elle peut se proposer la grandeur ou le repos des générations à venir. Dans ce dernier cas, l'emprunt est légitime ; il n'y aurait ni équité ni prudence à porter intégralement les frais de la lutte au compte de l'impôt.

Quant à la distinction inventée par quelques économistes anglais, et qui consiste à dire que l'impôt puise dans l'excédant du revenu, tandis que l'emprunt entame le capital même de la nation, ce n'est qu'une subtilité qui nous paraît peu digne de la science. Les nations industrieuses font chaque année, sur leurs revenus, des épargnes qui constituent ce que l'on appelle, dans la langue économique, l'accumulation des capitaux. Ces capitaux de récente formation, que la production engendre au moyen des capitaux déjà existants, peuvent être consommés en largesses improductives, ou bien être employés à leur tour à l'accroissement de la richesse ; mais, comme il arrive rarement que le détenteur de ces instruments de travail soit en position de les utiliser lui-même, le crédit s'en empare : on les prête, soit à des entrepreneurs qui les font fructifier dans l'industrie ou dans le commerce, soit aux gouvernements, auxquels est dévolue la fonction importante de faire régner l'ordre dans la société, d'y entretenir par là le mouvement et de concourir au progrès. Quand l'État emprunte, détourne-t-il de leur destination, comme l'avance M. Mill, les fonds actuellement engagés dans l'industrie? Cela ne serait pas possible, car il faudrait obliger les manufacturiers ou les commerçants qui ont reçu ces capitaux, et qui les ont incorporés à leurs usines, à les rembourser à court terme; ce serait une immense et universelle expropriation. Quant aux capitaux qui se trouveraient encore disponibles, il est bien vrai que l'État, en les empruntant, évince d'autres emprunteurs individuels par sa concurrence, qui a le privilége de sa force ; mais je n'admets pas qu'il prélève ces capitaux sur les salaires des laboureurs ou des ouvriers. En temps de guerre, l'industrie, quand elle est sage, au lieu de courir après les entreprises, se modère et se restreint. L'argent que l'État n'absorberait pas risquerait donc, dans ces graves circonstances, de rester oisif ; la consommation des produits se resserrant ou tout au moins n'augmentant pas, la production ne choisirait pas ce moment pour prendre l'essor et pour se répandre en créations de matériel ainsi qu'en salaires. Les emprunts contractés en vue de la guerre n'ôtent donc pas le pain aux ouvriers. Ils leur donnent au contraire du travail sous une autre forme, en activant le mouvement des arsenaux, quand celui des ateliers se ralentit.

Il est tout aussi gratuit de supposer que les subsides de guerre, quand on les lève par l'impôt, sont pris sur le superflu de la nation, sur l'excédant disponible de son revenu. L'impôt s'adresse en effet à tous les contribuables : l'impôt, étant obligatoire pour tous, les appelle indistinctement aux mêmes sacrifices dans la proportion de leurs moyens, soit qu'ils vivent du revenu d'un capital ou des fruits de leur travail. L'impôt est donc pris, selon les cas individuels, suivant que la fortune a favorisé ou contrarié les calculs de chacun, tantôt sur le superflu et tantôt sur le nécessaire, tantôt sur le revenu et tantôt sur le fonds qui sert à produire. Les taxes ordinaires, celles qui ne changent pas ou qui changent peu, finissent par s'incorporer aux frais de production et viennent en déduction du produit net. Cependant les taxes extraordinaires attaquent le plus souvent les sources mêmes du capital. La nécessité peut les justifier, elles peuvent être, à un moment donné, le moindre de plusieurs maux, mais on ne parviendra pas à les ériger en ressources normales.

Pour que l'impôt de guerre ne frappât que le superflu, il faudrait que chaque contribuable tînt des épargnes en réserve. Or l'accumulation des capitaux, dans tout pays, s'opère par un petit nombre de mains. Ne fait pas des économies qui veut. Pour ceux mêmes qui ont le nécessaire, le travail ne produit pas toujours avec abondance, et l'esprit d'ordre et de prévoyance préside rarement à l'emploi des produits. L'immense majorité des individus, à l'exemple des gouvernements, joint à peine les deux bouts, ou solde son année en déficit, et la fortune privée, les hypothèques ainsi que les ventes par autorité de justice en font foi, n'est pas mieux administrée que la fortune publique. On risque donc, en exagérant les taxes, de demander de l'argent principalement à ceux qui en manquent. L'emprunt au contraire, étant facultatif pour les souscripteurs, ne tente que ceux qui ont de l'argent en réserve, ceux dont le revenu excède les dépenses, ceux qui ont fait des épargnes, en un mot les détenteurs du capital disponible, les vrais trésoriers du pays. Au reste, l'observation des faits mieux que tous les raisonnements résout ce problème. L'impôt de guerre ne réussit pleinement que lorsqu'il s'adresse, comme aujourd'hui en Angleterre, à des classes de choix, lorsqu'il va puiser dans la bourse des riches ; mais alors, ce n'est qu'un emprunt déguisé.

M. Gladstone avait, pour expliquer la politique du gouvernement anglais dans cette circonstance, de meilleurs arguments que les théories des économistes dont il a invoqué le nom, et qui, n'ayant jamais concouru au maniement des affaires publiques, manquent, en matière d'impôt et de crédit surtout, quand ils s'engagent dans les sentiers les moins frayés de la science, de l'expérience qui fait autorité. L'*income-tax*, l'impôt de guerre dans la Grande-Bretagne, trouve sa raison d'être dans la situation présente et dans le passé de la nation. C'est ce que le chancelier de l'échiquier, qui avait négligé ce moyen

le 7 mars, a exposé le 9 mai suivant dans un passage de
son discours qui restera comme un excellent morceau
d'histoire. Je traduis en abrégeant :

« J'ai sous les yeux le budget de la guerre pour l'année 1792.
M. Pitt, ayant à pourvoir à une dépense extraordinaire de
4,500,000 liv. sterl., proposa de la couvrir, non pas en remplissant l'échiquier par le produit des taxes, mais en recourant
aux capitaux de la Cité et en ouvrant un emprunt de 6 millions
de livres sterling; il espérait l'obtenir au taux de 4 pour 100,
mais il fallut donner un intérêt de 4 liv. 3 shill. 6 den. (un peu
plus de 4 1/6 pour 100). Le second pas fait dans la même voie
fut un emprunt de 11 millions de livres sterling, contracté
en 1794, au taux de 4 l. 10 sh. 9 d. (4 1/3 pour 100). En 1795,
M. Pitt emprunta 18 millions de livres sterling, et paya pour
cette somme un intérêt de 4 l. 15 sh. 8 d. pour 100; en 1796,
25 millions de livres sterling à 4 liv. 13 sh. 5 d. pour 100;
en 1797, 32,500,000 liv. sterl. (plus de 722 millions de francs
en une seule année!) à 5 l. 14 sh. 10 d., et en 1798 17 millions de livres sterling à 6 l. 4 sh. 9 d. (6 1/4 pour 100). Telle
était l'impureté des sources auxquelles puisait le ministre, que,
pour 17 millions sterling qu'il reçut, il dut ajouter 34 millions
sterling à la dette du pays, et que les opérations financières de
ces six années, opérations malheureuses et qui ne répondaient
pas aux exigences de la guerre, en versant à grand'peine
108,500,000 liv. sterl. dans les caisses de l'échiquier, surchar-
gèrent d'environ 200 millions sterling (5 milliards de francs) le
capital de cette dette.

« Je vais maintenant vous rappeler la conduite que tint
M. Pitt lorsqu'il eut reconnu qu'il s'était trompé. Voyant le
pays marcher à sa ruine et ses ressources épuisées, il résolut
de faire un effort courageux pour l'arracher à sa perte. La première tentative date de 1797. A ce moment, M. Pitt proposa de
lever sur les contribuables une somme de 7 millions sterling
au moyen de *taxes assises*. Cette combinaison échoua, et le
trésor ne reçut que 4 millions. L'année suivante, sans se laisser
abattre par cet échec, M. Pitt revint à la charge et demanda

10 millions sterling à l'impôt. Depuis cette époque, la carrière politique du ministre ne fut qu'une série d'efforts incessants et convulsifs pour se relever lui-même et pour faire sortir le pays des embarras dans lesquels l'avait jeté l'imprévoyance du gouvernement. Ces embarras étaient tels que l'on peut dire, sans rien exagérer, qu'au cours actuel des fonds publics, la dette nationale se trouve augmentée de 250 millions sterl. (6.250,000,000 fr.) dont le trésor n'a jamais reçu un seul penny. On venait de créer alors l'amortissement, et l'on rachetait tous les jours à 3, 4 ou 5 p. 100 des rentes que l'on émettait ensuite de nouveau à un taux plus désavantageux. C'était comme un séton mis au corps humain, une pompe aspirante qui épuisait perpétuellement les ressources du pays. L'erreur de M. Pitt à cette époque fut celle de la nation tout entière, et Dieu sait que la nation l'a cruellement expiée.

« Après six années de guerre et au milieu de l'épuisement qui en était la conséquence, M. Pitt proposa l'*income-tax*. Il s'agissait d'accroître de 40 p. 100 le revenu du pays. En 1798, le revenu public s'élevait à 23,100,000 liv. sterl., et en 1799, à 25,600,000 liv. sterl. ; mais la progression des dépenses était telle qu'il fallut des moyens plus énergiques pour y faire face. En 1802, on porta le revenu à 38,600,000 liv. sterl., et en 1805, la dernière année de M. Pitt, à 50,900,000 liv. sterl. (1,272,500,000 fr.). En 1806, le marquis de Lansdown, alors chancelier de l'échiquier, mit en vigueur le tarif extrême de l'impôt sur le revenu, et les recettes s'élevèrent, pour l'année 1807, à 59,300,000 liv. st. De 1806 à 1816, le revenu annuel ne descendit jamais au-dessous de 60 millions sterl., et monta plus d'une fois à 70 millions.

« Telle était l'idée que se faisaient M. Pitt et ses successeurs de leurs devoirs envers le pays et la postérité. L'Angleterre jouit aujourd'hui des fruits de quarante années de paix : les charges du pays ont diminué dans une mesure qui tient du prodige. En vous faisant les propositions qui vous sont soumises, nous vous demandons de montrer ce que vous êtes ; nous éprouvons de quel métal vous êtes faits. Nous vous proposons d'ajouter 10 millions sterling aux charges publiques, et nous prétendons que ce sera là un effort que la raison peut avouer. N'êtes-vous pas capables de faire aujourd'hui ce que firent en 1798 M. Pitt et les Anglais de cette époque, quand la population de l'Angleterre n'égalait pas la moitié de la population de notre temps? Les importations à la fin du siècle dernier ne représentaient pas le quart des importations actuelles; les exportations s'élevaient à peine au tiers du chiffre qu'elles atteignent de nos jours, 33 millions sterl. en présence de 98 millions. Telle est l'indomptable vigueur, telle est la merveilleuse élasticité de notre industrie, que même avec le désavantage d'une mauvaise récolte et sous la pression de la guerre, les importations augmentent jour par jour, heure par heure; les documents que nous venons de déposer sur la table de la chambre prouvent que dans les trois derniers mois de l'année financière (janvier, février et mars 1854), une augmentation de 250,000 liv. sterl. s'est déclarée dans les exportations. Voilà quelle est votre situation, voilà les circonstances sous l'empire desquelles nous venons faire appel à votre patriotisme. »

Le parlement et la nation britanniques ont fait leur devoir. M. Gladstone vient d'obtenir, pour l'année 1854, le même impôt extraordinaire, les 10 millions sterling que M. Pitt, dans sa tardive prévoyance, avait arrachés au parlement de 1798. L'Angleterre ira beaucoup plus loin, s'il le faut. Au besoin, elle pourrait porter l'*income-tax* à 11 pour 100 du revenu, sans exagérer l'impôt direct, sans accabler les contribuables et sans déranger l'économie régulière des finances. On aurait alors un supplément de budget entièrement disponible pour la guerre d'au moins 20 millions sterling (500 millions de francs); qui permettrait d'ajouter cent mille hommes à l'armée de terre et d'armer cinquante vaisseaux de plus. Cet effort ne serait ni pénible ni éphémère; ce ne serait pas, comme en Russie, le dernier souffle des finances expirantes. L'ac-

croissement qu'aurait pris ainsi le revenu public deviendrait sans peine une récolte annuelle que l'on renouvel-
lerait tant que l'on voudrait. De 1801 à 1810, la moyenne
de l'impôt que supportait le peuple anglais s'élevait par
année et par tête à 5 livres 12 schellings 1 denier, soit un
peu plus de 141 francs. Dans la seconde période décennale du siècle, cette moyenne, suivant les calculs de
M. M'Culloch, descend à 3 livres 15 schellings 6 deniers,
pour tomber à 2 livres 5 deniers, environ 50 francs,
dans la troisième période. Qui doute que l'Angleterre ne
soit en état de payer aujourd'hui, avec cette accumulation de capitaux que le monde lui envie, une somme de
taxes égale ou même supérieure à celles que l'échiquier
percevait il y a trente ans? Au taux de 110 francs par
tête, qui représente le budget de 1815, le Royaume-Uni,
avec ses vingt-sept millions d'habitants, pourrait élever
à 3 milliards de francs le tribut annuel des recettes. A ce
compte, la Grande-Bretagne disposerait pour développer
la guerre, l'intérêt de sa dette payé et tous les autres services largement pourvus, d'un budget de 2 milliards ; il
y aurait de quoi armer l'Europe entière. En 1813, au
moment du plus grand effort contre la France, l'Angleterre consacra aux dépenses militaires une somme un peu
inférieure, — 72 millions sterling.

On voit, par ce tableau sommaire que les ressources
du gouvernement britannique, en matière d'impôt, sont
à peu près illimitées. Quand la lutte prendrait des proportions gigantesques, quand il devrait sortir de l'invasion
déjà rétractée des provinces danubiennes une autre guerre
de Trente ans, le gouvernement, s'appuyant sur le sentiment national et puisant à pleines mains dans les trésors

du pays, y ferait aisément face. Quelles que soient les dépenses de l'État, les progrès de la richesse nationale vont encore plus vite. Arkwright et Watt, en multipliant la puissance de production par leurs inventions mécaniques, ont plus fait pour la grandeur de leur patrie que ne firent pour nous les victoires plus tard expiées de la république et de l'empire. Le génie de Watt et d'Arkwright se répand aujourd'hui dans tous les rangs de la population. L'Angleterre possède au plus haut degré les deux forces qui mettent la matière en mouvement et la rendent féconde, à savoir : la science du travail et les capitaux accumulés. Aussi, de 1815 à 1843 seulement, l'on a constaté un accroissement de 62 pour 100 dans les revenus de la propriété foncière ; les revenus de la classe aisée, ceux sur lesquels porte l'*income-tax*, sont évalués aujourd'hui à près de 6 milliards de francs, et M. Porter les estimait à 8 milliards, en partant de la limite de 30 livres sterling ou 750 francs de revenu. Le progrès dans le commerce d'exportation, de 1850 à 1854, a été de 150 pour 100 ; le tonnage de la marine marchande a doublé depuis le commencement du siècle ; la production du fer, qui est l'instrument de toutes les industries, s'est élevée de 258,000 tonnes, moyenne décennale de 1801 à 1810, à 1,700,000 tonnes, chiffre qui représente la fabrication moyenne de 1840 à 1850. Si l'on veut avoir une idée plus complète de ces merveilles de richesses qu'a enfantées l'industrie en Angleterre par la création et par l'accumulation des capitaux, il suffira de rappeler que, depuis vingt ans, les compagnies ont exécuté sur le territoire britannique 12,000 kilomètres de chemins de fer, représentant un capital d'environ 9 milliards de francs, dont les deux tiers ont été réalisés et servent à leurs actionnaires un revenu qui excède celui d'un royaume de second ordre. Enfin un statisticien éminent enlevé par une mort prématurée à l'administration et à la science, M. Porter, portait à 2 milliards de francs les épargnes annuelles, l'accumulation régulière des capitaux en Angleterre. Une masse flottante de 2 milliards, que la nation peut à volonté donner en offrande ou prêter à l'État pour ses besoins extraordinaires, ou bien employer en commandites de l'industrie, soit au dedans, soit même au dehors! l'imagination s'effraye de mesurer la hauteur de ces chiffres. Quelle puissance pour le mal comme pour le bien!

Nous avons passé en revue les forces de l'impôt ; mais le crédit n'est pas fermé à l'Angleterre. On comprend que le gouvernement britannique hésite avant de rouvrir la carrière des emprunts ; le passé peut lui servir à la fois de leçon et d'épouvantail. Comment ne pas trembler à la seule pensée d'ajouter à l'importance d'une dette qui, à la fin de la dernière guerre, s'est trouvée accrue en capital de 15 milliards et de 600 millions pour l'intérêt ? Aujourd'hui encore le service des intérêts, sans parler de l'amortissement qui ne figure qu'accidentellement dans l'emploi des excédants de recettes, entraîne une dépense annuelle d'environ 700 millions de francs. Cette charge, depuis quarante ans, a diminué de 75 millions à peine ; elle absorbe la moitié du revenu brut. Rien n'est donc plus légitime que la sollicitude avec laquelle le ministère veille à ne pas aggraver le fardeau que la liquidation du passé a fait retomber sur la génération actuelle ; mais l'on se tromperait grossièrement, si l'on allait prendre cette réserve calculée pour un aveu d'impuissance. Le 3 pour 100 consolidé, bien que les circonstances aient pesé sur les cours, est coté encore à 92, c'est-à-dire 20 pour 100 plus cher que le 3 pour 100 français, et 70 pour 100 plus cher que le 4 1/2 pour 100 russe. Cela signifie apparemment que les capitalistes ont une plus grande confiance dans le gouvernement du Royaume-Uni que dans tous les autres gouvernements de l'Europe, et qu'ils s'empresseraient, le cas échéant, de lui apporter leur argent. D'ailleurs, l'Angleterre pourrait emprunter aujourd'hui sans augmenter les charges de son budget ordinaire. L'extinction des longues annuités va réduire la dette en 1860 d'un capital d'environ 500 millions de francs, et d'une dépense annuelle de 32 millions. Ainsi, au taux actuel du 3 pour 100 consolidé, l'échiquier, pour 32 millions de rente, emprunterait aisément plus de 900 millions de francs, soit, de 1855 à 1860, près de 200 millions par année, sans ajouter un centime à l'intérêt de la dette publique. N'est-ce pas là une situation qui doit fortifier la confiance des alliés de l'Angleterre et conseiller la prudence à ses ennemis?

Pour achever la description de ces forces financières, il convient de rappeler que la dette flottante, qui servait de vestibule à l'emprunt pendant la dernière guerre et qui s'éleva pour l'exercice 1815 à 58 millions sterling (1,450,000,000 francs), proportion digne des finances russes, oscille aujourd'hui entre 450 et 500 millions de francs. Réduite à ces termes, elle n'est plus qu'une affaire de trésorerie, un moyen de service. La banque d'Angleterre prend une grande partie des bons de l'échiquier : le reste se place le plus souvent avec bénéfice entre les mains des capitalistes de la Cité. Voilà donc encore une ressource qui peut s'étendre. Le gouvernement anglais, quand il ne lui conviendra pas d'emprunter en rentes, aura la faculté d'augmenter l'émission des bons de l'échiquier. Une dette flottante de 7 à 800 millions de francs n'éveillerait assurément aucune inquiétude dans un pays où les capitaux courent après les placements, et qui est comme un immense atelier où se forge incessamment la richesse.

III. — LES FINANCES DE LA FRANCE.

On vient de voir l'Angleterre consacrer sans effort à l'augmentation de ses armements, pendant la campagne de 1854, de 250 à 300 millions. La France, en concourant au même but, s'impose un sacrifice semblable. Les crédits extraordinaires ouverts jusqu'à présent en dehors du budget de l'année, pour l'accroissement de nos forces de terre et de mer, s'élèvent à 276 millions. Nous irons au delà, si les circonstances l'exigent. La France a pour ressources la richesse de son territoire et celle de son industrie, sans compter un crédit solidement fondé, et qui ne le cède qu'à celui de l'échiquier britannique. On peut ajouter que, si la notion du devoir s'est affaiblie dans l'ordre politique, l'énergie du sentiment national se retrouve encore entière devant un agresseur étranger.

Ce que la France entreprend aujourd'hui avec le concours de l'Angleterre et avec l'alliance de l'Autriche, elle était de taille à l'accomplir seule par ses trésors et par ses soldats. Cependant les conditions sont diverses, sinon inégales. Une population plus nombreuse et plus naturellement belliqueuse que celle du Royaume-Uni nous permet d'entrer en ligne avec de plus puissantes armées ; mais ce serait flatter et par conséquent tromper le peuple français, que d'affirmer que ses finances sont aussi prospères.

Sans doute, le passé nous a légué, malgré la triste nécessité de nous racheter de l'invasion et des révolutions, des charges infiniment moins lourdes. Notre dette en capital représente à peu près le tiers de celle de l'Angleterre, et le service des intérêts, en y comprenant, il est vrai, la dépense fictive de l'amortissement et l'intérêt de la dette flottante, s'élève à une somme moitié moindre, qui oscille entre 350 et 360 millions. L'impôt est peut-être mieux assis chez nous, plus également partagé entre les taxes directes et les taxes indirectes, et les contribuables ne l'ont jamais servi avec une plus édifiante régularité. Enfin le budget, si l'on en retranche les dépenses qui sont une affectation locale, ne pèse pas assurément du même poids, et représente tout au plus 35 ou 40 francs par tête. Mais à côté de ces avantages, il faut voir aussi les côtés faibles de notre situation.

A tort ou à raison, soit parce que les progrès du crédit public sont d'une date encore récente en France, soit parce que la concurrence des capitaux sur le marché est peu animée, nos emprunts se font généralement à des conditions moins favorables. L'Angleterre emprunterait, si l'on en juge par le taux des consolidés, à un taux voisin de 3 1/2 pour 100 ; le gouvernement français vient d'emprunter à un taux qui représente près de 5 pour

100 (¹), et avec une addition éventuelle au capital réalisé de 37 pour 100 sur le 3 et de 11 pour 100 sur le 4 1/2. Ce début ne ressemble pas mal aux erreurs, peut-être inévitables, de Pitt que M. Gladstone a signalées.

D'un autre côté, les dépenses ordinaires de l'État, au lieu de se renfermer, comme chez nos voisins, dans des limites inférieures ou égales à celles du revenu, continuent à excéder les recettes. Un accroissement de 110 millions dans le produit des impôts indirects, progrès inespéré et sans exemple qui est l'œuvre de deux années (1852 et 1853), n'a pas suffi pour rétablir l'équilibre. L'économie annuelle de 21 millions qui devait résulter de la conversion du 5 pour 100 en 4 1/2 se trouve annulée par l'extension qu'a prise la charge des dotations, portée au budget pour une somme de 37,383,114 francs. On a exagéré l'augmentation des traitements attribués aux fonctionnaires au même degré que l'assemblée constituante en avait exagéré la réduction. Le luxe, pour emprunter une expression fort juste de M. de Chasseloup-Laubat, a sur ce point remplacé l'indigence. La passion de la fortune gagne les serviteurs de l'État. Si l'on n'y prend garde, l'argent passera bientôt avant l'honneur, et l'opinion publique, qui prononce, même quand on évite de la consulter, sera conduite à rechercher si la rétribution n'excède pas les services. Tel fonctionnaire, depuis la restauration de l'empire, reçoit, tant sur la liste civile que sur le budget, trois ou quatre traitements dont le cumul représente environ 300,000 francs par année. A ce prix, un L'Hospital et un Turenne se

(¹) Plus exactement 4 74/100ᵉˢ pour le 3 et 5 1/100ᵉ pour le 4 1/2.

seraient crus trop payés. De telles libéralités ne valent rien, ni dans l'intérêt de l'administration, ni au point de vue politique, et c'est le cas de rappeler que les dépenses de représentation prennent une importance qui tend à rejeter dans l'ombre les autres devoirs.

En somme, la progression des dépenses laisse encore une fois en arrière la progression des recettes. Les dépenses de 1854 avaient été évaluées à 1,516 millions ; celles de 1855, même après la révision du conseil d'État et du corps législatif combinées, sont portées à 1,562 millions. Or le budget de l'année prochaine, aussi bien que celui de l'exercice courant, malgré les hostilités commencées, a été réglé sur le pied de paix. Les frais de la guerre restent en dehors, et figurent à un compte spécial, comme cela se pratiquait sous la monarchie pour les travaux extraordinaires. Il est impossible de ne pas faire remarquer que le budget de 1852, le dernier que l'assemblée législative ait voté, fixait les dépenses à 1,447 millions. Ce rapprochement avertit que l'on aurait tort de mettre les gros budgets au compte exclusif du gouvernement parlementaire. Le pouvoir, pour lequel on ne revendique pas ce titre, a aussi des exigences à satisfaire et des plaies à panser. Quoi qu'il en soit, l'absence d'un contrôle décisif ne paraît pas avoir été un principe d'amélioration pour nos finances. La responsabilité du gouvernement, n'étant plus partagée, s'accroît ainsi devant le pays et devant l'histoire : voilà tout.

Passons aux forces contributives de la nation. Il faut reconnaître que la France n'a pas fait de tels progrès dans l'accumulation des capitaux, qu'on puisse, sans se préparer quelque mécompte, lui imposer toutes les char-

ges que le peuple anglais serait capable de supporter.
J'ai vu le temps, et cette époque n'est pas très-éloignée
de nous, où l'on calculait que la place de Paris, le grand
et peut-être le seul réservoir des capitaux flottants, ne
pouvait pas fournir plus de 10 millions par mois pour
de nouvelles entreprises. Et de fait, chaque fois que l'on
avait devancé la formation de l'épargne nationale, l'on
avait produit une crise sur le marché. C'est là, entre autres exemples, l'histoire de 1845. J'admets que ces épargnes se forment aujourd'hui moins lentement et sur une
plus grande échelle. Le marché des chemins de fer représente déjà un capital de 1 milliard 1/2, qui n'existait
pas il y a dix ans ; mais ce marché, comme celui de la
rente, n'a-t-il pas donné quelques signes de surcharge ?
N'a-t-il pas paru, même avant tout présage de guerre,
plier un moment sous le faix ?

Ce serait envisager les choses en optimiste que d'estimer à 5 ou 600 millions par année les épargnes de la
France. Faites la part de ce qui va naturellement s'engager dans l'agriculture, dans l'industrie manufacturière
et le commerce, et vous verrez ce qui restera tant pour
les dépenses extraordinaires de l'État que pour les grands
travaux d'ordre public. 20 ou 25 millions par mois aujourd'hui me paraîtraient une hypothèse fort large.
C'est du reste le calcul que semble avoir fait, en déter-
minant les conditions de l'emprunt, M. le ministre des
finances ; 250 millions réalisables en quinze mois représentent en effet, pour chaque échéance mensuelle, un
versement d'environ 16 millions 1/2. Encore ne faut-il
pas perdre de vue qu'au moment où l'on a ouvert l'emprunt, le marché des capitaux avait déjà été comme sai-

gné à blanc par les appels de fonds d'une multitude d'entreprises, notamment des chemins de fer que l'on avait concédés, je ne dis pas sans choix, mais assurément sans mesure. Ajoutons encore la crise des céréales, qui, en obligeant les consommateurs à dépenser 1 milliard de plus en denrées alimentaires, a retiré nécessairement ce milliard à l'épargne et au travail. La disette devait nous frapper plus rudement que l'Angleterre, car l'Angleterre, habituée à demander à l'étranger une grande quantité des blés qu'elle consomme, n'a eu qu'à augmenter temporairement ces importations pour couvrir un déficit plus considérable, tandis qu'il a fallu, dans un pays exportateur comme le nôtre, improviser un commerce d'importation qui exige des capitaux immédiatement disponibles et d'immenses moyens de transport. Aussi la France a beaucoup souffert, et aura besoin de temps pour se remettre d'une perturbation aussi forte. Le capital de la nation a été entamé ; il faudra combler ce déficit à l'aide des premières épargnes avant que l'accumulation de la richesse reprenne son cours.

Une dernière cause d'infériorité, notre dette flottante, a été portée à un chiffre qui doit, si les circonstances deviennent plus critiques, embarrasser la marche du trésor. Le 1er mars 1851, elle s'élevait à 592 millions ; le 1er avril 1852, M. le ministre des finances évaluait le découvert à 630 millions ; après le règlement de l'exercice 1853, il s'élevait à 760 millions.

Le budget de 1854 a été voté avec un excédant apparent de recettes de 4 millions ; mais d'abord, en ce qui touche le revenu, l'on en avait évalué la partie mobile, celle qui suit la fortune publique dans sa progression et dans son mouvement de retraite, le produit des impôts indirects, à 851 millions, chiffre à peine inférieur d'un million et demi aux produits réalisés en 1852. Les résultats du premier semestre de 1854 sont connus. Comme il fallait s'y attendre, ils restent d'environ 7 millions au-dessous de ceux du même semestre pendant l'année qui vient de s'écouler. Les affaires ne reprennent pas encore toute leur activité, et le prix du blé, qui demeure très-élevé malgré l'abondance de la récolte, imposant encore de lourds sacrifices à la consommation, il est raisonnable de prévoir pour le deuxième semestre un nouveau mécompte. Le revenu réel sera probablement de 12 à 15 millions au-dessous des évaluations officielles, et par conséquent le budget de 1854 se soldera, pour ce chapitre seul, par un déficit de 10 à 12 millions. Viendront ensuite les crédits supplémentaires. Pour contribuer aux actes de bienfaisance ou aux travaux que les communes s'imposaient dans l'intérêt des classes nécessiteuses, le gouvernement a déjà surchargé de 10 millions le budget de l'année. Le décret du 5 août, qui vise le testament de l'empereur Napoléon, y ajoute 8 millions encore. D'autres nécessités ne tarderont pas à se révéler. Par exemple, l'État pourra-t-il laisser à la charge de la ville de Paris les 20 ou 25 millions que va faire peser sur le budget municipal la réduction artificiellement opérée du prix du pain à 40 centimes le kilogramme pour toutes les classes de la population, réduction qui dure depuis près d'une année? Pourra-t-il, lui l'auteur de la mesure, ne pas en supporter les conséquences quand l'événement aura démontré que si l'on est maître de donner le pain à bon marché, aux dépens d'un trésor quelconque,

32

quand le blé est cher, il n'est pas aussi facile de contrain-
dre douze cent mille consommateurs à payer leur pain
cher lorsque le blé se vend à bas prix ? La doctrine des
prix moyens à établir par voie de compensation entre les
temps de hausse et les périodes de baisse vaut celle du
maximum et appartient à la même famille. Les gouvernements se fourvoient quand ils prétendent régler la valeur commerciale des produits. Le prix des denrées
dépend de leur rareté ou de leur abondance. Ce sont là
des phénomènes qui échappent à l'action du pouvoir
tout aussi naturellement que la marche des saisons. En
un temps où prédominent les intérêts matériels, la liberté
des transactions semble la dernière à laquelle on puisse
porter une atteinte durable.

D'autres causes doivent affecter la dette flottante. Nous
n'avons pas parlé des dépenses extraordinaires ; cependant il est facile d'apercevoir dès à présent que l'emprunt
ne les couvrira pas : l'excédant est déjà de 26 millions.
D'ailleurs, les dépenses de la guerre n'en resteront pas
là. Avec plus de cinq cent mille hommes sous les armes
et trois escadres à la mer, nous atteindrons probablement le chiffre de 300 millions, même sans déployer
de nouvelles forces. Les ressources créées par l'emprunt
présenteront donc une insuffisance de 50 millions à laquelle la dette flottante devra pourvoir. Le découvert, à
juger de l'état des finances par les documents très-som-
maires et très-incomplets que le gouvernement fournit,
excédera sans doute de beaucoup la somme énorme de
800 millions à la fin de cet exercice. Parvenue ainsi à
son point culminant, la dette flottante dépassera de 200
à 250 millions les limites les plus tendues d'une situation

normale. L'emprunt aurait dû servir à consolider une partie des découverts, si la guerre n'en eût réclamé l'emploi. Quand sera-t-on en mesure de travailler à cette liquidation, si la guerre se prolonge?

Un budget trop chargé de dépenses, une dette flottante hors de toute proportion, et une accumulation de capitaux annuellement moins considérable, voilà par quels côtés le champ de nos finances, comparé à celui des finances britanniques, paraîtra moins étendu ; on peut en tirer cependant d'abondantes ressources. Il ne s'agit que de ménager d'une main plus avare les trésors du pays dans les temps de calme, et d'en diriger l'emploi avec plus de prévoyance au moment des difficultés. La France est aujourd'hui deux ou trois fois plus riche qu'à l'époque où nous avons successivement payé une rançon de 1,500 millions à l'étranger et une autre de 800 millions aux émigrés. Si les économies nouvelles de la nation n'y suffisent pas, nous prendrons sur les capitaux accumulés depuis trente ans pour nourrir la guerre. Quand l'holocauste deviendra nécessaire, les millions, les centaines de millions et même les milliards ne nous coûteront pas.

Ce que l'on doit rechercher en attendant des nécessités plus impérieuses, ce sont les moyens de poursuivre la lutte sans déranger l'équilibre des finances publiques, et sans porter le trouble dans les régions du commerce et de l'industrie. Supposons qu'en évacuant la Valachie et la Moldavie l'armée russe n'ait songé qu'à renforcer sa ligne de défense, et que le cabinet de Pétersbourg ne se dispose pas à donner à l'Europe les garanties que les puissances de l'Occident réclameront avant de poser les armes; les opérations militaires devront continuer, peut-être même s'agrandir : il faut donc nous préparer à une seconde campagne. Quels seront les moyens de la rendre décisive et d'amener le triomphe du bon droit ?

Ces moyens sont l'impôt et l'emprunt. En présentant le 6 mars au corps législatif le projet de loi qui autorisait le ministre des finances à emprunter 250 millions, le gouvernement a exposé les motifs qui le déterminaient pour cette année à ne rien demander aux contribuables. « Personne ne pensera qu'il soit possible de demander à une extension considérable du chiffre actuel de la dette flottante toutes les ressources qu'exigent dès à présent les services de la guerre et de la marine. L'augmentation de l'impôt n'est pas non plus une ressource applicable à des suppléments de défense larges et prompts comme ceux que nécessite la transition de l'état de paix à l'état de guerre. S'adresser à ce moyen serait d'ailleurs faire peser sur le présent ce qui doit être plus naturellement la charge de l'avenir. C'est aux prospérités de la paix qu'il convient de demander la compensation des souffrances de la guerre. L'emprunt seul peut subvenir largement et sans retard aux nécessités financières résultant d'une situation que la France n'a pas recherchée, mais devant laquelle elle ne reculera pas. »

Si le gouvernement avait dit : « La disette de 1853 a porté la gêne dans les familles ; les épargnes sont dévorées par les nécessités quotidiennes et ne se renouvellent pas ; les contribuables épuisés acquittent péniblement les charges ordinaires de l'impôt. On ne peut pas songer aujourd'hui, ni avant que les économies annuelles de la nation se reforment, à les surcharger d'un supplément

-de taxes. Ce serait aggraver leur détresse et ajouter aux embarras de la situation. L'État, sous une forme ou sous une autre, ne doit demander de l'argent qu'à ceux qui en ont et dans la mesure de leurs ressources. Le revenu de la nation est diminué et périclite : adressons-nous aux détenteurs du capital disponible ; cherchons, pendant les temps difficiles, non pas des contribuables, mais des prêteurs. »

Si le gouvernement avait tenu ce langage, il n'aurait pas trouvé de contradicteurs; mais, au lieu de faire valoir des motifs d'humanité, on a mis en avant des convenances de trésorerie qui ne sont rien moins qu'évidentes. L'emprunt, dans les conditions où il a été ouvert, ne pourvoit pas mieux que l'impôt « aux suppléments de défense larges et prompts que nécessite la transition de l'état de paix à l'état de guerre ; » les versements en effet doivent s'opérer par quinzièmes et de mois en mois, ce qui ne donne pas d'avantage sur l'impôt, dont les rentrées s'opèrent par douzièmes et dans l'année. Ajoutons que les dépenses de l'État se fractionnant également par échéances mensuelles, ce qui importait, c'était d'obtenir la certitude plutôt que la disposition immédiate ou à bref délai d'une réserve considérable. L'impôt eût pourvu à cette nécessité aussi bien que l'emprunt et, en tout cas, concurremment avec l'emprunt.

On a dit encore, au nom du gouvernement, qu'il ne fallait pas « faire peser sur le présent ce qui devait être la charge de l'avenir. » C'est la théorie opposée à celle de M. Gladstone. Par un contraste bien étrange, pendant que le gouvernement britannique soutient que les charges de la guerre regardent le temps présent et doivent être exclusivement supportées par les contribuables, le pouvoir en France revendique un privilége d'exemption en faveur de la génération actuelle, et, au risque de fatiguer le crédit par des appels sans terme, rejette le fardeau sur les générations futures, alléguant que c'est bien assez pour nous des souffrances de la guerre, et que les dépenses en doivent être prises sur les prospérités de la paix.

La vérité se place entre ces deux prétentions également arbitraires.

Il faut bien reconnaître aux pouvoirs publics le droit d'engager l'avenir, puisqu'ils doivent, comme de bons pères de famille, travailler pour la postérité et transmettre l'héritage agrandi à leurs successeurs. D'ailleurs, la limite qui sépare l'avenir du présent est rarement appréciable : « Le moment où je parle est déjà loin de moi. » Pour un gouvernement prévoyant, l'intérêt de l'avenir et celui du présent se confondent. Du reste, la postérité n'ayant pas voix au chapitre, c'est une obligation étroite pour le pouvoir de ne lui renvoyer que les charges que la génération militante ne se trouve pas en état de porter. Entre le présent et l'avenir, la nécessité est le seul arbitre que l'on accepte. Refusez au gouvernement le droit d'hypothéquer « sur les prospérités de la paix » les charges de la guerre, et à l'instant la dette publique n'a plus de base ; vous paralysez, avec la faculté d'emprunt, les travaux qui préparent la grandeur ou le repos des nations. Admettez au contraire qu'un gouvernement peut tout ce qu'il veut, et qu'il est toujours le maître de dégrever le présent pour grever l'avenir, et vous allez donner à ceux qui viendront après lui l'irrésistible tentation de répudier le fardeau qu'on leur aura légué, et qui, du moment qu'il deviendra trop lourd, ne manquera pas de leur paraîtra injuste.

Un gouvernement prudent ne doit exclure de ses moyens d'action ni l'impôt ni l'emprunt. Pourquoi restreindre de gaieté de cœur les limites du possible ? L'Etat vient d'emprunter 250 millions : passons sur les faits accomplis ; mais des besoins nouveaux se déclarent. Est-ce le cas de s'adresser encore une fois au crédit ? Si l'on prend ce parti, il faudra bien attendre le terme des versements qui restent exigibles, car on ne peut pas enchevêtrer l'emprunt qui va s'ouvrir avec l'emprunt déjà ouvert. Cela nous conduit au mois de juillet 1853. On s'est publiquement et hautement félicité des résultats qu'a produits au mois de mars dernier la souscription publique. Ce mode a beaucoup d'avantages, dont le plus considérable à mes yeux est d'attirer dans la rente les petits capitaux de province, qui, en se jetant sur les acquisitions territoriales, enflaient la valeur du sol et le fractionnaient en parcelles pour ainsi dire impalpables. Cependant à côté des avantages viennent se placer des inconvénients très-sérieux. Il ne faut pas se dissimuler que le dernier emprunt a épuisé la province, en même temps qu'il écartait ou rebutait les grands capitalistes. Cet état de choses rend, je le crains bien, aussi difficile de convoquer de nouveau la foule que d'obtenir des soumissions à forfait. On a peut-être agrandi le marché des rentes à l'intérieur, mais on s'est privé d'une ressource qui importe surtout aux jours de crise, en éloignant les capitaux de l'Angleterre et de l'Allemagne. L'emprunt de 1854, du reste chèrement payé, eût présenté une combinaison excellente et à l'abri de la controverse, si l'État n'avait plus dû emprunter. Ceci ne veut pas dire que les bourses vont se fermer devant le gouvernement; je crains seulement qu'il ne trouve pas, quand il le voudra, l'argent très-abondant ni les conditions très-faciles.

Il semble naturel que la génération dans l'intérêt immédiat de laquelle la France prend les armes contribue à la guerre de ses ressources pécuniaires comme elle y contribue de son sang. Il y a place pour un impôt de guerre dans tout budget bien ordonné. Cet impôt est, comme on le pressent, la contribution directe qui s'adresse ouvertement aux facultés des contribuables, et que l'on allége dans les années de prospérité pour la retrouver plus élastique et plus féconde dans les temps d'épreuve. Je sais bien que les gouvernements qui rehaussent le tarif des contributions, même en présence d'une nécessité reconnue, sont rarement populaires ; mais le devoir passe avant le besoin de popularité. Le suffrage universel, avec lequel au surplus je ne confonds pas l'opinion publique, est moins passionné et moins aveugle qu'on ne croit. Tous les gouvernements n'auraient pas succombé à l'épreuve des 45 centimes. Les contribuables en ont voulu au gouvernement provisoire, non pas d'avoir trouvé ce remède à une situation à peu près sans issue, mais de l'avoir rendu nécessaire. Aujourd'hui, au contraire, tout le monde en France est convaincu que la responsabilité de la guerre ne saurait peser sur le gouvernement, et c'est ce qui fait que l'on ne comptera pas les sacrifices pour maintenir la nation à la hauteur de ses destinées. Au reste, je prends volontiers la responsabilité du conseil; espérons que le pouvoir, tout bien considéré, ne reculera pas devant celle de l'acte.

La nécessité d'accroître les versements qui proviennent de l'impôt ressort, avant toutes choses, du défaut d'équilibre que présente le budget de 1855. Bien que l'on ait retranché 12 millions du chapitre spécial des travaux extraordinaires, ce qui ne saurait passer pour une économie bien entendue, afin d'élever les recettes jusqu'au niveau des dépenses, l'on a été obligé de supposer que les contributions indirectes produiraient 891 millions (1). C'est un chiffre de 40 millions supérieur aux produits de 1853, et qui excédera de 60 millions peut-être ceux de l'année courante. Comment espérer, sans une illusion qui n'est pas même plausible, que l'accroissement continuera et sur de pareilles proportions? Les conséquences de la disette se feront sentir encore

(1) Voici le budget de 1855 tel qu'il figure dans le rapport de la commission du corps législatif :

RECETTES.		DÉPENSES.	
Contributions directes.	421,120,048 f.	Ministère d'état.......	6,595,400 f.
Produit des domaines,		— de la justice.	27,443,380
des forêts et pêche..	43,912,857	— des affaires	
Impôts et revenus in-		étrangères .	9,621,600
directs...........	891,756,050	— des finances..	726,372,552
Divers revenus.......	57,058,101	— de l'intérieur.	150,991,220
Produits divers du bud-		— de la guerre.	315,897,791
get..............	27,005,000	— de la marine.	127,602,402
Produit de la réserve		— de l'instruc-	
de l'amortissement..	87,258,232	tion publique	
Ressources extraordi-		et des cultes.	65,619,722
naires, versements		— de l'agricultu-	
des compagnies de		re, du com-	
chemins de fer.....	57,901,925	merce et des	
		travaux pu-	
TOTAL GÉNÉRAL des		blics........	76,809,242
recettes........	1,566,012,215 f.	Travaux extraordinaires	78,575,999
		TOTAL GÉNÉRAL des	
		dépenses........	1,562,050,308 f.

en 1855. Il ne faut d'ailleurs attendre une progression indéfinie pas plus du revenu public que de la richesse privée. Le produit des impôts indirects n'augmentera pas tous les ans de 65 millions comme en 1852 ou même de 44 millions comme en 1853. La consommation est une quantité qui a des limites, et des deux éléments qui concourent à l'augmenter, le progrès de la richesse et celui de la population, l'un nous manque d'une manière absolue, car la population, depuis dix ans, est à peu près stationnaire en France.

Si l'on ne veut pas ou si l'on ne peut pas réduire, pour l'année 1855, les dépenses ordinaires, il faudra donc ajouter à l'échafaudage de la dette flottante ou se résoudre à une augmentation d'impôts. Mais indépendamment du budget nous aurons à défrayer la guerre : si la guerre doit coûter chaque année 250 à 300 millions, quel homme politique, quel financier conseillerait de demander tous les ans 300 millions au crédit ?

On a dégrévé, en 1853, la contribution foncière de 17 centimes ; c'est une remise de 26 millions qui a très-peu profité aux contribuables, et une perte très-sensible pour le trésor. Nous proposons de rétablir, à titre permanent, 17 centimes sur la contribution foncière ; 30 centimes, ajoutés temporairement aux quatre contributions directes, produiraient de 75 à 80 millions. La taxe du sel, réduite à 1 décime par kilogramme, rend annuellement 35 millions ; on élèverait le produit au minimum de 25 millions en portant la taxe à 2 décimes, et ce serait encore une réduction d'un décime sur le tarif de 1847. On pourrait aussi augmenter les droits qui frappent les alcools, matière essentiellement imposable. Enfin, en opérant une retenue d'un cinquième sur les traitements supérieurs à 10,000 fr., et d'un dixième sur les traitements inférieurs jusqu'au chiffre de 2,000 fr., on obtiendrait une ressource additionnelle de 10 à 12 millions. Au total, on ajouterait ainsi 150 millions, à peine un dixième, aux charges de l'impôt.

Dans un pays industrieux et économe comme la France, à la veille d'un grand péril, ou seulement quand l'honneur national est engagé, il est certainement possible, sans troubler les progrès de l'accumulation et sans porter atteinte à l'assiette des fortunes, de demander annuellement 150 millions de plus à l'impôt et 150 millions à l'emprunt. De ce train-là, au lieu d'accabler nos finances au premier effort, on alimenterait la guerre au besoin pendant dix ans, et l'on rendrait notre action irrésistible.

L'impôt et l'emprunt sont des moyens différents de puiser aux mêmes sources, ce sont deux courants dérivés du même réservoir, qui est le marché des capitaux ; mais ce marché, qui représente les facultés contributives du pays, s'ouvre pour d'autres que pour l'État. C'est le fonds commun dont s'alimentent les entreprises industrielles ou commerciales, et au moyen duquel se développent, avec la puissance créatrice du travail, les améliorations agricoles, les usines, la navigation de long cours, ainsi que les voies intérieures de communication. Le marché des capitaux peut-il, en temps de guerre, défrayer concurremment les besoins des services publics et ceux de l'industrie? Dans quelle proportion les épargnes de la nation sont-elles disponibles pour ce double usage ? La crise que nous traversons peut servir à le déterminer.

Depuis le milieu de l'année 1853, d'abord sous l'influence des alarmes qu'excitaient les desseins déjà manifestes de la Russie, et bientôt sous la pression de la guerre imminente ou déclarée, la situation du commerce, de l'industrie et du crédit s'est altérée en Europe. Les mauvais résultats de la récolte, venant ajouter aux anxiétés de l'opinion, ont pu aggraver ce malaise. Cependant la crise a une autre origine : il faut l'attribuer principalement à des causes politiques, qui ont agi sans mélange au début, et qui, les embarras des subsistances touchant à leur terme, vont avoir le champ libre désormais.

La dépression des valeurs a été lente, mais continue, pendant près de dix mois, et a fini par exercer une désastreuse influence sur la fortune publique. Les 3 pour 100 consolidés que la bourse de Londres cotait à 100 au mois de juin 1853 étaient tombés à 87 vers la fin de mars 1854, ce qui représentait une baisse de 13 pour 100. Le 3 pour 100 français, qui avait atteint un moment le cours de 86 fr., et qui se cotait encore 79 fr. 50 au mois de juin 1853, descendait, dans le courant de mars 1854, au-dessous de 63 fr., ce qui représentait, sur les cours de juin, une baisse d'environ 20 pour 100.

Dans un discours que M. Bright adressait, le 31 mars dernier, à la chambre des communes, l'honorable représentant de Manchester constatait que la dépréciation des fonds publics en Angleterre équivalait alors à une perte de 120 millions sterling, et que la dépréciation des valeurs industrielles, telles que les actions de chemins de fer, qui avait été proportionnellement plus forte, équivalait à une perte de 80 millions sterling. L'Angleterre avait donc vu, sur deux branches de sa richesse, et sans parler de l'agriculture ni de l'industrie manufacturière, le capital national diminuer, comme valeur vénale, de 200 millions sterling, 5 milliards de notre monnaie.

La baisse des valeurs mobilières a fait les mêmes progrès en France. Nous n'avons pas, comme en 1848, perdu à la fois sur le capital et sur le revenu, car les recettes des chemins de fer en particulier ont présenté, pour l'année 1853, un accroissement de 16 pour 100 sur les résultats correspondants de 1852, et le premier semestre de 1854 a donné, pour le réseau de 4,152 kilomètres, une recette de 86 millions, d'où ressort un accroissement de 12 38/100ᵉˢ pour 100 dans le produit kilométrique; mais cette augmentation, dont la régularité est vraiment remarquable, n'a pas préservé les actions des chemins de fer de la dépréciation qui atteignait toutes les valeurs. Les lignes exploitées ou en construction, qui représentaient en 1853 un capital d'environ 1,500 millions, figuraient, à la fin de mars 1854, sur les cotes de la bourse, pour 350 millions de moins. Les détenteurs de ces actions, qui s'étaient vus dans la nécessité de les vendre, avaient perdu 23 pour 100 de leur capital.

A la même époque, les rentes 4 1/2 pour 100 étaient dépréciées de 16 pour 100; en y ajoutant la baisse du 3 pour 100, on trouvait une diminution de capital d'environ 900 millions. Il y a bien encore la perte essuyée sur les obligations des chemins de fer, que l'on ne saurait évaluer à moins de 50 millions, et la dépréciation des actions des établissements de crédit, tels que la Banque de France, le crédit foncier et le crédit mobilier, qui s'est élevée à une somme à peu près égale. La perte qui a frappé le marché des valeurs mobilières a donc été au total de 13 à 1,400 millions. En 1848, elle avait été de 50 pour 100 ou de 3 milliards et demi sur les rentes seules.

Le malaise qui agitait le pays se reconnaissait encore à d'autres symptômes. Ainsi l'argent abondait sur le marché ; il se livrait à bas prix dans les placements temporaires, mais ne s'aventurait dans les placements sérieux qu'attiré par l'appât d'un profit exorbitant. On pouvait acheter les yeux fermés les actions des meilleures lignes de chemins de fer sur le pied de 7 à 8 pour 100, et malgré de tels avantages, les capitalistes n'accouraient pas. Chacun spéculait sur les perspectives de l'imprévu, et préférait, en attendant, soit garder ses écus immobiles, soit prendre du papier à courte échéance, ou faire le commerce peu productif des placements sur report. Quiconque avait besoin d'emprunter, en dépit des meilleures garanties, devait s'attendre à être égorgé. Les banques s'empressaient à l'envi d'élever le taux de leurs prêts et de leurs escomptes. Les propriétaires ne trouvaient plus que dans les bureaux du crédit foncier de l'argent à 5 pour 100. Le trésor lui-même, quelques mois avant l'emprunt, avait porté à 5 1/2 pour 100 l'intérêt de ses bons à longue échéance. Parmi les compagnies de chemins de fer, celles qui avaient ouvert des emprunts à un taux qui aurait six mois plus tôt déterminé des souscriptions en masse se voyaient délaissées par le public. Une seule réussit, mais en servant un intérêt qui, avec la prime au remboursement, représentait plus de 6 pour 100 du capital prêté ; il est vrai que cette compagnie n'avait admis à la souscription que ses actionnaires. D'autres administrations, plus prudentes ou mieux pourvues de ressources, ajournaient à des circonstances plus favorables tout appel au crédit.

Les mêmes phénomènes se sont manifestés avec encore plus d'intensité sur le continent-européen. Ainsi le 5 pour 100 belge est tombé à 90, celui de Naples à 88, celui de Rome à 80, celui de Piémont à 73, et celui d'Autriche à 77 1/2. Le 3 pour 100 piémontais émis récemment à 69 francs ne se cotait plus, à la fin de mars, qu'à 47 francs, avec une perte de 30 pour 100 sur le capital d'émission, et à une distance de 52 pour 100 du pair nominal. Encore toutes ces valeurs seraient-elles descendues plus bas sans l'écoulement qu'elles trouvaient sur les places de Paris et de Londres, dont les capitaux rayonnent comme la lumière, et vont, avec une générosité souvent imprudente, se prodiguer au dehors dans toutes les directions.

En prenant la cote des fonds publics pour signe du taux moyen que représente dans chaque contrée le loyer de l'argent, on voit que, relativement au reste de l'Europe, dans la dépression qui a pesé sur le crédit et par suite sur les transactions de l'industrie et du commerce, la France et l'Angleterre sont incontestablement les nations que cette crise a le moins maltraitées. Un autre enseignement en ressort : la crise financière s'est étendue à l'Europe entière, parce que l'Europe entière est menacée par la guerre qui s'allume en Orient. Les intérêts au delà des Alpes, du Rhin et de l'Escaut se sont montrés plus clairvoyants que la politique.

Depuis le mois de mai et surtout pendant le mois de juin, la confiance a paru se ranimer. On s'habitue évidemment à la pensée de la guerre; on en calcule plus froidement les bonnes et les mauvaises chances. A mesure que la puissance de la Russie, mise à l'épreuve des difficultés, s'est amoindrie, la force de l'Occident a semblé grandir et dominer. Il devient évident que les esprits se relèvent. Aussi, bien avant que l'on pût connaître ou même pressentir les résultats de la récolte de 1854, qui doit exercer une influence si décisive sur l'économie intérieure des populations, un mouvement de reprise très-prononcé s'est manifesté dans les régions du crédit. Le tableau suivant du cours des principales valeurs, aux trois époques de la fin de juin 1853, de la fin de mars et de la fin de juin 1854, permettra d'apprécier la nature et les proportions de ce mouvement en ce qui touche la France :

	Juin 1854.		Mars 1854.		Juin 1853.	
3 pour 100..............	73 f.	30 c.	63 f.	c.	79 f.	58 c.
4 1/2	98	10	88	90	98	10
Chemin d'Orléans	1,170		1,040		1,170	
— du Nord.........	867	50	745		910	
— de l'Est..........	702	50	680		822	50
— de l'Ouest........	650		545		755	
— du Midi..........	610		487	50	645	
— de Lyon.........	950		772	50	940	
— de la Méditerranée.	827	50	630		745	
— de Rouen........	1,020		850		1,070	

Après une année d'émotions et de désordres, le crédit public se trouvait ramené à une faible distance du point de départ. Le 4 1/2 pour 100, soutenu par les achats au comptant, qui n'ont pas cessé d'agir, même dans les moments les plus critiques, a regagné le cours de 98 francs 10 centimes. Le 3 pour 100 est encore de 6 francs au-dessous du prix qu'il obtenait à la fin de juin 1853. Les actions des chemins de fer sont généralement remontées à leur cours d'il y a un an ; mais c'est encore une baisse de 8 à 10 pour 100, si l'on tient compte de la hausse égale qu'aurait dû amener dans la cote de ces valeurs la progression du revenu.

En résultat, le crédit n'a pas repris son assiette ; mais les événements, qui l'ont éprouvé quelque temps, en ont mis en évidence la solidité. Il y a d'ailleurs des motifs de se rassurer, que je trouve considérables. Première-ment, par un temps de guerre et de disette, les produits de l'impôt indirect, ce thermomètre de la consommation, n'ont que très-faiblement diminué ; secondement, l'im-pôt volontaire que le public paye aux compagnies de che-mins de fer, pour prix du transport des personnes et des marchandises, et qui indique assez exactement le mou-vement des affaires, a donné des résultats constamment progressifs. On peut donc en induire sans témérité que le revenu de la nation, s'il n'a pas augmenté, n'a pas di-minué d'une quantité qui soit vraiment appréciable. C'est une année perdue pour l'accroissement de la ri-chesse, et voilà tout.

Mais, si l'on veut que les ressources nationales con-servent cette élasticité, il faudra qu'on les ménage. L'in-dustrie, un peu trop encouragée, a mis toutes voiles dehors. Sans parler des usines et des manufactures, qui n'exigent pas l'autorisation des pouvoirs publics, depuis le 31 décembre 1851, en deux années, l'étendue des

chemins de fer concédés a dépassé 4,000 kilomètres.
4,000 kilomètres de chemins de fer représentent, sans
parler de la subvention de l'État, une dépense d'environ un milliard pour les compagnies. Supposons
que la moitié de ce capital ait déjà été réalisée ; 500 millions à lever sur le public en quelques années paraîtront
encore une contribution très-lourde. Il faudra que, par
la prudente lenteur de l'exécution, en fractionnant les
appels de fonds, en différant les emprunts, en ajournant
tous ces embranchements qui ne sont, à vrai dire, que
des communications vicinales, les compagnies tempèrent
l'effet que l'apparition simultanée de tant d'entreprises a
produit. Que serait-ce, si le gouvernement, ne prenant
pas conseil des circonstances, allait, comme on l'a prétendu, faire des concessions nouvelles, ou ajouter aux
charges des concessions déjà faites ? Nous aurons bien
assez, pendant la guerre, de continuer et de mener à fin
les travaux commencés pendant la paix ; ce n'est pas pour
l'industrie le moment de former de vastes projets, de
spéculer, ni d'entreprendre.

Ne voit-on pas d'ailleurs que la force des choses résiste
à l'audace de tous ces calculs ? Les ouvriers manquaient
déjà ; le recrutement extraordinaire qu'exige l'armée va
diminuer le nombre des hommes que l'industrie trouvait à enrôler. Le fer manque, et la réduction des droits
sur les fers étrangers n'a donné qu'une satisfaction illusoire. Les machines manqueront à leur tour, et avant
tout, ce personnel de mécaniciens qui est lent à se former, les pilotes de ces fleuves de rails, qui ont aussi leurs
écueils signalés par plus d'un naufrage. Dans la conception de ces plans qui dévoraient l'espace et qui suppri-

maient le temps, l'on n'avait pas fait la part des circonstances perturbatrices ; aussi les causes de retard et
de mécompte sont-elles partout.

En Angleterre, la spéculation a fait, pendant l'année 1853, des folies qu'elle expie en 1854. L'or de l'Australie, cet or qui effrayait quelques imaginations, est
venu fort à propos au secours des embarras monétaires.
Néanmoins le loyer des capitaux, par une dernière conséquence de la crise, y est encore assez élevé : la banque
d'Angleterre tient le taux de l'escompte à 5 pour 100. Il
est naturel que les peuples qui jouissent du *self-go-
vernment* ne s'instruisent qu'à l'école de leurs propres
fautes ; mais chez nous et après la transformation qu'a
subie le pouvoir, s'il prend l'initiative en toutes choses,
on attend de lui qu'il ne laisse ni exagérer ni s'égarer
l'action. Aussi, quand je vois M. le ministre des travaux
publics, dans un rapport adressé à l'empereur, se féliciter de ce que l'exécution des 2,154 kilomètres de chemins de fer concédés par l'État en 1853 ne coûtera qu'un
sacrifice de 39,300,000 fr., je ne puis m'empêcher de
penser qu'il aurait rendu à l'État un plus grand service
et qu'il aurait acquis une gloire plus réelle, si, prévoyant,
comme il lui appartenait de le faire, la guerre qui s'a-
massait en Orient, il avait ajourné ou refusé la moitié de
ces concessions.

Les dépenses des départements et des villes sont, pour
les finances, une autre charge qu'il devient urgent de
contenir dans des limites plus raisonnables. Les centimes
départementaux et communaux, qui s'élevaient à 58 millions en 1830, à 114 millions en 1846 et à 132 millions
en 1851, figurent au budget de cette année pour 140 mil-

lions. Ces dépenses, qui s'accroissent beaucoup plus vite que celles de l'État lui-même, absorbent déjà le tiers du produit des contributions directes ; c'est une somme presque égale au principal de la contribution foncière. Les autorités locales entrent ainsi, au delà de ce que semble tolérer l'intérêt bien entendu des contribuables, en partage de la souveraineté qui appartient à l'Etat en matière d'impôt. Encore devrait-on ajouter à ce budget de 140 millions, pour donner une idée exacte des dépenses, les 80 et quelques millions que les villes retirent des octrois et le produit des emprunts contractés soit par les départements, soit par les administrations municipales. L'ensemble ne s'élève pas à moins de 275 à 300 millions par année.

La situation ne comporte plus évidemment de tels sacrifices. La disette ne frappe plus à notre porte, et il ne s'agit plus de trouver un emploi profitable ou non pour les bras inoccupés. Les seuls travaux qu'il convienne d'encourager fortement aujourd'hui sont les travaux agricoles. De ce côté nous avons un long arriéré à solder, de ce côté paraît désormais l'avenir de la richesse ; par là nous augmenterons réellement le bien-être en améliorant les mœurs. Pour les travaux d'embellissement, nous avons du temps de reste. Les villes comme les particuliers ne doivent les entreprendre que lorsque leurs caisses regorgent d'argent, et lorsque leurs économies ne peuvent pas recevoir une meilleure destination.

Parmi les villes qui entreprennent de grands travaux et qui se livrent à de vastes opérations de crédit, Paris figure en première ligne. En le rappelant ici, je n'entends pas exprimer un blâme. Il m'appartiendrait moins qu'à tout autre de m'ériger en censeur d'une tendance d'ailleurs généreuse, après avoir eu l'honneur de proposer à l'assemblée législative, au nom du gouvernement, les lois qui ont décidé et rendu possible l'exécution des halles centrales et de la rue de Rivoli. L'intérêt de la paix publique autant que celui de la salubrité commandait de faire une large trouée à travers le quartier des barricades. L'air et la lumière y pénètrent aujourd'hui ; j'aurais mauvaise grâce à me plaindre de ce que la combinaison de 1851 a du succès et détermine de nouvelles entreprises. Mais n'a-t-on pas embrassé trop de projets à la fois ? Les finances de la ville, si florissantes qu'on les suppose, ne vont-elles pas être excédées ?

Le revenu municipal est en progrès : en 1853, il a dépassé 55 millions ; l'emprunt de 50 millions ne doit pas avoir été dépensé sans réserve, puisque l'on tient encore en projet la construction des halles centrales. Cependant ces ressources ne défraieront pas longtemps des budgets de 90 millions, comme celui que M. le préfet de la Seine a présenté pour 1854. Un nouvel emprunt sera bientôt nécessaire. Remarquez que l'on porte le marteau de la démolition partout à la fois. Des quartiers sont rasés entièrement comme dans une ville prise d'assaut. Nous avons passé l'hiver et le printemps au milieu des décombres : la circulation sur la voie publique était interceptée à chaque pas. Il s'agit évidemment désormais non pas d'assainir, non pas d'embellir, mais de transformer la capitale. Les abords du Louvre et des Tuileries, le bois de Boulogne et sa nouvelle chaussée, le boulevard de Strasbourg prolongé jusqu'à la Seine, le boulevard Malesherbes, la rue des Écoles, et bien d'autres créations dont l'énumération me conduirait trop loin, condamnent assurément la ville de Paris, pour première échéance, à quelque nouvel emprunt de 40 à 50 millions. N'oublions pas que son crédit est aujourd'hui chargé de 24 millions, empruntés au moyen des bons de la caisse de la boulangerie et qui constituent provisoirement une dette flottante.

Si l'on envisage par le côté politique cette accumulation d'entreprises, on ne peut se défendre de certaines appréhensions. Un premier résultat, qui n'est pas le plus grave à nos yeux, sera la perturbation des fortunes. A force de démolir coup sur coup, et en rasant plus de deux mille maisons, on a commencé par provoquer un renchérissement des loyers, factice assurément, temporaire si l'on veut, mais qui désole et met hors de leurs calculs toutes les familles placées dans les régions moyennes de la société. Plus tard, quand les constructions et les reconstructions, qui s'élèvent avec une grande rapidité, auront comblé les vides et créé trois ou quatre nouvelles villes dans Paris, les locataires ne se multiplieront pas aussi promptement pour les habiter, et le prix des loyers baissant peut-être de la même quantité qu'il avait haussé, les propriétaires et les spéculateurs qui auront construit à grands frais se trouveront à moitié ruinés. L'énorme capital que vont représenter les bâtiments et les terrains dans Paris sera frappé d'une dépréciation qui paraît inévitable.

Mais je redoute davantage, je l'avoue, l'agglomération extraordinaire d'ouvriers qu'entraînent des travaux exécutés sur une aussi grande échelle et pendant une suite d'années. Tous ces hommes que des salaires élevés attirent du fond des départements, après avoir goûté pendant plusieurs années des habitudes parisiennes, se détachent de leur domicile d'origine, et finissent par grossir, même quand les travaux viennent à se ralentir, la population des faubourgs. Leurs mœurs se corrompent dans les cabarets, et leurs opinions dans les sociétés secrètes. Là on les forme aux agitations politiques, et ils deviennent la milice des révolutions. L'armée d'ouvriers qui concourut à édifier les fortifications de Paris avait apporté à la population de la capitale des recrues qui contribuèrent avec un bien autre zèle à la révolution de 1848. Il n'est jamais bon, il n'est jamais sûr d'accumuler sur un seul point du pays des réunions d'hommes qui, après avoir fourni des moyens de travail, pourront, avec la même facilité, fournir des éléments de désordre.

En résumé, la situation des villes et des compagnies industrielles en France est la même que celle de l'État : des finances qui présentent de grandes ressources, mais qui se trouvent fortement engagées. On ne donne pas aux économies de la nation le temps de se former; on les escompte. Ces épargnes du travail, ce trésor composé de parcelles, brillent d'une splendeur qui attire la convoitise ; tout le monde les couche en joue. Par l'impôt et par l'emprunt, l'État, les départements, les villes et les compagnies, se les disputent. Si la récolte de ces fruits réservés promet d'atteindre à 500 millions, on entreprend pour un milliard.

Avant la guerre, les esprits prévoyants n'étaient pas sans inquiétude déjà sur le crédit public, mené ainsi au train de course. La guerre est venue, qui a donné un

premier avertissement ; n'attendons pas le second. Il serait triste, avec tant d'éléments de force et de prospérité,
quand la nation ne manque pas d'ardeur, que le gouvernement manquàt de ressources. Cessons de prendre la
fortune publique pour une quantité sans fin. Ajournons
les entreprises nouvelles, fussent-elles déjà proclamées à
son de trompe. Modérons l'essor de toutes celles qui sont
en voie d'exécution. Si l'on veut que l'État trouve chaque année, pour mener la guerre avec énergie, une ressource extraordinaire de 300 millions, il faut lui laisser
le champ libre. L'industrie, assise au banquet du crédit,
y avait pris double place ; tant que le canon grondera,
elle fera bien de se contenter des miettes du festin.

Nous avons passé en revue les finances de la Russie,
celles de l'Angleterre et celles de la France. Nous avons
entrepris cet exposé sans passion, ni parti pris, bien convaincu que ce que nous avions à cœur de démêler, la vérité des situations respectives, était ce qu'il importait le
plus au public de savoir. On ne trompe que ceux que
l'on a intérêt à éclairer, quand on dissimule sciemment
les forces de ses adversaires. Nous pensons avoir fait une
peinture fidèle, autant que le permettent les documents
officiels, qui sont rares, incomplets et obscurs dans l'empire russe, et dans lesquels le régime actuel en France
ne se pique pas de prodiguer la clarté.

Il résulte, de cette comparaison entre les ressources
des puissances belligérantes, que la Russie en est aux expédients dès la première campagne, ce qui ne paraît pas
laisser une grande marge à son obstination ; que la France
a d'immenses richesses, que l'on n'a pas assez ménagées,
et qui ne lui permettront qu'au moyen d'une direction

plus économe de soutenir les efforts qu'elle fait en ce moment ; que l'Angleterre seule peut sans effort comme sans retard, à toute heure et tant qu'il le faudra, se procurer les trésors que la guerre, ce grand consommateur d'argent, exige.

Voilà le spectacle, à notre avis très-intéressant et fort instructif, que la guerre d'Orient a donné aux peuples. Quelle conclusion l'opinion publique de l'Europe va-t-elle en tirer ? Tout le monde pensera, nous n'en doutons pas, que la Russie n'a jamais mesuré son ambition à ses forces réelles, et qu'elle n'a de son côté, dans la lutte, ni la puissance ni le droit ; peut-être même en viendra-t-on à considérer la faiblesse relative de la Russie comme la meilleure garantie d'une paix prochaine ; mais ce n'est pas là, si je puis m'exprimer ainsi, toute la moralité de la pièce : elle a sans contredit une portée plus haute. Ce qui se passe n'est rien moins que la démonstration, incrustée cette fois dans les faits, des avantages du gouvernement constitutionnel et des inconvénients du pouvoir absolu. C'est l'empereur Nicolas qui s'est chargé de donner cette leçon au monde.

On a souvent discuté, au point de vue spéculatif, la valeur des diverses formes de gouvernement. Les voilà mises à la plus rude et à la plus décisive des épreuves. Quelle est celle qui, dans les temps difficiles, donne la plus grande somme de forces à une nation et à son gouvernement en face de l'ennemi extérieur ? Evidemment ce n'est pas le despotisme. Voici le pouvoir le plus absolu qui fut jamais, environné de la double autorité du ciel et de la terre, pape et roi, disposant sans contrôle et sans bornes de la vie ainsi que de la fortune de ses sujets, ne se contentant pas de l'obéissance et commandant l'adhésion. Il traîne tout cela au combat comme autant de forces, et il est trouvé trop faible dès le premier choc.

C'est qu'il n'y a pas de gouvernement plus vulnérable que le despotisme. Son tempérament rend les fautes inévitables; son caractère ne lui permet pas de les avouer ni de les réparer. Toutes les forces dont il dispose, on peut les détacher de lui ; qu'il éprouve un revers, et la désertion va bientôt convertir cet échec en déroute. Quant aux forces dont il ne dispose pas, ce sont celles que rien ne remplace, l'opinion et le crédit. Le despotisme ne peut pas appeler l'opinion à son secours, l'opinion qui commande pourtant les sacrifices, l'opinion qui fait jaillir les écus et les hommes du sol, l'opinion qui gagne les batailles, car l'opinion est son ennemi. Les sources du crédit se ferment devant lui dès que le besoin le presse. Quelle sûreté en effet peut-il offrir aux prêteurs ? Y a-t-il une autre loi que sa volonté dans l'empire ? Si le despote est de bonne foi, il tiendra ses engagements ; s'il a moins de scrupules que de caprices, qui le rappellera au respect des contrats? Les gouvernements sans contrôle deviennent tôt ou tard des gouvernements sans frein. Le crédit public naît des institutions ; il ne s'attache pas aux personnes.

Dans les termes de comparaison que cette guerre met sous nos yeux, à mesure que l'on s'éloigne du pouvoir absolu, on voit grandir la force et la richesse des gouvernements. La Russie est au bas de cette échelle, et, je regrette pour mon pays d'avoir à en faire l'aveu, l'Angleterre est incontestablement au sommet.

RÉPONSE DE M. TENGOBORSKI.

A Monsieur le Directeur de la REVUE DES DEUX-MONDES.

Ce n'est que depuis peu que j'ai eu le loisir de lire le travail de M. Léon Faucher sur *les Finances de la Russie*, inséré dans la *Revue des Deux-Mondes* du 15 août dernier.

Si cet article avait paru dans un recueil moins estimé que celui qui se trouve depuis bien des années sous votre direction éclairée, et s'il n'était pas sorti de la plume d'un publiciste aussi distingué que M. Léon Faucher, dont l'opinion fait autorité en matière de finances et d'économie politique, je ne m'en serais pas plus occupé que de toutes les autres publications hostiles à la Russie qui abondent dans la presse quotidienne, et auxquelles on est tellement habitué chez nous, qu'on ne leur accorde plus une attention sérieuse. Ce n'est que l'importance de la *Revue des Deux-Mondes* comme organe de la partie éclairée du public et le nom de l'auteur, dont je lis toujours avec intérêt les productions littéraires, qui m'ont engagé à vous adresser ces lignes.

A une époque où l'esprit public est dans une agitation constante, où les passions sont plus que jamais en effervescence, tout homme qui aime une vie tranquille livrée à des études et à des occupations sérieuses, doit être naturellement porté à éviter la polémique sur des questions du jour qui impressionnent si vivement les esprits, car ce n'est pas le moment de discuter avec calme. Il faut espérer que cette animosité contre la Russie, produite en grande partie par les instigations d'une presse passionnée, dont le vertige semble avoir atteint son point culminant, passera comme tous les autres égarements de l'esprit humain, dont nous

avons vu tant de phases depuis quarante ans, et qu'il viendra un temps où l'on jugera la Russie d'une manière plus
raisonnable et moins passionnée, et où l'on se convaincra,
j'en suis bien sûr, que le danger pour les intérêts de l'équilibre de l'Europe continentale ne se trouve pas du côté où
l'on s'évertue à le voir aujourd'hui.

Je m'abstiendrai donc de toute discussion sur les considérations politiques de M. Léon Faucher et ne m'occupe-
rai, dans ma réponse, que de la partie purement financière
de son travail, pour en relever quelques erreurs matérielles.

Je vous avoue, Monsieur, bien sincèrement qu'en lisant
cet article, j'ai été quelque peu surpris qu'un auteur aussi
distingué eût prêté l'autorité de son nom à des faits complétement inexacts, et je n'ai pu m'en rendre compte qu'en
prenant en considération que M. Léon Faucher, ajoutant
une entière confiance aux révélations d'un organe officiel
de la presse française, l'a adopté pour base de tous ses raisonnements sur la situation financière de la Russie, dont il
a tiré, avec sa lucidité ordinaire, des déductions qui seraient très-justes, si elles n'étaient plus fondées sur des faits
erronés.

Je ne ferai pas au gouvernement français le tort de supposer qu'il a sciemment dénaturé les faits ; mais je regrette
qu'une connaissance imparfaite des opérations financières
de la Russie et de ses ressources l'ait entraîné à confondre
quelques données vraies avec d'autres qui ne le sont pas,
et à construire un échafaudage de chiffres qui donne une
idée complétement fausse de l'état de nos finances. Les erreurs qui s'y trouvent, et que nous supposons involontaires,
ont été réfutées en substance dans deux articles qui ont
paru dans le *Journal de Francfort* du 9 juillet et du 18 août
dernier ; mais comme il se pourrait que ces deux articles ne
fussent point parvenus à la connaissance de vos lecteurs, et
que d'ailleurs l'emploi que M. Léon Faucher a fait des don-

nées publiées par le *Moniteur* et les développements dont il les accompagne exigent quelques explications complémentaires, je crois devoir récapituler ici les inexactitudes qui se trouvent reproduites dans le travail de M. Faucher.

Les chiffres et les raisonnements qui s'y rattachent se croisent tellement les uns les autres, que, voulant surtout être court, il me serait difficile de les soumettre à une analyse systématique ; je me bornerai donc à relever les inexactitudes qui s'y trouvent en suivant l'ordre dans lequel elles se présentent au lecteur.

1° Il est dit (page 304) : « Le gouvernement russe, après avoir tâté les divers marchés, se voit exclu des principales places de crédit et réduit à l'expédient odieux, autant que stérile, de l'emprunt forcé. »

Que l'emprunt russe soit, dans ce moment, exclu des marchés de Londres et de Paris, c'est bien naturel, et le gouvernement russe ne pouvait pas espérer d'y placer les inscriptions de cet emprunt. Il est également naturel qu'une opération financière de cette nature, entreprise sur un marché rétréci, au milieu d'une guerre qui menace de prendre des proportions colossales, et pendant que tant d'autres emprunts encombrent les principales places de l'Europe, ne puisse pas marcher aussi rondement et aussi vite que cela pourrait avoir lieu sous l'empire de circonstances plus favorables. Cependant elle marche, et les souscriptions qui continuent, sauf quelques interruptions momentanées, selon que l'horizon politique et financier de l'Europe se rembrunit plus ou moins, ont atteint sur les principales places de l'Allemagne et de la Hollande une somme assez considérable. Donc le gouvernement russe n'a pas échoué dans cette entreprise, et ce qui prouve le mieux que les capitalistes de l'Europe n'ont pas perdu confiance dans le crédit de la Russie, qu'on prétend être si épuisé, c'est l'inquiétude manifestée par le gouvernement anglais que ses sujets ne participent à cet emprunt; et les moyens extraordinaires qu'il a cherchés dans la législation pour les en empêcher, ainsi que les expédients d'intimidation inouïs jusqu'à présent, et aussi contraires au droit des gens qu'à l'indépendance des autres États, auxquels il a eu recours pour contre-carrer cet emprunt même sur les marchés étrangers.

Quant au prétendu emprunt forcé, c'est un fait entièrement controuvé. Personne n'y a pensé, personne n'en a entendu parler, et l'on a de la peine à concevoir à quelle source l'auteur peut avoir puisé ce faux renseignement.

2° Page 314. « Le commerce russe, privé des avances importantes que lui faisait chaque année l'Angleterre et qui ne montaient pas à moins de 5 millions sterling, a perdu en outre ses meilleurs débouchés au dehors, depuis que les flottes combinées bloquent hermétiquement les ports de la Baltique et ceux de la mer Noire. »

Que le commerce extérieur de la Russie soit en souffrance par suite de la guerre et du blocus, c'est incontestable ; mais les intérêts des autres États qui sont en communication maritime avec (l'Angleterre), à commencer par l'Angleterre elle-même, en souffrent également, et l'auteur s'exagère beaucoup la part des sacrifices qui tombent à la charge de la Russie. Le commerce de plusieurs ports russes a pris la voie de terre, et l'Angleterre elle-même profite de cette voie détournée, par laquelle elle reçoit différents produits russes nécessaires à son industrie, tels que suif, chanvre, lin, etc., avec la différence toutefois qu'elle supporte le surplus des frais de transport de terre, surplus qui tourne en grande partie au profit de nos charretiers. Encore faut-il observer que jusqu'à présent, et contre toute attente, c'est plutôt le commerce d'importation que le commerce d'exportation qui a souffert du blocus des ports russes.

La valeur des exportations de la ville d'Odessa jusqu'à la fin de juin a dépassé d'environ 200,000 roubles celle des exportations, à la même date, de l'année 1853, qui a été une des plus brillantes pour les opérations commerciales de cette ville ; mais quand même le commerce extérieur de la Russie serait entièrement paralysé, ce qui n'est pas le cas jusqu'à présent, cela n'aurait pas, tant s'en faut, des conséquences aussi désastreuses et aussi décisives pour son attitude, comme partie belligérante, que celles que l'auteur croit y trouver.

L'interruption momentanée de ce commerce (nous disons momentanée, car dans la vie des nations quelques années critiques ne sont que des épreuves passagères que le patriotisme peut supporter dans une cause nationale) imposerait sans doute au pays de la gêne, des sacrifices et des privations ; mais elle ne réduirait pas aux abois un empire doté de forces productives aussi variées et aussi étendues que celles de la Russie, et dont la prospérité nationale ne repose pas essentiellement, comme celle de l'Angleterre et de quelques autres États, sur l'activité de son commerce extérieur, — ce dernier étant encore très-peu développé chez nous comparativement à l'étendue et à la population de l'empire. La valeur totale de nos importations et de nos exportations prises ensemble n'atteint pas un sixième des revirements du commerce intérieur, qui s'élève, d'après les estimations les plus modérées, à environ 5 milliards de francs.

La foire de Nijni-Novgorod, dont les opérations commerciales s'élèvent jusqu'à la valeur de 60 millions de roubles (240 millions de francs), est le meilleur baromètre du mouvement de notre commerce à l'intérieur et en partie aussi de notre commerce extérieur. Or les résultats de cette foire, qui aurait pu être sérieusement affectée par les circonstances actuelles, ont été, cette année, si satisfaisants, qu'ils ont surpassé toute attente. Les affaires se sont faites rondement, tout a été payé au comptant, et les engagements de l'année passée ont été exactement soldés.

3º Même page. « Le change a baissé de plus de 20 pour 100, l'exportation de l'or est prohibée, les faillites se succèdent et s'accumulent sur toutes les places. »

Nous devons répéter ici ce qui a été dit dans un des articles déjà cités du *Journal de Francfort*, que la baisse rapide du change de 4 fr. à 3 fr. 8 cent. pour un rouble n'a été que le résultat momentané de la défense de l'exportation des monnaies d'or russes, et qu'elle n'a pas même eu la durée d'une seule bourse, car le même jour (1/13 mars) le cours s'est élevé au taux de 3 fr. 25 cent., et depuis ce moment il a monté successivement au point d'avoir bientôt atteint les anciennes cotes, ce qui prouve le peu d'influence que la guerre a exercé en général sur les opérations du change.

Ce fait en lui-même, tel qu'il s'est produit en réalité, et non tel qu'il a été caractérisé par le *Moniteur*, savoir que le cours du change de Saint-Pétersbourg, tombé rapidement par suite d'une panique instantanée, motivée uniquement par la défense de l'exportation de l'or, s'est relevé par sa propre force, sans le concours d'aucune mesure exceptionnelle, malgré le maintien de la mesure prohibitive concernant l'exportation de l'or et malgré la continuation de la guerre, ce fait, disons-nous, est à nos yeux la meilleure preuve de la solidité de notre crédit et de nos rapports commerciaux avec les autres pays.

Quant aux faillites, qui sont en général moins fréquentes en Russie que dans beaucoup d'autres pays, il n'en est survenu aucune, depuis le commencement de cette guerre, qui mérite une attention particulière, ou qui puisse être considérée comme un symptôme inquiétant pour le commerce en général.

4º Page 312. Pour prouver « que le cabinet de Pétersbourg se trouve dès à présent acculé à tous les expédients qui caractérisent un gouvernement aux abois, » l'auteur fait l'énumération des fonds qui ont été absorbés par les frais de la guerre en sus des ressources ordinaires du budget. Dans cette énumération, M. Faucher a compris, entre autres, différentes sommes fictives telles que : 1° les fonds restant disponibles du dernier emprunt contracté à Londres, qu'il porte à 75 millions de francs ; 2° les fonds qui avaient été temporairement placés en France, en Angleterre et en Hollande, évalués par l'auteur à 100 millions de francs ; 3° les 30 millions de roubles pris sur la réserve métallique déposée en garantie du remboursement des billets de crédit ; 4° le produit du prétendu emprunt forcé porté à 200 millions de francs ; 5° le bénéfice de la banque de crédit foncier à Varsovie montant à 28 millions de francs, sur lequel le trésor russe doit avoir mis la main.

Or il se trouve : 1° que le dernier emprunt contracté à Londres avait une destination spéciale pour les chemins de fer et autres constructions tout à fait indépendantes des préparatifs de la guerre, et que le reliquat de cet emprunt n'a pas été affecté à d'autres emplois ; 2° que les fonds placés en pays étrangers appartenaient à la réserve métallique déposée en garantie des billets de crédit et n'ont jamais été détournés de cette destination spéciale. La majeure partie de ces fonds, consistant en rentes françaises, a été réalisée lors de la dernière conversion de la rente ; le produit en a été déposé intact à la caisse de réserve, à laquelle il appartenait, et les effets de cette catégorie non encore réalisée sont restés comme par le passé dans la susdite caisse : tout cela s'est accompli sous le contrôle d'une députation composée de membres choisis par la noblesse et la congrégation marchande, et des hauts fonctionnaires délégués par le gouvernement ; 3° qu'aucune somme n'a été et n'a pu être touchée par le gouvernement sur la réserve métallique, dont le maniement se trouve sous le contrôle permanent de la députation qui vient d'être désignée : on ne prend à la

caisse de réserve, et toujours sous le contrôle de la députation, que les sommes nécessaires aux caisses d'échange
ouvertes pour les billets de crédit, car telle est sa destination ; 4° que le prétendu emprunt forcé n'existe que dans
l'imagination de ceux qui l'ont inventé ; 5° que la prétendue
saisie opérée par le gouvernement sur le fonds de réserve
de la banque de crédit foncier du royaume de Pologne
n'est également qu'une fable de pure invention.

Le maniement de tous les fonds de la banque foncière
du royaume de Pologne est confié, sous le patronage et le
contrôle du gouvernement, qui est lui-même un des principaux intéressés, y ayant engagé une partie de ses domaines, à une direction composée, d'après les statuts, de membres librement élus par les actionnaires, et le fisc n'a
jamais porté la main à ces fonds. Le fonds de réserve de
cette société d'actionnaires, formé de diverses économies
et des amendes encaissées pour les retards de paiements,
qui ne s'élève pas à 7 millions de roubles, mais seulement
à 2,863,000 roubles, est consigné, conformément aux statuts, à la banque de Pologne, strictement à titre de dépôt,
et la banque ne peut en disposer pour aucune de ses opérations. D'après les anciens statuts, la banque foncière ne
pouvait garder sur ce fonds dans ses caisses plus de 15,000
roubles pour les dépenses courantes, et, par les statuts
revisés en 1852, cette somme a été portée à 150,000
roubles.

M. Léon Faucher fait également mention (page 312) des
emprunts faits aux caisses publiques, « dont le chiffre n'est
pas connu, dit-il, mais qui ont dû être considérables, à en
juger par ce fait révélé par le *Moniteur* du 4 juin, que le
lombard de Moscou aurait envoyé en une seule fois 19 millions de roubles (76 millions de francs). »

Cet envoi de 19 millions du lombard de Moscou est encore un fait entièrement controuvé. Jamais on n'a enlevé,

ni au lombard à Moscou, ni à aucun autre des établissements de crédit existant en Russie, une aussi forte somme, et jamais pareille somme n'a été disponible à aucun de ces établissements.

M. Faucher évalue à 96 millions de francs les billets de série qui, d'après le *Moniteur*, auraient été émis depuis le mois de janvier 1853 jusqu'au mois de juin 1854, et il ajoute dans une note, au bas de la page 312, « qu'il ignore si, dans cette somme, se trouve comprise la série des bons du trésor mise en circulation dans le royaume de Pologne par un ukase du 28 avril, et qui s'élevait, dit-il, à 20 millions de francs. »

On n'a mis en circulation dans l'empire, depuis le mois de janvier 1853 jusqu'au 1er juin 1854, que quatre séries, montant à 12 millions de roubles, et quatre autres séries n'ont été émises que depuis le 1er juin jusqu'au mois de septembre 1854, ce qui fait effectivement la somme de 24 millions de roubles (96 millions de francs) ; mais comme, à partir du 1er janvier 1853, trois anciennes séries, nos v, vi et vii, montant à 9 millions de roubles, ont été remboursées, la masse totale des bons du trésor en circulation ne s'est trouvée augmentée que de 15 millions de roubles ou 60 millions de francs.

Quant à la série des bons du trésor, dont l'émission a été autorisée dans le royaume de Pologne, et qui n'est pas comprise dans la susdite somme, elle s'élève à 3 millions de roubles ou 12 millions, et non pas 20 millions de francs, dont il n'a été mis jusqu'à présent en circulation que les deux tiers, ou 2 millions de roubles ; le reste se trouve dans le fonds de réserve.

Pour embellir ce tableau des finances de la Russie, l'auteur y ajoute que le gouvernement s'est emparé des vases sacrés de Czenstochowa pour 1 million de roubles, ce qui est une fable inventée par les journaux allemands et officiellement signalée comme telle par les journaux de Varsovie. M. Faucher porte en outre à 100 millions de francs le produit des dons volontaires et des confiscations. Nous ne savons pas au juste à quelle somme s'élève le total des dons volontaires, et nous ignorons complétement quelles sont les confiscations dont l'auteur a voulu faire mention.

C'est ainsi que, par une erreur que nous aimons à supposer involontaire, et en ajoutant à quelques données tirées des documents authentiques d'autres faits entièrement controuvés, l'auteur a porté à 700 millions de francs les fonds déjà dévorés par la guerre, — somme dont l'exagération est évidente par elle-même, indépendamment des erreurs qui viennent d'être indiquées.

En rectifiant les faits signalés par M. Léon Faucher, nous ne prétendons pas vouloir prouver que la Russie puisse soutenir la guerre actuelle avec les ressources ordinaires, car aucun État ne se trouve dans l'heureuse position de pouvoir le faire.

L'Angleterre, dont la dette publique absorbe déjà en intérêts et amortissement près de la moitié du revenu de l'État, puise les ressources de la guerre dans l'augmentation des impôts.

Le gouvernement français a contracté un emprunt de 250 millions de francs, déjà épuisé, et qui doit être suivi d'un second emprunt, plus considérable, dit-on, que le premier.

L'Autriche, pour couvrir son déficit ordinaire et pour se préparer aux éventualités de la guerre, vient de contracter un emprunt national de 1,250 millions de francs, et la Prusse, dont les finances sont dans l'état le plus prospère, a dû également avoir recours, quoique dans une moindre proportion, à cette ressource extraordinaire pour se maintenir dans une attitude appropriée à la gravité des circonstances.

Il est donc naturel que la Russie aussi, ayant à soutenir une guerre contre trois puissances, ait été obligée d'augmenter sa dette flottante et de contracter un emprunt qui n'est encore qu'en partie réalisé ; mais l'emploi effectif de toutes ces ressources extraordinaires aux besoins de la guerre n'atteint pas la moitié du chiffre auquel il a été porté par les évaluations de M. Léon Faucher, et la charge en résultant n'est nullement en disproportion avec les ressources du pays.

Sans parler d'immenses propriétés de l'État, telles que biens-fonds, forêts, lavages aurifères, salines, usines, etc., qui peuvent servir d'hypothèque à la dette publique, il suffira d'alléguer ici qu'en dernier lieu, c'est-à-dire dans le budget de 1854, l'intérêt et l'amortissement de la dette flottante et de la dette consolidée ne prennent que 21 1/2 pour 100 des revenus ordinaires de l'État, proportion bien moins désavantageuse que celle que présente la dette publique de tous les autres principaux États de l'Europe, à l'exception de la Prusse.

5° Page 315. « La réserve monétaire de la forteresse, qui était encore au mois de mars, suivant le *Moniteur*, de 116 millions de roubles (464 millions de francs), peut supporter, j'en conviens, des réductions ultérieures ; mais cette ressource ne conduira pas bien loin : une nouvelle saignée de 30 millions de roubles (120 millions de francs) faite à ce grand dépôt métallique mettrait en péril la solidité de la circulation, dès à présent fort compromise. »

Nous n'avons qu'à répéter ici ce qui a déjà été dit plus haut, que le gouvernement n'a pas touché pour les dépenses extraordinaires au fonds de réserve métallique de la forteresse, qui ne diminue et n'augmente que selon le mouvement des caisses d'échange, c'est-à-dire selon que le montant des billets apportés à l'échange excède les nou-

veaux dépôts en numéraire qu'on vient convertir en billets
et *vice versâ.*

Ce fonds s'élevait au mois de mars dernier non à 116,
mais à 159,918,000 roubles-argent, et il est maintenant
(16-28 septembre) de 146,563,000 roubles représentant
plus de 42 pour 100 de la masse totale des billets en circulation et dans les caisses de l'État (345,927,000 roubles),
ce qui excède de beaucoup la proportion nécessaire en
Russie pour assurer la circulation de la monnaie fiduciaire,
car une longue expérience a prouvé qu'en Russie, à moins
d'augmenter outre mesure les émissions, un cinquième,
voire un sixième de la masse totale du papier en circulation affecté à la dotation des caisses d'échange suffirait, au
besoin, pour en maintenir le cours, d'autant plus que les
mines d'or et d'argent jettent chaque année dans la circulation plus de 20 millions de roubles (80 millions de francs),
qui affluent en majeure partie au fonds de réserve métallique pour être convertis en billets de crédit, et remplacent
le numéraire employé à l'échange de ce même papier-
monnaie.

6° Page 315. « Il ne faut pas oublier que le rouble
de papier, qui avait, dans le principe, la valeur du rouble-
argent, soit 4 francs de notre monnaie, a été successivement déprécié par des émissions surabondantes jusqu'à perdre 75 pour 100. Le rouble de papier ne vaut plus
aujourd'hui que 1 franc ; encore un pas de plus, et cette
monnaie fiduciaire aura le sort des assignats. »

Nous ne savons pas de quel rouble de papier il est question dans ce passage. L'ancien papier-monnaie, connu
sous le nom d'assignats, n'existe plus dans la circulation, et
ce n'est que dans quelques provinces qu'on a conservé l'habitude de faire les comptes en roubles-assignats, représentant
les deux septièmes d'un rouble-argent. Il n'y a plus en Russie
d'autre papier-monnaie que les billets de crédit, qui sont

pour ainsi dire des billets au porteur, échangeables à volonté en numéraire, et qui circulent au pair dans toute l'étendue de l'empire. Que veut donc dire cette phrase : « Le rouble de papier ne vaut plus aujourd'hui que 1 franc ; encore un pas de plus, et cette monnaie fiduciaire aura le sort des assignats ? » Il y a ici évidemment erreur ou confusion dans les données sur notre circulation monétaire.

7° Page 315. « Le revenu public de la Russie était évalué par les statisticiens, il y a quelques années, à 600 ou 650 millions de francs, en y comprenant le produit des lavages aurifères de la Sibérie et de l'Oural. Les recettes du trésor n'ont pas dû faire des progrès très-sensibles dans ces contrées, où le système prohibitif contribue, autant peut-être que le servage des cultivateurs, à rendre la richesse stationnaire. Il n'en est pas de la Russie comme de l'Autriche, où la réforme administrative a porté le revenu, en quelques années, de 164 millions de florins, point culminant de l'ancien état de choses en 1846, et de 122 millions de florins, chiffre qui exprimait l'influence de l'état révolutionnaire en 1848, à 226 millions de florins en 1852. »

La première de ces entraves influe sans aucun doute sur le revenu de l'État. Cependant, le produit des douanes, qui n'était, année moyenne, pendant la période quinquennale de 1822-1826, que de 47,997,000 roubles-assignats, représentant, au cours de cette époque (27 pour 100), 12,959,000 roubles - argent , a donné pour la période quinquennale de 1848-1852, année moyenne, 29,519,000 roubles-argent, ce qui présente une augmentation de 16,560,000 roubles-argent (66,240,000 francs) ou de 128 pour 100. Ces progrès obtenus malgré un tarif douanier encore très-restrictif par l'élévation des droits d'entrée et malgré d'autres circonstances qui entravent le développement du commerce extérieur, prouvent la force expansive des ressources du pays, et l'on peut en inférer dans quelle forte proportion cette branche de revenu aurait pu augmenter avec un système moins restrictif que celui qui existe encore aujourd'hui, quoique sensiblement modifié depuis 1850, et dont la France nous a donné le premier exemple. Quant au servage, le gouvernement s'occupe constamment, depuis bien des années, à en atténuer les conséquences, autant que les circonstances le permettent, et sans bouleverser la fortune des particuliers et les rapports économiques du pays, et M. Léon Faucher aurait pu voir, par les données consignées dans mes *Études sur les forces productives de la Russie* (tome Ier, page 327 de la deuxième édition), qu'en 1851, sur le total de 23,370,000 cultivateurs, il n'y avait que 11,683,000 paysans à corvée, ou un peu moins de la moitié, dont une grande partie dispose librement de son temps et de son travail, moyennant des accords volontaires, en payant aux propriétaires une certaine rente sous le nom d'*obrok*, et que l'autre moitié se compose de cultivateurs entièrement libres.

Les revenus ordinaires de l'État ont augmenté en Russie depuis quinze ans dans la proportion suivante : jusqu'en 1839, le chiffre le plus élevé était de 163,751,000 roubles. En 1853, le budget des recettes ordinaires s'est élevé à 224,308,000 roubles, ce qui présente pour quatorze ans une augmentation de 60,557,000 roubles (242,228,000 francs), ou de plus de 36 pour 100, et cet accroissement de revenu a été obtenu sans aucune augmentation des impôts existants, bien que la matière imposable soit loin d'être épuisée en Russie, comme elle l'est dans beaucoup d'autres pays. Il nous suffira de reproduire ici quelques faits qui ont déjà été signalés en réponse au *Moniteur* dans le *Journal de Francfort* du 9 juillet.

On consomme en Russie environ 50 millions de kilogrammes de tabac, et l'imposition de cet article ne rapporte pas 3 millions de roubles-argent, y compris le droit d'entrée

prélevé sur les tabacs étrangers; ce qui ne donne que 6 ko-
peks ou 24 centimes par kilogramme.

L'impôt sur le sel, prélevé sur une consommation de
580 millions de kilogrammes et sur une population de 60
millions, ne rapporte, avec le droit prélevé sur le sel étranger, que 9,700,000 roubles, ce qui donne 1 1/2 kop. ou
6 centimes par kilogramme, et 16 kop. ou 64 centimes par
habitant.

Les impôts prélevés sur le commerce et l'industrie sous
le titre de guildes et de certificats ou patentes ne rapportent que 4 millions de roubles sur un revirement annuel de
valeurs engagées dans le commerce et l'industrie qu'on
peut porter, d'après les évaluations les plus modérées, à
1,500 millions de roubles ou 6 milliards de francs.

M. Léon Faucher est trop bon financier pour ne pas saisir toute la portée de ces indications.

Pour ce qui concerne la comparaison avec le progrès du
revenu public en Autriche, il y a à faire observer que l'augmentation présentée par M. Faucher n'est pas le résultat
exclusif des progrès de la richesse nationale et du rendement des impôts existants, mais aussi et en majeure partie
de la création de nouveaux impôts après les événements
de 1848 et de l'augmentation de quelques taxes déjà existantes, mais plus encore de l'introduction du système
général d'imposition dans les provinces hongroises, qui ne
participaient que faiblement aux charges de l'État avant la
révolution de 1848. Cet état de choses résulte clairement
du chiffre relatif de l'augmentation : elle a été, en 1850,
de 22 pour 100 ; en 1851, de 11 pour 100 ; en 1852, de 10
pour 100, et en 1853, de 5 pour 100. Il y a d'ailleurs à
faire observer qu'on ne peut pas comparer le revenu public
de l'Autriche, avant et après la révolution de 1848, sans
tenir compte de la dépréciation des billets de banque, qui
constituent la monnaie courante du pays, et qui perdent

encore maintenant 18 à 20 pour 100 malgré le grand emprunt national dont un des buts principaux était d'en relever le cours, de sorte que la somme totale dès revenus de l'État, portée en 1852 à 226 millions de florins, équivalait à environ 180 millions avant 1848.

8° Page 316. « Cependant le *Moniteur*, sur des données dont le gouvernement français a sans doute vérifié l'exactitude, évalue à 800 millions de francs les recettes annuelles du trésor moscovite. La moitié de ces recettes étant fournie par la ferme des eaux-de-vie et par les droits de douane, le *Moniteur* suppose que la guerre actuelle et le blocus des deux mers amèneront un déficit de 50 millions de roubles ou de 200 millions de francs, en calculant le rouble au pair, dans le produit de ces deux branches d'impôt. »

M. Léon Faucher est un financier trop éclairé pour ne pas voir que cette évaluation du déficit dans les deux branches du revenu en question est exagérée, et il la réduit à 100 millions de francs.

L'auteur de l'article inséré dans le *Journal de Francfort* du 9 juillet dernier évalue le maximum possible de la diminution du revenu, par suite de la guerre actuelle, à 20 pour 100 sur le produit des douanes, ce qui ferait, sur une somme d'environ 30 millions de roubles-argent, 6 millions, et à 10 pour 100 sur le produit des fermes du débit des boissons, dont il n'y aurait à défalquer, d'après cette évaluation, que 8,200,000 roubles, de sorte que ces deux non-valeurs présumées représenteraient ensemble un déficit de 14,200,000 roubles, ou moins de 57 millions de francs. Or, d'après les renseignements puisés en dernier lieu à des sources authentiques, on peut affirmer dès à présent que la réduction sur la ferme des boissons sera, sinon nulle, au moins très-insignifiante. Les contrats de ferme conclus provisoirement, en dernier lieu, pour les années 1855 et 1856, par un grand nombre de gouvernements, loin de présenter une diminution, donnent au contraire une augmentation de quelques centaines de mille francs sur le revenu effectivement perçu en 1853.

9° Page 318 : « Le cabinet de Pétersbourg, ayant à couvrir ses frontières de terre et de mer à la fois, ne peut pas mettre sur pied moins de huit à neuf cent mille hommes. Or, que l'on s'y prenne comme on voudra, une armée de neuf cent mille hommes en campagne représente une dépense annuelle d'au moins 900 millions de francs; ajoutez l'entretien de quarante vaisseaux de ligne, avec l'accessoire des bâtiments légers et des navires à vapeur qui doivent être toujours prêts à prendre la mer, et vous arriverez sans peine au milliard. Supposez maintenant que la Russie ne prélève que 200 millions sur son revenu pour servir l'intérêt de sa dette et pour subvenir aux dépenses de l'administration civile, il faudra encore que le gouvernement, en dehors de son revenu ordinaire, se procure chaque année, pour soutenir la lutte, une somme de 500 millions!

« Cela est-il possible aujourd'hui ? Cela sera-t-il possible l'année prochaine ? En admettant que la Russie fournisse quelque temps les hommes, pourra-t-elle fournir l'argent ? Sous une forme ou sous une autre, la population de l'empire est-elle en état de payer chaque année au trésor un tribut additionnel et extraordinaire de 500 millions de francs ? Toute la question de la guerre est là, et je crois qu'il suffit de la poser pour la résoudre. »

Le budget militaire pour 1854, calculé sur un effectif de huit cent à neuf cent mille hommes, a été porté à 84,200,000 roubles-argent, et celui de la marine à 14,400,000 roubles, ce qui fait ensemble 98,600,000 roubles ou 394,400,000 fr., par conséquent moins des deux cinquièmes de la somme à laquelle M. Léon Faucher évalue la dépense totale pour l'armée et la marine. En admettant que l'effectif de l'armée fût porté à 1,250,000 hommes, ce qui supposerait une augmentation de 450,000 hommes, ou de 50 pour 100, et en ajoutant au budget militaire de 84,200,000 roubles, en somme ronde, largement comptée, 50 millions de roubles ou 200 millions de francs (ce qui fait 60 pour 100), cela ne porterait encore le total de la dépense, avec le budget de la marine, qu'à 594,400,000 fr., tandis que M. Léon Faucher l'évalue à 1 milliard. C'est ainsi qu'en augmentant, d'après une évaluation exagérée, les dépenses de la guerre, et en réduisant de 200 millions les revenus ordinaires de l'État, l'auteur porte à 500 millions le déficit annuel qui doit en résulter. Mais en admettant même que, par suite des dépenses extraordinaires et imprévues, ce déficit fût effectivement aussi considérable, ce qui n'est nullement le cas, nous croyons connaître assez bien la situation financière de la Russie et les moyens dont elle peut disposer pour oser affirmer avec conviction qu'elle serait en état de le combler pendant plusieurs années moyennant ses ressources intérieures, extraordinaires, et quand même elle serait dans le cas d'augmenter sa dette, pendant la durée de la guerre, de 1 ou 2 milliards de francs, cette charge, quelque considérable qu'elle soit en elle-même, ne serait point en disproportion avec les ressources naturelles du pays et celles dont l'État peut disposer, vu les immenses propriétés qu'il possède.

10° Les pages 324 et suivantes sont consacrées à la critique des institutions de crédit en Russie et aux dangers qu'elles présentent pour le gouvernement, surtout dans les circonstances actuelles.

Les idées et les principes en matière de crédit, développés dans ces pages avec beaucoup de lucidité, sont si justes, que l'on ne pourrait pas les révoquer en doute, et l'erreur ne consiste que dans la rigoureuse application de ces idées et de ces principes à l'état de choses en Russie, tel qu'il existe et que les circonstances l'ont fait. C'est une erreur dans laquelle tombent ordinairement tous les écrivains étrangers, qui ne jugent de ce qui se passe en Russie que d'après des idées reçues et reconnues justes dans d'autres pays.

La Russie est un pays très-difficile à connaître et à juger. Il faut y avoir vécu et l'avoir longtemps étudié pour bien saisir les causes de chaque fait qui se présente à l'œil de l'observateur et les conséquences qu'on peut en déduire. La rapide croissance de cet empire, l'origine de sa grandeur, les éléments dont il se compose, ses mœurs, ses traditions nationales, le caractère et les idées prédominantes de ses populations, toutes ces circonstances réunies ont créé un état de choses tout à fait particulier propre à ce pays, et bien souvent tel fait qui, dans d'autres contrées, amènerait inévitablement telle ou telle conséquence, produit en Russie un effet tout opposé, de sorte que la simple logique à laquelle la connaissance du pays ne vient pas en aide se trouve souvent déroutée dans ses calculs. C'est une observation que nous avons souvent entendu faire par des étrangers éclairés qui sont venus s'établir en Russie, et qui ont eu à y manier de grands intérêts commerciaux ou industriels. Ce caractère particulier à la Russie se reflète aussi dans ses institutions de crédit.

« Ce que le gouvernement russe (dit M. Léon Faucher) n'a pas fait par lui-même en matière de crédit, il l'a suscité par sa garantie et se l'est approprié. Banques d'émission, caisses de prêt et de dépôt, institutions de crédit hypothécaire, caisses d'épargne et monts-de-piété, tout émane de lui seul, ou remonte à lui en dernière analyse. C'est une espèce de communisme financier qui s'ajoute au communisme foncier, et qui en aggrave les conséquences en faisant de toutes ces mailles une chaîne sans fin. »

Cette observation est très-juste ; mais le fait signalé par

l'auteur est en lui-même la conséquence naturelle des circonstances qui l'ont produit. Après avoir secoué le joug des Tartares, la Russie est entrée dans la carrière de la civilisation avec un immense amas de ressources et de forces vitales qu'il s'agissait de développer. Le pouvoir absolu, qui en était une conséquence et une condition essentielle d'existence, placé à la tête d'une nation intelligente et énergique, mais encore peu familiarisée, dans les premières périodes de sa culture, avec les ressources d'une civilisation plus avancée, est devenu par la force des choses le principe et le moteur de tout progrès. L'esprit d'association, si fécond ailleurs en résultats, n'étant pas encore assez développé, c'est le gouvernement qui a dû prendre l'initiative de toutes les institutions utiles. C'est ainsi qu'en matière de crédit, ce grand levier de la prospérité des nations, le gouvernement a dû également prendre sur lui de le créer et de le développer, en fondant des banques de commerce et des banques d'emprunt pour la propriété foncière. Ces institutions étaient d'autant plus indispensables en Russie qu'il n'y existe pas encore de système hypothécaire dont une bonne organisation suppose et exige des conditions qu'il n'a pas encore été facile de réunir dans un si vaste empire. Une grande masse de propriétés se trouvaient et se trouvent encore en litige.

L'arpentage général n'a été achevé que depuis peu dans une grande partie de l'empire. Il n'existe pas de cadastre, et c'est une œuvre qui demande beaucoup de temps et des dépenses très-considérables. Or il est connu que sans un système régulier d'hypothèque, lorsque celui qui prête sur un bien-fonds n'a pas les moyens de constater les charges dont ce bien est grevé, lorsqu'il n'a aucun droit de priorité sur les dettes que l'emprunteur peut contracter par la suite, le crédit foncier, ou ce qu'on appelle en termes de législation le crédit réel, ne peut pas être solidement établi. En

Russie, il n'existe d'autres moyens d'hypothéquer une créance sur une propriété immobilière qu'en prenant cette dernière en gage. C'est ce qui s'appelle *pravo zastavne*, mais ce système est défectueux et ne remplace l'hypothèque que très-imparfaitement. Avec une bonne loi d'hypothèque, le créancier est parfaitement assuré dans ses droits, et le propriétaire continue à posséder la terre, à l'administrer et à l'améliorer, tandis qu'en la mettant en gage, il est obligé de s'en dessaisir et de l'abandonner à la merci de son créancier. Il en résulte de fréquentes contestations et d'interminables procès. Il faut y ajouter que les imperfections de notre législation, en matière de concours des créanciers et de poursuites contre les débiteurs insolvables, et les formes embarrassées de la procédure, nuisent également au crédit personnel.

Par suite de toutes ces circonstances et vu l'insuffisance du crédit réel et personnel, ce n'est que dans les établissements publics placés sous le patronage et la garantie du gouvernement que la propriété foncière a pu puiser les capitaux dont elle avait besoin, et c'est aussi vers ces établissements qu'ont afflué les capitaux disponibles, à défaut d'autre placement solide. C'est ce qui a donné à nos banques un si grand développement et concentré les principales ressources de crédit public entre les mains du gouvernement.

Comme les banques en Russie reçoivent les capitaux qui leur sont apportés à titre de placement à intérêt, et que ces capitaux sont remboursables à bref délai, sous la garantie du gouvernement, tandis que les prêts qu'elles font sur les propriétés immobilières ne sont remboursables qu'à des termes éloignés de dix, quinze, jusqu'à trente-sept années, M. Léon Faucher considère tous les fonds placés aux banques par des particuliers comme une dette flottante de l'État, qu'il porte ainsi, en y ajoutant les billets de crédit et les billets de série, à un total de 5 milliards de francs. Il représente cette situation comme très-grave et dangereuse, en admettant la possibilité des demandes subites de remboursement qui excéderaient les ressources disponibles des banques et de l'État.

Ce chiffre énorme de la soi-disant dette flottante se compose donc, d'après les évaluations de l'auteur, de trois éléments distincts : 1° des billets de série remboursables, en huit années ; 2° des billets de crédit qui représentent le papier-monnaie, 3° des capitaux placés aux banques et aux lombards.

Le total des billets de série en circulation montant à 75 millions de roubles (300 millions de francs), qui constitue la dette flottante proprement dite, n'est pas exorbitant pour un État comme la Russie, et ce qui le prouve le mieux, c'est que ces effets s'écoulent facilement dans la circulation et sont toujours très-recherchés. Le cours des billets de crédit qui constituent la monnaie fiduciaire du pays est suffisamment garanti par un dépôt métallique dont le *Moniteur* a arbitrairement réduit le montant.

La chance de l'insolvabilité n'existerait donc que pour les capitaux placés aux différentes banques et remboursables à bref délai, dont M. Léon Faucher porte le montant à 3 milliards 200 et quelques millions de francs. Il y aurait lieu à défalquer sur cette évaluation quelques sommes qui ne peuvent pas être considérées comme une dette remboursable à volonté ; mais cela entraînerait des explications qui seraient peut-être peu intelligibles pour ceux qui ne connaissent pas en détail le maniement des fonds et la comptabilité de nos banques : nous ne prendrons donc ici en considération que le fond même de la question.

La sécurité des sommes que les banques doivent aux déposants, en tant que les actifs de ces établissements de crédit ne sont pas couverts par les effets escomptés à la banque de commerce et par les dépôts des marchandises, repose sur l'hypothèque des biens-fonds engagés aux banques et sur la garantie générale du gouvernement : elles sont effectivement remboursables à bref délai, tandis que les créances de la Banque sont hypothéquées pour des termes plus ou moins éloignés, et c'est ce qui constitue aux yeux de M. Léon Faucher le danger de la situation.

Les observations de M. Faucher, fondées sur des principes généralement adoptés en matière de crédit et sur l'expérience des autres pays, sont très-rationnelles, et au point de vue général nous partageons entièrement ses opinions à ce sujet.

Nous convenons que des banques établies sur le même principe que celles de la Russie ne pourraient se soutenir longtemps dans aucun autre pays et crouleraient à la première crise financière. En Russie, elles existent parce qu'elles ont une raison d'être. Elles se soutiennent depuis plus d'un demi-siècle, elles ont traversé bien des crises sans être ébranlées, et leur crédit n'a fait que grandir de plus en plus, parce que cet état de choses est fondé sur une situation spéciale dont le vice se corrige en grande partie par les circonstances mêmes qui ont donné lieu à cette organisation exceptionnelle de nos établissements de crédit, comme nous l'avons observé plus haut. Le danger de demandes subites de remboursement, dans des proportions qui excéderaient la possibilité d'y faire face, est considérablement atténué par la difficulté de trouver un autre placement solide à de grandes masses de capitaux qu'on retirerait des banques. La confiance dont jouissent en Russie les établissements de crédit placés sous le patronage de l'État est si grande, qu'elle se maintient même dans les temps de crises financières (l'expérience l'a plus d'une fois prouvé d'une manière irrécusable), car elle est fondée sur la nécessité et favorisée par une longue habitude qui l'a en quelque sorte fait passer dans les mœurs du pays.

Les demandes de remboursement excèdent rarement le montant des nouveaux dépôts, et proviennent ordinairement des petits rentiers qui ont temporairement placé aux banques le fruit de leurs économies. Les riches capitalistes et les gros déposants, qui ont contracté l'habitude de vivre d'une partie de leur rente et de voir leur capital s'accumuler dans les banques par les intérêts composés, se gardent bien d'y toucher pour courir les chances et les embarras d'un autre placement productif et solide. Ils savent bien qu'indépendamment de la garantie générale du gouvernement, la solvabilité des banques repose sur une grande partie de la propriété immobilière du pays et qu'ils ne courent aucun risque de perdre leurs capitaux. On ne doit pas non plus perdre de vue que, parmi les capitaux placés aux banques, il y en a et de très-considérables qui appartiennent à des institutions, corporations et établissements publics qui se trouvent sous la tutelle et la direction du gouvernement. Ces capitaux, qui ne peuvent pas être considérés comme une dette flottante exigible à volonté, constituent bien au delà d'un tiers de toutes les sommes déposées aux banques.

Quant aux crises financières comme il y en a eu plusieurs depuis que les banques existent, et qui momentanément pourraient augmenter en dehors des proportions ordinaires les demandes de remboursement, le gouvernement les a prévues, et s'est mis en mesure d'y faire face en créant un fonds de réserve général séparé, indépendamment de celui qui se trouve auprès de chaque banque.

Si le danger d'une grande crise, qui pourrait amener l'insuffisance de tous ces moyens et épuiser toutes les réserves, était tel que M. Léon Faucher l'a caractérisé dans son étude sur les finances de la Russie, les symptômes de ces dangers se seraient manifestés d'une manière sensible tant en 1812 qu'au milieu des circonstances graves où nous nous trouvons depuis bientôt dix-huit mois.

Or, en examinant les opérations de nos banques depuis le 1er janvier 1853, nous y trouvons au contraire des résultats très-rassurants sous ce rapport.

Pendant l'année 1853, qui se trouvait déjà, depuis le mois de mai, sous l'influence des complications politiques, très-inquiétantes pour toute l'Europe, aggravées dès le mois d'octobre par la déclaration de guerre de la Porte ottomane, les capitaux déposés à la banque d'emprunts, à la banque de commerce et à tous les autres établissements de crédit public qui se trouvent sous la direction du ministère des finances se sont élevés à 241,512,818 roubles, et les capitaux remboursés à 212,874,598 roubles, de sorte qu'il y avait un excédant de sommes déposées de 28,638,220 roubles (114,544,880 francs). Depuis le 1er janvier de l'année courante jusqu'à la fin d'août, les mêmes établissements ont reçu, de la part des nouveaux déposants, 129,819,225 roubles, et ils ont remboursé 135,778,454 roubles, de sorte que les remboursements ont excédé de 5,959,229 roubles les capitaux déposés pendant ces huit mois, ce qui est une conséquence naturelle de l'émission de plusieurs séries des billets du trésor portant intérêt et des souscriptions sur le nouvel emprunt de 50 millions, car une partie des capitaux disponibles se sont tournés vers ces deux placements, comme plus avantageux sous le rapport du taux des intérêts.

Cet excédant des remboursements, sur les opérations des huit derniers mois, qui forment un revirement total de plus de 265 millions 1/2 de roubles (1,062,000,000 francs), n'a absorbé qu'un peu plus d'un cinquième de l'excédant des capitaux placés dans les banques pendant l'année précédente et ne présente certes rien d'inquiétant. Il rentre dans la catégorie des cas prévus et qui se sont déjà plus d'une fois manifestés dans les temps ordinaires par suite des opérations commerciales et industrielles, de l'émission de nouvelles séries des bons du trésor, ou d'autres circonstances locales qui réclamaient les capitaux retirés des banques, ou qui en détournaient une partie de ceux qui auraient dû y affluer. Ce sont de ces éventualités auxquelles les banques sont parfaitement en mesure de faire face sur leurs fonds sans recourir même aux ressources que l'État tient en réserve pour soutenir la solvabilité de ces établissements. La somme de l'excédant des remboursements qui résulte des opérations des banques pendant l'année courante jusqu'à la fin du mois d'août pourrait décupler avec le temps, sans amener des embarras irrémédiables. Les demandes de remboursement n'arrivent jamais subitement et en masse, mais graduellement, et elles sont toujours couvertes en majeure partie par les sommes reçues des nouveaux déposants et par les annuités payées aux banques à compte des capitaux hypothéqués sur les biens-fonds, ce qui laisse au gouvernement le temps d'aviser aux moyens de venir au secours des banques en cas de besoin. Celles-ci ont aussi la ressource de suspendre ou de restreindre, dans les temps critiques, les avances qu'elles font sur les immeubles, pour employer leurs fonds aux exigences de leur dette flottante.

Si par la suite le chiffre trop élevé des capitaux remboursables à bref délai et celui de la dette flottante de l'État donnaient lieu à des appréhensions sérieuses au sujet d'une crise financière, le gouvernement aurait un moyen sûr d'y remédier en ouvrant le grand-livre de la dette consolidée.

Comme les banques ne paient aux déposants que 4 pour 100 d'intérêt, une grande partie des capitaux placés dans ces banques se porteraient sur le grand-livre, si le gouvernement accordait des inscriptions de rente 4 1/2 ou 5 pour 100, en les garantissant pour vingt ou vingt-cinq ans de toute conversion.

Les grands capitalistes, vivant de leurs rentes et ne cherchant qu'un placement sûr, profiteraient de ce moyen d'augmenter leur revenu, et même ceux qui placent temporairement leurs fonds aux banques pour les retirer au besoin pourraient profiter de cette augmentation des intérêts, ayant toujours la faculté de négocier leurs inscriptions à la bourse ou de les engager, soit à la banque de commerce, soit à d'autres établissements de crédit, dans le cas où ils auraient besoin de leurs capitaux. De cette manière, la dette flottante des banques se convertirait en dette consolidée de l'État.

L'idée de cette opération a été plus d'une fois mise en avant par quelques financiers, et si le gouvernement russe n'y a pas encore eu recours, c'est probablement parce qu'il n'a pas eu lieu de se convaincre du danger de l'état des choses actuel.

Quoi qu'il en soit, nous concevons parfaitement que, pour tout financier étranger, la situation de nos banques puisse paraître anormale, et qu'elle ait suggéré à **M.** Léon Faucher les observations développées dans son article. Nous n'avons été étonné que de la facilité avec laquelle cet auteur distingué a pu adopter pour base de ses raisonnements les données et les faits erronés publiés par le *Moniteur* et par d'autres organes de la presse.

Nous aurions encore bien des choses à relever dans cet article, mais nous ne voulons pas ouvrir la voie à une polémique qui serait, pour le moment, hors de saison. Nous nous sommes donc borné à rétablir quelques faits dans leur vrai jour pour l'information de ceux qui s'occupent sérieusement de la statistique financière des principaux États de l'Europe.

Il me semble que, même lorsqu'on est engagé dans une guerre, il ne peut être dans l'intérêt bien entendu d'aucune des parties belligérantes de déprécier et d'amoindrir les ressources de son adversaire ; comme d'ailleurs la *Revue des Deux-Mondes* s'adresse aux hommes sérieux, il ne peut pas entrer dans ses vues d'abuser le public sur un sujet aussi grave que celui dont s'est occupé M. Léon Faucher, et j'aime à croire, Monsieur, que vous ne refuserez pas une place dans votre intéressant recueil à cette simple rectification des faits, écrite de bonne foi et fondée sur des données authentiques.

Veuillez agréer, Monsieur, l'assurance de mes sentiments les plus distingués.

L. TENGOBORSKI.

Auteur des *Études sur les forces productives de la Russie.*

Saint-Pétersbourg, le 30 septembre (12 octobre) 1854.

RÉPLIQUE DE M. LÉON FAUCHER.

M. Tengoborski me permettra de lui dire, quelque prix que j'attache à son opinion, qu'il ne m'eût pas paru nécessaire de revenir sur le chapitre un peu rebattu aujourd'hui des finances russes, si je ne l'avais considéré dans cette circonstance comme l'organe du gouvernement qu'il sert. En appelant au jugement du public des critiques dont il a été l'objet, le cabinet de Pétersbourg donne un exemple qui n'est pas commun dans les États despotiques : nous le voyons avec plaisir se placer sur le terrain de la discussion, et c'est là une tendance qu'il ne tiendra pas à nous d'encourager.

Le gouvernement russe, dans la réponse qu'il nous fait, cherche à établir deux points principaux : il veut d'abord prouver que son crédit, son revenu, et son commerce extérieur ont peu souffert jusqu'à ce jour, et ne se ressentiront que médiocrement à l'avenir d'une guerre qui ferme déjà toutes les mers au pavillon de cette puissance. Il prétend ensuite que dans le cas même où la Russie serait appelée à des efforts extraordinaires, les ressources de l'empire lui permettraient de faire face aux plus extrêmes nécessités. Ces assertions sont appuyées de quelques chiffres, dont il peut être à propos d'examiner la valeur, bien que M. Tengoborski les déclare authentiques.

L'apologiste des finances russes débute par une assertion hardie. L'emprunt nouveau, cette opération dont l'avortement est public en Europe, cette valeur dont les banquiers de Berlin n'ont pas voulu à 83 avec une prime de 17 pour 100 sur le capital nominal, n'a pas *échoué*, suivant M. de Tengoborski. Il veut bien nous apprendre que l'emprunt marche, et que les souscriptions ont atteint une *somme assez considérable* sur je ne sais quelles places de l'Allemagne et de la Hollande. Quelle est l'importance de cette somme ? M. Tengoborski ne le dit pas. Avec une franchise dont il faut lui savoir gré, il éveille même la défiance et le doute, car c'est lui qui confesse que si, l'emprunt marche, ce n'est pas très-*rondement*. Rayons donc cet article du catalogue des ressources financières ; je suppose que ce n'est ni sur l'argent allemand ni sur l'or hollandais que compte l'empereur Nicolas pour fournir la campagne de 1855.

Après tout, n'y a-t-il pas quelque chose de bien étrange, quand on a jeté un défi à l'Europe civilisée, quand on la brave, à venir solliciter une part des capitaux qu'elle tient en réserve, à lui demander son argent pour le

convertir en bombes et en boulets ? Depuis vingt ans la
Russie emprunte périodiquement sur les marchés de
Londres et d'Amsterdam, afin de couvrir le déficit que
laisse dans son budget la permanence de ses préparatifs
militaires. Elle pousse aujourd'hui l'assurance, la guerre
étant déclarée et les hostilités commencées, jusqu'à renouveler ce manége, qui ne peut plus faire de dupes.
Eh bien ! la mine est éventée, et nous le répétons, l'emprunt échoue.

Par forme de consolation pour l'amour-propre de son
gouvernement, M. de Tengoborski nous signale la bonne
tenue habituelle des fonds russes, sur le marché de
Londres. Il n'y a pas là cependant de quoi s'exalter
beaucoup : le 4 1/2 russe est coté 85 ou 6 0/0 au-
dessous du 4 1/2 belge. L'empire moscovite ne prend
pas, comme on voit, un rang fort élevé dans l'échelle
du crédit.

Mais pourquoi s'adresser à l'étranger, si la Russie
renferme toutes les ressources que passe en revue, avec
tant de complaisance, l'imagination de M. de Tengoborski ? que vous manque-t-il donc pour tenir tête aux
nations occidentales, si vous avez de l'or chez vous
comme vous avez du fer ? Sur ce point, qui domine
pourtant le sujet, l'apologiste officiel, quoique placé à
la source des renseignements, prodigue les réticences.
Ne lui demandez pas combien ont produit les dons volontaires, il répondra qu'il ne sait pas cela *au juste* et
que le total lui en est inconnu. Ne lui parlez pas de
l'emprunt forcé, c'est une « fable inventée par les feuilles
allemandes. » Comment ! les fonctionnaires du gouvernement n'ont pas invité les personnes auxquelles on sup-

pose de l'aisance à souscrire à l'emprunt ? Et qui peut ignorer qu'en Russie une invitation du gouvernement est un ordre ?

En niant ces faits et bien d'autres, que nous avons trouvés de notoriété publique, le gouvernement russe nous apprend qu'il a déjà répondu, mais en prenant soin de cacher sa réponse, tantôt dans quelque feuille allemande, tantôt dans son journal de Varsovie. Si le cabinet de Pétersbourg recherchait réellement la publicité, il aurait tenu une tout autre conduite ; il se serait adressé au *Moniteur* lui-même, puisqu'il prend le *Moniteur* à partie, et le *Moniteur* n'eût pas sans doute été moins courtois que la *Revue des Deux-Mondes* ; il aurait, en un mot, battu le tambour par ses ambassadeurs dans tous les foyers de publicité ; il aurait appelé partout la contradiction, certain de lutter avec avantage.

Mais ce n'est pas le système que l'on suit. La Russie est l'empire du silence ; aucun bruit extérieur n'y pénètre, et aucune rumeur n'en sort. La douane établie aux frontières s'occupe bien moins de saisir ou de taxer les marchandises que d'arrêter et d'expulser les idées. Il n'y a de journaux en Russie que ceux du gouvernement, et de publiciste en définitive que l'empereur. On n'admet qu'un petit nombre de journaux étrangers, qui passent, à leur arrivée, par les mains de la censure. Celle-ci, quand elle ne les confisque pas tout à fait, répand des flots d'encre sur deux ou trois pages ou coupe sans pitié tous les passages qui lui déplaisent. Les nouvelles ne sont pas plus épargnées que les réflexions politiques ; pendant quelque temps les abonnés du *Journal des Débats* à Varsovie n'en ont reçu que le feuilleton.

Qu'est-ce que la presse, et quel crédit peuvent obtenir les assertions dans un pays ainsi gouverné? Le pouvoir a seul la parole. Quoi qu'il avance, et affirmât-il, à la connaissance de tout le monde, le contraire de la vérité, personne n'aurait la faculté ni les moyens de le contredire. Il en résulte ce qui est la conséquence naturelle du despotisme : le gouvernement a le pouvoir, mais il n'a pas l'autorité ; il empêche ses sujets de parler, mais il n'est pas toujours cru de ses sujets quand il leur parle.

Je dirais volontiers à M. de Tengoborski : « Vous affirmez que votre gouvernement n'a pas dépouillé le couvent de Czenstochowa de ses vases sacrés, qu'il n'a pas mis la main sur la réserve de la banque foncière à Varsovie, et qu'il n'a pas touché jusqu'à présent à la réserve métallique qui forme la garantie des billets de crédit. Personnellement je ne demande pas mieux que d'ajouter foi à une déclaration aussi catégorique. Dussiez-vous me reprocher encore une fois de juger la Russie avec les idées de l'Occident, je ne puis pas supposer qu'un gouvernement se respecte assez peu pour donner sa parole en vain.

« Mais qu'importent mes dispositions personnelles dans ce débat? L'organe du cabinet russe s'adresse au public et c'est le public qu'il doit convaincre. Or, l'opinion publique n'accepte que sous bénéfice d'inventaire les assertions des gouvernements. Elle sait, en Europe, que le cabinet de Pétersbourg a fait essuyer au clergé catholique, dans les provinces qu'il a envahies, des persécutions bien autrement graves que ne le serait l'enlèvement de quelques vases sacrés, et que ces violences ont été ensuite audacieusement niées à la face de l'Europe. La chancellerie russe a de tout temps joui d'une assez mauvaise réputation sous le rapport de la véracité. Ce n'est donc pas assez d'affirmer, il faut des preuves. Voilà ce qui manque à la réponse de M. Tengoborski. On a beau réitérer les déclarations, soit officieuses, soit officielles, ne communique pas qui veut aux faits le caractère d'authenticité. L'authenticité résulte d'un ensemble de garanties dont une publicité libre est la première et la plus essentielle. Tant que vous écrirez du fond de votre despotisme, vous serez toujours suspect. »

M. de Tengoborski, n'évalue qu'à 57 millions de francs pour l'année 1854, la diminution que devront éprouver les revenus de l'État. C'est là une hypothèse très-optimiste ; mais le cabinet russe ne diffère point en ceci des cabinets de l'Occident. Ses illusions en matière de budget sont les mêmes ; il ne voit clair, comme eux, qu'à la lueur de la foudre, et il faut que les événements se chargent de le détromper.

Suivant M. de Tengoborski, les recettes du trésor, qui étaient de 651 millions de francs en 1839, ont atteint en 1853, le chiffre de 897 millions. Un accroissement de 36 pour 100 en quatorze ans, dans les revenus de l'État, en le supposant avéré, prouverait qu'en Russie comme ailleurs l'ère de la paix a favorisé le développement de la richesse. Il faudrait en conclure aussi que la guerre a déjà changé ou va bientôt changer cet état de choses, car la guerre consomme et ne produit pas.

Mais ce chiffre énorme, inattendu, incroyable de 897 millions n'a-t-il pas l'air d'être mis en avant pour le besoin de la cause ? C'est la première fois que le gouvernement russe se décide à faire connaître le revenu de l'Etat. Cependant, si le trésor moscovite a de pareilles rentrées, quand il a voulu emprunter à l'étranger, il eût été dans l'intérêt de son crédit d'en avertir les prêteurs, l'emprunt ne pouvait pas avoir un meilleur prospectus. Sa réserve de cette époque s'explique mal en présence de l'abandon, sans doute calculé, auquel il se livre aujourd'hui.

La franchise, après tout, n'est qu'apparente. On accuse en bloc un revenu de 900 millions de francs. Est-ce le revenu brut ou le revenu net ? On a laissé ce point important dans l'ombre. De quelles sources encore proviennent les recettes que l'on fait sonner si haut ? Quels sont les éléments du revenu public ? M. de Tengoborski n'en dit rien : il nous donne un chiffre global qui peut être échafaudé sur des nuages, quand il faudrait nous donner un budget.

Je vois bien ce qui arrête l'organe du gouvernement russe. S'il mettait sous les yeux du public les éléments du revenu, il faudrait nécessairement produire le budget des dépenses, et c'est là un secret que le cabinet de Pétersbourg veut garder. Un État n'est vraiment riche que lorsque ses revenus dépassent ses besoins. Le trésor russe aurait beau recevoir chaque année 900 millions ; s'il dépense 1 milliard, il est pauvre, et le chemin de la banqueroute s'ouvre devant lui. La publicité des recettes et des dépenses en Russie, voilà le seul moyen d'établir que nous avons exagéré la faiblesse de cet empire, et que l'apologiste de ses finances n'en a pas exagéré la solidité. Nous acceptons l'épreuve ; M. de Tengoborski peut-il nous garantir que le gouvernement s'y résignera ?

Au surplus, les ressources d'un État sont en définitive

celles de la population. Si la guerre diminue le commerce, trouble l'industrie et enlève les débouchés essentiels à l'agriculture d'un pays, il est impossible que ce pays, même en se saignant des quatre veines, paie la même somme d'impôts. M. de Tengoborski a trop battu les sentiers de l'économie politique pour contester des vérités aussi élémentaires ; mais il biaise et cherche à les ébranler par l'accumulation de cinq ou six petits arguments qui reposent sur des faits mal compris. Suivant lui, le commerce extérieur de la Russie a peu souffert du blocus, une bonne partie ayant pris la voie de terre, et en tous cas les charretiers russes y ont beaucoup gagné. Je ne voudrais pas troubler la satisfaction patriotique de M. de Tengoborski à l'endroit des charretiers ; mais je lui ferai remarquer qu'il n'est nullement certain que les acheteurs étrangers aient fait les frais de cette dépense. Le prix des denrées se règle sur le marché par le rapport qui existe entre l'offre et la demande ; or l'offre a dû très-souvent excéder la demande, attendu que les Anglais notamment, en se détournant des ports russes, étaient allés s'approvisionner en Australie, au Canada et aux États-Unis. Or, si l'offre a excédé la demande, les frais accessoires de transport ont dû retomber à la charge des expéditeurs ; les charretiers russes ne se sont donc partagé que les dépouilles des propriétaires russes, ou des marchands.

Mais voici une théorie bien autrement extraordinaire. M. de Tengoborski prétend que, le commerce extérieur fût-il absolument paralysé, la prospérité de la Russie s'en ressentirait à peine ; la raison, c'est que « la valeur totale des importations et des exportations ne représente

pas un seizième des virements du commerce intérieur. »
Dans toutes les contrées, les échanges que font entre eux
les habitants d'un même pays, ont une importance bien
supérieure à la somme des échanges qu'ils font avec les
pays étrangers ; cela ne veut pas dire cependant qu'ils
peuvent renoncer sans dommage à ces rapports que la
diversité des climats, des aptitudes et des produits établit entre les nations. La Russie en y renonçant volontairement ou contre son gré, fera même un sacrifice plus
grand que tout autre peuple, car l'importance de ses
relations tenait bien plus à leur nature qu'au chiffre d'affaires qu'elles représentaient. La Russie était payée, six
mois ou même une année à l'avance, des marchandises
qu'elle envoyait au dehors, le commerce extérieur four-
nissait ainsi le fonds de roulement à l'aide duquel mar-
chait le commerce intérieur lui-même ; c'était en quelque sorte le moteur de toutes les transactions, ce moteur disparaissant aujourd'hui, je ne donnerais pas
grand'chose de la machine.

Sans doute, la Russie a fait des progrès ; mais ce sont
les progrès d'un pays pauvre. Comment peut-on nous
vanter sérieusement la richesse d'une contrée qui est
encore, de tant de côtés, un désert à défricher et à peu-
pler ! Eh quoi ! Vous comptez à peine 11 habitants
par kilomètre carré ; la vie moyenne chez vous n'est que
de 20 ans, ce qui présente des ressources bien peu
durables, pour recruter de nombreuses armées, la bour-
geoisie russe ne fait que de naître ; la noblesse est en-
dettée ; les paysans sont réduits à l'état de servage,
ou vivent dans les liens d'un communisme qui est la pratique des plus immorales comme des plus sauvages

théories; l'industrie est une œuvre artificielle éclose sous la protection des tarifs, l'agriculture, à l'exception du royaume de Pologne, se maintient dans les rudiments de l'état patriarcal. Les forêts, les steppes et les marais occupent les cinq sixièmes du territoire, et vous vous imaginez qu'un sol aussi mal préparé vous fournira les moyens de lutter contre les puissances de l'Occident, qui ont en abondance tout ce qui vous manque ou vous manquera bientôt : des hommes et de l'argent ! Quelque chiffre que M. de Tengoborski tienne en réserve pour appuyer cette prétention, elle est de tous points insoutenable.

Il est vrai que l'organe du gouvernement russe ne se tient pas toujours à cette hauteur. Dans une autre partie de sa réponse, M. de Tengoborski cherche à démontrer que le trésor n'aura pas à faire des sacrifices aussi considérables et qu'il lui suffira d'ajouter à l'effectif quatre cent mille hommes, aux dépenses 200 millions de francs. Nous contestons sans hésiter la base de ces calculs. M. de Tengoborski nous apprend que les évaluations du budget, en ce qui concerne les dépenses de la guerre ou de la marine en 1854, s'élèvent à 394 millions pour un effectif de huit à neuf cent mille hommes. Chacun sait la différence qui existe entre les prévisions et les faits. Quoique la Russie n'ait pas et n'ait jamais eu huit cent mille hommes sous les armes, elle n'a jamais comblé par des emprunts le déficit que les dépenses de son état militaire amenaient dans son budget. Si le gouvernement prévoit 400 millions de dépenses ordinaires pour le chapitre des armements, on peut mettre 500 millions sans crainte de se tromper. Quant aux quatre cent mille hommes dont M. de Tegoborski reconnaît qu'il faut augmenter l'effectif pour faire face aux nécessités de la guerre, nous ne saurions pas davantage adopter ses calculs, qui portent la dépense à 4 ou 500 francs par tête de soldat. Ce n'est pas ici le lieu d'examiner ce que coûte à chaque puissance l'armée qu'elle entretient ; mais personne n'admettra que, même en Russie, même en ne donnant pas de pantalons aux soldats, comme cela s'est vu dans l'armée du maréchal Paszkiévitz en Hongrie, et au risque de voir le choléra emporter ces malheureux par milliers, cette dépense puisse descendre à 400 francs par tête. M. de Tengoborski oublie encore qu'un soldat en campagne coûte beaucoup plus qu'un soldat en garnison. L'Angleterre a dépensé 100 millions de francs à transporter en Orient le personnel et le matériel de son armée, et la Russie, qui n'a plus la voie économique de la mer, la Russie, qui est obligée de réunir des milliers de chariots quand elle veut seulement transporter des troupes d'Odessa à Sébastopol, ne porterait rien en ligne de compte pour un chapitre aussi absorbant ! mais quand les longues marches font périr les hommes, n'est-ce pas un capital qui périt pour le trésor et qu'il faut remplacer. Le gouvernement russe ressemble à ces fils de famille qui se croient toujours riches parce que, ne tenant pas note de toutes les richesses qu'ils dissipent, ils ne savent jamais au juste de combien leurs dépenses excèdent leurs revenus.

M. de Tengoborski trouvera donc bon que j'insiste ; si le gouvernement russe veut continuer la guerre, il devra pourvoir chaque année à un déficit d'au moins 500 millions. Un pareil fardeau n'excède-t-il pas ses forces ? Nous l'avons pensé, et il nous a semblé que cette opinion avait de l'écho. Cependant la foi de M. de Tengoborski est intrépide ; à l'entendre, la Russie comblera ce déficit, « dût-elle augmenter sa dette d'un ou deux milliards de francs. » Sur ce point, notre incrédulité n'est pas ébranlée. Si la Russie avait dû trouver ainsi aisément à emprunter parmi les sujets de son empire, elle ne se serait pas adressée constamment à l'étranger. Je ne crains pas d'avouer que la France, qui est un pays riche, ne pourrait pas défrayer, pendant longtemps un emprunt annuel de 500 millions. Comment veut-on que la Russie, qui est un pays pauvre, généralement très-pauvre, où la fortune mobilière commence à peine à se développer, où l'on emprunte et ne place que sur la terre, où la civilisation, en un mot, est encore dans les limbes, puisse faire ce que la France ne ferait pas ou ne ferait qu'en s'épuisant et avec une extrême difficulté.

M. de Tengoborski n'espère pas sans doute que je prenne pour des ressources actives toutes les valeurs qu'il énumère comme appartenant à l'État, telles que des forêts, des salines, des usines, des lavages aurifères. On ne vend pas des biens-fonds en temps de guerre. Dans des époques plus tranquilles, ces propriétés trouveraient même bien peu d'acquéreurs. Est-ce que le sol manque aux propriétaires en Russie? Ce qui leur manque, ce sont les capitaux à l'aide desquels on met la terre en valeur, et les connaissances spéciales, autre capital non moins précieux que le premier. Nous conseillons fort à M. de Tengoborski de ne pas faire un budget des valeurs territoriales que possède le gouvernement russe, car le budget irait rejoindre dans l'estime publique celui dans lequel le gouvernement provisoire proposait à l'assemblée constituante de tirer parti des terrains retranchés sur la largeur des routes ainsi, que des lais et relais de mer.

Le gouvernement a voulu être tout en Russie : l'État réduit en monopole dans ses mains, non-seulement le pouvoir, mais encore le crédit et la circulation de l'argent. Son châtiment sera de trouver la nation ainsi accablée et frappée de même impuissance que lui dans les jours difficiles. Quand il manquera d'argent, tout le monde en manquera, et la ruine de son crédit entraînera celle de tous les établissements ainsi que de tous les individus. Dans les pays libres et industrieux, comme l'Angleterre, la Belgique et la Hollande, quand l'État éprouve des embarras, il fait retraite vers le terrain fécond des ressources individuelles. En Russie, au contraire, en dehors de l'État, il n'existe rien, ni forces, ni ressources. Et lorsque la guerre aura dévoré cette réserve métallique qui est encore, selon M. de Tegoborski, d'environ 600 millions de francs, il ne restera plus que le papier-monnaie. Or l'expédient du papier-monnaie pour la nation qui l'emploie, c'est invariablement la fin du monde.

Nous touchons au côté le plus grand et au point culminant de ce débat. Il s'agit de savoir, non plus si le cabinet de Pétersbourg trouvera des ressources pour continuer la guerre longtemps, mais bien s'il ne doit pas succomber plus tôt que plus tard sous le poids des engagements qu'il a déjà contractés. Nous avions montré que le danger le plus imminent pour le crédit de la Russie consistait dans l'énormité de la dette flottante, qui égale, ou peu s'en faut, la dette fondée de la France, et que, soit à titre de débiteur direct, soit à titre de ga-

rant, il était exposé à rembourser, à la première réquisition de ses créanciers, une somme qui représente la
valeur des espèces qui circulent dans toute l'Europe, environ 5 milliards de notre monnaie. Cette démonstration
reposait sur des documents authentiques, émanés du
gouvernement russe lui-même ; il était donc bien difficile de contester ou de se réfugier derrière des équivoques ; aussi le gouvernement russe ne le tente pas, mais
il a recours à un subterfuge assez curieux, et qu'en
termes de palais on appellerait, je crois, un déclinatoire.

M. de Tengoborski nous dit à peu près en somme :
Vous avez raison ; les faits sont tels que vous les exposez,
et vous défendez les vrais principes. Un État chargé d'une
dette flottante de cinq milliards doit sombrer à la première
crise ; mais la Russie est un pays à part, les conditions
de crédit n'y sont pas les mêmes que dans l'Occident,
c'est un malade qui résistera à un accès qui emporterait
des gens robustes.

Sans doute il ne faut pas se laisser prendre à ce vernis
de civilisation qui recouvre l'épiderme moscovite. Les
Russes ont encore beaucoup de chemin à faire pour atteindre à notre niveau. C'est, comme on l'a dit avec raison, une nation du xvie siècle en présence des peuples
plus intelligents et plus instruits du xixe ; mais je vois là
des différences de degrés et non de nature. Les Russes ne
nous égalent assurément ni dans les sciences, ni dans le
commerce, ni dans l'industrie, mais enfin ils ne restent
pas étrangers au mouvement qui entraîne l'Europe : ils
vendent et achètent, produisent et consomment ; et ils in-
troduisent tant qu'ils peuvent le crédit dans leurs transactions. Le crédit de la Russie demeure bien inférieur à

ceux de l'Angleterre et de la France, mais elle n'a trouvé des prêteurs qu'aux mêmes conditions, c'est-à-dire en remplissant fidèlement et ponctuellement les engagements qu'elle contractait.

M. de Tengoborski veut-il dire que, la guerre s'échauffant, et les affaires par suite, étant en souffrance, le peuple russe ne fera pas ce que tout autre peuple feroit à sa place : qu'il continuera à verser de l'argent en dépôt dans les caisses publiques, au lieu de retirer les sommes qu'il a déposées, et que la confiance à l'abri de laquelle circulent 1,200 millions de billets de crédit en petites coupures ne sera pas altérée? Cette prétention ne supporte pas l'examen. D'abord en fait, et de l'aveu de M. de Tengoborski lui-même, la somme des retraits, depuis la déclaration de la guerre, dépasse de plusieurs millions de roubles (environ 24 millions de francs) celle des nouveaux dépôts. La gêne publique augmentant, les dépôts s'arrêteront nécessairement tout à fait, tandis que les retraits deviendront plus considérables et plus nombreux. Quand les déposants ne pourront plus vivre de leur revenu, il faudra bien qu'ils échancrent le capital.

Le gouvernement précipitera la crise lui-même. Il a déjà demandé, il demandera encore de l'argent aux contribuables, soit sous la forme de dons volontaires, soit sous celle d'impôts additionnels, soit sous celle de réquisitions. Or les contribuables, auxquels la guerre enlève les débouchés de leurs produits, n'amassent pas de capitaux et ne font pas d'économies. Comment pourront-ils répondre aux exigences du gouvernement sans retomber sur les établissements de crédit et sans retirer les sommes qu'ils leur ont confiées. Ces établissements à leur

tour, qui ont immobilisé ou prêté à l'État, les valeurs
dont ils étaient nantis, s'adresseront au gouvernement,
qui est à la fois débiteur personnel et garant de la dette.
Comment l'État remboursera-t-il? Par une émission extraordinaire de billets de crédit! mais alors nous tom-
bons dans le régime des assignats. Par une émission de
rentes? M. de Tengoborski y a pensé; mais d'abord cela ne
donnera pas aux créanciers remboursés le moyen d'acquitter les nouveaux impôts : ce ne sera pas de l'argent, ensuite il est à craindre que, pour éviter une banqueroute totale, l'état ne fasse une banqueroute partielle, en livrant
à ses créanciers des valeurs qui seront infailliblement dépréciées. On le voit, les gouvernements despotiques,
quand ils se trouvent dans l'embarras, ne procèdent pas
autrement que les révolutions. C'est là ce que nous aper-
cevons de plus clair dans la réponse du publiciste russe.

Un dernier mot. M. de Tengoborski, en terminant son
apologie, nous fait remarquer qu'il n'est ni adroit ni prudent de dissimuler ou de rabaisser, de parti pris, les
forces de ses adversaires. Cette tactique n'est pas à notre
usage. Nous ne cherchons pas à inspirer aux gouvernements de l'Occident une fausse sécurité. Nous leur con-
seillerions bien plutôt d'exagérer la prévoyance et de
multiplier les préparatifs. On gagne toujours à regarder
les difficultés en face, à mesurer les moyens d'action à la
grandeur des obstacles. Une guerre avec la Russie est
une entreprise sérieuse et difficile qui exige l'emploi de
toutes nos ressources et de toute notre énergie.

Mais en même temps, il ne faut pas permettre à l'ennemi de propager des illusions en sens contraire. Depuis
plus d'un demi-siècle, la politique de la Russie s'évertue,

à l'aide d'un mystère calculé et de fictions hardies, à répandre l'idée de sa domination comme celle d'une puissance irrésistible et en quelque sorte surnaturelle. On nous dit sans cesse, quoique rien ne ressemble moins à la vérité, qu'elle dispose en temps de paix d'un million de soldats. On représente l'ordre européen comme n'existant que par sa tolérance, et peu s'en faut que l'on ne mette à la place de la providence, qui règle le sort des empires, la volonté de l'empereur Nicolas. En un mot, on cherche à effrayer l'Europe par toute espèce de fantômes, et l'on agit avec elle comme les Chinois qui peignent des monstres sur leurs drapeaux pour effrayer leurs ennemis dans le combat.

Ce sont ces fantômes de la politique russe que j'ai voulu dissiper ; j'ai cherché les côtés faibles d'un pouvoir que je consens bien à croire colossal, mais que je ne crois ni à l'épreuve du temps ni à l'abri de la corruption, ni pour tout dire invincible. Cette faiblesse n'était que trop visible, et je n'ai pas eu de peine à la découvrir. La Russie s'organise pour la conquête, quand ses besoins et ses témérités la condamnent à la paix. Elle ne peut ni faire la guerre à la façon de Gengis-Kan, avec des torrents d'hommes, car la population civile lui manquerait, ni la conduire avec la force disciplinée et savante des nations civilisées, car il faut pour cela beaucoup d'argent. Elle marche au combat, enlacée dans les replis d'une dette flottante qui la paralyse ; il lui faudrait, pour sortir d'embarras, des succès immédiats et décisifs que je ne lui souhaite pas et qui ne sont guère problables. Le temps est contre elle, la justice la condamne ; nous pouvons attendre avec confiance le jugement de Dieu.

VII

BANQUE DE FRANCE.

ÉMISSION DES BILLETS DE CENT FRANCS. — COURS FORCÉ. — COURS
LÉGAL. — PAIEMENT EN ESPÈCES. — TAUX DE L'INTÉRÊT (¹).

CRÉATION DES BILLETS DE CENT FRANCS (ᵃ).

(DISCOURS PRONONCÉ A LA CHAMBRE DES DÉPUTÉS.)

Nous ne sommes pas une académie devant laquelle
on puisse venir discuter des théories d'une manière
abstraite. Nous venons ici concourir au gouvernement ;

(¹) Les nombreuses questions que soulève l'organisation de la
Banque de France, furent de celles auxquelles l'active et sagace
intelligence de M. Léon Faucher s'attacha avec persévérance.
En 1847, il proposa et défendit avec énergie, la création des
billets de cent francs : la révolution de février vint bientôt lui
donner raison ; elle fournit aussi la preuve de la prudente maturité de l'écrivain, devenu homme d'État. Autant M. Léon Faucher avait mis de zèle à poursuivre une extension salutaire de la
circulation, autant il montra de fermeté pour maintenir les véritables principes du crédit, compromis par d'aveugles attaques,
par des plans chimériques. Aux jours du péril, la Banque de

(ᵃ) M. Léon Faucher a proposé cette création lors de la discussion du projet de loi tendant à abaisser à 250 fr. la moindre
coupure des billets de la banque de France.
Chambre des députés. — Séance du 13 avril 1847.

nous sommes sur un terrain pratique. On ne doit nous apporter les questions que lorsqu'elles sont arrivées à leur point de maturité ; et alors le devoir de la chambre est de les résoudre. Mais lorsqu'on ne les juge pas mûres, se livrer à une discussion qu'on appelle préparatoire, sous prétexte de porter la lumière dans les convictions, à mon avis ce n'est pas seulement faire une chose inutile, mais c'est encore faire une chose funeste, c'est introduire la confusion dans le débat. Malgré l'instruction que, pour ma part, je puis avoir recueillie de tout ce qui a été dit depuis deux jours à cette tribune, je ne saurais m'élever avec trop de force contre cette habitude que l'on prend de mêler, à une discussion naturellement limitée par son objet, des incidents qui ne peuvent que l'obscurcir.

Maintenant, arrivant à l'amendement (¹), permettez-

France n'eut pas de défenseur plus habile ni plus dévoué que lui. Les mémorables discussions de *l'Assemblée législative* (séances des 23 novembre et 21 décembre 1849 et du 9 mars 1850) fournirent à M. Léon Faucher l'occasion de faire briller un esprit éminemment pratique ; plus tard ses travaux sur la *reprise du payement en espèces* et sur *le taux de l'intérêt*, complétèrent de fécondes indications, en alliant dans une juste mesure, les tendances progressives en matière de crédit, aux conseils de l'expérience.

Nous groupons ces diverses productions sous la *rubrique* commune de *Banque de France*, en y joignant un travail de M. Léon Faucher sur les *Banques coloniales*. (*Note de l'Éditeur.*)

(¹) L'amendement proposé est ainsi conçu :

« *Article unique.* La moindre coupure des billets de la banque de France, fixée à cinq cents francs par l'art. 14 de la loi du 25 germinal an XI, est abaissée à cent francs.

« La même disposition est étendue aux autres banques publiques autorisées. »

moi de vous dire que je ne viens pas faire ici une démonstration aventureuse ; je n'aurais pas eu la témérité, nouveau venu dans cette chambre, de présenter un amendement de cette importance, si je n'avais senti déjà mon terrain assuré par des convictions qui ont précédé les miennes dans cette enceinte.

En 1840, le rapporteur de la commission chargée d'examiner le projet de loi sur la Banque de France, indiquait très-nettement la possibilité de faire descendre, dans un avenir très-prochain le minimum des coupures de la banque à la limite de 100 fr.

Aujourd'hui dans le sein de la commission , une minorité non pas seulement respectable par le talent, mais respectable aussi par le nombre, existe en faveur de la coupure à 100 fr. ; la chambre de commerce de Paris, qui en 1840 trouvait la mesure inutile, la juge maintenant nécessaire : dans un écrit remarquable, un des sous-gouverneurs de la Banque de France, l'a demandée ; j'ajouterai que toutes les banques départementales la réclament.

Je crois pouvoir dire, messieurs, qu'il y a, à cet égard, dans le commerce, qui est le meilleur juge de la question, l'unanimité la plus complète en faveur de l'amendement que j'ai l'honneur de vous soumettre.

Mais je ne voudrais pas borner les arguments, que l'on peut présenter à l'appui de cette proposition, à des observations, en quelque sorte préjudicielles ; avant d'entrer dans la discussion des raisons pour ou contre, permettez-moi de vous exposer les inductions qui résultent des faits.

Non-seulement je ne viens pas proposer à la chambre

38

de faire une chose nouvelle, mais je viens lui proposer uniquement de régulariser, de consacrer par la loi ce qui existe déjà, ce que l'usage a établi.

Vous avez en France, des billets de 100 fr., mais vous les avez d'une manière irrégulière, et par conséquent d'une manière dangereuse.

On vous l'a déjà indiqué, il existe plusieurs établissements de banque qui émettent des bons de caisse ; il circule de ces bons de caisse à Paris pour des sommes considérables, et ils sont émis par un grand nombre d'établissements.

Je ne veux rien dire qui puisse porter atteinte à la juste considération dont la plupart de ces établissements jouissent, mais j'ai le droit de penser que, n'étant assujettis par la loi à aucune des règles que l'autorité publique a jugées nécessaires pour garantir le remboursement des billets de la Banque de France, l'émission qu'ils font de leurs billets est un véritable danger. Dans un moment de crise surtout, s'il arrivait que ces établissements ne trouvassent pas auprès de la Banque de France un appui qu'ils ont déjà obtenu, et dont quelques-uns d'entre eux ont pu avoir besoin, leur situation pourrait devenir fort difficile.

Le même usage se retrouve dans quelques départements. Plusieurs maisons de banque, en province, émettent des billets de caisse. On descend même à des procédés moins légitimes que celui-là : je veux parler des bons de sous, qui ont existé dans un grand nombre de villes de province, et qui circulent encore dans quelques-unes.

Une voix : A Orléans !

M. Léon Faucher. On cite Orléans ; je pourrais ajouter Saint-Quentin, et la ville même que j'ai l'honneur de représenter.

Ces bons de sous ne circulent pas uniquement dans l'intérêt d'économiser au commerce l'embarras d'un numéraire aussi encombrant que la monnaie de cuivre : on en émet pour des sommes de 50 et de 100 fr. A ce taux-là, les bons de sous deviennent de véritables billets de banque, mais des billets de banque qui ne représentent pas un encaisse, et dont la valeur n'est garantie par rien.

J'ai entendu citer telle maison, qui en avait fait circuler pour des sommes de 20 à 30,000 fr., et qui eût été assurément très-embarrassée de rembourser 20 à 30,000 fr. en sous.

Cette monnaie a un autre désavantage : elle circule, non pas avec une prime, comme les billets émis par la Prusse, dont parlait hier M. le ministre des finances ; elle s'escompte, au contraire, avec une perte tantôt de 1/2, tantôt de 1 pour 100. Elle constitue ainsi un véritable impôt, frappé par une certaine classe de citoyens sur une autre classe.

Ce qui existe à l'état anormal, ce qui existe avec danger, voilà ce que je vous propose de faire par la loi, d'une manière régulière et avec les garanties que la loi a le droit d'exiger.

Maintenant, examinons, dans les pays qui nous entourent, les exemples qui peuvent être invoqués à l'appui de ma proposition.

Les billets de 100 fr. n'ont pas encore circulé en France, ou, du moins, ces billets de banque n'ont existé qu'à l'état d'exception ; l'ancienne banque de Rouen, par exemple, la caisse d'escompte, émettait des billets de 20 fr., de 30 fr., de 100 fr. Mais, enfin, j'admets très-bien que ces billets n'ont été qu'un accident, et que, dans la circulation de la France, depuis le commencement du siècle, les billets de 100 fr., ne se rencontrent pas. Quand on veut consulter l'expérience, pour savoir si la circulation de ces billets a produit des inconvénients, il faut donc s'adresser aux pays voisins.

Je prendrai d'abord l'Autriche et la Russie ; ce sont les deux pays les plus éloignés de notre situation financière ; leur circulation se compose presque entièrement de papier, et le numéraire ne s'y rencontre que dans une faible proportion. Assurément je suis fort éloigné de conseiller à mon pays d'imiter ce qui se pratique en Autriche et en Russie, je ne voudrais pas de billets de banque d'un rouble, ni même de 10 et de 5 florins. Cependant je dois faire remarquer que les crises monétaires ne sont pas plus fréquentes en Russie et en Autriche qu'ailleurs.

Plus près de nous, je vois un pays où les habitudes du crédit sont déjà très-anciennes, quoique la circulation métallique y jouisse de la même faveur qu'en France : c'est de la Belgique que je veux parler.

Eh bien, en Belgique il existe plusieurs établissements, j'en citerai deux nommément : la Société générale et la banque de Belgique, qui émettent des billets de 100 fr. et même des billets de 50 fr. ; la proportion, je vais la dire. La Société générale, qui a une circulation de 14 millions de francs en billets de banque, émet des billets de 100 fr. pour 3 millions. La banque de Belgique qui a une circulation de 7 millions, en émet pour 1,400,000 fr.

Ces deux sociétés pourraient émettre une plus grande quantité de billets de 100 fr., s'il leur convenait de le faire. Il y a à cela deux obstacles : le premier c'est l'impôt du timbre, qui augmente avec le nombre des billets eux-mêmes ; le second, c'est la nécessité de remplacer souvent des coupures, qui, circulant de main en main, s'usent très-vite. Il faut donc perpétuellement signer des billets. Cette fabrication est incessante, et les administrateurs de la banque sont de véritables ministres, obligés de donner tous les matins, une immense quantité de signatures. Mais je répète que les billets de 100 fr. sont parfaitement admis dans la circulation et que les deux banques ne peuvent pas suffire aux demandes qu'on leur en fait

On dira peut-être que l'empressement avec lequel le public se porte sur les billets de 100 fr. est un péril de plus ; et que, dans le cas où une crise surviendrait, plus ces billets existeraient en masse dans la circulation, plus le danger des demandes de remboursement serait grand.

A cette objection j'opposerai, pour toute réponse, une expérience déjà faite. En 1838-39, la Belgique a essuyé une crise commerciale très-grave, une crise qui était en partie son ouvrage, une crise qui provenait, il faut le dire, de la surexcitation que les affaires industrielles avaient reçue dans ce pays ; n'oublions pas que cette surexcitation tenait en grande partie à la mauvaise constitution des banques, non pas comme banques d'émission, mais comme banques de prêts.

Les banques belges s'étaient mises à faire des opérations industrielles, à acheter des charbonnages, à élever des hauts fourneaux ; elles avaient engagé dans ces opérations le capital qui devait rester disponible pour faire face à la garantie de leurs émissions.

Eh bien, même dans une crise qui atteignait le pays tout entier, la Société générale qui, à cette époque, avait déjà une grande quantité de billets de 100 fr. en émission, ne reçut guère de demandes de remboursement, que de la part des porteurs de billets de 1,000 fr.; et je crois pouvoir affirmer, après avoir recherché les faits, que les billets de 100 fr. y ont figuré dans une proportion très-peu considérable.

Arrivons maintenant à la plus grande expérience qui ait été faite des coupures inférieures, en matière de billets de banque; consultons le passé financier de l'Angleterre.

En Angleterre, vous le savez, la banque émet des billets de 5 liv. st. Mon honorable ami M. d'Eichthal vous disait hier que la proportion de ces billets était de 30 pour 100, ce qui prouve non-seulement qu'ils sont très-recherchés, mais qu'ils font véritablement l'office de monnaie.

Les billets de 5 liv. st. ont-ils jamais créé un danger pour l'Angleterre?

Ici, je le sais, je rencontre une objection élevée par M. le ministre des finances, et je demande la permission de rectifier ses souvenirs qui ne représentent pas très-exactement l'histoire.

M. le ministre des finances a supposé que la crise de 1797, c'est-à-dire la suspension des payements en espèces, avait eu pour cause les demandes excessives de remboursement faites par les porteurs de billets de 5 liv. st.

M. le Ministre des finances. J'en demande pardon à l'honorable orateur; je n'ai pas dit cela!

M. Léon Faucher. Alors, vous me permettrez de citer vos propres paroles ; je les prends dans le *Moniteur* :

« En 1793, les billets de 10 liv. st. furent abaissés à 5 liv. ; en 1797, la banque d'Angleterre était obligée de suspendre le remboursement de ses billets, parce qu'elle n'avait plus de numéraire. »

Evidemment, ces paroles n'ont pas de sens, ou elles impliquent une connexité entre la création des billets de 5 liv. et la suspension des payements en espèces.

M. le Ministre des finances. La création, oui, mais non pas la demande de remboursement.

M. Léon Faucher. Je demande à la chambre la permission d'insister, et de lui dire que si cette création n'avait pas amené des demandes de remboursement, je ne comprendrais pas l'argument de M. le ministre des finances.

M. le Ministre. La création fait sortir le numéraire du pays.

M. Léon Faucher. Il n'est pas nécessaire d'avoir approfondi l'histoire de l'Angleterre ; il n'est pas nécessaire d'être un grand historien pour savoir que la suspension des payements en espèces, en 1797, fut déterminée par des causes d'une nature beaucoup plus élevée et plus générale.

En 1797, la banque d'Angleterre suspendit ses payements, elle fit pour ainsi dire banqueroute, parce qu'elle fut entraînée par le gouvernement dans une situation désespérée à laquelle il fallait apporter des remèdes héroïques. En réalité, sous le nom de la banque d'Angleterre, ce fut le gouvernement anglais qui fit banqueroute.

La banque d'Angleterre, à cette époque, outre son capital qu'elle avait prêté au gouvernement, avait escompté des traites et des bons de l'échiquier pour 11 millions de liv. st. En un mot, le gouvernement lui devait 22 millions de liv. st., et son capital n'était que de 15 millions.

Voilà quelle fut la source de ses embarras, et je vais en donner une preuve bien manifeste. Déjà, en 1794, et plus tard, en 1796, quelques mois avant la suspension de ses payements en espèces, la banque d'Angleterre adressait au gouvernement les plus vives représentations; elle lui déclarait qu'il n'était pas possible de continuer dans la voie où on l'avait engagée; qu'elle livrait au gouvernement tout son capital disponible, lequel n'existerait bientôt plus pour faire face au remboursement des billets.

Le gouvernement l'obligeait à supprimer les garanties qu'elle devait au public, et la banque se plaignait au gouvernement de ce qu'il l'obligeait à supprimer ces garanties. Voilà, Messieurs, la situation qui rendit nécessaire la suspension des payements en espèces.

Je ne veux pas blâmer le gouvernement anglais : au milieu du danger, chacun avise, comme il peut, au salut du pays. Dans un moment où la France luttait contre toute l'Europe en battant monnaie de soldats avec la conscription, l'Angleterre luttait contre nous en battant monnaie de papier. A cette époque, elle exportait son numéraire sur le continent, non pas, comme l'a dit M. le ministre des finances, pour rembourser les billets de 5 liv. st., mais pour nourrir ses armées et pour envoyer des subsides aux princes étrangers.

Voulez-vous une nouvelle preuve qu'il ne se présenta,

dans ce grand fait historique, aucun des incidents que supposait M. le ministre? La voici : En 1819, le ministre qui vient de diriger pendant plusieurs années les affaires de la Grande-Bretagne, sir Robert Peel, proposa un bill qui déterminait la reprise des payements en espèces. Ce bill porte encore aujourd'hui son nom.

Quelle fut la limite inférieure à laquelle on fixa la coupure des billets de banque à cette époque ? Précisément 5 liv. st.

Croyez-vous que si, en 1797, cette coupure eût produit les inconvénients que M. le ministre des finances vous a signalés; croyez-vous, dis-je, qu'un homme aussi prudent que sir Robert Peel, qu'un gouvernement aussi expérimenté que le gouvernement anglais eût insisté pour abaisser les coupures des billets à 5 liv. sterl. en 1819?

Mais je veux apporter à la chambre une preuve beaucoup plus directe, une preuve tirée de notre propre histoire. En 1805, au mois d'octobre, la Banque de France suspendit ses payements. La suspension, si vous le voulez, ne fut que partielle; mais on peut la regarder comme complète, car la Banque limita ses remboursements à 500,000 fr. par jour, et, à cette époque, il ne restait guère plus de 1 million dans ses coffres.

Lorsque la Banque de France en arriva là, il n'y avait cependant en circulation ni billets de 100 fr., ni billets de 5 liv. sterl.; elle n'émettait que des billets de 500 fr. Malgré cela, elle se trouva réduite à la même nécessité que la banque d'Angleterre, avec cette différence que, en 1797, la banque d'Angleterre avait encore 30 millions dans ses coffres, tandis que la Banque de France, en 1805, n'avait que 1 million dans les siens.

Cette suspension de payements arriva, pour la Banque de France, par des causes analogues à celles qui avaient déterminé la suspension des payements de la banque d'Angleterre. Ce fut l'abus que le trésor avait fait des ressources de la Banque, qui détermina cette crise. Le trésor avait obligé la Banque à escompter 80 millions de bons des receveurs généraux. Le trésor devait y trouver un très-grand avantage; car ces bons se négociaient à 10 et 12 p. 100 et la Banque les prenait à 6 p. 100.

La Banque avait beau représenter que le total de ses émissions allait à peine à 50 millions; qu'elle n'avait que 17 millions d'espèces en caisse; en un mot, qu'elle n'était pas en état de faire face à de pareils engagements, le trésor insistait, elle fut obligée d'escompter 80 millions de bons des receveurs généraux; ces bons ne furent pas payés à l'échéance, et c'est parce que l'État manqua à ses engagements envers la Banque que la Banque manqua aux siens envers le public. Vous le voyez, la même cause a produit en France les mêmes effets qu'elle avait produits en Angleterre.

Ainsi les billets de 100 fr. existant déjà sous une forme anormale en France, il ne s'agit plus que de les régulariser. L'exemple et l'autorité des pays voisins vous montrent que la création de billets de 100 fr. est positivement sans danger. Vous n'avez donc plus qu'à examiner si, à la place d'une circulation de contrebande, vous aurez une circulation légale et de bon aloi.

Quelle sera l'utilité des billets de 100 fr.? Je n'ai pas

besoin d'insister sur l'économie qu'ils produiront. Évidemment, les billets de 100 fr. amèneront dans les caisses de la Banque une somme, je ne dis pas équivalente, mais considérable de numéraire dont le frai se trouvera ainsi épargné à la société. En même temps, on augmentera le capital circulant, et en l'augmentant sous cette forme on évitera la perte d'intérêt qu'aurait représentée le même capital en espèces. J'ajoute que l'on obtiendra une économie très-importante dans le temps employé pour les payements. Aujourd'hui les payements sont une chose très-laborieuse, car au-dessous de la coupure de 500 fr. vous êtes obligés de vous servir d'une monnaie qu'il faut compter. En Angleterre, on a dit : « Le temps, c'est de l'argent. » Je voudrais qu'on en vînt, en France, à populariser cet adage, et je demande à économiser, par la coupure de 100 fr., le temps du commerce français.

Il y a une autre raison qui a été indiquée par un des honorables membres qui m'ont précédé à la tribune. Remarquez que par les billets de 1,000 fr. et de 500 fr., on n'arrive qu'au grand commerce, au commerce en gros ou en demi-gros ; vous excluez le commerce de détail, vous réduisez le commerce de détail à n'avoir pour tous moyens d'échange que du numéraire, vous lui interdisez le billet de banque. Or, la circulation du billet de banque, c'est l'abaissement du taux de l'intérêt ; partout où le billet de banque s'introduit, l'intérêt de l'argent se réduit, car le capital circulant augmente.

Lorsque vous excluez le commerce de détail du bénéfice de la circulation du papier, que faites-vous ? Vous faites, comme on vous l'a dit, de l'aristocratie ; vous ne permettez pas à la démocratie commerciale de se servir d'un agent économique de circulation, dont vous réservez le bienfait aux banquiers et aux marchands en gros. Ce n'est pas là faire régner la véritable égalité ; c'est commettre de plus une véritable inconséquence. La Banque admet à l'escompte les billets au-dessous de 200 fr. ; elle en a reçu 185,000 en 1846. Pourquoi ne donnerait-elle pas des billets de 100 fr. en échange ? Pourquoi la réduire, en pareil cas, à faire l'escompte avec des écus ?

Enfin je voudrais que la coupure du billet se proportionnât à l'état de la richesse, et je trouve que la coupure de 500 fr., et même celle de 250 fr., ne sont pas dans une juste proportion avec le niveau des fortunes en France. Pour le prouver, il suffit de faire une simple comparaison. Prenez l'Angleterre, vous y trouvez des billets de 125 fr., la monnaie d'or, la livre sterling (25 fr. 20 c.) qui sert d'intermédiaire, et la couronne qui a une valeur de 6 fr. 30 c. En France, au contraire, il n'y a pas d'intermédiaire entre le billet de banque unité 500 fr. et la monnaie d'argent unité 5 fr. Ainsi, entre la monnaie d'argent et le billet, vous avez l'unité 5 fr., qu'il faut multiplier par cent, afin d'arriver à la monnaie de banque. N'y a-t-il pas là une immense lacune, et ne sentez-vous pas la nécessité de la combler ? Précisément parce que vous n'avez pas de monnaie d'or pour remplacer le billet de banque, comme ont pu le faire les Espagnols, par exemple, en créant des quadruples qui valaient 84 fr. ; parce que vous n'avez pas de monnaie d'or, vous êtes dans la nécessité impérieuse d'abaisser les coupures de billets de banque à 100 fr., pour remplacer dans la circulation la monnaie d'or qui vous manque.

Messieurs, on fait deux objections principales. On dit d'abord que les billets de 100 fr. contribueront à amener une plus grande exportation du numéraire ; et voici comment on raisonne.

On convient que les billets de 100 fr., en descendant dans la circulation, feront refluer vers les caisses de la Banque une certaine quantité de numéraire. Mais on ajoute aussitôt que, ce numéraire étant accumulé dans les caisses de la Banque, il deviendra d'autant plus facile de l'exporter. Je ne voudrais pas abuser de l'avantage que peut donner cet argument ; mais, si vous le poussiez jusqu'à ses dernières limites, il en résulterait, que, pour éviter l'exportation du numéraire, il ne faudrait pas en accumuler dans les caisses de la Banque, et que la Banque ne devrait pas garder une réserve métallique. Vous renverseriez ainsi la base même du crédit. Remarquez, messieurs, ainsi que le disait justement mon honorable ami M. d'Eichthal dans la séance d'hier, remarquez que l'exportation et l'importation du numéraire sont déterminées par des causes qui sont tout à fait étrangères à la limite des coupures des billets de banque.

Dans une crise monétaire comme celle qui frappe aujourd'hui la France et l'Angleterre, lorsqu'il est indispensable de faire venir des pays du Nord et de la mer Noire des quantités considérables de blés qui ne peuvent se solder qu'en argent, je demande si, quand vous n'auriez pas de papier de banque, vous ne seriez pas dans la nécessité de vous livrer aux mêmes exportations du numéraire, si le numéraire ne sortirait pas de la circulation

par une voie ou par une autre, si vous n'éprouveriez pas
les mêmes embarras? Quant à moi, je n'y vois pas de
différence. Les métaux précieux ne sont pas uniquement
une monnaie; ils sont encore une marchandise qui va
où elle trouve à se placer. Toute banque doit donc tenir
en réserve, outre la proportion nécessaire pour servir
de garantie à sa circulation et à ses comptes courants,
une somme de numéraire qui augmente ou qui diminue, selon que la balance commerciale incline à l'importation ou à l'exportation des espèces. C'est là une
question de prudence, indépendante de la limite à laquelle les coupures des billets de banque peuvent être
abaissées. Au reste, comme on le disait très-bien, les
billets de 200 fr. et les billets de 100 fr. ayant, non pas
tout à fait les mêmes avantages, mais les mêmes inconvénients, puisqu'ils s'adressent à la même classe de personnes, je ne sais pas d'argument employé contre les
billets de 100 fr. qu'on ne puisse appliquer aux billets
de 200 fr. Et à ce propos, je rappellerai que, par une
singulière distraction, M. le ministre des finances s'est
prévalu de l'autorité d'un journal anglais qui disait que
la création de billets de 250 fr. ferait sortir le numéraire
de France. Je répondrai à M. le ministre des finances ce
que lui répondait hier un de nos honorables collègues :
S'il en est ainsi, retirez votre loi.

On a dit encore que les coupures de 100 fr. amène-
raient de plus grandes demandes de remboursement.
L'exemple de la Belgique, où les coupures de 100 fr. et
de 50 fr. existent sans avoir amené ces inconvénients (et
je crois que la Belgique est dans une situation bien plus
semblable à la nôtre que l'Angleterre), l'exemple de la

Belgique répond complétement aux craintes que l'on a manifestées. On nous accorde que les billets de 100 fr. pénétreront plus avant dans la circulation que ceux de 500 fr. et de 200 fr., qu'ils sont plus commodes et par conséquent plus nécessaires, n'ai-je pas le droit d'en conclure que ces billets viendront beaucoup moins au remboursement? Mais enfin, Messieurs, j'ajouterai, pour lever un dernier scrupule, que la circulation des billets, chez nous, n'est pas forcée, comme en Angleterre; elle est facultative. Il est à croire, apparemment, que le public qui acceptera les billets de 100 fr. aura confiance dans la solvabilité de la Banque; et si notre Banque reste fidèle aux garanties qui sont nécessaires pour que les billets de banque circulent en toute sécurité, il ne viendra pas plus demander le remboursement des billets de 100 fr. qu'il ne demandera le remboursement des billets de 200 fr., et qu'il ne demande aujourd'hui le remboursement des billets de 500 fr.

Enfin voici une dernière considération par laquelle je termine. Je n'entrerai pas ici dans une discussion, que cette tribune ne comporte pas, sur l'état du numéraire en France. Cette question est du domaine de la conjecture, il n'y a ni dans les données de la statistique, ni dans l'état de la science, des éléments qui permettent de la résoudre. Cependant, ce que l'on peut affirmer, c'est que la monnaie métallique, qui surabondait en France avant 1840, depuis 1840 tend à décroître. Dans mon opinion, la masse du numéraire diminue en France dans une proportion que je ne pourrais déterminer, mais dans une mesure évidente.

Si le numéraire, qui existait en France il y a quelques

années, était nécessaire à la circulation, évidemment l'absence d'une partie de ce numéraire a déterminé une lacune qu'il devient nécessaire de combler.

C'est une des raisons qui me font insister pour la création des coupures de 100 fr., que je crois destinées à populariser les billets de banque, surtout dans les départements et dans le petit commerce de Paris. Et je ferai remarquer que le billet de banque de 250 fr., qui est une coupure inférieure à 500 fr., mais peu commode pour le commerce, a cependant fait dans la circulation de nos départements d'assez rapides progrès.

Je citerai, par exemple, la banque de Rouen ; cette banque, sur une circulation habituelle qui excède 12 millions, a constamment plus de 7 millions de francs de billets de 250 fr. en émission ; la proportion est, je crois, la même pour la banque de Marseille. La Banque de France elle-même, qui ne compte, entre tous ses comptoirs, qu'une circulation de 8 millions, voit les billets de 250 fr. entrer dans cette circulation pour 5 millions.

Ainsi, pour les comptoirs de la Banque de France, comme pour les banques départementales, les billets de 250 fr. forment en général la plus grande partie de la circulation ; mais comme les comptoirs de la Banque de France existent dans des villes généralement moins riches que les villes dans lesquelles sont instituées les banques départementales, il est évident que, pour que la circulation de la Banque de France fasse, dans les villes où ces comptoirs sont établis, les mêmes progrès que la circulation des billets des banques départementales ont faits, par exemple, dans les villes de Rouen et de Marseille, il faut abaisser les coupures, puisque la richesse n'est pas au même niveau.

Je me résume, Messieurs.

Je crois que les billets de banque de 100 fr., dont je demande à la chambre d'autoriser la création, existent déjà à l'état irrégulier, et je demande que cet état soit régularisé. Je crois que le billet de 100 fr. est nécessaire maintenant aux transactions du commerce, et je m'autorise des réclamations du commerce tout entier ; je crois qu'il est destiné à combler un grand vide qui se fait sentir dans la masse de notre monnaie métallique.

Depuis environ sept années, la circulation de la Banque de France et des banques départementales, a augmenté de 100 millions. Eh bien, dans ma pensée, la faculté d'émettre des billets de 100 fr. et de 200 fr. doit faire faire aujourd'hui un nouveau pas à la circulation des banques départementales et de la Banque de France.

ÉMISSION DES BILLETS DE LA BANQUE DE FRANCE ([1]).

ASSEMBLÉE LÉGISLATIVE. — Séance du 23 novembre 1849.

Je viens appeler l'attention de l'Assemblée sur une question qui est à la fois grave et urgente : il s'agit de la circulation monétaire, c'est-à-dire du principal instrument d'échange et du signe des valeurs.

J'espère que l'Assemblée me permettra d'entrer dans quelques développements.

Le décret du 15 mars 1848 a donné un cours forcé aux billets de la Banque de France ; il a décidé en même temps que la limite légale des émissions de cette banque ne pourrait pas excéder 350 millions ; un décret subséquent, celui du 25 mars, a étendu le même régime aux banques départementales qui existaient alors, en fixant à 102 millions la limite légale de leurs émissions.

Enfin le décret du 29 avril, en réunissant les banques départementales à la Banque de France, a décidé qu'il n'y aurait plus qu'un seul agent de la circulation finan-

([1]) Dans la séance du 23 novembre 1849, M. Léon Faucher adresse à M. Fould, ministre des finances, des interpellations, pour demander un nouveau décret sur l'émission de billets de banque. Nous reproduisons ce discours ainsi que celui que M. Léon Faucher a prononcé dans la séance du 21 décembre suivant pour défendre le projet de décret qu'il avait provoqué.

Nous y joignons les discours de M. Léon Faucher, dans la séance du 9 mars 1850, au sujet de la proposition de M. Mauguin sur les banques continentales. Le privilége de la Banque de France et les lois de la circulation financière s'y trouvent nettement expliqués. (*Note de l'Éditeur*).

cière dont la Banque de France deviendrait l'instrument. Nous vivons sous le régime du cours forcé, c'est-à-dire que la Banque n'est plus, comme avant le décret du 25 mars, obligée de donner de l'argent toutes les fois qu'on lui présente ses billets en échange.

Sous l'empire de ce régime, les émissions de la Banque de France se sont assez rapidement développées. Au moment où le décret fut rendu, sa circulation atteignait le chiffre de 275 millions, si vous supposez que la circulation des banques départementales s'élevait alors à 90 millions, vous aurez un total de 365 millions qui représentait la circulation fiduciaire, pour toute l'étendue de la France au moment où le décret fut promulgué. Il est sensible qu'en dispensant la Banque de France de rembourser ses billets en espèces, on rendait l'accroissement de sa circulation nécessaire. Elle s'accrut, en effet, très-rapidement ; dès le 18 mai (c'est le premier relevé qui a été établi et qui donne les émissions communes à la Banque de France et aux banques départementales). le chiffre des émissions s'élevait à 402 millions. En même temps, vous le savez, Messieurs, le numéraire en réserve dans les caisses de la Banque avait rapidement diminué. Au moment du décret, le 15 mars, elle n'avait plus à Paris et dans les succursales qu'une réserve de 88 millions ; la Banque fit de très-grands efforts, et acheta pour 40 millions de lingots ; et, au 18 mai, au moment où ses émissions s'élevaient à 402 millions, elle avait une réserve en espèce de 115 millions. C'est à ce moment que commence un mouvement parallèle dans l'encaisse et dans le portefeuille, sur lequel il est nécessaire que j'arrête l'attention de l'assemblée. A dater de

mai 1848, on voit la réserve en espèces s'accroître tous
les mois dans une proportion considérable ; et, en même
temps, on voit le portefeuille de la Banque, qui dépassait
300 millions à cette époque, décroître dans une proportion rapide et constante.

Pour se rendre compte de ce phénomène, il n'y a
qu'une explication, c'est celle-ci, que tout le monde connaît : c'est que les affaires à termes diminuent dans le
pays, et que dans le commerce, comme pour les choses
alimentaires, on ne traite plus qu'au comptant. En moins
de vingt mois, les encaisses de la Banque ont augmenté
de près de 300 millions et son portefeuille a diminué de
200 millions.

Dans l'intervalle, la Banque qui ne se trouvait pas au
mois de mai, très-éloignée de la limite légale qui lui avait
été fixée, a vu croître successivement ses émissions ; et
tout récemment, le 15 novembre, le bulletin hebdoma-
daire de la Banque montrait qu'elle était arrivée au chiffre de 447 millions ; elle n'avait donc plus que 5 millions
à émettre pour atteindre la limite légale.

Maintenant, Messieurs, le chiffre accusé le 15 novembre répondait-il bien complétement à la réalité des faits?
Je n'oserais pas l'affirmer. Je crois savoir en effet qu'il y
a eu un moment où la circulation de la Banque s'est élevée
à 451,300,000 francs, c'est-à-dire qu'elle a atteint
à 700,000 fr. près, la limite qui lui était fixée.

Ce n'est pas tout. Pour se maintenir à cette distance
du terme fatal, la Banque était obligée de recourir à une
infinité d'artifices ; et, par exemple, toutes les fois qu'on
venait lui demander des billets elle répondait en donnant

de l'argent. Tout le monde sait que pour les payements de 5,000 francs et au-dessous la Banque ne fournit maintenant que des espèces. Ce n'est qu'au-dessus de cette limite qu'elle consent à donner des billets. Par ces procédés de la Banque, les billets ont été exposés à une rareté artificielle ; on en demande tellement qu'ils obtiennent maintenant une prime dans le commerce. Les billets de 1,000 francs, si je ne me trompe, gagnent 1 pour 1000, et les billets de 100 francs gagnent jusqu'à 1 1/4 pour 100.

Cette situation peut-elle se prolonger ? Je ne le pense pas, Messieurs, et c'est pour cela que j'ai voulu en saisir l'assemblée et connaître à ce sujet les intentions du gouvernement et en particulier celles de M. le ministre des finances.

Quand on a établi le cours forcé, qu'a-t-on voulu faire ? On a voulu dispenser la Banque de France de donner des espèces, toutes les fois que les espèces lui seraient demandées en échange de ses billets. Qu'arrive-t-il aujourd'hui ? précisément tout le contraire : c'est l'argent qui se trouve avoir une sorte de cours forcé ; et ce sont les billets que la Banque se défend de livrer quand on lui en demande.

Vous aboutissez donc, malgré vous, à un état de choses qui est absolument contraire à celui que l'on a voulu établir par le décret du 25 mars.

Cette situation ne peut que tourner au détriment du commerce du pays. Le commerce manque de moyens d'échange ; et cette insuffisance de la circulation paralyse le développement des affaires. Les petites coupures notamment, demandées à Paris, le sont encore dans les

départements; et pour vous montrer à quel point elles
y sont nécessaires je me bornerai à vous dire que sur les
120 millions qui représentent la circulation des petites
coupures dans toute l'étendue de la France, Paris en absorbant 100 millions; il n'en reste que 20 millions pour
la province.

Maintenant que vous avez devant la circulation une
espèce de muraille qui lui barre le passage, il faut de
deux choses l'une : ou bien que vous changiez la situation légale, que vous leviez le cours forcé et que vous
rendiez la liberté à la circulation ; ou que vous étendiez
la limite légale des émissions de la Banque de France.

Quel est, de ces deux partis, celui que, pour mon
compte, je vous propose ?

Assurément, s'il était possible de rendre à la circulation toute sa liberté, ce serait le parti le plus naturel à
prendre. La situation actuelle n'a rien en effet de régulier ni de normal ; elle est la conséquence d'une révolution. En décrétant le cours forcé, au milieu des embarras du crédit, on a pris une mesure sage, indispensable ;
mais enfin on est sorti des voies ordinaires pour entrer
dans les voies d'exception.

Peut-on y mettre un terme aujourd'hui? Quant à
moi, je ne le crois pas, et je vais vous en dire la raison.
D'abord, Messieurs, pour qu'on pût rendre à la circulation toute sa liberté, il faudrait que le crédit fût dans
une situation tellement régulière, tellement à l'abri des
chocs et des orages, que l'on n'eût pas à lui mesurer le
mouvement. Il n'en est pas ainsi ; tout le monde sait
que le crédit est aujourd'hui une institution fragile, délicate, qui commence à se raffermir et que le moindre

changement pourrait ébranler de fond en comble. En tout cas, son tempérament ne nous paraît pas encore assez robuste, assez affermi pour supporter la liberté pleine et entière.

J'ajoute que, pour rétablir la liberté de cette circulation, il faudrait deux conditions qu'il ne dépend pas de vous de réaliser : il faudrait que l'Etat, qui a déjà emprunté 100 millions à la Banque de France et qui va encore lui emprunter 100 millions, pût lui rendre ces 200 millions dès à présent, car, sans cela, comment la Banque pourrait-elle répondre à toutes les demandes de remboursement d'espèces qui pourraient lui être faites, si elle ne rentrait pas dans son capital ?

En second lieu, je pense que le capital de la Banque de France, avec les habitudes de circulation que le cours forcé a développées dans le pays, serait insuffisant pour répondre au chiffre de 450 ou 500 millions auquel sa circulation est parvenue.

La Banque se verrait dans la nécessité de doubler son capital et pour doubler le capital de la Banque, il faudrait des circonstances prospères ; il faudrait que les capitaux accumulés par l'épargne fussent dès à présent assez considérables pour que la Banque, les compagnies de chemins de fer, l'État lui-même, s'il a besoin d'emprunter, trouvassent à y puiser abondamment, et pour que, en se faisant concurrence, ils ne vinssent pas déprécier le crédit et faire renchérir le taux de l'intérêt. Il me paraît donc impossible de renoncer aujourd'hui au cours forcé.

Cela étant, qu'y a-t-il à faire ? il tombe sous le sens que, lorsque vous déclarez que les billets de la Banque de France ont un cours forcé, vous prenez l'engagement de fournir au pays toute la somme de billets nécessaire à la circulation ; entendu autrement, le cours forcé n'a pas de sens, car ce serait dire au pays, dans un moment où les billets de la Banque sont la monnaie légale de préférence même aux métaux précieux tels que l'or et l'argent, qu'il peut demander des billets autant qu'en exigeront les besoins du commerce et le mettre en même temps à la ration, lui refuser même souvent les instruments de l'échange, ce qui implique contradiction ; vous êtes donc dans la nécessité de pourvoir aux demandes du commerce, de doter dans ce but plus largement la Banque de France, en un mot d'étendre la limite légale.

Dans quelle proportion l'étendrons-nous ? Ici, Messieurs, vous avez principalement à prendre conseil des faits ; en matière de crédit le législateur n'est pas investi d'un pouvoir arbitraire, il ne peut que traduire en articles de loi les règles déjà écrites dans les faits.

Lorsque le législateur, par le décret du 25 mars, porta à 452 millions la limite légale des émissions de la Banque de France, il donna une marge de 88 millions à l'extension possible de la circulation. Cette marge a été atteinte, dépassée même en réalité dans l'espace de vingt mois. J'évalue, quant à moi, je me trompe peut-être, mais nous ne pouvons raisonner que sur des probabilités, j'évalue à dix-huit mois ou deux ans l'existence possible, nécessaire même du cours forcé en France. Je crois qu'il vous sera impossible de rétablir la liberté de la circulation tant que le trésor restera débiteur de la Banque de France pour des sommes aussi considérables.

Eh bien, cela étant, s'il a fallu vingt mois pour atteindre la limite légale, lorsqu'il y avait une distance de 88 millions entre le taux auquel le décret du 25 mars a pris les émissions et le taux auquel elles sont parvenues, je pense qu'une limite approximative est ce qu'il faut adopter pour la perspective que vous donnez à l'extension de la circulation de la Banque de France, en n'envisageant qu'un avenir de deux ans. J'élèverai donc à 525 ou 537 millions le maximum légal des émissions de la Banque de France.

Messieurs, il eût été possible de vous saisir d'une proposition qui amenât l'assemblée à se prononcer sur ce grave sujet. Pourquoi ne l'ai-je pas fait ? Je vais le dire en deux mots. D'une part, la question me paraît arrivée à un degré d'urgence qui ne comporte pas de délai, et je ne croyais pas pouvoir exposer cette matière importante aux délais qui sont réservés à l'initiative individuelle de chacun des membres de cette assemblée.

Ajoutez que dans une question qui touche de si près à la responsabilité du gouvernement, il est bon, il est nécessaire que l'initiative du gouvernement intervienne. Je voulais provoquer cette initiative, et je n'ai pas cru pouvoir y substituer la mienne.

Messieurs, avant de quitter le sujet et d'adresser à M. le ministre des finances la question qui fait l'objet de cet exposé, je crois devoir répondre à une objection qui s'élèvera peut-être dans vos esprits. En voyant la quantité d'espèces qui s'accumulent dans les caisses de la Banque de France et qui s'augmentera peut-être par l'accroissement des émissions, je prévois que l'on dira que nous allons favoriser l'exportation des espèces. Il faut répondre à cette objection.

L'accumulation des espèces dans les grands dépôts d'argent, tels que la Banque de France et la Banque d'Angleterre, prête certainement à l'exportation. Il est sensible que lorsqu'une aussi grande quantité de métaux précieux vient s'entasser dans ces dépôts publics, on éprouve la tentation de ne pas les laisser oisifs et de faire une marchandise de ce qui était une monnaie. Je ne conteste donc pas qu'il ne puisse arriver, par l'accumulation des métaux précieux dans les caisses de la Banque de France, qu'une partie de ces métaux soit exportée.

Dans les circonstances ordinaires, je crois qu'il y aurait un danger ; mais l'assemblée voudra bien remarquer que la circulation en France est saturée de métaux précieux ; il y a quelque chose à faire pour perfectionner l'instrument de la circulation dans ce pays, c'est d'économiser une partie des métaux précieux qui en sont l'instrument ; pour mon compte, je verrais sans effroi qu'une partie de l'or et de l'argent qui reposent dans les caves de la Banque puisse en sortir pour être remplacée par d'autres valeurs et d'une manière plus profitable au pays.

Mais j'ajoute que, dans ce moment-ci, cela n'est pas à supposer. Quelles sont les circonstances dans lesquelles se trouve placé aujourd'hui le commerce des métaux précieux ? Ceci vaut la peine d'arrêter un instant l'attention de cette grande assemblée.

Il s'opère dans le monde civilisé une véritable révolution monétaire. Nous sommes menacés, comme au moment de la découverte de l'Amérique, d'une nouvelle inondation de métaux précieux. Je n'aurais,

pour le prouver, qu'à vous dire que, en même temps
que la Banque de France regorge d'argent, un autre
grand dépôt de métaux précieux, la Banque d'Angleterre, en est également saturée. Il y a aujourd'hui dans
les caisses de la Banque d'Angleterre, presque autant
d'or qu'elle a de billets de banque en circulation ; car la
somme de ses émissions s'élève à 455 millions et elle a
382 millions en or et en argent dans ses caisses. Vous
avez maintenant 411 millions dans les caisses de la Banque de France, contre 447 millions de billets circulant.
D'où vient cette accumulation? Ce n'est pas seulement
de ce qu'il y a un trouble apporté en France à la marche naturelle du commerce ; ce n'est pas seulement
parce que les grandes opérations à terme sont interrompues. Non ; cela vient de ce que, depuis quelques années,
les grandes sources des métaux précieux se sont accrues,
de ce que, depuis quelques années déjà, la Russie jette
dans le commerce, tous les ans, le produit des sables
aurifères de l'Oural qui s'élève à 100 ou 120 millions
de francs ; cela vient aussi de ce que l'exploitation des
gisements aurifères de la Californie donne déjà des
résultats qui peuvent être évalués à 200 millions de
francs par année. Il est donc inévitable que d'ici à quelques années cette exploitation de métaux précieux, si
considérable, change la valeur de l'argent. Elle fera
bien autre chose : comme c'est maintenant l'or qui vient
en plus grande abondance, il arrivera que la proportion
entre la valeur de l'or et celle de l'argent sera infailliblement altérée.

Il résulte de ces faits que la nation qui aura dans sa
circulation la plus grande quantité de métaux précieux,

sera celle qui éprouvera les dommages les plus considérables et dont la richesse sera le plus diminuée.

Je ne veux pas tirer de ces faits des conclusions absolues ni trop hâtives ; je n'en veux déduire qu'un motif
de rassurer l'Assemblée contre cette perspective, qui
pourrait porter ombrage à quelques esprits, de l'exportation possible d'une partie des métaux précieux qui sont
accumulés dans les caisses de la Banque de France.

Cela dit, et c'est l'importance du sujet qui m'a amené
à cette digression, non pas étrangère mais épisodique,
je demande la permission d'adresser à M. le ministre des finances cette simple question : Croit-il possible, dans l'état de la circulation, de ne pas modifier la
limite du maximum des émissions de la Banque de
France? et dans le cas où il jugerait nécessaire de proposer à bref délai et d'urgence d'étendre cette limite,
serait-il disposé à la porter, comme c'est mon opinion,
jusqu'au chiffre de 525 à 530 millions ?

ASSEMBLÉE LÉGISLATIVE. — Séance du 21 décembre 1849.

Messieurs, j'éprouve quelque embarras à suivre l'honorable préopinant (¹) dans les développements auxquels
il s'est livré. Il me paraît, en effet, avoir négligé, à des-
sein probablement, la question qui se pose devant vous,
et avoir porté la discussion sur un débat que vous avez
déjà tranché.

En effet, quel est le raisonnement de l'honorable

(¹) M. Sainte-Beuve. Ce représentant avait proposé de faire
cesser le cours forcé des billets de la Banque de France.

(Note de l'éditeur.)

M. Sainte-Beuve? C'est qu'il y a danger à étendre la circulation de la banque, parce qu'il y a danger à permettre à l'État d'emprunter à la Banque 100 millions de plus.

Cette question, messieurs, vous l'avez déjà résolue. Vous avez autorisé l'État à renouveler avec la Banque de France le traité qui avait été sanctionné par l'Assemblée constituante.

On vous demande de défaire ce que vous avez fait, et, à cette occasion, on fait passer devant vous une comparaison entre deux systèmes : l'extension de la dette flottante ou l'extension de la dette fondée. Je croyais qu'il était entendu dans l'Assemblée que ce débat difficile, qui engage une question de systèmes, qui peut mettre aux prises deux ministres des finances, le ministre actuel et son honorable prédécesseur, serait renvoyé à la discussion du budget, dans laquelle il trouvera naturellement sa place.

Pour mon compte, je demande à ne pas l'aborder. Si j'en fais mention dans ma réponse à l'honorable M. Sainte-Beuve, ce ne sera qu'épisodiquement et pour la nécessité de l'argumentation. Sommes-nous, comme le disait tout à l'heure M. Sainte-Beuve, parfaitement libres de la décision que nous allons prendre ? Sommes-nous au début d'une difficulté ? Ne trouvons-nous pas le présent engagé par le passé ? Est-ce qu'on vous demande d'établir le cours forcé ?

Non, Messieurs ; vous êtes en présence d'une nécessité qui se continue, que vous n'avez pas faite, et dont vous êtes obligés de tenir compte.

Le gouvernement provisoire, placé dans des circonstances difficiles, avec une hardiesse sage, comme le di-

sait tout à l'heure M. le ministre des finances, a suspendu
les payements en espèces de la Banque de France ; il a
donné à ses billets la valeur du numéraire, il leur a imprimé un cours forcé. Il l'a fait dans deux intérêts : dans
l'intérêt du commerce d'abord, dans l'intérêt de la circulation publique ; car si la décision n'avait pas été prise,
si elle avait été seulement ajournée, un immense discrédit tombait sur la Banque, et vous auriez eu à subir de
déplorables catastrophes. Il l'a fait ensuite dans son
propre intérêt ; comme on vous le disait tout à l'heure,
l'argent qu'il dérobait au public a été employé dans un
intérêt qui domine tout, au service de l'État.

Messieurs, cette nécessité que le gouvernement provisoire a déclarée, qui se continue aujourd'hui, pouvons-
nous la faire cesser ? Voilà la question.

Eh bien, quant à moi, je ne le crois pas. Je ne le
crois pas pour deux raisons : la première, tirée de la situation générale du pays ; la deuxième, empruntée à la
situation de la Banque elle-même.

Il est un point sur lequel je me trouve d'accord avec
l'honorable M. Sainte-Beuve, c'est qu'il est plus facile
d'appliquer le cours forcé que de le faire cesser.

Lorsqu'une situation exceptionnelle y a conduit, et
que cette situation a duré quelque temps, elle crée des
habitudes et des intérêts qu'il n'est pas possible de faire
cesser immédiatement.

Lorsque le gouvernement britannique a voulu rendre
la liberté de payement à la Banque d'Angleterre, cette
opération a duré cinq ans ; elle a manqué une première
fois, et il a fallu la reprendre. Quant à moi, je ne conseillerais pas au gouvernement, je ne conseillerais pas

à l'Assemblée d'entreprendre cette grande rénovation sans être certain d'un succès complet.

Quel est aujourd'hui l'état du crédit ? On vient de vous le dire, la confiance n'est pas encore rétablie ; il n'y a pas de spéculation à longs termes ; les effets de commerce sont raréfiés ; cette partie de la circulation est à moitié détruite, les affaires ne se font plus qu'au comptant. Si vous vouliez vous faire une idée de l'immense lacune que cette situation crée, je vous donnerais quelques chiffres.

En Angleterre on a calculé qu'à un moment donné la circulation des lettres de change, des effets de commerce était le quadruple de la circulation des billets de la Banque. Or, la circulation des billets de banque dans le Royaume-Uni représente environ 750 à 800 millions, il s'ensuit qu'il y a en Angleterre plus de 3 milliards de billets à ordre ou de lettres de change en circulation à un moment donné.

Je ne crois pas que la proportion soit tout à fait aussi considérable en France ; cependant je serais pas étonné que le mouvement commercial se fût affaibli de 800 millions ou de 1 milliard depuis la révolution de Février ; c'est cette immense somme que vous êtes appelés à combler par une plus grande émission de billets de banque.

La nécessité qui s'était révélée après Février a-t-elle cessé ? Pas le moins du monde. Le portefeuille de la Banque s'est réduit de 327 millions à 115 ou 120, et il n'augmente pas en ce moment. Sans doute, la Banque n'est pas l'unique réservoir des effets de commerce ; la Banque est un grand escompteur, mais il y a d'autres escompteurs dans le pays. Le rôle que remplit la Banque, je vais vous le dire, elle est le signe, la mesure de la circulation ; elle donne, par ses propres opérations, l'indice de ce que sont les opérations commerciales du pays tout entier ; quand le portefeuille de la Banque se raréfie, c'est un signe que le portefeuille des escompteurs se dégarnit, que les effets y sont également rares. Tant que cette situation se prolongera, tant qu'il n'y aura pas une reprise des affaires à terme, dans mon opinion, vous ne pourrez pas faire cesser le cours forcé ; car le cours forcé est destiné principalement à suppléer à la circulation des lettres de change, à donner au comptant l'aliment dont il a besoin.

Seconde raison, la situation de la Banque.

Lorsque la révolution de Février est arrivée, et qu'elle a, par un mouvement soudain, arrêté les transactions dans le pays, que le portefeuille de la Banque s'est trouvé vide, il a fallu de toute nécessité que la Banque, pour continuer à être un établissement qui rendît des services au pays, virât de bord, pour ainsi dire, et que ce qu'elle faisait pour les particuliers, elle le fît pour les pouvoirs locaux, et, à plus forte raison, pour le pouvoir central. La Banque s'est donc mise à prêter aux villes et à de grands établissements d'industrie, qui sans le secours qu'elle leur a fourni auraient péri. Enfin elle prêté à l'État.

Les engagements de l'État, des villes, des grandes industries, ont remplacé dans le portefeuille de la Banque les effets, les lettres de change des particuliers. Il s'est fait là un grand changement qui porte l'empreinte de la force des choses : le trésor a dû recourir à la Banque dans un moment où il aurait cherché en vain d'autres prêteurs. Je n'examine pas s'il a bien ou mal fait à ce moment-là ; je ne vois qu'une chose : c'est qu'il ne pouvait pas faire autrement.

Maintenant, Messieurs, nous trouvons la Banque avec ses engagements, engagements qu'elle a pris sous le coup de sa situation générale, et, par une conséquence de sa situation particulière, elle a prêté 100 millions au trésor, qui peut encore lui en emprunter 100 autres ; elle a prêté à un grand nombre de maisons, de grandes industries, et à des conditions autres que celles auxquelles elle prête ordinairement ; elle a prêté aux villes. Enfin la révolution de Février l'a surprise avec une grande partie de son capital engagé dans les rentes. Qu'en résulte-t-il, Messieurs ? Le capital de la Banque n'est pas libre ; les billets qu'elle a émis représentent, pour une partie du moins, les prêts qu'elle a faits à l'État, aux pouvoirs locaux et à l'industrie. Tant que l'industrie, tant que les pouvoirs locaux, tant que l'État ne pourront pas lui rembourser les sommes qu'ils lui ont empruntées, la Banque ne sera pas libre de rentrer dans la situation d'où la révolution de Février l'a fait sortir.

Il y a plus. On ne raye pas d'un trait de plume, ni par le vote d'une grande assemblée, les conséquences d'une situation qui s'est prolongée pendant deux ans. Le cours forcé a changé l'état de la circulation en France : d'abord il l'a notablement étendue ; en second lieu, il a fait de la circulation du billet de banque, qui n'était, si je puis m'exprimer ainsi, qu'une circulation accessoire, facultative, presque de luxe, une circulation nécessaire et essentielle. Les billets de banque sont entrés aussi avant que les écus dans le numéraire du pays. Les billets de banque en sont aujourd'hui un élément essentiel. Lorsque vous aurez rendu cette loi et même avant que vous l'ayez rendue, en puissance sinon en fait, cette circulation fiduciaire qui, il y a quelques années encore, n'excédait pas 350 millions dépassera 500 millions.

Eh bien, je dis que vous ne pouvez pas traiter une circulation de cette importance comme vous traiteriez une circulation moins vaste ; il ne vous est pas possible de rendre la liberté des payements en face de 500 millions, avec la même facilité que vous l'auriez rétablie en face de 350.

Pour que la circulation reprît toute sa liberté, il faudrait non-seulement que la Banque fût dégagée vis-à-vis du trésor principalement, mais il serait nécessaire encore que le capital de la Banque changeât de proportion. Dans la situation actuelle, vous avez un encaisse qui représente à peu de chose près la quantité de billets qui circulent. Pourquoi cela ? Parce que le cours forcé fait affluer les écus dans la caisse de la Banque. Il y a une autre cause. Tant que le cours forcé existe, le pays se contente de la garantie des espèces qui composent la réserve de la Banque, sans examiner quelle est la source de ces espèces, ni à qui elles appartiennent.

Mais, si vous rendez la liberté à la circulation, le public discutera la propriété de ces espèces ; il examinera si elles peuvent disparaître ou si elles doivent nécessairement rester, il examinera si cette garantie est mobile ou permanente. Eh bien, supposez que vous rendiez la liberté à la Banque de France, en lui laissant son capital actuel qui est de 108 millions ; elle se trouvera en présence d'une circulation qui excédera 500 millions, car c'est la circulation qui est nécessaire ; avec ces 108 millions, en supposant que son capital fût libre, elle ne pourrait composer une réserve que dans la proportion d'un cinquième de sa circulation.

Je ne crains pas de le dire, cette réserve serait tout à fait insuffisante. On a essayé, dans des lois heureusement oubliées et qui reposaient sur des bases que la science n'avait pas confirmées, et l'expérience encore moins, on a essayé d'établir qu'il était nécessaire à une banque d'avoir dans ses caisses, en numéraire, le tiers des sommes qu'elle mettait en circulation.

Cette base est fausse, Messieurs ; il est arrivé plus d'une fois à la Banque d'Angleterre (je cite un grand exemple), ayant dans ses caisses une réserve en numéraire qui représentait plus de la moitié de sa circulation, de voir cette réserve disparaître, de se trouver à deux doigts d'une suspension de payements et de n'y échapper que par des expédients héroïques, en allant, par exemple, ouvrir des emprunts en pays étrangers.

Je dis donc que si on n'allait même pas jusqu'à cette règle parfaitement fictive, insuffisante du tiers en numéraire, que si on se contentait du capital actuel qui représente une proportion du cinquième, on mettrait la Banque en péril. Vous le voyez, en rétablissant la liberté de la circulation, vous obligez à l'instant la Banque de France à augmenter son capital, et pour le moins à le doubler.

Maintenant, qui est-ce qui songerait à la possibilité de doubler le capital de la Banque de France, dans l'état actuel du crédit ?

Ne savez-vous pas, Messieurs, que si quelque chose a souffert par la révolution de Février, c'est la richesse mobilière ?

Ne savez-vous pas que les capitaux non-seulement sont bien moins abondants qu'ils ne l'étaient avant 1848, mais qu'ils sont encore bien plus timides, et qu'ils ne s'engagent dans les opérations industrielles, même dans celles qui offrent le plus de garanties, qu'avec une extrême prudence ? Or, si un établissement venait, du jour au lendemain, demander à doubler son capital, croyez-vous qu'il trouverait ce capital additionnel ? Pour mon compte, je prends la liberté d'en douter. Ainsi, Messieurs, tout concourt à vous imposer la prorogation du cours forcé : la situation générale du crédit, la situation de la Banque et la situation du trésor.

On dit que cet état de choses crée un danger pour le pays ; on dit que le trésor pourrait être tenté de pousser plus loin les emprunts qu'il a faits à la Banque de France, de battre monnaie avec les billets de la Banque, de faire, en un mot, des assignats.

Messieurs, il y a deux choses à répondre. La première, c'est que nous ne sommes pas en présence d'un gouvernement absolu. Cette assemblée vote les lois, elle les discute ; elle a particulièrement sa pleine liberté d'action, sa décision omnipotente en matière de finances. Qui est-ce qui est juge, s'il convenait à l'État de battre monnaie, de porter plus loin les emprunts faits à la Banque, de créer des assignats? Il faudrait qu'il vînt vous en demander la faculté, ce serait à vous à donner ou à refuser.

A ce compte, Messieurs, je n'ai pas d'inquiétude. J'ai

confiance dans la sagesse de cette assemblée, j'ai confiance dans l'expérience du pays. Il y a des choses que l'on ne renouvelle pas deux fois. La tentative des assignats a été faite, l'expédient est condamné, on n'y recourra plus.

J'ajoute que dans des pays relativement barbares, dans des pays qui ne jouissent, comme nous, ni d'un gouvernement libre, ni d'une civilisation très-développée, cela s'est trouvé impossible.

Il y a un pays, la Russie, où le papier a cours forcé d'une manière normale. Voyez cependant à quelle réserve a été conduit le souverain de ce puissant empire. Est-ce qu'il peut battre monnaie à volonté ? Non, il est obligé de garder une grande réserve, sous peine de voir le papier tomber en discrédit et diminuer les ressources dont il a besoin lui-même.

Et que fait-il pour conserver au papier la valeur qui lui reste encore ? Il garde en caisse, faisant fonction de banque, étant lui-même son propre banquier, une réserve puissante, une réserve en or qui s'est élevée au delà de 200 millions, dans laquelle on a puisé quand la Banque de France a eu besoin de vendre ses rentes pour ramener l'abondance du numéraire dans ses coffres.

Je tiens donc la tentative pour impossible, ici et ailleurs.

Maintenant j'ajoute qu'il n'est pas vrai que, pour le moment actuel, en faisant un emprunt à la banque de France et en lui accordant la faculté d'augmenter la limite légale de ses émissions, le gouvernement l'autorise à battre monnaie de papier.

Le gouvernement, en empruntant 100 millions à la

Banque de France, a fait, sous le rapport de l'économie du moins, je ne veux pas aborder les autres conditions, une excellente opération. En effet, il a emprunté à 4 pour 100 de l'argent qu'il n'aurait peut-être pas obtenu à 6 pour 100. Il l'a fait dans des conditions tout à fait exceptionnelles, dans des conditions qu'aucun banquier n'accorde à ceux qui lui empruntent, et il l'a fait en disant à la Banque que l'argent qu'il laisserait déposé dans ses caisses porterait intérêt à son profit. Ce compte courant est réciproque ; la Banque paye elle-même 4 pour 100 pour les fonds qu'elle reçoit du trésor, de même que le trésor paye pour les fonds qu'il prend à la Banque.

Savez-vous quel a été en définitive l'intérêt des fonds empruntés à la Banque par le trésor? On en faisait le calcul tout récemment devant la commission, il a été de 1 pour 100.

Eh bien, quelle opération d'emprunt le trésor aurait-il pu faire en s'adressant au crédit, sous quelque forme qu'il eût fait cette opération ? J'ajoute qu'il est juste que la Banque prêtant son crédit à l'État et lui faisant faire une opération meilleure, infiniment meilleure que toutes celles qu'il aurait pu faire, retire elle-même un intérêt de cette opération.

Maintenant, Messieurs, en s'exagérant la portée de cette émission nouvelle, en supposant même, ce que je n'admets pas d'une manière complète, que le prêt à faire à l'État soit la cause de l'étendue de cette émission de la Banque, je dis que la Banque ne fait pas de papier-monnaie. Qu'est-ce en effet que du papier-monnaie? C'est du papier qui n'est pas remboursable et qui n'a pas de gage.

Assurément, les billets de la Banque de France ne sont pas en ce moment remboursables ; mais c'est là une fiction légère, car tout le monde voit dans les caisses de la Banque de France, une somme de numéraire qui approche de l'étendue de ces billets, et qui suffirait pour parer à toutes les demandes. En sorte que l'on peut dire que les billets ne sont pas remboursables en droit, mais qu'ils le sont en fait.

L'honorable M. Wolowski citait tout à l'heure un fait que j'avais moi-même apporté à la tribune, c'est que ce sont aujourd'hui les écus qui ont cours forcé et non pas les billets. Le fait renverse le droit.

Faut-il démontrer maintenant que les billets de la Banque de France ne sont pas un papier sans gage ?

Le gage de ces billets, c'est d'abord son capital ; le gage de ces billets, c'est encore un gage bien plus immédiatement réalisable, la réserve en espèces qui égale à peu de chose près l'étendue de sa circulation.

Il est donc impossible de soutenir que des billets qui ont ce caractère, qui reposent sur un gage monétaire presque de la même valeur que les billets eux-mêmes et qui ont pour garantie supplémentaire un capital dont l'importance n'est pas à dédaigner, il est impossible de soutenir que ces billets sont du papier-monnaie.

Messieurs, j'ai été obligé d'aborder ces considérations, parce qu'on les a introduites dans le débat.

Mais, au fond, quelle est la cause du projet de loi que vous présente M. le ministre des finances ? Pourquoi vous demande-t-on d'étendre la limite légale des émissions ? Pourquoi ? c'est parce que le commerce a besoin d'une circulation plus étendue que celle qui existe ;

parce que le commerce demande des billets et qu'on lui répond en lui donnant des écus ; parce qu'il y a pour lui perte de temps, frais de toute nature ; parce que, enfin, le cours forcé n'est plus qu'un vain mot, une pure fiction, si en même temps que vous dites que les billets ont cours forcé, vous refusez de donner des billets. La situation de la Banque de France me paraît complétement rassurante ; il y a nécessité d'étendre la circulation ; ce n'est pas l'État qui vous le demande, c'est le commerce ; vous ferez droit à cette demande, qui a le double caractère de l'urgence et de la nécessité.

PROPOSITION DE M. MAUGUIN SUR LES BANQUES
CANTONALES.

DISCOURS PRONONCÉ PAR M. LÉON FAUCHER A L'ASSEMBLÉE LÉGISLATIVE.

Séance du 9 mars 1850.

Messieurs, la proposition de l'honorable M. Mauguin était déjà bien assez vaste, l'imagination avait de la peine à l'embrasser, et à coup sûr la pratique ne l'aurait pas saisie ; mais il vient de l'étendre encore. Non content de s'adresser à la question des banques, il a mis en scène devant vous toutes les difficultés que l'économie politique peut soulever. Je dirais qu'il a fait un libelle contre les institutions du pays, s'il n'avait outragé, en même temps, tous les principes de la science...

J'ai entendu à cette tribune, mais devant une autre assemblée, un ministre distinguer entre les créanciers de l'État ; j'ai entendu dire qu'il y avait des créances sacrées et d'autres qui l'étaient moins, et j'ai trouvé avec tous les hommes de sens, avec tous les hommes qui comprennent la loyauté des engagements, que c'était une doctrine téméraire et sacrilège.

Aujourd'hui nous venons d'entendre quelque chose d'analogue. En même temps qu'on vous parlait de la diffusion du capital, de la possibilité, de la nécessité d'augmenter l'aisance du peuple, ce qui est dans la volonté de tout le monde, car nous ne sommes divisés que sur les moyens... (Interruption à gauche.)

Comment, Messieurs, est-ce que vous croyez que si quelqu'un venait proposer très-sérieusement un moyen d'augmenter l'aisance générale, il s'élèverait ici une voix pour repousser cette proposition? En vérité, cela n'est pas dans le sentiment seulement, mais c'est dans l'intérêt de tout le monde. Il faudrait nous supposer insensés, pour croire qu'il y a quelqu'un ici qui vînt combattre une proposition pareille!

Mais ce qui est dangereux, ce que nous combattons, ce sont les illusions de ces empiriques qui viennent tous les matins nous proposer de prétendues panacées, qui ne sont que la résurrection de systèmes que l'expérience a condamnés, et d'où il sortirait non pas l'aisance générale, mais la misère de tous.

Eh bien! pendant que l'on venait faire miroiter à vos yeux toutes ces illusions, savez-vous ce que l'on venait dire? On distinguait entre les capitaux; on disait qu'il y avait des capitaux respectables et d'autres qui l'étaient beaucoup moins!

Vous avez dit que le capital *immobilier* était très-respectable, que le capital *marchandise* l'était un peu moins, mais qu'il l'était encore cependant. Quant au capital *mobilier*, quant au capital *argent*, si on n'allait pas jusqu'à affirmer, en termes exprès, que c'était là l'*infâme*, c'était bien le sens de ce que l'on a dit devant vous.

Je continue, Messieurs, à suivre les déductions de l'orateur qui m'a précédé à cette tribune.

De cette attaque contre le capital mobilier en général, il est arrivé à une attaque contre la Banque de France en particulier, comme étant le représentant le plus élevé de ce capital dans le pays.

La Banque de France est un établissement privilégié; cette banque a reçu un privilége dans l'intérêt public; je n'en conçois pas d'autre. Je n'en concevais pas d'autre sous la monarchie ; à plus forte raison, je n'en conçois pas d'autre sous une république. Ce privilége, la république l'a trouvé limité à un certain nombre de départements et à la capitale. Elle l'a étendu au pays tout entier ; c'est le gouvernement provisoire qui a augmenté les attributions de la Banque de France ; je ne le critique pas, je l'en loue. Je crois qu'en le faisant il a reconnu les vrais principes de la science et qu'il a pris conseil des véritables intérêts du pays. J'ajoute que les résultats ont complétement répondu à son attente ; et je ne comprends pas, quand on jette les yeux sur les institutions de crédit, quand on parle de ce qui s'est passé depuis deux ans, qu'on ne rende pas hommage à cette grande et salutaire pensée du gouvernement provisoire. Comment, messieurs ! mais si les banques départementales étaient restées debout, que verrions-nous aujourd'hui ? Nous verrions des ruines. Ne savez-vous pas que la plupart des banques départementales qui ont passé dans les mains de la Banque de France, qui en sont devenues les succursales, ne font pas leurs frais à l'heure qu'il est ? n'avez-vous pas vu, par l'effet de cette grande commotion tout récemment imprimée au pays et qui a arrêté ou ralenti les affaires, n'avez-vous pas vu sur les grandes places de commerce, comme Lyon, Marseille, diminuer les affaires dans la proportion de 60, de 70 et de 80 pour 100 ? La circulation des banques, le papier qui était dans leur portefeuille, a diminué dans cette proportion ; car les banques elles-mêmes ne monopolisent pas tout le commerce d'un pays, comme semble le croire M. Mauguin ; elles n'en sont que les centres principaux, parcequ'elles sont les plus grands réservoirs des capitaux et du papier.

Toutes les banques ont vu diminuer leurs affaires dans une proportion considérable. Pourquoi ? parce que les affaires ont diminué dans le pays. Et comment les succursales de la Banque ont-elles pu se maintenir ? Parce que la main puissante d'un établissement central qui, réunissant la masse des affaires allant aux banques dans le pays, neutralisait les pertes par les bénéfices ou atténuait les pertes plus fortes par les pertes moindres, a soutenu ces banques qui sans cela seraient tombées.

Et vous blâmez cette institution ! Mais elle a sauvé le pays.

Maintenant, Messieurs, je suis l'objection dans les détails, et je demande de quoi se composent les attributions de la Banque de France.

Elle en a deux principales : elle est d'abord banque de circulation ; elle est aussi banque d'escompte.

Je m'arrête à ce mot. Je pourrais énumérer d'autres attributions, mais qui, étant également commerciales, peuvent se résumer plus spécialement par l'escompte.

Comme banque de circulation, la Banque a un privilége, c'est-à-dire que c'est le seul établissement qui puisse émettre du papier-monnaie, des billets payables au porteur et à vue.

Est-ce que, par l'effet de ce privilége, le papier-monnaie a manqué dans le pays ? Ce que vous appelez un monopole dans les mains de la Banque de France n'a-t-il pas répondu aux besoins de la circulation ? Voyons : est-ce que le papier-monnaie a manqué quelque part ? loin de là, Messieurs : quel est le phénomène qui frappe nos regards ? Le dernier compte de la Banque vous montrait 476 millions espèces dans ses caisses, en même temps qu'elle avait une circulation de 463 millions de billets. La circulation s'était réduite en huit jours de 12 millions de billets, et son encaisse métallique a augmenté dans une proportion équivalente.

Qu'est-ce que cela veut dire ?

Cela signifie apparemment que les affaires n'ont pas tout le degré d'activité désirable ; que le numéraire, qui sert de moyen, de milieu aux transactions, ne trouvant pas d'emploi, reflue dans les caisses de la Banque, et que les billets, qui serviraient d'agents à la circulation si les affaires se multipliaient, les billets rentrent ; ne trouvant pas à se placer. Croyez-vous que l'on force la circulation dans un pays, et que l'on multiplie les affaires à volonté ? Pas le moins du monde. Les billets sont les agents des échanges : quand il n'y a pas d'échanges dans un pays, ou quand les échanges se réduisent, le signe ne peut pas se multiplier. Si l'on allait multiplier le signe dans de telles circonstances, il y aurait à l'instant dépréciation et faillite. Est-ce là ce que vous voulez ?

Je viens de prouver que ce prétendu monopole n'imposait aucun sacrifice au pays ; qu'au contraire il agissait comme véritable régulateur de la situation, et qu'en réglant la situation il prenait conseil de ce que tout grand établissement, tout gouvernement, tout homme d'État doit examiner, avant tout, l'état réel des choses. La circulation se mesure partout aux besoins du commerce ; la Banque n'a pas fait autre chose que remplir ce mandat essentiel qui lui avait été confié par l'État.

Passons maintenant à la seconde attribution de la Banque.

La Banque de France est une banque d'escompte. Qu'est-ce que cela veut dire ? Cela signifie que la Banque est le plus grand établissement d'escompte dans le pays, que la Banque est le plus grand comptoir auquel les effets, le papier de commerce viennent s'escompter, auquel on vient demander, contre une lettre de change ou un billet à ordre, de la monnaie, soit métallique, soit fiduciaire. A-t-elle un monopole pour cela ? A-t-elle le privilége de l'escompte ? Pas le moins du monde. Qui est-ce qui empêche un individu, un banquier, une association de banquiers ou d'autres personnes d'ouvrir un comptoir et d'escompter du papier ? Rien assurément ne s'y oppose. Si M. Mauguin trouve dans le pays un assez grand nombre de personnes pour établir un comptoir d'escompte dans chaque canton, il en est certainement le maître, rien ne l'empêche. S'il trouve du crédit, si la confiance publique le suit dans cette grande tentative, j'y applaudirai, pour mon compte ; qu'il marche, nous ne nierons pas le mouvement.

Maintenant qu'a fait la Banque comme comptoir d'escompte ? Je crois, Messieurs, que la Banque procède dans ses escomptes d'après un principe erroné. Vous voyez que je dis tout. La Banque a imaginé, dans une pensée louable, je le reconnais, qu'il était possible d'établir quelque chose comme un taux normal de l'argent. La Banque, pendant de très-longues années, à travers les bonnes comme à travers les mauvaises, dans les temps d'adversité comme dans les temps de prospérité, a maintenu le taux de l'escompte à 4 pour 100 ; à 4 pour 100 lorsque les banquiers, sur la place, escomptaient à 3 et à 3 ¹/₂ pour 100 ; elle l'a maintenu encore à 4 pour 100 lorsqu'on ne trouvait pas ailleurs à escompter à moins de 6 ou 7 pour 100. Ainsi, tout compte fait, si l'on voulait établir la balance, on trouverait assurément que la Banque, dans ce système, a plus abaissé le taux de l'intérêt qu'elle ne l'a élevé ; mais je me hâte de dire que c'est là un faux principe, que c'est une illusion d'imaginer qu'on pourra établir dans un pays quelque chose comme la fixité du taux de l'intérêt. L'argent est une marchandise comme une autre ; l'argent vaut ce que la confiance ou la défiance publique le fait valoir ; on paye l'argent selon le crédit qu'on a soi-même et selon le crédit général qui existe dans le pays, c'est-à-dire selon les époques et selon les personnes. Il y a tel banquier qui trouve du crédit à 2 pour 100 ; il y a tel autre individu qui n'en trouverait pas à 10 ; c'est élémentaire.

Maintenant, veuillez remarquer que, tout en trouvant ce principe erroné, je le déclare tel par respect pour la science et non par forme d'accusation contre la banque ; je suis le premier, au contraire, à reconnaître les services éminents qu'elle a rendus.

La banque a maintenu le taux de l'intérêt à 5 pour 100 d'abord et ensuite à 4 pour 100 depuis la révolution de Février, à une époque où l'intérêt était beaucoup plus élevé ; elle a donné au commerce des facilités qu'il ne trouvait pas ailleurs.

L'honorable M. Mauguin est allé chercher des exemples (exemples qu'il me paraît avoir fort mal compris et mal à propos invoqués) aux États-Unis, en Angleterre, en Allemagne ; il a vu de grands établissements qui prêtent sur des fonds de terre, sur des cédules hypothécaires ; il en a fait des banques de circulation. C'est le résultat de son discours, c'est la déduction à laquelle il est arrivé.

Au milieu de toutes ses erreurs, l'honorable M. Mauguin a oublié de vous dire une chose : c'est que dans le pays où, selon lui, existe la liberté des banques, aux États-Unis, où toute banque peut être en même temps banque de circulation et comptoir d'escompte, l'intérêt est aujourd'hui de 7 à 8 pour 100, tandis qu'il est à 4 pour 100 dans notre pays avec cette banque, qu'on appelle une banque de monopole. Oui, aux États-Unis, sur cette terre de liberté, l'intérêt est de 8 pour 100 : est-ce là le régime que vous ambitionnez pour votre pays ? Tout cela, messieurs, est une vaine fantasmagorie. Le pays souffre aujourd'hui d'un mal très-connu : il souffre du défaut de confiance ; il n'est pas rassuré sur son avenir ; il n'est pas même complétement rassuré sur son présent. De là vient que les affaires de long cours, qui donnent lieu au papier de commerce, qui sollicitent le crédit, ne se font que dans une proportion très-restreinte. Ce n'est pas la faute de la Banque de France encore une fois, si je ne compte dans son portefeuille que 103 millions de papier lorsqu'elle en a eu à une autre époque pour 390 millions ; ce n'est pas sa faute, car elle ne refuse pas le papier ; elle escompte, quoi qu'en ait dit M. Mauguin, de très-petit papier, à de très-petits fabricants, à de très-petits commerçants ; et en cela elle fait une chose éminemment louable et utile, et elle serait bien malavisée, si elle faisait le contraire ; car les grandes rivières d'argent, comme les autres, ne se forment que par de petits ruisseaux qui viennent les alimenter : on ne forme les fleuves qu'avec les eaux d'une multitude de sources. La Banque prend donc de très-petits effets, à un très-bas intérêt, car dans les temps de révolution un intérêt de 5 pour 100, quand même il devrait s'augmenter de 1/2 pour 100 et même de 1 pour 100 pour la troisième signature, est encore un bas intérêt, une excellente condition pour les commerçants et pour l'industrie.

Ainsi, vous le voyez, ce qui vous manque dans le pays, ce ne sont pas les établissements de prêt à bas intérêt ; ce qui manque au pays, ce n'est pas l'abondance du papier de circulation ; ce papier surabonde, car il excède les besoins du commerce : aujourd'hui la Banque ne peut pas atteindre les limites de ses émissions, elle est obligée de rester en deçà ; sa circulation ne s'élève qu'à 476 millions, quoiqu'elle ait le droit d'en émettre 525.

Quant aux escomptes, la Banque reçoit tout le papier sérieux ; sans doute elle n'abaisse pas le taux de l'intérêt jusqu'à surexciter les fabricants de papier de complaisance, jusqu'à provoquer le commerce à faire des effets sur un crédit fictif ; non, sans doute ; mais, en tenant cette conduite, elle reste dans les saines notions du commerce et du crédit. Elle prête à tous ceux qui, venant justifier d'affaires sérieuses, lui offrent du papier, des effets qui représentent des affaires, des marchandises et des transactions. Ce papier, elle l'accepte, à un intérêt qui est relativement bas.

Si vous considérez le reste de l'Europe, vous verrez

que l'Angleterre est le seul pays aujourd'hui, à cause de l'abondance de l'argent et des difficultés de placement certain, où le taux de l'intérêt soit à 3 ou 3 1/2 pour 100 ; dans les autres pays, vous le trouverez plus élevé. En Amérique, il monte, comme je l'ai dit, jusqu'à 8 pour 100.

Je le répète avec confiance, parce que c'est la vérité : l'intérêt de l'argent en France, en tant que la Banque en devient le régulateur, est aujourd'hui très-modéré. Il n'y a rien à innover sous ce rapport ; il n'y a qu'une chose à faire pour tout le monde, c'est d'être sage, de conspirer tous et de toutes nos forces à répandre la sécurité, l'ordre, la confiance dans le pays. En agissant ainsi, nous rendrons à la nation le plus grand service que nous puissions lui rendre.

Tous les systèmes véreux et plus ou moins factices que l'on vient de vous présenter sont des chiffons de papier, de vaines illusions, qui ne produiraient que déceptions et regrets.

Ce qu'il faut au pays, ce qu'il lui faut par-dessus tout, c'est l'ordre. Il faut lui démontrer que la république peut être aussi un gouvernement normal, fonctionnant régulièrement et non point par voie de révolution ; il faut lui démontrer que nous ne sortons pas d'une crise, il y a deux ans, pour retomber demain dans une autre crise. Voilà ce que le pays attend de vous.

Quand vous lui aurez donné la confiance, vous n'aurez plus besoin de faire des promesses au peuple, vous n'aurez pas besoin de lui promettre une aisance qui viendra toute seule. On pourra se passer alors de déclamer contre l'*infâme capital*, car il ne se cachera plus ; il viendra li-

brement et volontairement à vous ; tandis que, avec les
propositions qu'on vous fait et avec les déclamations par
lesquelles on les appuie, on le force à émigrer ou à se
cacher.

RÉPONSE A M. MAUGUIN.

ASSEMBLÉE LÉGISLATIVE. — Séance du 9 mars 1850.

Je viens rectifier les impressions que l'honorable
M. Mauguin cherche à vous donner. Non, je n'ai pas dit
à cette assemblée, je n'ai pas dit au pays qu'il n'y eût
autre chose à faire ici qu'à se croiser les bras et qu'à attendre. L'honorable M. Mauguin parlait tout à l'heure
de la situation dans laquelle se trouve le crédit foncier ;
il faisait allusion à quelques paroles que j'ai prononcées
moi-même dans cette enceinte en 1848.

Je le reconnais, il y a longtemps que je l'ai dit, et tout
le monde est de cet avis, le crédit foncier n'est pas en
France dans une situation qui réponde aux besoins ni à
la grandeur de cette nation. Il y a là une réforme à faire,
réforme difficile, mais réforme urgente. Une commission de cette assemblée en est saisie, j'espère qu'elle
vous présentera prochainement un projet. *Il n'y a rien
de possible en cette matière sans la réforme de notre système hypothécaire.* Tant que vous n'aurez pas opéré cette
réforme, tous les projets de crédit foncier qu'on vous
présentera seront des projets sans base, complétement
inapplicables et qui ne pourront pas prendre pied dans
ce pays.

Est-ce que M. Mauguin imagine que, par le plan de
banques cantonales qu'il vous a soumis, il remédiera à

cette plaie de la situation ? Pas le moins du monde. Mon
sentiment sur son projet est celui-ci : comme il n'y a
rien à faire en matière de crédit foncier, tant que vous
n'aurez pas réformé votre système hypothécaire, parce
que le crédit se proportionne toujours aux risques que
court le prêteur, et que notre système hypothécaire fait
courir les plus grands risques au prêteur ; tant que vous
n'aurez pas réformé ce système, l'intérêt de l'argent
restera élevé, quoi que vous fassiez, *dans nos cam-*
pagnes.

On ne prête pas à ceux desquels on n'attend pas avec
quelque certitude le remboursement de l'argent prêté.
Donc toute institution, celle de M. Mauguin comme celle
de tout autre, avant cette réforme, serait parfaitement
inutile. Mais j'ajoute que la prétendue réforme de
M. Mauguin, que le projet dont il vous saisit aurait un
autre résultat, tout en ne vous apportant pas une réforme,
qu'il ne dépend d'aucune espèce de banque de réaliser ;
il viendrait porter la perturbation dans votre système de
crédit.

Ce qu'il y a de bon dans ce pays, soit pour le crédit
commercial, soit pour le crédit industriel, serait complétement détruit par la proposition de M. Mauguin.
Que ferait en effet cette proposition ? Elle établirait l'in-
sécurité du papier-monnaie, et déterminerait une diffusion inconsidérée des billets de banque, elle déprécierait
les moyens d'échange, elle ferait que l'argent, qui devient le signe de toutes les valeurs, étant déprécié, toutes
les valeurs seraient dépréciées ; ce serait une perturbation universelle dans le commerce, dans le crédit.

Ce que M. Mauguin vous propose n'est pas autre chose

qu'un moyen de revenir au bon temps des assignats et du Mississipi.

Voilà les deux motifs pour lesquels je repousse la prise en considération :

Le premier, parce que la proposition ne remédie pas à un mal dont vous êtes justement préoccupés, et auquel j'espère qu'il sera porté bientôt le seul remède qui puisse convenir.

Le second motif, c'est qu'au lieu d'augmenter le crédit en France, au lieu de le répandre, la proposition viendrait le troubler, et que cette perturbation dans le crédit, s'ajoutant à toutes les causes de perturbation qui suivent une révolution, ce serait la mort pour ce pays.

Encore un mot en terminant. On nous a dit (et je demande pardon à l'Assemblée de relever pour une faible part, pour les cinq mois pendant lesquels j'ai fait partie du gouvernement, l'accusation que M. Mauguin a portée contre le gouvernement lui-même), on nous a reproché de n'avoir pas encore rendu au pays la paix, l'ordre, la sécurité que toute grande nation, au siècle de civilisation où nous sommes, a le droit d'attendre d'elle-même d'abord, et de son gouvernement ensuite.

J'ose dire, Messieurs, que les mois qui se sont succédé depuis que l'insurrection de juin a été comprimée n'ont pas été stériles pour la France.

L'honorable général Cavaignac, c'est un hommage que je suis bien aise d'avoir l'occasion de lui rendre, a commencé à rétablir l'ordre, la sécurité, la confiance dans le pays. Le gouvernement de M. le président de la république, avec le concours de cette assemblée, dans laquelle il a une majorité, a continué cette grande œuvre.

Mais, Messieurs, je n'ai pas besoin de vous dire qu'il y a là une tâche qui ne s'accomplit ni en un jour ni en une année. Ajoutez qu'il ne dépend du gouvernement ni de décréter la confiance, ni de décréter la sécurité.

Le gouvernement fait ce qu'il peut, avec les forces dont la société lui confie l'emploi. Mais, Messieurs, quand il a à lutter contre de puissantes factions, contre des éléments de désordre qui se répandent de la capitale jusqu'au dernier hameau ; quand il a à lutter contre des préjugés déjà invétérés et contre des espérances fallacieuses répandues avec adresse et avec persévérance, alors, Messieurs, sa tâche grandit ; elle devient plus difficile ; il ne lui est pas possible de l'accomplir à lui seul ; il faut que le pays ait triomphé par sa propre force, par sa propre volonté, par une volonté ferme et persévérante, de tous les éléments de désordre qui fermentent dans son sein.

Ce jour, je l'espère, n'est pas éloigné. Mais avec la lutte ardente, passionnée et de mauvaise foi que soutiennent contre la société, contre le gouvernement et contre la civilisation les partisans du désordre, ne vous étonnez pas que le but ne soit pas encore atteint.

LA BANQUE DE FRANCE ET LA REPRISE DES PAYEMENTS EN ESPÈCES.

Juillet 1850.

M. le ministre des finances a tout récemment proposé à l'Assemblée une mesure que je crois prématurée, et qui, en tout cas, ne me paraît pas entourée des précautions ni des garanties nécessaires. Il a demandé l'autorisation, pour la Banque de France, de reprendre ses payements en espèces, qu'un décret du gouvernement provisoire avait suspendus. C'est la liberté de la circulation monétaire qu'il s'agit de rétablir, en levant l'interdit qui le frappe depuis le mois de mars 1848, et en effaçant les dernières traces du régime financier inauguré, sous la pression des désordres intérieurs, par les dictateurs de cette déplorable époque.

J'écris à deux cents lieues des faits ainsi que des discussions. Je n'ai pas sous les yeux les documents auxquels se réfère le projet de loi, et j'en suis réduit aux ressources incertaines autant que bornées de la mémoire. L'urgence ayant été prise en considération par l'assemblée, ces réflexions ne seront vraisemblablement livrées à la publicité qu'après le vote de la loi ; elles perdront ainsi le caractère d'opportunité qui fait le principal mérite de la critique la mieux dirigée dans les matières politiques. Enfin, après l'accueil qu'a reçu le projet à la bourse, et au milieu du mouvement ascendant qui a été imprimé aux fonds publics, mes observations pourront ressembler, malgré moi, à une sorte de protestation contre la confiance qui tend à renaître. En présence de ces désavantages que j'ai mesurés, si je ne crois pas devoir m'arrêter, on ne m'accusera pas, je l'espère, de présomption, et l'on voudra bien considérer qu'après tant de fautes commises et dans l'état où sont encore aujourd'hui nos finances, c'est le devoir de tous, du plus humble comme du plus illustre, de travailler sans relâche à éclairer au moins autant qu'à rassurer les esprits.

Le décret qui donna un cours forcé aux billets de la Banque de France fut légitime au même titre que celui qui établit l'impôt des *quarante-cinq centimes.* La révolution de Février étant donnée avec cette annihilation soudaine et complète des valeurs mobilières, avec cette défiance universelle et profonde qui avait envahi le domaine du crédit, il n'y avait pas d'autre moyen de rétablir un peu de sécurité et de conserver dans les caisses de la Banque, qui sont le grand réservoir du numéraire, les espèces dont le trésor avait besoin. Du 26 février au 15 mars, la Banque remboursa 110 millions. Ce jour-là, elle n'avait plus, pour faire face aux demandes du trésor et des particuliers qui assiégeaient ses guichets, qu'une réserve métallique de 122 millions, et elle devait encore 45 millions à l'État, 81 millions aux déposants divers par comptes courants, enfin les billets mis en circulation jusqu'à concurence de 264 millions, ensemble, 390 millions. Ajoutez que les effets de commerce escomptés par la Banque ne représentaient plus en grande partie que des valeurs mortes ; un moment, les effets en souffrance dépassèrent 84 millions de francs.

Pendant que les échéances des obligations commerciales étaient prorogées, que le trésor cessait de rembourser les sommes déposées dans les caisses d'épargne et qu'il laissait protester, pour ainsi dire, sur ses propres bons, la signature de l'État, la Banque ne pouvait pas continuer seule à remplir les engagements qu'elle avait contractés : le naufrage du trésor devait entraîner, un jour plus tôt, un jour plus tard, celui de toutes les puissances financières. Le crédit de la Banque avait mieux résisté que celui de l'État ; pour maintenir ce qui en restait, il ne fallait pas cependant resserrer pour elle les liens que l'on était contraint de relâcher pour tout le monde.

Les établissements de crédit doivent être assez fortement constitués pour résister aux crises périodiques de l'industrie et du commerce ; mais comment les mettre à l'abri des commotions que déterminent les changements politiques, comment les construire à l'épreuve de l'anarchie ou de la guerre, des révolutions ou des invasions ? En 1797, la Banque d'Angleterre n'échappa aux conséquences de la lutte européenne, dans laquelle l'Angleterre elle-même était engagée, qu'en suspendant le remboursement des billets. La Banque de France eût succombé en 1848 sans la déclaration du cours forcé qui fit de ses billets une monnaie légale. Grâce à cette mesure, que le gouvernement provisoire prit en temps opportun, une crise monétaire ne fut pas ajoutée à la crise commerciale, et au bouleversement politique. Les billets de la Banque ayant conservé ou recouvré leur valeur, il n'y eut pas de dépréciation dans la mesure commune des échanges, ni par suite dans les fortunes. Le niveau des billets restant le même que celui de l'argent, la confiance publique put s'attacher à ce point d'arrêt, le seul qui demeurât inébranlable au milieu du tourbillon révolutionnaire de nos désastres et de nos folies.

La suspension des payements en espèces s'accomplit, au reste, je le reconnais, avec certaines garanties de prudence. Le gouvernement provisoire, d'accord avec le conseil de la Banque, fixa une limite raisonnable à l'émission des billets. Instruit par l'expérience de ses prédécesseurs en révolution, il n'essaya pas de combler en inondant le pays d'assignats, le vide que la défiance générale avait fait dans ses caisses. Il comprit que l'État ne créait pas des valeurs à volonté, que le niveau de la circulation était donné par le mouvement des affaires, et que multiplier à profusion le papier de banque, c'était, dans une proportion égale, le déprécier et l'avilir. Après avoir agité un moment le chiffre de 500 millions, il porta le maximum de la circulation à 452 millions, se réservant de le modifier selon les circonstances. Au moment où ce maximum fut déterminé, la circulation de la Banque de France et des banques départementales n'excédait pas 360 millions. On laissa donc à l'accroissement qu'elle pouvait prendre une marge d'environ 100 millions. Chacun sait qu'avec le ralentissement des transactions et avec les alarmes qui paralysaient l'industrie il fallut près de deux ans pour l'atteindre.

Quant à l'effet direct de la mesure, il surpassa les espérances les plus hardies. Après quelques oscillations, qui étaient l'inévitable résultat de l'étonnement et de l'inquiétude, les billets de la Banque de France reprirent le pair et ne tardèrent pas même à obtenir sur l'argent une légère prime; l'émigration de la monnaie métallique s'arrêta comme par enchantement; les espèces, sortant de terre pour ainsi dire, refluèrent vers les caisses de la

Banque. — Les billets, qui n'avaient pas cours hors de la banlieue de Paris et des comptoirs, se répandirent jusque dans les hameaux les plus reculés, et devinrent bientôt aussi familiers au petit commerçant, au petit propriétaire, au journalier qu'au banquier et au capitaliste. Cette monnaie, imposée d'autorité, fut promptement une monnaie recherchée. Dans un pays où l'or ne sert pas, comme en Angleterre, d'étalon à la valeur, n'entre pas dans les payements, et reste à l'état de marchandise, les coupures de 100 francs avaient une utilité incontestable ; le commerce n'en obtint jamais assez à son gré. Dès les derniers mois de 1849, la Banque, voyant sa circulation se rapprocher de la limite légale, refusait des billets à ceux qui lui en demandaient, et les obligeait à recevoir des espèces. Le cours forcé des billets n'était plus qu'une formule comminatoire. La pratique commerciale avait renversé les termes du décret : la Banque donnait une sorte de cours forcé aux espèces. Il fallut, pour rendre possibles les opérations du commerce, élever la limite des émissions à 525 millions.

Cette marge nouvelle se trouve déjà trop étroite, puisque la circulation des billets émis par la Banque excède aujourd'hui 510 millions, et que le mouvement d'expansion tend continuellement à s'accroître. En moins de huit mois et sous l'influence d'une reprise déjà sensible dans les affaires, la Banque a livré au public une quantité additionnelle de billets à peu près égale aux sommes dont la circulation s'était augmentée dans une époque de stagnation et d'inquiétude, depuis le mois de mars 1848 jusqu'au mois de décembre 1849.

Quel parti devaient prendre les pouvoirs publics en

face d'une situation vraiment nouvelle en France? Fallait-il, pour maintenir le cours forcé et avec l'obligation de pourvoir aux besoins du commerce, élever encore une fois le maximum imposé aux émissions? ou bien convenait-il plutôt de décharger le gouvernement de ces fonctions extraordinaires de régulateur du crédit, dont les circonstances l'avaient investi, et de rendre à la circulation toute sa liberté, en autorisant la Banque à reprendre ses payements en espèces? Telle est la question que M. le ministre des finances vient de poser à l'Assemblée nationale, en l'invitant par son exemple à incliner du côté de la liberté et à abroger le décret du 16 mars 1848.

En principe, et à ne considérer que le train régulier des affaires, l'existence du cours forcé est toujours un mal. Les billets d'une banque n'ont de valeur que par leur convertibilité en espèces; car que signifie la promesse de payer à vue et au porteur, si, lorsque le porteur se présente, le payement lui est refusé? L'expansion des billets a deux éléments : la richesse de la population qui en fait son principal moyen d'échange, et le crédit de la banque qui les émet. Plus un peuple est riche, plus il échange; plus il échange, plus il est conduit à employer le papier de banque de préférence à l'argent. Le crédit d'une banque s'étend en raison directe de la sagesse de ses opérations et de la solidité de la constitution qu'elle se donne. La Banque d'Angleterre, dont le privilége n'embrasse qu'un rayon de soixante milles autour de Londres, voit ses billets acceptés comme monnaie dans tout le royaume; elle sert de base aux établissements de crédit dont l'Irlande et l'Écosse sont dotées.

Supposez le public libre de choisir entre les banques :
il acceptera de préférence les billets de celle qui lui offrira
les plus solides garanties, et, si aucune banque ne le rassure, il refusera leur papier pour se retrancher dans la
circulation purement métallique. Que fait donc l'État,
quand il oblige le public à recevoir tels ou tels billets au
même titre que l'argent ? Il supprime le libre arbitre
des individus dans les choses qui touchent de plus près à
la sécurité des transactions et à l'intérêt des fortunes. Il
place les mauvaises banques sur le même pied que les
bonnes, fait tort à celles-ci, avantage celles-là, pour
tout dire, il substitue au crédit de ces établissements
l'autorité, c'est-à-dire, en matière de finance, le crédit
de l'État.

Il suit de là que l'on n'abroge pas le cours forcé aussi
aisément qu'on l'a établi. L'Etat ne peut pas retirer sa
garantie, à la faveur de laquelle l'usage des billets a pris
une extension auparavant inconnue, sans veiller à ce
que les banques qui recouvrent leur liberté fournissent
au public des garanties équivalentes. Que sert de déclarer les billets remboursables à présentation, si la banque
n'a pas les ressources nécessaires pour les rembourser
dans toutes les circonstances ? C'est surtout en matière
de finances qu'il y a le plus grand danger à faire des lois
autre chose que l'expression des réalités.

Le gouvernement avait décrété le cours forcé des billets dans l'intérêt du trésor au moins autant que dans
l'intérêt de la Banque de France ; il avait voulu faire de
la Banque un instrument de crédit pour l'État lui-même,
un supplément au service de la dette flottante, une machine à emprunt. Un emprunt de 50 millions sans in-

térêt fut d'abord le prix du décret qui suspendait les
payements en espèces. Plus tard, au moyen d'un traité
ratifié par l'Assemblée nationale, un emprunt de 150 millions, portant 4 pour 100 d'intérêt avec compte réciproque et remboursable à échéances fixes, fut ouvert au
trésor par la Banque, qui s'engagea ainsi à prêter à
l'État ce qu'elle possédait et ce qui ne lui appartenait
pas, l'argent d'autrui avec le sien propre.

J'en appelle au souvenir des commissions qui ont eu
à examiner successivement le budget et la situation de
nos finances : qui a jamais cru dans l'Assemblée nationale que l'on pût raisonnablement abroger le cours forcé,
tant que la Banque de France resterait dans les liens de
l'État ? Quel était l'argument principal des financiers qui
voulaient que l'État ouvrît un emprunt en 1850, pour
soulager la dette flottante ? Ne disaient-ils pas, sans être
contredits dans l'Assemblée, que le trésor devait rembourser à la Banque les sommes qu'elle lui avait prêtées, afin de la mettre en situation de reprendre ses payements ? Eh bien ! voilà ce que je reproche à la loi de ne
pas faire. Elle replace la Banque en présence de ses obligations normales, sans lui restituer ses moyens d'action ; elle déclare les billets de la Banque remboursables,
et elle retient dans les mains de l'État le capital destiné
à faire face à ses engagements, tous les jours exigibles.
A la vérité, M. le ministre des finances réduit à 75 millions le prêt qui avait été consenti pour 150 ; mais, avec
cette atténuation, le Trésor devra encore une somme de
125 millions, somme supérieure de 17 millions au capital intégral de la Banque de France. J'ajoute qu'en
même temps l'État recouvre la liberté de disposer des

forêts qu'il avait données en garantie à la Banque, et qui, par ce gage matériel de la dette, fortifiaient le crédit du créancier.

La loi ajourne à l'année 1852 le remboursement des 75 millions. La logique commandait de laisser subsister jusque-là le cours forcé. L'échéance de ce régime devait être la même que celle de la dette contractée par le gouvernement. Il fallait libérer du même coup le trésor et la Banque ; c'était la seule combinaison qu'avouât la raison d'Etat et qui se trouve conforme à la justice. Veut-on savoir quelle va être la situation de la Banque après l'adoption de la loi ? Il suffit d'analyser avec un peu d'intelligence les comptes rendus qu'elle publie dans le *Moniteur* toutes les semaines. Voici les résultats que présente celui du 25 juillet dernier.

Les billets au porteur en circulation à cette époque s'élevaient à la somme de 507,800,875 francs. En y ajoutant les billets à ordre et les récépissés payables à vue, on trouve un total de 517 millions. Les sommes déposées en compte courant, tant par le trésor que par les particuliers, figuraient dans le passif pour environ 145 millions. Voilà donc une dette de 663 millions incessamment exigible. En regard, il faut placer l'encaisse métallique, qui s'élève heureusement aujourd'hui à 450 millions, et qui serait la seule ressource immédiatement disponible, — puis le portefeuille, qui renferme des valeurs à une échéance prochaine pour la somme de 126 millions, lesquels avec les avances sur lingots ou sur effets publics, avances à terme fixe, représentent à peu près 150 millions. Je ne dirai, je pense, rien de trop en supposant que, dans cette somme, les prêts renouvelés par la Banque de trimestre en trimestre, et que les emprunteurs seraient hors d'état de rembourser à l'échéance, comptent environ pour 50 millions, ce qui réduit à 550 millions au total les ressources immédiatement ou prochainement réalisables. Il ne faut pas oublier que l'Etat n'a jusqu'ici prélevé que 50 millions sur l'emprunt ramené au chiffre de 75. La Banque a donc encore 25 millions à prêter, dont elle disposera, soit en les retranchant de la réserve métallique, soit par une émission supplémentaire de billets. Supposons, pour rendre le calcul plus commode, que les ressources réalisables descendent à 525 millions : la différence est de 138 millions entre le passif exigible tous les jours et l'actif plus ou moins disponible.

Je sais bien que la Banque a des rentes dont le capital nominal représente 65 millions; mais d'abord on ne vend pas des rentes pour un capital de 65 millions, sans déprimer le marché ni sans s'exposer à des pertes. La Banque ne rencontrera pas toujours des acheteurs à l'étranger, un empereur de Russie apparaissant à point nommé pour la tirer d'embarras. Ensuite, et en supposant ces rentes réalisées, la différence entre le passif exigible et l'actif réalisable resterait encore de 73 millions. Je ne veux rien exagérer, et je suis loin de présenter cette situation comme alarmante. Le public, ayant éprouvé la solidité de la Banque, ne se précipitera pas en masse vers ses guichets pour demander, par centaines de millions, l'échange de ses billets contre des espèces. La Banque de France est à cette heure, sans même en excepter la Banque d'Angleterre, le plus grand réservoir des métaux précieux; il faudrait, pour l'épuiser, bien du temps et une panique bien extraordinaire. De plus, les billets sont entrés dans la circulation comme un élément indispensable des échanges; il n'y a pas de force humaine qui puisse les en expulser tous à la fois.

Cependant, à ne prendre, que le côté moral des choses, le crédit de la Banque peut souffrir de la situation qu'on lui fait. Ce crédit est fondé, jusqu'à un certain point, sur l'indépendance qu'on lui suppose. Le public ne s'accoutumera jamais à l'idée de voir le capital de la Banque de France absorbé et au delà par les besoins de l'État. Aucun établissement de crédit ne peut prêter à la fois au gouvernement et au commerce, faire le double service de la dette flottante et de l'escompte. La Banque d'Angleterre, qui a prêté à l'État les deux tiers de son capital et qui convertit le reste en bons de l'Echiquier, ne rend que de très-rares services au commerce de la Cité; elle donne à peine, pour quelques rares transactions, le taux de l'escompte, qui est la profession d'établissements spéciaux. La Banque de France, au contraire, est principalement une banque d'escompte; si l'on veut qu'elle ne perde pas ce caractère et qu'elle continue à rendre les services qui l'ont recommandée depuis son origine au monde commercial, il faut se hâter de mettre un terme au régime exceptionnel qui l'a convertie en une sorte d'annexe et de dépendance du trésor.

Les banques sont instituées pour les prêts à courte échéance. Sans cela, elles n'offriraient aucune sécurité aux preneurs des billets qu'elles mettent en circulation. Tous les établissements de ce genre qui se sont engagés dans des opérations à long terme, soit en traitant avec l'État, soit en traitant avec les entrepreneurs d'industrie ou avec les possesseurs du sol, n'ont pas tardé à succomber. Les annales financières de l'Angleterre, de la Belgique et des États-Unis sont pleines de ces tristes exemples. N'allons pas y ajouter un naufrage de plus. En ce moment, rien n'est plus anormal que la situation de la Banque de France. Son capital, depuis qu'elle est réunie aux banques départementales, s'élève à 108 millions de francs, dont plus de 7 millions sont représentés par des immeubles et 65 millions par des rentes sur l'État. Sur les 36 millions qui demeurent libres, plusieurs doivent être passés en profits et pertes ; le reste fournit tout au plus un point d'appui aux 125 millions que l'État emprunte à la Banque de France, en sorte que pas un centime de ce capital ne sert en réalité de garantie contre les demandes possibles de remboursement, en face d'une circulation qui dépasse 500 millions.

On a prétendu que les garanties étaient surabondantes, puisque la Banque avait accumulé dans ses caves 450 millions en numéraire ; mais ce numéraire n'est pas sa propriété. Ceux qui l'ont déposé en compte courant n'en avaient pas l'emploi, les affaires restant inactives. Que la grande industrie reprenne ses opérations ; que les transactions du commerce, au lieu de se faire au comptant, se fassent à terme, que la Banque qui n'a plus qu'un maigre portefeuille de 125 à 130 millions, revienne à sa moyenne annuelle de 250 à 300 millions, et l'on verra les espèces s'écouler rapidement par les mêmes canaux qui les ont amenées. A la première reprise de l'escompte, le niveau de l'encaisse métallique baissera, et il ne faudra pas s'en plaindre. Le danger ne pourrait naître que dans le cas d'une crise politique et commercial que je suis loin d'annoncer, que je ne prévois pas, mais à l'abri de laquelle on doit toujours placer les établissements de crédit. Toutefois le rapport de l'encaisse métallique à la circulation est destiné à se modifier promptement et largement par la seule influence du développement des affaires. Le trop plein du réservoir se videra infailliblement à vue d'œil ; on ne tardera pas à voir une différence de 150 à 200 millions entre la réserve en numéraire et la circulation de la Banque. Si les 450 millions sont un argument, l'argument n'a qu'une valeur de transition et de circonstance.

Non-seulement la prudence conseillait de ne pas lever les restrictions tutélaires du cours forcé avant que le trésor se fût libéré envers la Banque de France, mais il fallait encore exiger que la Banque ne reprît la liberté et l'élasticité de ses mouvements qu'après avoir augmenté son capital, de manière à le mettre en rapport avec l'étendue de ses émissions. La Banque d'Angleterre, avec un capital de 14,553,000 livres sterling et avec une réserve de 3,149,011 livres sterling, au total, 17,702,011 livres sterling (446,975,777 francs), avait en circulation, le 13 juillet dernier, une somme de billets égale à 20,274,020 livres sterling (511,919,005 fr.), à laquelle on peut ajouter les billets à ordre pour 1,331,619 livres sterling (33,623,581 francs), au total, 545 millions de francs. Ainsi la circulation, parvenue à son maximum, excédait à peine d'un cinquième le capital de la Banque. En même temps, la Banque d'Angleterre avait un encaisse métallique d'environ 16 millions sterling, plus de 400 millions de francs. La Banque de France elle-même, avant l'année 1848, avec

un capital d'environ 80 millions, ne poussait pas |ses'
émissions au delà de 280 millions, et ce régime n'é-
tait pas tellement sûr, que sa constitution n'ait fléchi
quelquefois sous le fardeau des circonstances. Cependant, en tenant la proportion pour bonne, aujourd'hui
que la circulation s'est accrue et que cet accroissement
a pris un caractère permanent, avec 525 millions de
billets émis, la Banque devrait avoir un capital de 150
millions. C'est donc une ressource supplémentaire d'au
moins 40 à 50 millions qu'il fallait l'obliger, avant de
lever le cours forcé, à demander à ses actionnaires.

On a cherché à poser, pour la constitution des établissements de crédit, des règles que l'expérience a condamnées comme décidément insuffisantes. On a dit qu'une
banque devait avoir une réserve en numéraire égale au
tiers de ses émissions, et il s'est trouvé que la Banque
d'Angleterre, en gardant une réserve égale aux trois
cinquièmes ou à la moitié de ses émissions, a couru des
périls qu'une assistance étrangère lui a permis seule de
conjurer. La Banque de France elle-même, qui gardait
habituellement une distance moindre encore entre sa
réserve en numéraire et sa circulation, n'a-t-elle pas vu
sa sécurité compromise et son crédit ébranlé par une
soudaine et formidable exportation d'argent dans la
dernière crise des subsistances? Ce prétendu principe,
en ce qui touche la proportion du numéraire à la circulation, n'a donc jamais été appliqué par les deux plus
puissants établissements de crédit que renferme le monde
civilisé, et il faut s'en féliciter, car si la Banque de
France ou la Banque d'Angleterre avaient réduit leur
réserve métallique au tiers de leurs émissions, loin de

faire digue contre les tempêtes périodiques du commerce et de l'industrie, elles eussent succombé à la plus légère pression de la défiance publique. La Banque d'Angleterre en particulier eût été constituée en banqueroute dix fois au moins depuis qu'elle a repris ses payements.

Une autre règle, que l'on n'a pas manqué de mettre en avant toutes les fois que l'on touchait, avant février 1848, à la constitution des banques départementales, consistait à dire que la circulation des billets, réunie aux sommes déposées en compte courant, ne devait jamais représenter pour une banque plus du quapruple de son capital. Cette maxime financière exprime une prévision que l'on peut considérer comme très-rationnelle ; mais l'expérience, de ce côté de l'Atlantique, n'en a pas vérifié encore la solidité. On remarquera toutefois, à l'avantage de la Banque d'Angleterre, que la somme de sa circulation, jointe aux comptes courants ou dépôts divers, s'élevait, le 13 juillet dernier, à 38 millions, et que son capital, placé en regard de ce passif exigible, figurait la proportion de 45 pour 100. La même opération appliquée au compte rendu de la Banque de France, à la date du 25 juillet, présente des résultats bien différents. Contre un capital de 108 millions, elle compte un passif exigible de 637 millions, ce qui fait que son capital, au lieu du quart, n'offre plus que la proportion du sixième.

On le voit, suivant les règles déjà surannées d'une science à l'état d'ébauche, aussi bien qu'en ayant égard aux considérations qui dérivent de la nature même du crédit, la Banque de France, le jour où la circulation redeviendra libre, ne peut pas rentrer purement et simplement dans ses anciens statuts. Ces statuts, en effet, partent d'un capital qui a toujours été, qui est plus que jamais insuffisant, pour lui ouvrir le champ d'une circulation sans limites. Tous les autres établissements de crédit en Europe voient leurs facultés d'expansion bornées par la loi. La Banque d'Angleterre, par exemple, au delà de 14 millions sterling, n'a le droit d'émettre des billets que pour les échanger contre des espèces. La Banque de France seule est investie d'un arbitraire absolu; elle n'est tenue à aucune obligation, et ne relève que de sa propre sagesse. On lui donne plus que les institutions n'accordent aux pouvoirs publics, aux délégués et aux représentants du souverain; c'est la charger d'une responsabilité qui dépasse les forces humaines.

La Banque de France aurait pu, à la rigueur, offrir comme une garantie sa gestion, qui a été marquée au coin de la prudence depuis près d'un demi-siècle, si on l'eût replacée dans les conditions où s'exerçait son action et se développait son crédit avant la révolution de février; mais n'oublions pas que la Banque partageait alors le privilége de la circulation avec un certain nombre de banques départementales, dont chacune avait son indépendance et sa sphère exclusive, et dont quelques-unes avaient pris une importance qui témoignait de leur vitalité. La concurrence de ces établissements lui servait de frein en même temps que d'aiguillon. L'influence qu'exerçaient malgré elle sur ses opérations les fautes d'autrui l'obligeait à veiller avec plus de soin sur sa propre conduite. Aujourd'hui que cette limite de la concurrence n'existe plus, que la Banque agit sans contrôle, qu'elle est seule dotée et armée du privilége de battre monnaie de papier, ne faut-il pas que l'État intervienne, et que la sagesse précaire de la Banque soit dominée par la sagesse de la loi ?

Il n'y a plus qu'une banque de circulation dans le pays. En dehors des espèces d'or et d'argent, il n'y a plus qu'un moyen d'échange, qui est le papier de la Banque de France. L'unité monétaire du papier existe aujourd'hui comme l'unité monétaire des espèces, en vertu de la même loi scientifique et comme un dernier terme du progrès en matière de crédit. Sans doute, la révolution de Février a été l'occasion déterminante de cette grande révolution financière ; mais bien avant 1848, les idées et les faits y tendaient. On savait que le privilége conduit au monopole, et que du moment où le pouvoir législatif ne laissait pas dans le droit commun l'émission du papier de banque, du moment où il se réservait de concéder à de certaines conditions ce démembrement du domaine régalien, de la souveraineté, il en viendrait tôt ou tard à reconnaître que la diversité du papier de banque était l'anarchie, et que le seul système qui présentât des garanties contre l'abus ou contre la fraude était l'unité.

En conférant à la Banque de France le monopole des émissions, on a contracté le devoir d'entourer cette opération de toutes les garanties possibles. On a dit au public que ce système était celui qui lui offrirait la plus grande sécurité ; ce n'est pas apparemment pour l'abandonner à la discrétion des intéressés ni aux chances du hasard. Puisque la Banque bat seule monnaie, puisqu'elle est investie des attributions de l'Etat à cet égard, qu'elle en ait du moins la puissance. Si l'on eût voulu faire sûrement et largement les choses, un établissement qui est appelé à répandre sous peu dans le pays une circulation financière de 600 millions aurait senti la nécessité de se constituer un capital de 200 millions.

Je comprends que ceux-là pensent autrement, qui considèrent le capital des banques comme devant servir uniquement de garantie en cas de perte. Si la seule fonction de ce capital consiste à combler le déficit qui peut résulter d'une gestion malheureuse, les 108 millions qui composent l'actif de la Banque de France paraissent plus que suffisants pour cela. Dans le cataclysme commercial qui suivit la proclamation de la république, la somme des effets en souffrance s'éleva un moment à 84 millions; mais, en fin de compte, quelques millions en représenteront le solde.

Pour réduire le capital des banques à cette humble fonction, il faudrait que les établissements de crédit pussent opérer avec des capitaux d'emprunt. Ce serait faire la banque à l'américaine, avec le succès en perspective tant que le vent enflerait les voiles, mais aussi avec la certitude d'une catastrophe à la première difficulté que l'on aurait à surmonter. Les choses pourraient aller ainsi tant bien que mal pour une banque d'escompte; pour une banque de circulation et de prêt, il y a des obligations plus étendues. Outre les éventualités de perte que le capital de celles-ci doit couvrir, il sert encore à leur procurer une grande partie du numéraire qui est tenu en réserve pour faire face aux demandes de remboursement. Les banques de circulation n'ont la certitude de fournir de l'or ou de l'argent aux porteurs de leurs billets pressés de les convertir en espèces que lorsque ces espèces leur appartiennent. Dans les moments difficiles, les déposants par compte courant viennent aussi retirer leurs fonds, et il s'ensuit évidemment que ce n'est pas avec l'argent des comptes courants, avec les capitaux d'emprunt que l'on peut alors rembourser les billets. Or les règles, en cette matière plus qu'en toute autre, sont faites non pour les temps ordinaires, mais pour les époques de crise. Non-seulement une banque de circulation doit avoir un capital considérable, mais la plus grande partie de ce capital doit être convertie en numéraire, rester constamment disponible, servir de levier et de point d'appui dans la direction du crédit.

En résumé, c'est une faute d'abroger le cours forcé des billets avant d'avoir restitué à la Banque de France les sommes dont l'État reste débiteur envers elle, et sans l'obliger à se constituer un capital nouveau ; mais la mesure a un autre côté faible : je veux parler de la précipitation avec laquelle elle a été conçue et proposée. En Angleterre, quand on voulut faire cesser la suspension des payements en espèces, on saisit longtemps à l'avance le parlement d'une question à laquelle tenait le sort de toutes les fortunes. La loi fut rendue en 1819, pour devenir exécutoire en 1823. Ici, au contraire, c'est à la fin d'une laborieuse session, lorsque les membres de l'Assemblée sont en partie dispersés, au moment où les esprits fatigués se refusent à la discussion et à la lutte, que l'on propose de changer radicalement le régime de la Banque de France. Il faudra passer en une heure, sans transition, sans préparation et presque sans examen, du cours forcé à la liberté illimitée de la circulation. Un acte

réparateur se présente ainsi avec le caractère apparent
d'un acte révolutionnaire !

Ne fût-ce qu'à titre de transition, en abrogeant le
cours forcé, il eût été sage de laisser subsister le cours
légal. Ne pouvait-on pas se borner à déclarer les billets
de la Banque remboursables, et fallait-il donc aller jusqu'à dire qu'ils ne seraient plus reçus comme monnaie ?
La Banque a maintenant vingt-cinq comptoirs, par lesquels elle occupe et dessert tous les centres commerciaux
de quelque importance. Elle offre ainsi les plus grandes
facilités à l'échange des billets contre des espèces, ce qui
fait qu'il n'y a pas de raison de rompre avec les habitudes qui ont placé ces billets depuis deux ans sur le même
rang que les espèces, dans la circulation.

Il peut être permis de rechercher pour quelles raisons,
dans une mesure de cette gravité, le gouvernement a cru
devoir négliger les précautions et les tempéraments qui
semblent au premier coup d'œil indispensables. Assurément M. le ministre des finances n'a pas pensé qu'un
aussi grand changement s'accomplît sans tiraillement ni
malaise. Ce n'est pas ici un changement de décoration
qui s'opère à vue sur la scène politique, sans que l'on ait
besoin d'abaisser le rideau. Il faut du temps à la Banque
pour passer de la dictature au rôle de ministre officieux
de la circulation ; il faut du temps au commerce pour
modifier les combinaisons qu'il avait faites en prenant
pour point de départ le cours forcé ; entre le moment où
le papier de banque était la monnaie obligatoire, et celui
où il doit redevenir un simple agent de crédit, il faut à
l'opinion publique un autre trait d'union que la volonté
encore inexpliquée du gouvernement. Ce qui a probable-

ment déterminé M. le ministre des finances, c'est l'espoir d'imprimer, en rendant la Banque à son état normal, une impulsion active aux affaires. Le gouvernement a sans doute pensé qu'il devait, pour relever la confiance générale, montrer lui-même une grande confiance dans l'avenir. L'abrogation du cours forcé procède du même plan qui conduit la politique ministérielle à attacher un peu trop exclusivement ses regards au taux des fonds publics.

Il y a là une sollicitude et un empressement qui ont certes leur côté louable. Si je mêle à l'éloge une part de critique, c'est que le zèle, à mon avis, dans les affaires politiques, ne doit pas aller jusqu'à l'impatience ni jusqu'à devancer l'opportunité. Quoi que l'on puisse faire, la hausse des fonds et l'assurance du gouvernement ne réagiront que médiocrement sur l'état des esprits. Que la politique du gouvernement, au contraire, donne toute sécurité au pays, que les institutions perdent ce caractère d'instabilité que les révolutionnaires de tous les temps et de tous les pays aiment à y attacher, et l'on n'aura pas besoin de se préoccuper de l'état du crédit ni de l'activité du commerce et de l'industrie. Il faut toujours en revenir au mot si profond et si vrai du baron Louis : « Donnez-moi une bonne politique, et je vous donnerai de bonnes finances. »

Le malaise des intérêts ne peut cesser qu'avec la période révolutionnaire. Après la commotion de juillet 1830, qui n'avait fait que déplacer le trône, trois années furent nécessaires à la France pour rentrer dans le calme qui précède et qui amène la prospérité. Il ne faudra pas un intervalle moins long aujourd'hui, après une révolution qui a renversé la monarchie elle-même, pour nous lancer, à travers l'anarchie républicaine, à la recherche de l'inconnu. Sachons donc nous résigner et attendre. Travaillons à déterminer un état meilleur ; mais ne le proclamons pas avant qu'il soit venu. Les gouvernements ne gagnent pas plus que les individus à se repaître d'illusions, à afficher une grandeur factice ; et, quand ils feraient illusion à leurs contemporains, ils ne parviendraient ni à se tromper eux-mêmes ni à désarmer les jugements de la postérité.

Août 1850.

Dans l'examen auquel je me suis livré du projet présenté à l'Assemblée nationale par le ministre des finances, projet qui est devenu la loi du 6 août, je crois avoir gardé toute la réserve que comportait une discussion sérieuse et sincère. Les lecteurs de *la Revue* ont pu reconnaître que je craignais d'insister et de pousser à fond les arguments. Il s'agissait tout ensemble du crédit de la Banque de France et du crédit de l'Etat, et, même pour redresser une erreur, je n'aurais pas voulu ébranler une puissance. Les mêmes motifs me font regretter que la Banque, après avoir demandé, à ce qu'il semble, et obtenu la reprise de ses payements en espèces, appelle la controverse sur cette mesure, en s'efforçant d'en présenter l'apologie. Je ne suis pas l'adversaire de la Banque de France. On me permettra de rappeler, non pas certes pour en tirer vanité, mais afin de marquer, en ce qui me touche, le caractère de ce débat, que j'ai concouru, quelquefois avant que la Banque elle-même en comprît la nécessité, à tous les actes législatifs qui devaient avoir et qui ont eu pour effet de convertir un établissement resserré dans les limites de la capitale et de douze à quinze comptoirs en instrument et en véhicule du crédit pour la France entière. En 1847, au moment où le gouvernement proposait à la chambre des députés d'autoriser l'émission de coupures de 250 fr., je demandai par voie d'amendement des coupures de 200 francs et de 100 fr.; le pouvoir législatif ne m'accorda que la moitié de ce que je réclamais dans l'intérêt du commerce et de l'industrie : il fallut une révolution pour mettre les moyens de circulation en rapport avec l'étendue et avec le caractère exclusif du privilége.

Lorsque la commotion de février 1848 fit chanceler sur ses fondements la monarchie de 1830, j'étais à la tribune, défendant, cette fois, aux applaudissements de la Banque elle-même, l'unité de la circulation fiduciaire, et soutenant qu'il ne fallait dans le pays qu'un seul papier de banque, tout comme il n'y avait depuis la suppression de l'anarchie féodale, qu'une seule monnaie. Les intérêts départementaux, mal éclairés, luttaient encore énergiquement, au bruit de la foudre révolutionnaire et à la lueur des éclairs, contre ce dernier terme du progrès en matière de crédit; le gouvernement provisoire ou plutôt la force des choses fit justice de leur résistance. Enfin, faut-il rappeler que, sous le régime du cours forcé, la limite fixée à l'émission des billets se trouvant bientôt trop étroite, et le commerce réclamant avec instance une extension que la Banque souhaitait, mais que M. le ministre des finances n'était pas décidé à proposer, je me rendis l'organe de ces plaintes par des interpellations que l'Assemblée nationale voulut bien approuver, et qui la déterminèrent à étendre la limite légale à 525 millions ? A cette époque, dès le mois de décembre 1849, la Banque de France, ayant épuisé la faculté d'expansion dont l'avait dotée le décret du 15 mars 1848, obligeait les commerçants qui lui demandaient des billets à recevoir des espèces. Le payement des effets échus, ainsi que les mouvements de fonds, devenaient à peu près impossibles. Le cours forcé n'était plus qu'une fiction de la loi, un régime dont le public supportait les charges sans en avoir les bénéfices ; les échanges commerciaux, ne s'opérant guère plus qu'au comptant, étaient gênés par la pénurie des billets, et menaçaient de s'arrêter dans plusieurs centres de travail. Le législateur, en augmentant la somme des émissions, rendit à l'industrie l'air vital et l'espace.

Avec ces souvenirs, je devais peut-être m'émouvoir plus qu'un autre à la seule crainte de voir compromettre le sort d'une institution qui a grandi et qui s'est consolidée au milieu des orages politiques. Ce que veut la Banque aujourd'hui, ce qu'elle peut, elle le doit au régime du cours forcé, qui a universalisé et popularisé son crédit en France. Qui me blâmera de vouloir qu'avant d'abandonner un système tutélaire, quoique anormal, on s'assure, dans cette transition de la servitude à la liberté, des garanties suffisantes d'une existence solide et d'un développement prospère ? J'ai fait des vœux, comme tout le monde, pour la prompte reprise des payements en espèces, et je ne me suis jamais dissimulé le danger de rester longtemps sur la pente du papier-monnaie ;

mais il ne me paraît pas digne d'un gouvernement régulier et prévoyant de devancer, dans une impatience
fébrile de se montrer riche et fort, l'heure propice pour
la suppression du cours forcé, au risque d'avoir à le
rétablir quelques mois plus tard.

Les observations que j'avais présentées dans *la Revue*
paraissent avoir déterminé la Banque à s'expliquer sur
la loi du 6 août. Sans chercher à lever le voile, d'ailleurs
tansparent, de l'anonyme dans lequel se retranche l'apologiste de cette mesure, il n'y a pas d'indiscrétion à dire
que l'auteur des articles de *la Patrie* doit appartenir au
gouvernement de la Banque, dont il met à nu les procédés et expose les doctrines. Ceux qui ont dirigé la politique de l'institution pouvaient seuls la célébrer avec
cet enthousiasme. Puisque l'on me contraint à revenir
sur une difficulté dont j'aurais mieux aimé abandonner
la solution aux événements, il faudra bien examiner les
prétendues règles qui sont invoquées par le défenseur
de la Banque de France. On fouillerait certainement
dans les archives de la science économique, depuis Adam
Smith jusqu'à sir Robert Peel, sans y découvrir de pareils axiomes. Je ne crains pas d'ajouter qu'ils ne trouvent aucun point d'appui dans l'expérience financière,
qu'il n'y a là que des fautes érigées en principes, et une
pratique un peu routinière qui cherche à s'élever après
coup à la hauteur, à l'autorité d'une théorie.

Commençons par constater que les premiers résultats
de la loi du 6 août n'ont point justifié les espérances de
ceux qui l'avaient provoquée. En écrivant, il y a un mois,
je la supposais entourée de la faveur publique ; mais
c'était là une concession purement bénévole de ma part.

Les actionnaires de la Banque eux-mêmes paraissent avoir vu la reprise prématurée des payements avec inquiétude. Après le décret du 15 mars, qui établit le cours forcé des billets, les actions éprouvèrent une hausse de 200 francs; elles ont baissé de 100 francs depuis l'abrogation du décret. Sans attribuer une trop grande importance à ce fait, ne semble-t-il pas que, pour donner de la confiance au public, un établissement de crédit doive d'abord en inspirer à ses actionnaires?

Pour expliquer l'abrogation immédiate du cours forcé, on nous disait que la circulation des billets, qui s'élevait à 510 millions, allait atteindre la limite légale, que le meilleur moyen d'en régler l'expansion était de lui rendre la liberté de ses allures, et que cette liberté fécondant le mouvement commercial, ne pouvait manquer de remplir le portefeuille, qui n'avait pas cessé de se vider depuis Février. Qu'on nous montre maintenant une seule de ces prédictions qui soit à la veille ou en voie de s'accomplir. Depuis la loi du 6 août, la circulation, au lieu de se répandre davantage, a diminué de 15 millions de francs, et n'est plus aujourd'hui que de 495 millions. Une réduction nouvelle de 2 millions se fait remarquer dans le portefeuille. En même temps, on annonce que les banquiers admettent plus difficilement à l'escompte des valeurs qui ont une échéance de 3 mois, d'où il est permis de conclure que la levée des restrictions en mars 1848 n'a pas amené une reprise dans les affaires, et que la Banque n'a pas trouvé d'écho qui lui répondît dans cette invitation à la confiance qu'elle adressait au pays. Donner le signal trop tard annule les pouvoirs publics, donner le signal trop tôt ébranle leur autorité et les discrédite.

Aurais-je partagé moi-même cette impatience peu réfléchie de la Banque, comme l'insinue son apologiste ? Il ne me sera pas difficile de m'en défendre. Ici même, lorsque j'ai eu à juger le décret du 15 mars, avant qu'il fût question de l'abroger, je l'ai considéré comme un expédient transitoire ; mais je n'ai jamais donné le conseil de rentrer dans la liberté avant l'heure ou par la porte du péril. Le 1er mai comme le 15 août j'ai indiqué le remboursement préalable des sommes empruntées par le trésor à la Banque comme la condition nécessaire de la reprise des payements en espèces ; au nom des mêmes opinions, j'ai donné les mêmes conseils. Et quelle preuve plus décisive veut-on de ma répugnance à déclarer les billets de la Banque de France remboursables avant que l'on ait assuré les moyens de remboursement, que la part d'initiation que j'ai prise à la loi qui a porté la limite des émissions de 452 millions à 525 ? Certes, si j'avais redouté la prolongation du cours forcé, j'aurais évité de m'associer à cette mesure dont le résultat devait être d'accroître la puissance de ce régime et d'en étendre la durée.

La suspension des payements en espèces pour une banque de circulation peut devenir une nécessité de circonstance, un expédient, elle ne saurait jamais être envisagée comme un principe. J'ignore si, dans la pensée du gouvernement provisoire, le décret qui proclama le cours forcé et qui donna aux billets la valeur d'une monnaie légale devait conduire à l'établissement définitif du papier-monnaie : il s'agit pour nous d'autre chose que d'in-

terpréter le passé. Quant au présent, aucun homme d'É-
tat, aucun administrateur, aucun économiste digne de ce
nom n'a considéré le décret qui suspendait la conversi-
bilité du papier de banque à un autre point de vue que
sous l'aspect d'une mesure destinée à durer autant que
l'influence de la situation qui l'avait rendue nécessaire.
Le retour aux règles naturelles de la circulation était-il
opportun au moment où le ministre des finances l'a
proposé à l'Assemblée nationale ? En admettant l'opportunité, a-t-on ménagé la transition, et a-t-on stipulé les
garanties qui pouvaient épargner un repentir au législateur et mettre le crédit à l'abri d'une secousse ? Voilà
les questions que soulève la loi du 6 août, et sur lesquelles, malgré le fait accompli, il est impossible de ne
pas revenir.

Et d'abord, sans sortir des considérations politiques,
la situation présente est-elle de nature à rassurer tous
les esprits ? Avons-nous décidément franchi la période
révolutionnaire ? Les difficultés que la constitution nous
donne à résoudre sont-elles dès à présent aplanies et
tranchées ? A moins de fermer volontairement les yeux
à la marche des opinions ainsi que des événements, il
faudra reconnaître que le moment choisi par la Banque
pour solliciter l'abrogation du décret du 15 mars était
précisément celui où commençait à poindre la crise que
nous avons à traverser pour sortir des sables mouvants
et pour établir le gouvernement en terre ferme. Cette
crise, qui doit légalement se dénouer dans la session
prochaine, a paru un instant se compliquer d'une rupture entre les pouvoirs publics. La majorité de l'Assemblée nationale, cette majorité qui avait sauvé le pays,

s'est divisée à la veille de recueillir les fruits de sa fermeté et de sa persévérance. On a pu légitimement craindre que la division qui s'était manifestée dans le choix des personnes ne fût étendue aux questions de principe, et que le socialisme, blessé à mort par la loi électorale, ne se redressât comme galvanisé par le spectacle de dissentiments dont il a seul à profiter. Les partis et le pouvoir lui-même ont pris, depuis quelque temps, une attitude militante qui préoccupe l'opinion publique et qui, en excitant une vague attente, a fait naître aussi l'anxiété. Le besoin de stabilité que l'on éprouve dans le pays revêt un certain caractère d'impatience. Le présent souffre déjà des préoccupations inquiètes dont l'avenir est l'objet. Le découragement entrave les régions du travail, et l'on a remarqué un ralentissement sensible dans les affaires. Dans des circonstances pareilles, la prudence commandait évidemment de ne pas jeter au travers des difficultés politiques, une difficulté qui touche à la constitution du crédit. Le *statu quo* en matière de banque devait être maintenu jusqu'à ce que la France eût fait son évolution, et que, se dégageant définitivement des désordres qui l'avaient envahie, elle eût fermé les abîmes.

A côté de la situation politique, qui domine le sujet, il est à propos d'envisager encore la situation particulière du trésor et celle de la Banque. M. le ministre des finances compte sur l'accroissement des revenus indirects pour soulager la dette flottante, qui fléchit sous le poids des découverts. Cette perspective flatteuse lui a servi à motiver une réduction de 75 millions dans les sommes que la Banque de France s'était engagée à prêter à l'État.

Le retranchement des 75 millions a permis de représenter ensuite l'action de la Banque comme relativement libre, et de convertir l'Assemblée nationale, par la puissance apparente de cet argument, à la reprise des payements en espèces. Eh bien ! rien ne semble moins certain que cette abondance que l'on promet au trésor. Sans parler des alarmes ou des émotions qui peuvent ralentir la marche ascendante de la fortune publique, le revenu des douanes, pour les six premiers mois de 1850, présente, comparativement à la même période de 1849, une diminution de plusieurs millions. Voilà donc, pour ce côté tout au moins, un démenti donné aux espérances officielles. Ajoutons l'obligation de pourvoir aux dépenses qu'entraînera la construction du chemin de Lyon laissée à la charge de l'État, et il y aura lieu de douter que le trésor soit en mesure de se passer, en 1851, des 75 millions dont on a réduit, peut-être avant le temps, les engagements de la Banque.

En admettant l'hypothèse la plus favorable, la Banque, ayant prêté ou devant prêter au trésor 125 millions, une somme supérieure à son capital, et qui n'est pas remboursable avant la fin de l'année 1852, pouvait-elle, sans manquer à la prudence, rentrer dans le cadre naturel de ses statuts ? L'apologiste de la loi du 6 août se prononce hardiment pour l'affirmative. A l'entendre, le fardeau qui résulte pour la Banque des engagements contractés envers l'État n'excède nullement ses forces, et il pense le démontrer en faisant figurer, en regard des 100 millions déjà prêtés et des 25 millions exigibles, les 70 millions que le trésor a dépensés en compte courant.

L'art de grouper les chiffres n'est pas précisément l'art

de payer ses dettes. Qu'importe que le chiffre des dépôts temporaires faits par le trésor s'élève ou s'abaisse, si ces mouvements ascendants ou descendants ne retranchent rien en définitive aux engagements de la Banque, et si les sommes que l'État dépose peuvent être retirées à volonté. Le compte courant s'élève aujourd'hui à 70 millions, parce que le ministre des finances tient en réserve un encaisse nécessaire au payement du semestre. Après le 22 septembre, les dépôts publics tomberont peut-être à 25 ou 30 millions. Dans tous les cas, les engagements de la Banque envers le trésor sont quelque chose de très-incertain. La Banque doit tout l'argent qu'elle a promis de prêter, tandis que le trésor, sur l'argent qu'il reçoit, peut ne pas déposer un centime. Commençons donc par rayer de nos appréciations les éventualités à l'aide desquelles on prétend grossir l'actif de la Banque ; jusqu'à la fin de 1852, le passif provisoire, c'est-à-dire le prêt non encore remboursé de 125 millions, doit seul figurer dans les calculs. Ce prêt excède les forces de la Banque de France, car il dépasse son capital de 17 millions, et, sur les 108 millions qui composent ce capital accru de la réserve, 73 millions sont représentés par des rentes sur l'État ou par des immeubles, en sorte que, pour prêter 125 millions au trésor, la Banque est obligée d'emprunter elle-même près de 100 millions aux sommes qu'on lui dépose en compte courant, et de contracter ainsi une dette incessamment exigible pour aller chercher ensuite un placement dont le terme est fort éloigné. Il n'y a pas d'opération moins avouable en finance.

On comprend que, sous le régime du cours forcé et sous le coup d'une nécessité impérieuse, les banques

subviennent aux besoins du trésor en prêtant non-seulement leur capital propre, mais une partie de celui que
représente leur circulation. Dans de telles circonstances,
les établissements de crédit battent monnaie en quelque
sorte au profit de l'État. Comme l'État leur communique
alors l'autorité de la loi, il a bien le droit de participer
aux bénéfices qu'il leur procure. Il les charge donc de
lever pour son compte un emprunt auquel contribuent
tous ceux qui reçoivent les billets jetés dans la circulation ; mais cette opération cesse d'être possible pour
un établissement de crédit, le jour où ses billets rede-
viennent remboursables. Le capital des banques est alors
le seul fonds auquel elles puissent emprunter les sommes
qui alimentent la dette flottante. Comment puiseraient-
elles dans le fonds commun des dépôts, dont chaque
déposant a le droit de retirer sa part à toute heure, sans
s'exposer à une banqueroute ou à un acte de spoliation ?

On m'oppose l'exemple de la Banque d'Angleterre.
Il est très-vrai que cet établissement pendant la guerre
et tant qu'avait duré la suspension des payements, avait
prêté à l'Échiquier un concours à peu près sans limites ;
mais toutes les sommes empruntées qui excédaient le
capital de la Banque furent restituées avant la reprise
des payements en espèces. Sans adopter exclusivement
les principes sur lesquels repose la constitution de la
Banque d'Angleterre, j'ajouterai qu'il n'est pas exact de
dire, comme on l'a prétendu, que le capital de ce grand
établissement soit absorbé encore aujourd'hui par les
prêts qu'il a faits à l'État. La dette du gouvernement
anglais figure en effet dans les comptes de la Banque
pour 11,015,100 livres sterling (environ 278 millions de

francs); mais le capital de la Banque se compose de 14,553,000 livres sterling, qui appartiennent encore aux actionnaires, et d'une réserve de 3,149,011 livres sterling, qui est également leur propriété, au total, 17,702,011 livres sterling (446,975,778 francs). Ainsi, loin d'avoir prêté son capital à l'État, la Banque d'Angleterre demeure libre de convertir en espèces ou en lingots environ 160 millions de francs, une partie de ce capital qui excède de beaucoup le capital entier de la Banque de France.

Au reste, les banques de circulation ne sont pas toutes placées dans la même situation ni fondées sur les mêmes principes. Il y a des établissements, comme la Banque d'Angleterre, qui négligent et qui doivent négliger les opérations d'escompte pour se consacrer principalement aux services publics. Celle-ci prête à l'État, sert d'instrument à la négociation des bons de l'Échiquier, fait le service de trésorerie, paye les dividendes semestriels aux créanciers de l'État, et reçoit les dépôts de l'Échiquier, des comptables, des caisses d'épargne. Ce sont là ses attributions véritables et de là viennent ses profits les plus clairs.

La Banque de France, au contraire, est instituée principalement pour prêter au commerce et à l'industrie. Son rôle ne se borne pas à donner le taux de l'escompte; elle est le plus grand escompteur du pays et sert de point d'appui, par elle-même ou par ses comptoirs, à la négociation des effets de commerce; les recouvrements, les virements de fonds et les transports d'espèces s'opèrent exclusivement par ses mains : d'où il suit que, dans les temps de calme, si elle ajoutait le service de la dette

flottante à l'escompte des valeurs commerciales, ou il
faudrait qu'elle détournât une partie des ressources qui
fécondent le travail, ou bien elle compromettrait la solidité de sa constitution et la confiance dont elle jouit auprès du public, en étendant témérairement son action
jusqu'à la région des aventures.

On m'accorde qu'aucun établissement de crédit ne
peut faire à la fois le service de la dette flottante et de
l'escompte ; mais on me demande si j'entends interdire
désormais à la Banque d'une manière absolue, de prêter
au trésor. Ceux qui m'adressent la question sont probablement les mêmes qui ont résisté après Février, tant
que la résistance a été possible, aux exigences incessantes
et absorbantes du trésor. Je leur ferai la réponse qu'ils
ont faite sans doute eux-mêmes aux divers ministres des
finances. Je comprends que la Banque vienne au secours
du trésor dans les moments où sa clientèle commerciale
la délaisse ; encore faut-il qu'elle ne prête son appui que
sous la réserve de ne pas affaiblir son crédit, dont l'intégrité et la puissance importent à l'État autant qu'à
elle-même. Cette règle fondamentale est-elle observée
aujourd'hui ? L'Etat ne confisque-t-il pas en quelque
sorte la puissance de la Banque à son profit, lorsqu'il
lui emprunte, même quand le portefeuille ne renferme-
rait plus un seul effet de commerce, en face d'une circulation qui a pris des proportions inouïes, une somme
qui excède trois ou quatre fois le capital disponible ?

On dira peut-être que les vides qui se font remarquer
dans le portefeuille de la Banque l'autorisent à tourner
l'emploi de ses capitaux du côté de l'Etat. L'explication
serait plausible, si la matière manquait absolument à

l'escompte; mais, quand on envisage froidement les faits, on reconnaît que c'est la Banque qui repousse le commerce et non le commerce qui s'éloigne de ses guichets. Le conseil de la Banque a longtemps affiché une prétention inconnue jusqu'à lui dans le domaine de la pratique comme dans celui de la science, et qui ne vise à rien moins qu'à établir une sorte de taux normal pour l'intérêt de l'argent. Il avait cru pendant longtemps que ce taux était celui de 4 pour 100, et l'avait généreusement maintenu dans des temps où l'argent valait bien davantage; mais la crise de 1846-47 obligea la Banque, pour sa propre sécurité, à élever l'intérêt à 5 pour 100. La logique et l'équité voulaient qu'en échange, lorsque les capitaux abonderaient sur le marché, la Banque réduisît la prime de l'escompte. Elle n'en a rien fait, et de là, sans contredit, la réduction graduelle de son portefeuille. Ne sait-on pas que le comptoir national de Paris trouvait de l'argent à 3 pour 100, tandis que la Banque persistait à exiger 4? Dans un moment où l'industrie française faisait de louables efforts pour alimenter les marchés du dedans et pour pénétrer dans ceux du dehors, la Banque a certainement négligé la partie la plus élevée de sa tâche, qui consistait à donner et à régler l'impulsion. Avec une politique plus libérale, en abaissant le taux de l'escompte à 3 pour 100, la Banque eût encouragé les négociations à terme; les grandes affaires auraient repris leur cours, les effets auraient afflué vers le portefeuille, et les actionnaires n'en seraient pas réduits à se partager des dividendes de 4 et demi pour 100. La Banque d'Angleterre exige quelquefois un intérêt de 6 pour 100 pour admettre des effets de commerce à l'escompte ; mais elle se contente plus souvent encore de 2 et demi pour 100. En un mot, elle suit les oscillations du marché, et fait payer l'argent ce qu'il vaut. La Banque de France trouverait au besoin dans ses statuts une raison de plus de se conformer à cet exemple. En exigeant que les effets qu'elle escompte soient revêtus de trois signatures, elle fait naître une industrie intermédiaire, celle des assureurs en matière de crédit, qui exigent une prime pour donner la troisième signature et pour ajouter leur garantie. A Londres, que la Banque prête sur des effets de commerce à 3 pour 100, ce taux d'intérêt est ni plus ni moins celui que payent les signataires ; à Paris, lorsque la Banque prête à 4 pour 100, le commerce paye réellement 4 et demi ou 5, une prime de demi ou même de 1 pour 100 restant entre les mains des banquiers qui s'entremettent. Toutes choses égales, la Banque de France, qui exige trois signatures, devrait donc, en échange de cette sécurité qu'elle se donne, fournir les capitaux à meilleur marché qu'on ne les obtient dans les autres grands centres de commerce et d'industrie. L'intérêt de l'argent s'élève dans la proportion des risques. Le crédit ne serait qu'un leurre, si les détenteurs de capitaux prétendaient tout à la fois ne courir aucun risque et placer à gros intérêts. Il n'a manqué à la Banque de France, prudente et loyale comme elle l'est, de l'aveu de tous, qu'une direction plus libérale et des vues plus élevées pour être réputée le premier établissement de crédit du monde.

Arrivons maintenant à la question du capital : c'est là le champ de bataille sur lequel s'escriment avec le plus d'ardeur les champions de la Banque ; c'est là que

nous donnent rendez-vous les rancunes de l'intérêt privé :
il s'agit de porter le capital de la Banque à 150 millions,
non compris la réserve, c'est-à-dire de réaliser un capital additionnel de 60 millions. Là-dessus, on nous déclare sans plus de ménagement, que nous retranchons
d'un trait de plume 50 pour 100 du revenu des actionnaires actuels, et que nous dépouillons huit mille pères
de famille ; mais quoi ! le privilége de la circulation
fiduciaire serait-il la propriété personnelle et incommu-
table des huit mille porteurs d'actions ? Ce privilége
a-t-il été donné par la loi, non pas dans un intérêt public, mais dans le seul intérêt des actionnaires ? Ne faut-il
voir enfin qu'une question de dividendes dans les conditions qui doivent être attachées à l'émission des billets
de banque et à la constitution du crédit ? La Banque de
France bat monnaie à la place et du droit de l'Etat ;
sera-ce pour faire de ce mandat, qui est une émanation
de la souveraineté, métier et marchandise ?

Sans doute il est juste qu'en servant les intérêts généraux du pays, la Banque retire de ses opérations un bénéfice qui attire les capitaux vers cet emploi ; mais l'ère
des gros dividendes a duré quinze ans, et elle peut revenir encore : que l'on se résigne en ce moment aux petits
profits. Nous n'estimons pas les actionnaires de la Banque
très-malheureux de recevoir un intérêt de 4 et demi
pour 100 à une époque où les actionnaires des compagnies de chemins de fer sont réduits à 2 et même à
1 pour 100, et où les propriétaires de domaines ruraux
peuvent à grand'peine trouver dans la vente des produits
les frais de la culture. Au surplus, le capital additionnel
peut être levé par voie d'emprunts, et, s'il fallait le de-

mander directement aux actionnaires, je n'y verrais rien
d'impossible, les actions obtenant encore une prime de
130 pour 100, prime qui s'est élevée jusqu'à 240
pour 100. Dégageons donc le débat de cet incident, qui
n'a rien de législatif et qui n'intéresse pas la fortune publique. Avant les changements apportés par le gouvernement provisoire à la constitution de la Banque de
France, le capital de cet établissement était jugé suffisant
à peine ; ce capital peut-il suffire aujourd'hui ? La situation
de la Banque est-elle, depuis la république, ce qu'elle était
sous la monarchie ? Voilà comment la question se pose.

Avant 1848, le privilége de la Banque de France était
limité à la capitale et à quelques villes de troisième ordre, où elle avait fondé des comptoirs ; son action n'embrassait qu'un rayon peu étendu, et demeurait en quelque façon locale. Aujourd'hui la mission est agrandie ;
elle ne rencontre plus de concurrence dans le maniement
de la circulation fiduciaire, et elle participe à l'unité de
l'Etat. Son privilége a été converti en monopole ; seule
désormais, elle a le droit d'émettre les billets au porteur
et à vue qui sont reçus comme argent dans toute l'étendue de la république. Comment veut-on que cet état de
choses ne porte pas de conséquences ? Tout agrandisse-
ment de pouvoir impose de nouvelles garanties.

Avant 1848, la circulation de la Banque de France
flottait entre 260 et 280 millions. Les billets des banques
départementales n'atteignaient pas un maximum de
100 millions. Ce fut le gouvernement provisoire qui,
pour donner une marge suffisante à la propagation des
billets, éleva, pour les banques réunies, à 452 millions la
limite légale. Cette limite, portée plus tard à 525 mil-

lions, peut être dépassée, depuis l'abrogation du cours
forcé, par la seule volonté de la Banque, qui demeure
juge des besoins et des facultés de la circulation. Veut-on
maintenant que le capital qui répondait d'une circulation de 400 millions réponde d'une circulation de 500
à 600 millions ? Que l'on y prenne garde, l'argument
va directement à la suppression absolue du capital pour
les banques. Le premier aventurier venu pourra, sans
avoir un sou par devers lui, lancer ses billets dans le
commerce, et nous verrons se renouveler les prodiges
opérés par Law moyennant les brouillards du Mississipi.
Prétend-on qu'une banque n'a pas besoin d'augmenter
les ressources qui lui appartiennent, quand elle accroît
la somme de ses billets ? En ce cas, il faut aller plus loin
et pousser jusqu'au bout la logique ; il faut établir en
principe qu'une banque peut sans danger étendre indéfiniment sa circulation, ou, ce qui revient au même, réduire indéfiniment son capital. On atteint ainsi non pas
seulement l'extrême limite du péril, mais encore, mais
surtout celle de l'absurde.

L'apologiste de la loi du 6 août, qui raisonne toujours
comme si la Banque était exclusivement un comptoir
d'escompte, et comme si elle n'était pas le seul agent de
la circulation dans le pays, affirme que « *selon une opinion à peu près générale*, le capital d'une banque n'est
qu'un cautionnement destiné, en cas de sinistres notables,
à garantir de toute perte les créanciers de l'établissement. » S'il en est ainsi, que l'écrivain de la Banque
se montre conséquent, et puisque celle-ci n'a perdu que
5,800,000 francs dans les sinistres qui ont suivi l'ouragan de février 1848, qu'il propose de réduire son capi-

tal à sa réserve ; les créanciers trouveront encore un gage surabondant. J'ignore si l'opinion exprimée dans les lignes que l'on vient de lire est générale parmi les adeptes de la Banque de France ; mais j'ose dire que partout où les finances publiques sont l'objet d'une étude et d'une pratique intelligente, et parmi tous les hommes qui sont versés dans les questions de crédit, cette étrange doctrine ne rencontrera aucune adhésion. Laissons là cependant les autorités, et attachons-nous à l'examen des faits.

« La Banque, nous dit-on, ne délivre pas gratuitement ses billets au public ; jamais un billet ne sort de ses caisses sans qu'elle en reçoive l'équivalent à la minute même, soit en écus, soit en lingots, soit en effets de commerce bien garantis et à court terme, pareillement, jamais un écu n'est sorti de ses guichets sans qu'une juste contre-valeur soit entrée au préalable dans son portefeuille : d'où il suit que l'élévation de la circulation *importe peu* à la Banque. » Tout le monde sait que, les banques de circulation étant en même temps des établissements de prêt et d'escompte, les billets ne sortent de leurs caisses que pour s'échanger contre des valeurs égales, contre des espèces, contre des titres de rente ou contre des effets commerciaux ; mais les billets de banque sont des promesses de payement dont le porteur peut exiger la réalisation à toute heure, tandis que les effets de commerce ne sont payables qu'à terme, et que les rentes données en garantie d'une dette ne doivent être réalisées qu'à l'échéance de cette dette et à défaut du payement. Pour parer aux demandes de remboursement que peuvent faire les porteurs de leurs billets, les banques gardent généralement en caisse une certaine réserve d'écus. A

quelle proportion doit s'élever cette réserve, pour faire face
aux éventualités qu'embrasse la prévoyance humaine ?
Sur ce point, la théorie se donne carrière, et l'expérience
n'a pas encore prononcé. Les uns veulent que l'encaisse
métallique représente le tiers de la circulation, les autres
exigent la moitié ; mais la nécessité d'une forte réserve
en écus n'est mise en doute par personne.

Ces écus doivent-ils appartenir à la Banque en totalité
ou en partie ? Le défenseur de la Banque de France ne
le pense pas. Il ne veut composer la réserve en numéraire
que des espèces échangées contre des billets ou déposées
par le public en compte courant. « Toute réserve permanente, dit-il, provenant d'une autre origine, serait
en quelque sorte un double emploi, une superfétation
incommode, peut-être même un accroissement de danger en cas de révolte à main armée et de troubles civils. »
On me permettra de ne pas m'occuper du danger de
pillage ; c'est l'affaire de la gendarmerie. Si l'autorité
publique devait rester impuissante en pareil cas, le désordre s'attaquerait aux caisses privées aussi bien qu'aux
institutions placées sous la sauvegarde de l'État ; on pil-
lerait partout où il y aurait quelque chose à prendre.
Mais que veut dire la Banque, quand elle prétend qu'une
réserve métallique empruntée au capital ferait double
emploi avec les espèces qui proviennent des capitaux déposés en compte courant ? Est-ce que les déposants ont
entendu que leur argent servirait de garantie à la circulation ou de ressource à la Banque ? N'ont-ils pas versé au
contraire ces sommes dans la caisse de l'établissement
comme dans la leur propre, avec la pensée de les reprendre quand il leur plairait, le lendemain peut-être ? La

Banque doit les dépôts en compte courant, comme elle doit la valeur de ses billets. Ces deux natures de passifs sont également exigibles. On ne peut pas se servir des ressources qui proviennent de l'un pour couvrir l'autre ; les dépôts fournissent dans quelques cas une réserve temporaire ; y puiser une réserve permanente et considérable, ce serait courir au-devant d'un désastre certain. J'invoquerai ici l'exemple de la Banque de France elle-même. Qu'a-t-elle fait en 1847, au moment où la crise des subsistances amenait l'exportation du numéraire ? S'est-elle contentée de la réserve accidentelle que lui fournissaient les comptes courants ? A-t-elle persisté à ne pas se servir de son capital pour composer ou pour grossir l'encaisse métallique ? La Banque avait commis alors la haute imprudence dans laquelle, malgré cette leçon, elle est retombée depuis, d'immobiliser la plus grande partie de son capital en rentes. Il fallait d'abord emprunter à Londres, sur dépôt de rentes, 1 million sterling, puis, cette somme ne comblant pas les vides, vendre des rentes à l'empereur de Russie pour 50 millions de francs. A ces conditions, et non sans traîner le pied, la Banque se tira d'affaire ; mais elle dut faire ressource de tout, et, pour peu que la crise se fût prolongée, elle se serait vue dans la nécessité d'adresser à ses actionnaires l'appel devant lequel ses directeurs reculent aujourd'hui. Voilà une expérience décisive apparemment contre la théorie que l'on m'oppose.

L'histoire de la Banque d'Angleterre abonde en exemples tout aussi concluants. N'oublions pas que le gouvernement russe, dans un pays que l'on croit barbare, tient en réserve, sous la clef et derrière le canon d'une forteresse, un trésor de 250 à 300 millions en métaux précieux, trésor qui sert de gage et d'appui au papier-monnaie qui forme la circulation de l'empire. La Banque de France, en retour de son privilége, ne nous doit-elle pas au moins les mêmes garanties?

Cependant, ce qu'il y a de curieux dans ce débat, c'est le prétexte dont se couvrent nos contradicteurs. Ils veulent que les espèces qui servent à rembourser les billets appartiennent au public et non pas à la Banque, attendu, selon eux, que le capital de la Banque ne doit pas rester improductif. Je pourrais répondre qu'un capital n'est pas improductif, quand il permet de créer un capital plus considérable qui est livré ensuite, moyennant un intérêt, à l'industrie et au commerce. Le revenu de la Banque provient de l'emploi qu'elle fait de ses billets : il n'est pas nécessaire qu'elle bénéficie encore sur sa réserve en métaux précieux ; mais je demanderai de quel droit, pour ne pas laisser une parcelle de son capital improductive, la Banque condamnerait à la stérilité les capitaux qui lui sont confiés à titre de dépôts?

Les banquiers donnent à certaines conditions, un intérêt de l'argent qu'on dépose en compte courant dans leurs caisses. La Banque, pour se défendre de les imiter, allègue que le retrait des sommes versées est incessamment exigible. De deux choses l'une cependant: ou la Banque considère les dépôts par compte courant comme disponibles à toute heure, et il faut alors qu'elle renonce à en former sa réserve, ou bien elle se croit autorisée à les employer comme un capital supplémentiare, et dans ce cas elle en doit l'intérêt aux déposants. Point de milieu, ou la Banque doit former sa réserve

métallique à l'aide de son capital, ou elle doit créer ouvertement dans ce but, à ses risques et périls, une véritable dette flottante.

Pour déterminer l'importance du capital qui doit appartenir aux banques de circulation, et afin de prouver
qu'une grande partie de ce capital est naturellement
consacrée à former la réserve du numéraire, j'avais rappelé que, dans les moments de crise, les déposants viennent retirer les fonds versés en compte courant, de même
que les porteurs de billets se présentent en foule, demandant à les échanger contre des espèces. Le défenseur
de la Banque s'inscrit en faux contre cette assertion,
qu'il traite comme une erreur de fait. Suivant lui, c'est
précisément aux époques de crise que les ressources
augmentent, et que la réserve métallique prend des
proportions démesurées. Je n'accepte pas la rectification
que l'on m'oppose ici, et qui est fondée sur une pure
équivoque. Les commotions qui frappent et qui ébranlent le crédit présentent généralement deux périodes
bien distinctes. Dans la première, et sous l'impression
de la panique qui se déclare, toutes les valeurs de confiance deviennent suspectes et se déprécient ; c'est à qui
pourra s'en défaire et les échanger contre les valeurs
métalliques, qui sont une richesse de tous les temps et
de tous les lieux. Voilà le moment où l'on assiége les
guichets des banques et où les porteurs de créances
exigibles veulent être immédiatement remboursés. Malheur alors à l'établissement qui n'a pas fait provision
d'une réserve solide ! La suspension des payements est
à ses portes, et sa ruine devient certaine dès qu'on suppose que la banque hésite, qu'elle se trouble, et que ses

ressources peuvent être épuisées avant le parfait remboursement. La Banque de France elle-même ne l'at-elle pas éprouvé en février 1848, quand il a fallu rembourser 110 millions en quinze jours ? Et pourquoi a-t-on décrété le cours forcé des billets, si ce n'est parce que les déposants par compte courant ayant retiré en menaçant de retirer encore leurs capitaux, et les porteurs de billets en exigeant le remboursement, la Banque ne trouvait pas dans son propre capital de suffisantes ressources ? On dira, je le sais, que les commotions politiques portent un trouble irrésistible dans les règles ordinaires du crédit : mais que l'on prenne, j'y consens, la crise purement commerciale de 1846-47 : la Banque ne vit-elle pas alors diminuer rapidement une réserve métallique formée avec des capitaux d'emprunt, et ne fut-elle pas obligée, pour éviter une catastrophe, de recomposer cette réserve, comme par un coup de théâtre, avec des ressources qu'elle possédait en propriété, et qu'une bonne fortune accidentelle lui permit de réaliser ?

Après la première émotion des crises vient la période du découragement. Les capitalistes qui ont fait tête à l'orage se retranchent dans l'inaction et n'osent pas entreprendre. C'est alors que, si les banques ont résisté avec bonheur et avec vigueur à la débandade, leur solidité étant éprouvée, on leur apporte de plus belle les capitaux sans emploi, et que leurs caisses regorgent bientôt de métaux précieux : à une rareté alarmante succède une abondance stérile ; mais, pour en arriver là, il faut traverser la première période, qui est celle du péril, et en vue de laquelle la science détermine les principes du crédit.

L'auteur de l'apologie cherche à établir que la situation de la Banque de France est préférable à celle de la Banque d'Angleterre. Pour aboutir à cette conclusion, il a dû placer son parallèle en dehors des faits. Les voici, au risque de me répéter, dans toute leur exactitude. La Banque de France, suivant le compte rendu du 27 août, avait une circulation d'environ 503 millions de francs en billets au porteur et en billets à ordre, qui représentait une valeur à peu près quintuple de celle de son capital. La banque d'Angleterre, suivant le compte rendu du 13 juillet, avait une circulation en billets à vue et en billets à sept jours de vue de 545 millions de francs, qui n'excédait son capital que de 99 millions, soit de 22 pour 100. On fait remarquer que la grandeur du capital sert de peu, lorsque ce capital n'est pas disponible ; mais en est-il ainsi de l'autre côté du détroit ?

La Banque d'Angleterre a prêté à l'État, sans échéance déterminée de remboursement, la somme énorme de 277 millions de francs. Je n'approuve pas l'opération, il s'en faut pourtant que ce prêt absorbe, comme le prétend l'auteur de l'apologie, le capital entier de la Banque, car il reste encore une marge de 170 millions. Aux termes de l'acte de 1844, la Banque d'Angleterre peut émettre pour 14 millions sterling de billets, sans en recevoir la contre-valeur en numéraire ; au delà de cette somme, tout billet émis doit être représenté dans ses caisses par des espèces ou par des lingots. Cependant les directeurs de cet établissement n'ont usé à aucune époque de toute la latitude qui leur était ouverte par la loi : en effet, le département des émissions livre au département de la Banque proprement dite 30 mil-

lions sterling de billets contre 14 millions de valeurs en
reconnaissances du gouvernement, en bons de l'Échiquier ou en rentes, et contre 16 millions sterling de valeurs métalliques en or ou en argent; mais, sur les
30 millions de billets, 20,274,000 liv. sterl. seulement entrent dans la circulation active. En y joignant
1,331,619 liv. sterl. de billets à sept jours de vue compensés jusqu'à concurrence de 800, 242 liv. sterl. par
les espèces que le département de la Banque tient en
réserve, on trouve que cette circulation totale de
21,605,269 liv. sterl. est couverte par 16,800,242 liv.
sterl. de valeurs métalliques, et qu'un cinquième à
peine, soit 4,805,207 liv. sterl., est représenté par des
valeurs non immédiatement réalisables, telles que des
rentes ou des bons de l'Echiquier, 9,770,045 liv. sterl.
de billets restant en portefeuille. Veut-on s'en tenir au
compte établi par le département des émissions? Il en
résulte que, sur le capital accru de la réserve, plus de
85 millions de francs sont employés à former l'encaisse
en numéraire. La Banque de France, avec une circulation qui approche de celle de la Banque d'Angleterre,
ne garde pas plus de 30 millions disponibles sur un
maigre capital de 108 millions ; encore doit-on mettre
en regard les 125 millions pour lesquels la Banque est
engagée envers l'Etat.

Il convient d'ajouter qu'en cas de panique, la Banque
d'Angleterre est infiniment moins exposée que la Banque de France. Premièrement, les dépôts qu'elle reçoit
proviennent en partie des caisses publiques, et ne donneraient pas lieu à un retrait général si subit ; secondement, l'usage des billets est entré si avant dans les

habitudes de la population, celui du numéraire est tellement restreint, et on liquide un si grand nombre d'opérations par des virements de compte que la demande
des espèces n'aurait à Londres ni le même emportement
ni la même durée. Cependant la Banque d'Angleterre
s'est trouvée elle-même dans des embarras pressants,
preuve évidente de la nécessité d'imposer aux établissements de crédit les mieux dirigés des règles plus prévoyantes et plus sévères. La circulation fiduciaire, dans
tout pays civilisé, doit être assise sur des fondements
inébranlables, si l'on ne veut pas jeter une crise monétaire, c'est-à-dire le rocher qui submerge infailliblement la barque en détresse, au travers des crises
qui peuvent frapper l'industrie, le commerce et l'E-
tat.

On ne saurait accuser la Banque de France de se
conformer systématiquement aux doctrines de l'apologie,
qui veut qu'aucune parcelle du capital ne soit consacrée
à la réserve en numéraire. L'auteur de cette défense ne
croit pas davantage, quoiqu'il l'insinue, que je demande
une réserve en numéraire qui assure le remboursement
intégral et universel des billets mis en circulation. La
véritable difficulté qui s'élève à propos de la loi du
6 août est celle de savoir si l'on posera des règles à la
circulation, ou si le législateur s'en remettra, comme
par le passé, à la discrétion de la Banque. La Banque
n'envisage que ce qu'il y a de commode dans l'arbitraire ; elle ne redoute pas assez ce que l'arbitraire
entraîne de responsabilité. Les hommes qui la dirigent
voudraient rester maîtres de resserrer ou d'étendre
l'émission des billets, comme au temps où ils n'en

avaient pas le monopole. Cependant le pouvoir détermine, en tenant compte des faits, la valeur de la monnaie métallique. Toute unité de valeur ou de mesure
doit être ainsi l'expression de la volonté éclairée du souverain. Comment livrerait-il au hasard ou à la décision
de l'intérêt privé les conditions auxquelles circulent les
billets au porteur, c'est-à-dire les éléments de la fortune
publique ? Si la science économique et la pratique des
peuples commerçants ont fixé les bases de la circulation
fiduciaire, il faut les proclamer dans la loi. Le silence du
législateur impliquerait l'ignorance des principes ou
l'oubli d'un devoir.

Rien de plus simple que, dans les contrées où existe
la liberté des banques, on soutienne que l'émission des
billets peut se passer de règles, et que les besoins du
commerce doivent en déterminer l'expansion ; mais dans
un pays comme le nôtre, où le monopole règne et a
pour raison d'être la sécurité de tous, on ne comprendra
jamais que l'on hésite à compléter cette sécurité par des
garanties qui rendent l'oppression ou le désordre financier, l'abus, en un mot, impossible. Et que l'on n'invoque
pas ici l'autorité des contrats. Ce contrat, qui existait
entre la Banque et l'État, a été déchiré du consentement
de la Banque elle-même le jour où la révolution, inter-
prète en cela du progrès des idées, a substitué au principe de la concurrence celui de l'unité de la monnaie
fiduciaire ; l'abrogation du cours forcé présentait l'occasion naturelle de préciser, sous une forme légale et
solennelle, les conditions du nouveau contrat. En échange
de l'accroissement du capital et de l'application d'une
partie importante de ce capital à la réserve métallique,

j'aurais voulu voir décréter le cours légal des billets.
Ici le défenseur de la Banque entre dans un ordre
d'idées qui me confond. « Si la loi nouvelle, dit-il, avait
maintenu le cours légal, elle aurait perdu son plus grand
mérite, elle n'aurait pas effacé les dernières traces de la
mesure anormale du 15 mars 1848. La loi n'aurait pas
rendu aux billets de banque leur ancien caractère de
papier-crédit. » Si la Banque partage sur ce point l'opinion de son apologiste, pourquoi solliciter du Trésor, à
titre de faveur, ce qu'elle refuse de la loi à titre de droit
ou de principe ? Le ministre des finances et la commission du budget ont déclaré à l'Assemblée nationale que
les billets de la Banque de France seraient reçus comme
monnaie dans les caisses publiques. Qu'y a-t-il dans cette
mesure, sinon l'injonction d'imprimer aux billets le
caractère d'une monnaie légale ? Les billets admis dans
les caisses publiques sont reçus partout au même titre. Ce
que nous demandons a été fait avec la franchise et avec
la légalité de moins. Au reste, le cours légal n'a rien de
commun avec le cours forcé : il marque les billets de
l'empreinte de la foi publique ; mais, en obligeant tout
le monde à les recevoir en payement, il ne dispense pas
la Banque de les rembourser à présentation. De la sorte,
une valeur imaginaire ne saurait être capricieusement
attachée à l'agent de la circulation. Les billets gardent
le caractère d'un papier de crédit ; ils valent ce que vaut
le crédit de la Banque qui les a émis, et, pour être reçus
au pair de l'argent, il faut qu'ils portent avec eux la
certitude du remboursement. Les billets de la Banque
d'Angleterre sont une monnaie légale, et il ne vient à
la pensée de personne qu'on puisse les confondre avec le

papier-monnaie, ni qu'ils mènent par voie de transition au régime des assignats.

J'avais adressé à la loi du 6 août un dernier reproche. Il m'avait paru que l'on n'improvisait pas une mesure comme celle de l'abrogation du cours forcé, et qu'il fallait donner à tout le monde le temps de s'y préparer, au législateur comme au public. On conteste ces nécessités de la prudence. On prétend que, si l'Angleterre prit trois années pour amener sans secousse la reprise des payements de la Banque, c'est que le régime forcé avait duré vingt-deux ans dans ce pays avec une dépréciation assez notable dans la valeur des billets, tandis que la suspension du remboursement n'a jamais été complète en France et n'a duré en fait que trois mois et demi.

Cette différence, je suis loin de la nier, je l'avais signalée moi-même ; mais, si le cours forcé n'a pas agi de la même manière qu'en Angleterre sur la fortune publique, il a produit dans la situation des changements qui appellent au plus haut degré la sollicitude des législateurs. La loi du 6 août n'a pas pu replacer la Banque dans la situation où l'avait trouvée la révolution de Février. La circulation fiduciaire s'était accrue d'environ 40 pour 100, ou de 150 millions dans l'intervalle ; le papier de banque avait pénétré dans les plus petits hameaux et partageait la popularité des espèces ; enfin les banques départementales avaient disparu, pour faire place, dans l'ordre monétaire, à la plus énergique et à la plus complète unité. Imaginer qu'un aussi grand changement ne demandait aucun surcroît de précaution, ni aucune mesure transitoire, c'est dire que toutes les situations peuvent s'accommoder des mêmes lois.

En résumé, les explications de la Banque ne me semblent pas assez péremptoires pour convertir le public, qui en est le véritable juge, à la loi du 6 août. L'abrogation pure et simple du cours forcé, tant que l'État n'a pas remboursé les 125 millions de l'emprunt, demeure une haute imprudence. La situation de la Banque, exposée au grand jour de la liberté, ne sera trouvée ni très-forte ni très-sûre. Cependant, avec une conduite sage dans le détail, elle rencontrera probablement plus de malaise que de péril. L'ordre aurait succombé depuis longtemps dans ce pays, si la langueur des opinions et la lenteur des événements n'émoussaient les conséquences de nos fautes.

Martres, le 8 septembre 1850.

***

LA BANQUE DE FRANCE ET LE TAUX DE L'INTÉRÊT.

Décembre 1853.

La Banque de France, qui passe, à juste titre, pour un des établissements de crédit les plus solidement constitués, avait adopté, dès le principe, et a longtemps observé, dans ses transactions, des règles de conduite qui la plaçaient en dehors de la pratique européenne. Partout ailleurs, les caisses de prêt et d'escompte suivirent je ne dis pas les oscillations, mais les mouvements du marché ; elles mesuraient les conditions du crédit aux circonstances : elles élevaient le loyer de l'argent, lorsque l'argent devenait rare, et diminuaient le taux de l'intérêt quand les capitaux se trouvaient encore une fois abondants. Le commerce de l'argent obéissait ainsi à l'inévitable loi qui s'impose au trafic de toute autre marchandise : on constatait la valeur, on ne cherchait pas arbitrairement à la fixer.

Seule en Europe, la Banque de France a eu la prétention d'échapper à cette loi économique. Pendant plus d'un quart de siècle, elle a rendu à peu près invariable le taux de ses escomptes et de ses prêts. Les empires avaient beau s'écrouler, les révolutions se succéder, et la paix remplacer la guerre ; ces événements, qui renversaient ou édifiaient les fortunes individuelles et qui changaient périodiquement la situation du crédit public, du commerce et de l'industrie, trouvaient le crédit de la Banque inébranlable. Dans les jours néfastes aussi bien que dans les temps prospères, il maintenait, comme une tradition et comme un principe, le taux de 4 pour 100.

La Banque avait évidemment puisé, dans les souvenirs des difficultés qui environnèrent son berceau, des impressions qui ne s'accordent pas avec les données de la science. Elle se croyait appelée non pas seulement à frayer les voies au crédit et à donner dans ces régions encore peu connues l'impulsion et l'exemple, mais de plus à fixer, pour ainsi dire d'autorité, le loyer des capitaux dans le pays. Son idéal était une sorte de taux normal de l'intérêt, indépendant des temps, des lieux et des personnes. Comme on avait commandé à la victoire, elle poussait l'illusion du privilége jusqu'à commander à l'argent.

On sait que l'intérêt, dans les prêts d'argent, se compose de deux éléments distincts : le loyer du capital, c'està-dire la prime que le capitaliste reçoit pour en céder temporairement l'usage ; et la prime d'assurance qui représente le risque couru par le prêteur. Le taux de l'intérêt s'élève ou s'abaisse, non-seulement parce que chacun de ces éléments est mobile, mais parce que la proportion suivant laquelle ils se combinent peut varier à l'infini. Aux époques les plus désastreuses, on emprunte à un taux relativement modéré, avec un nom qui inspire confiance ; tandis qu'un emprunteur, dont la solvabilité paraît douteuse, même quand le marché regorge d'argent, n'en obtiendra qu'à des conditions exorbitantes. Ce que l'on appelle, en termes de banque, le papier de première valeur, se négocie couramment à 2 pour 100 par année, lorsque les emprunteurs ordinaires paient 3 et demi ou 4 pour 100.

Cette échelle des valeurs a été complétement méconnue par la Banque de France. Elle ne s'est pas bornée à faire du loyer de l'argent une quantité fixe ; elle a voulu encore annuler le risque, et en n'admettant à l'escompte que les effets revêtus de trois signatures, atteindre à la certitude presque absolue du payement. Il n'y a pas de théorie qui prévale contre la puissance des faits. En refusant de se faire assureur, la Banque n'a pas supprimé la nécessité de l'assurance. Son refus a tout simplement donné naissance à une industrie interlope : la troisième signature est fournie le plus souvent par des maisons de banque, moyennant une prime de demi, de trois quarts ou de 1 pour 100. Le service de l'escompte et en général les variations de crédit se font ainsi moins directement et plus chèrement, le commerce ayant à subir et à rétribuer plusieurs intermédiaires.

Les plus mauvais systèmes peuvent être corrigés dans la pratique de chaque jour par l'intelligence et par la sagesse des hommes chargés de les mettre en œuvre. La Banque de France a fourni une longue et brillante carrière sous l'empire de règles qui auraient pu la perdre et qui ont à peine arrêté son essor. Cependant il en est résulté quelques conséquences fâcheuses. En premier lieu, la Banque mise en dehors des grandes affaires, n'a exercé pendant bien des années qu'une influence très-limitée sur le crédit public. Joignez à cela que le taux immuable de ses prêts se trouvait rarement en rapport avec les circonstances; la limite de 4 pour 100 trop élevée dans les époques d'abondance, éloignait alors les emprunteurs solides et ne laissait, pour remplir le portefeuille, que le rebut des valeurs; dans les moments de gêne, quand l'argent valait 5 ou 6 pour 100, les emprunteurs affamés se ruaient comme des oiseaux de proie sur ce réservoir bien rempli et travaillaient à le vider à tout risque. De là, les embarras et les périls dont le spectacle nous fut donné en 1847.

La Banque se vit en pleine paix, sous un gouvernement non contesté, dans un pays riche et tranquille, sans autre cause occasionnelle qu'un déficit dans la récolte des grains, à la veille de suspendre ses payements en espèces. Les écailles tombèrent alors de ses yeux. L'irrésistible nécessité fit taire les préjugés et dissipa les illusions; on se décida à élever de 1 pour 100 le taux de l'escompte.

Le conseil de la Banque, souverainement démocratique par excellence, semble avoir été jusqu'à présent tout aussi accessible que les gouvernements despotiques à l'infatuation et à l'aveuglement. On ne l'a éclairé, dans les grandes occasions, qu'en lui faisant violence; il fallait l'imminence d'une suspension des payements en espèces pour le déterminer à reconnaître que le loyer de l'argent, comme le prix de toute autre marchandise, devait suivre les variations qui venaient à se manifester dans le rapport de l'offre à la demande. Sans la révolution de 1848, la Banque marchanderait encore au public une valeur de circulation qui lui était indispensable, les coupures de 100 francs. Enfin, c'est l'initiative du pouvoir constituant qui a étendu le bénéfice des prêts sur dépôt aux actions et aux obligations de chemins de fer.

La Banque de France ne s'est donc pas élevée d'elle-même à la hauteur de sa mission, elle a subi plus qu'elle ne les a provoqués les progrès et les réformes. La force des choses l'a faite ce qu'elle est, l'arbitre et le distributeur du crédit sur toute l'étendue du territoire ; en sorte que, si elle n'égale pas la Banque d'Angleterre pour la puissance des capitaux dont elle dispose, elle l'emporte par l'universalité de son privilége et par le nombre de ses clients.

La seconde période de la Banque de France, la période de progrès, date de 1846 ; à cette époque, le faux principe de l'immutabilité de l'intérêt, déjà miné et déraciné par le temps, se vit emporté par la crise des subsistances. Le taux de l'escompte et des prêts fut élevé de 4 à 5 pour 100 ; la faculté que la Banque s'attribuait ainsi de faire payer l'argent ce qu'il valait dans les temps calamiteux, impliquait le devoir d'en réduire le loyer aussitôt que l'horizon serait plus calme ; ces conséquences du système nouveau ne tardèrent pas à se faire jour. Dès l'année 1847 et en face d'une récolte abondante qui ramenait l'aisance dans le pays, le taux de l'escompte et des prêts sur dépôt fut réduit à 4 pour 100. En 1852, après avoir traversé les épreuves révolutionnaires, la Banque jugea le moment favorable pour aller plus loin encore : elle donna le signal de l'abaissement de l'intérêt à 3 pour 100, et mit ainsi les conditions de crédit, pour le commerce français, au niveau de celles que présentaient au commerce étranger les Banques d'Amsterdam et de Londres.

Ce régime de faveur qui, sans épcronner trop vivement l'activité nationale, en soutenait les forces, n'a guère duré plus d'une année. Vers le milieu d'octobre, la Banque craignantl es embarras que pouvait entraîner l'insuffisance de la récolte et alarmée sans doute aussi des proportions que prenait la question d'Orient, crut devoir donner un avertissement au public et entrer dans la voie des mesures restrictives : l'intérêt fut porté à 4 pour 100. Cette décision était prévue; la Banque, sans l'exagérer, faisait la part de la prudence ; aucune réclamation ne s'éleva contre un arrêt que commandait la situation du crédit.

Doit-on maintenant serrer encore plus le frein, et imprimer un brusque temps d'arrêt à la machine sociale ? Faut-il réduire la durée des échéances et faire subir un nouveau renchérissement à l'escompte ; le porter, par exemple, à ce que j'appellerai un prix de famine : à 5 ou même à 6 pour 100 ? Deux fois déjà, le conseil de la Banque, appelé à délibérer sur cette grande question, a repoussé les suggestions de la peur. Le statu quo est maintenu jusqu'à présent, sauf quelques modifications qui ne semblent pas d'une très-grande importance : ainsi, la Banque ne prêtera plus que 50 pour 100 de la valeur sur les actions de chemins de fer et 70 pour 100 sur les obligations, au lieu de 60 pour 100 dans le premier cas, et de 80 pour 100 dans le second. C'est là une question de pure garantie, la Banque prend ses sûretés comme elle l'entend ; et la place de Paris ne sera pas sérieusement affectée par une mesure qui aura pour effet, soit de réduire de 10 à 15 millions la somme de ces prêts, soit d'augmenter, dans la proportion de 15 à 20 pour 100 la valeur du gage. En vertu d'une décision plus récente du conseil, la Banque, quand on lui demande des espèces, ne rembourse plus ses billets qu'en or : c'est un droit que lui donne notre législation monétaire, dont elle n'avait pas usé tant que la monnaie d'or obtenait une prime sur le marché, et dont elle fait bien d'user depuis que la prime a passé du côté des monnaies d'argent. Il n'y a pas à craindre que les demandes du public épuisent, sous cette forme, la réserve métallique de la Banque, car les ateliers monétaires qui l'alimentent ont pris une très-grande activité. La fabrication des pièces d'or, qui n'avait porté en 1852 que sur la faible somme de 27 millions de francs, embrassait déjà, pour les dix premiers mois de 1853, une valeur de 250 millions. L'Angleterre, comme on voit, ne réserve pas, pour défrayer la circulation du Royaume-Uni, tous les lingots qu'elle reçoit des deux hémisphères ; les trésors de l'Australie et de la Californie commencent à s'épancher sur le continent européen.

J'entends dire que la Banque ne s'en tiendra pas là, et que l'on va remettre en délibération la question de savoir s'il convient d'élever l'intérêt à 5 pour 100, afin de restreindre par ce procédé indirect l'importance des prêts et des escomptes.

En élevant la prime des prêts et de l'escompte, la Banque ne pourrait être déterminée que par l'un ou l'autre de ces mobiles, ou la convenance de mettre ses transactions en harmonie avec le taux courant de l'intérêt; ou le danger de voir diminuer sa réserve par l'exportation du numéraire et de rester en présence d'une circulation considérable de billets au remboursement desquels elle craindrait de ne pouvoir faire face dans le cas où les porteurs, pressés d'obtenir des espèces, viendraient assiéger ses guichets.

Ni l'une ni l'autre appréhension ne me paraît justifiée par la gravité des circonstances. Commençons par le taux de l'intérêt, et voyons ce qu'ont fait, en vue des embarras du moment, les grands établissements de crédit. La Banque d'Angleterre a fixé le taux de ses prêts sur dépôt de valeurs ou sur effets de commerce à 5 pour 100, à peu près à la même époque, sous l'influence de laquelle la Banque de France relevait l'intérêt à 4 pour 100. C'est là un fait considérable, surtout quand on réfléchit que le loyer de l'argent descend quelquefois dans la Grande-Bretagne à 2 ou 2 1/2 pour 100, mais on remarquera que le commerce anglais se trouve en 1853 dans une situation tout à fait particulière. Il ne souffre pas uniquement, comme le nôtre, de la crise des subsistances et des troubles que les complications politiques ont jetés dans les transactions. Les Anglais portent la peine, non pas seulement, comme nous, des fautes commises par l'empereur de Russie, mais encore des excès de la spéculation et des fautes de leur in-

47.

dustrie : ils ont inondé de leurs produits, au risque de
ne pas rencontrer d'acheteurs, tous les marchés du
monde ; ils se sont mis à découvert, s'il faut en croire
leurs journaux, par des crédits à très-longues échéances,
avec les marchands de l'Europe, de l'Amérique et de
l'Asie ; une spéculation imprévoyante et effrénée a trans-
porté par delà les mers une grande partiedes richesses
du Royaume-Uni, et n'a rien rendu en échange. Cette
pompe aspirante a fait le vide autour d'elle.Pour le moment, l'Angleterre manque d'argent ; ce qui explique
pourquoi les capitalistes qui en possèdent et, à la tête
des capitalistes, ses banques se font payer aussi cher.

Au reste, même dans la Grande-Bretagne, les embarras ne paraissent pas s'aggraver. On avait annoncé une
nouvelle hausse de 1 pour 100 dans le taux de l'escompte ;
cette prédiction, qui passait pour être l'écho d'une résolution déjà prise, ne s'est pas encore accomplie. L'*Economist*, journal compétent, disait récemment que le bon
papier de commerce s'escomptait à 4 1/4 : et la Banque
d'Angleterre elle-même, qui doit payer en janvier prochain le dividende des annuités de la mer du Sud, ayant
offert de payer par anticipation avec un escompte de
4 pour 100, n'a séduit qu'un petit nombre de porteurs.
Cette démarche a prouvé que la Banque n'avait pas
l'emploi de ses capitaux à 4 pour 100, puisqu'elle allait
au-devant des occasions de les placer à ce taux ; d'un
autre côté, le résultat de la démarche a démontré que le
public n'était pas aussi affamé d'argent qu'on le suppose,
puisqu'il a mieux aimé attendre deux mois que de payer
un modique intérêt pour rapprocher l'heure de la
jouissance.

A Francfort, on négocie le papier de commerce à des cours qui varient entre 4 et 5 pour 100. A Bruxelles, l'escompte s'obtient à 2 ou 2 1/2 pour 100; à Amsterdam, la Banque prend 3 pour 100, pendant que les banquiers se contentent souvent de 2 1/2. Ainsi, le commerce des grandes places de l'Europe ne paraît pas éprouver les alarmes que l'on voudrait propager et exagérer à Paris. Il semble même que les transactions s'opèrent partout avec une grande facilité, que les ressources ne diminuent pas, que la confiance se soutient, que les choses se passent, en un mot, comme si les peuples de l'Occident avaient à traverser une situation normale.

Ce phénomène atteste la puissance de la civilisation. Sept années à peine nous séparent de l'épreuve semblable qui affligea l'Europe en 1846. Avec quelle facilité cependant ne porte-t-on pas aujourd'hui le poids des embarras et des anxiétés sous lesquels on fléchissait alors ! L'insuffisance de la récolte a été peut-être plus générale ; et le prix des grains se maintient à un taux comparativement modéré. La paix publique n'est pas troublée. — La misère n'étale pas des spectacles aussi affligeants, on dirait que chaque nation, que chaque individu est plus riche en fermeté sinon en ressources. Les révolutions, en compensation du mal qu'elles font, nous ont appris à connaître nos forces et à supporter nos infirmités. En un mot, le monde se tient mieux.

Pourquoi nier, au surplus, les progrès de la puissance publique ? La vapeur et l'électricité ont enfanté des merveilles pour nous depuis sept ans. Le télégraphe électrique, circulant le long des routes et traversant les mers, annule en quelque sorte les distances par les communications de la pensée. L'étendue des chemins de fer en exploitation est trois ou quatre fois plus considérable qu'en 1846, et les transports à bon marché nivellent les prix entre les grandes places de commerce. La marine à vapeur n'est plus le monopole des gouvernements, et forme déjà des flottes commerciales; l'agriculture sort de sa léthargie, pour approprier à la production des denrées alimentaires, les puissants engins de l'industrie. Le salaire s'ennoblit et s'accroît. Les capitaux se forment et s'accumulent dans une proportion inconnue jusqu'à ce jour. On calculait, en 1845, que la place de Paris, en absorbant les épargnes annuelles de la France, ne pouvait pas fournir aux placemen*ts* nouveaux plus de 10 millions par mois. En 1852 et en 1853, elle en a fourni plus de 20. Telle a été et telle est encore l'abondance des capitaux qu'elle a défrayé non-seulement les entreprises utiles, mais encore les folies, et qu'elle amnistie l'imprévoyance.

L'argent n'est donc pas plus rare à Paris que sur les places étrangères. La Banque de France ne prête pas, il s'en faut, au-dessous du taux qui a prévalu sur le marché. En effet, cet établissement escompte aujourd'hui à 4 pour 100; tandis qu'au dehors de ses bureaux, l'escompte est fait à 3 1/2 pour 100, pour les effets de commerce, et à 3 pour les acceptations de banque. Sans doute, l'on paye aujourd'hui l'argent plus cher qu'il y a six mois, quand on emprunte à longue échéance; prenez des bons du Trésor à un an, et vous recevrez un intérêt de 4 1/2 pour 100. Mais les capitaux flottants, ceux qui recherchent les placements à court terme, se livrent encore à très-bas prix, l'argent que l'on met en report, donne rarement 3 à 4 pour 100 ; dans certains cas, il y a bénéfice à échanger, pour quinze jours ou un mois, des actions de chemins de fer ou des titres de rentes contre des espèces. Les capitalistes payent une prime au lieu de recevoir un loyer, pour garder, tout en les plaçant temporairement, la disponibilité de leurs capitaux.

Au reste, si la situation a changé depuis le jour où la Banque de France a élevé à 4 pour 100 le taux de l'escompte, c'est pour s'améliorer. A cette date, le cours de la rente 3 pour 100 restait au-dessous de 73 francs ; il approche de 75 francs, aujourd'hui 26 novembre ; les actions des grandes lignes de chemins de fer sont cotées 40 à 50 francs plus cher, ce qui veut dire qu'on les achète sur le pied d'un intérêt moins élevé. La confiance, qui modère le taux des profits en diminuant les risques, a pris un essor évidemment plus assuré. La Banque n'est donc pas poussée par l'opinion ni portée par les faits, dans cette velléité d'aggraver les conditions du prêt et de l'escompte. Elle aurait bien mauvaise grâce à sonner la cloche d'alarme, au moment où la sécurité semble rentrer dans les esprits.

La Banque de France a le privilége d'émettre des billets au porteur, qui sont remboursables à présentation en espèces et qui, sur la foi de cette garantie, font dans la circulation office de numéraire. L'usage des billets de banque, d'abord peu répandu en France, et auquel semblaient répugner les habitudes du pays, a pris une très-grande extension depuis quelques années : pour montrer à quel degré ils ont remplacé la monnaie métallique dans les transactions de chaque jour, il suffira de rappeler que le maximum des émissions, qui n'excédait pas en 1847 la somme de 337 millions, s'élevait vers le milieu de septembre 1852 au chiffre presque fabuleux de 690 millions de francs. A la même époque, la circulation de la Banque d'Angleterre n'atteignait pas à 600 millions.

Les banques de circulation, pour donner une large base à leur crédit, bien plus que pour parer aux remboursements éventuels qui pourraient leur être demandés, tiennent constamment en réserve un approvisionnement considérable de métaux précieux, lingots ou espèces. Quelle doit être la proportion de l'encaisse métallique à la circulation fiduciaire, si l'on veut qu'une banque soit en mesure, dans les cas extrêmes, de faire face aux demandes du public ? On a cherché à poser des règles dont l'expérience n'a pas tardé à démontrer l'insuffisance. Ainsi, l'on croyait assez généralement qu'une banque d'émission se trouvait à couvert de tout péril, lorsque le numéraire en réserve représentait le tiers de ses émissions. Mais il a bien fallu renoncer à ces vaines hypothèses, depuis que l'on a vu les deux plus puissants établissements de crédit, qui sont en même temps les plus grands réservoirs de métaux précieux, la Banque d'Angleterre et la Banque de France, dont l'encaisse égale quelquefois la circulation et descend rarement au-dessous de la moitié, faire de vains efforts dans les crises commerciales de 1837 et de 1847, pour retenir les millions qui s'évaporaient entre leurs mains, et n'être sauvées que par un secours étranger d'une humiliante et désastreuse catastrophe.

Il n'y a pas d'autre règle en ces matières qu'une prudence alerte qui mesure, sans perdre de temps et à leur origine, la portée des faits. Tout dépend en effet de l'intensité des crises. Tel établissement de crédit qui aura pris ses mesures pour résister à une bourrasque commerciale, sombrera dans une révolution.

Les directeurs d'une banque doivent proportionner les ressources à la gravité du péril. Aucune combinaison scientifique ne peut remplacer pour eux le coup d'œil rapide et sûr qu'un général, avant l'action, jette sur le champ de bataille.

La situation de la Banque de France est-elle en ce moment de nature à inspirer quelque inquiétude, soit au conseil qui la dirige, soit au public? L'encaisse métallique a-t-il subi une dépression telle qu'il y ait lieu de concevoir des doutes sur la solidité de la circulation, même pour l'avenir envisagé à une certaine distance? Enfin, et en supposant qu'il faille s'occuper d'arrêter l'exportation du numéraire, une nouvelle élévation du taux de l'escompte serait-elle le moyen d'y parvenir?

Le dernier tableau mensuel que la Banque ait publié remonte au 10 novembre. La situation que ce tableau accusait, est loin d'avoir alarmé l'opinion publique. A peine le *Moniteur* l'avait-il fait connaître que les actions de la Banque, recherchées plus que jamais à la Bourse, ont monté de 100 francs en quelques jours. Les billets n'ont rien perdu de leur valeur et circulent accucillis avec la même confiance. Le crédit de la Banque n'a pas reçu la moindre atteinte et ne semble pas même menacé.

Le 10 novembre dernier, la somme des billets mis en circulation s'élevait à 655 millions, pour la garantie desquels l'encaisse présentait encore une réserve de

331 millions. Il n'entre pas dans le sujet d'examiner tous les éléments de l'actif pas plus que ceux du passif, mais on jugera de l'étendue des services que rend aujourd'hui la Banque de France par ce seul fait que le portefeuille renfermait des effets de commerce admis à l'escompte pour une valeur de 394 millions, et que les sommes avancées sur dépôt de rentes, d'actions et d'obligations de chemins de fer figuraient pour un chiffre de 145 millions : au total, environ 540 millions pour les deux chapitres. Les avances consenties à l'État depuis 1848 grossiraient encore ce compte de 70 millions.

. La circulation de la Banque de France repose donc sur les meilleurs gages. Indépendamment de la réserve métallique qui les soutient, ses billets représentent jusqu'à concurrence de 400 millions des engagements commerciaux d'une solidité reconnue et à courte échéance, ainsi que des effets publics ou des titres industriels sur lesquels on a prêté en moyenne les sept dixièmes de la valeur. Une réserve de 331 millions serait d'ailleurs en tout temps une garantie de premier ordre.

Mais est-il à présumer que cette garantie diminue et dans quelle proportion ?

Le rapport de l'encaisse à la circulation a subi, depuis deux ou trois ans, des variations considérables. « La circulation, disait M. le gouverneur de la Banque dans son rapport du 27 janvier dernier, a constamment dominé les encaisses pendant les deux premières années de la révolution de Février ; mais au fur et à mesure que la stagnation des affaires se prolongeait et s'aggravait, les réserves métalliques se rapprochaient de la circulation. A la fin de 1849, la supériorité de la circulation se trouvait réduite à la faible somme de 6 millions. En 1850, les deux lignes se sont cotoyées pendant la majeure partie de l'année ; dans le second semestre, deux écarts ont eu lieu et ont rendu à la circulation une supériorité de 60 et quelques millions. En 1851, les réserves ont pris le dessus ; elles ont parfois surpassé la circulation de 90 millions. Pendant les trois premiers trimestres de 1852, ces deux lignes, prenant tour à tour le dessus, ont marché pour ainsi dire enchevêtrées l'une dans l'autre ; mais à partir de la mi-septembre, la circulation a pris un essor marqué : elle s'est élevée de 610 millions à près de 690, c'est-à-dire d'environ 80 millions. A partir de la même époque les réserves avaient décliné dans une proportion continue ; de ces deux faits simultanés la hausse de la circulation et la baisse des réserves), il s'ensuit qu'à la fin de l'année la supériorité en faveur de la circulation s'est élevée à environ 190 millions. »

A la fin de 1852, l'encaisse était encore de 500 millions. On le voit se maintenir à ce chiffre pendant les premiers mois de 1853 ; mais à partir du second semestre, la décroissance est rapide. Au commencement d'août, on comptait encore 480 millions à la réserve ; le 8 septembre, il n'en restait plus que 452 ; le 13 octobre, 380, et le 10 novembre, 331. En trois mois, la réduction avait été de 150 millions. Il est à remarquer que les réserves de la Banque d'Angleterre, pendant le mois d'octobre dernier, comparées avec celles du mois d'octobre 1852, ont subi une diminution correspondante, 6,134,902 liv. sterling.

La diminution des réserves a eu pour première cause la reprise des affaires. En 1848, 49 et 50, les opérations

48

commerciales ne se traitaient plus guère qu'au comptant ; la société ne se reposant pas sur l'avenir, chacun craignait de s'engager pour une échéance même prochaine. En 1850 la moyenne du portefeuille de la Banque à Paris était descendue à 29 millions. Le 24 décembre 1851 le portefeuille s'élevait à 127 millions pour Paris et le reste de la France ; le 24 décembre 1852, à 274 millions ; le 8 septembre 1853, à 294 millions ; le 13 octobre, à 379 millions ; et à 394 millions, le 10 novembre. L'accroissement des escomptes avait été de 100 millions en deux mois. Comme la circulation des billets, au lieu de suivre un mouvement parallèle, s'est réduite dans l'intervalle d'environ 6 millions, il a bien fallu prendre les 100 millions que le commerce a demandés en plus, sur la réserve de métaux précieux qui s'était accumulée improductivement depuis cinq ans dans les caves de la Banque.

Une autre cause, momentanément plus puissante, a concouru à faire de larges saignées aux réservoirs publics d'or et d'argent. Je veux parler de la crise des subsistances. Si la France a pour sa part, afin de combler les vides de la récolte, 10 millions d'hectolitres à demander à l'étranger, ces besoins extraordinaires et soudainement révélés ne pourront pas donner lieu à un échange de produits ; nous aurons, suivant l'estimation la plus modérée, 150 à 200 millions à exporter en numéraire pour solder les achats de grains. L'Angleterre est dans le même cas ; et de là, ces envois d'impériales et de souverains, que font les banquiers ou marchands de Londres à Saint-Pétersbourg qui ont atteint la semaine dernière le chiffre de 8 à 10 millions de francs, la semaine précédente, environ 7 millions, et que l'on annonce de voir s'élever encore, cette semaine, à la somme de 5 millions.

Le déficit de la récolte dernière paraît avoir été à peu près aussi considérable et plus général en Europe que celui de 1846. Comment se fait-il que les conséquences n'en aient pas été les mêmes? Et par exemple, les exportations de numéraire n'exercent pas aujourd'hui sur le crédit des établissements de banque l'influence désastreuse dont on a gardé le souvenir à Londres et à Paris. Par diverses causes que nous n'avons pas toutes énumérées, la sortie des espèces continue depuis plusieurs mois sur la plus grande échelle, non-seulement sans mettre en péril, mais même sans affaiblir gravement la circulation métallique. On le voit par la facilité avec laquelle la Banque d'Angleterre répare ses pertes : ainsi, du 8 octobre au 22, sa circulation avait diminué d'environ 800,000 livres sterling; le 24 novembre elle remontait de 870,000 livres, regagnant et au delà le terrain qu'elle avait perdu

Cela tient, indépendamment des forces que la France et l'Angleterre ont amassées depuis quatre ans pour tenir tête à l'imprévu, aux nouvelles sources de métaux précieux qui s'ouvrirent pour nous et qui commencent à couler jusque sur l'Europe. Nous avons aujourd'hui en surcroît, pour faire face aux embarras de la circulation, l'or qui est importé de la Californie et des terres australes. Les exportations pour l'Australie tout au moins, ont neutralisé pendant quelque temps les importations; il a fallu saturer d'or monnoyé les contrées qui nous envoyaient l'or en lingots ou en poudre. L'Angleterre a

expédié à Sydney, à Melbourn, à Adélaïde des caisses
de souverains jusqu'à concurrence de 250 à 300 millions
de francs. Aujourd'hui ce courant semble refluer, comme
refoulé par le courant contraire. La production de l'or
dans le monde excédera, en 1853, de 5 à 600 millions celle
de l'année 1846. En sorte que la demande peut prendre
sans inconvénient des proportions extraordinaires. Nous
n'avons pas plus à craindre aujourd'hui la disette des métaux précieux, qu'il n'était raisonnable, en 1852, d'en
redouter l'engorgement. L'or en particulier manque si
peu que la monnaie anglaise a frappé en 1852 des souverains et des demi-souverains pour une valeur de 9 millions sterl., et que les pièces d'or monnayées à Paris dans
les dix premiers mois de 1853, représentent, comme je
l'ai déjà dit, la somme de 250 millions de francs.

L'argent est momentanément plus rare que l'or, il
obtient une prime très-forte dans le commerce ; et l'on
assure que les affineurs qui fondent des pièces de 5 fr.,
font un bénéfice de 20 à 24 francs par 1,000 francs.
Cette prime s'explique principalement par les besoins
qui se manifestent en Orient. La Chine et l'Inde en particulier attirent l'argent et l'achètent à tout prix. Les
Chinois en particulier ont payé jusqu'à 7 shillings
(8 fr. 35 c.) la piastre à colonnes qui ne vaut pas in-
trinsèquement 4 shillings et demi. En une seule semaine les paquebots anglais ont emporté dans cette
direction 442,000 livres sterl. (plus de 11 millions de
francs) en lingots d'argent. Cet envoi avait été précédé
de plusieurs autres ; et l'Angleterre, ne trouvant pas,
dans les arrivages du Mexique et du Chili, de quoi
satisfaire les demandes extraordinaires de l'Orient, avait

puisé dans les deux principaux réservoirs du continent, Amsterdam et Paris.

En résumé, tout ce mouvement d'espèces n'a rien qui doive inquiéter. Les demandes du Nord et de l'Orient vont bientôt se ralentir, si elles ne s'arrêtent. La Russie a déjà reçu, sous la forme d'avances ou de payements échus, la plus grande partie de l'or qui lui revenait pour solde des produits qu'elle a livrés ou qu'elle doit livrer encore. Les quantités d'argent, que la Chine peut absorber, sont limitées à la valeur des thés qu'elle envoie en Europe. Tout cela compose des sommes appréciables dès à présent ; et nous ne courons pas le risque de nous trouver en face de ces terreurs qu'engendrent les approches de l'inconnu.

Il n'y a donc pas lieu à combattre par tous les moyens, comme dans ces extrémités qui font naître la question de salut public, l'exportation du numéraire. Mais en supposant que la Banque dût s'en préoccuper, elle n'y porterait qu'un remède douteux, en élevant le taux de ses escomptes, et par suite en provoquant, sur le marché des capitaux, par l'influence décisive de son exemple, la hausse de l'intérêt. La Hollande est un des pays dont l'approvisionnement en métaux précieux a été le plus largement réduit dans cette crise ; cependant la Banque d'Amsterdam n'a pas songé à modifier le taux de ses escomptes, qui reste fixé à 3 pour 100.

L'argent est une marchandise qui va, comme toute autre, où on la paye à plus haut prix. S'il ne fallait pour la retenir ou pour l'attirer qu'élever le loyer des capitaux, tout le monde emploierait cet expédient ; et les peuples combattraient, pour la possession des métaux précieux, à coups de règlements sur le taux de l'intérêt, comme ils combattent déjà, pour la possession exclusive de certains marchés, à coups de tarifs de douanes portant prohibitions ou droits protecteurs. Sans doute, en serrant fortement l'écrou de la circulation, l'on peut amener un revirement momentané dans le cours du change.

Après tout, le commerce de l'or et de l'argent n'est pas plus compressible que tout autre trafic. Les préoccupations, qui agitent sur ce point les établissements de banque, me semblent être une réminiscence des temps où les gouvernements faisaient des lois pour empêcher la sortie des métaux précieux. Nous avons besoin de blé, et nous n'avons pour le payer que notre or ou notre argent. Il faut bien consentir à retrancher de ces trésors accumulés les sommes que nous devons aux peuples plus fortunés qui nous envoient l'excédant de leur récolte. Au reste, le reflux des métaux précieux vers l'Occident ne se fera pas longtemps attendre. Déjà le change à Odessa tourne en faveur de l'Angleterre, et les mêmes symptômes se manifestent à Saint-Pétersbourg. Les nations qui ont reçu de l'or en échange de leurs blés viendront, six mois, un an plus tard, échanger cet or contre nos vins, nos soieries, nos articles de goût et de mode. Les métaux précieux agiront comme levier de production et de consommation. En les répandant au dehors, nous ouvrons des marchés nouveaux pour notre industrie.

Mais, si l'élévation de l'escompte n'est en ce moment ni nécessaire ni utile à la circulation, en revanche cette mesure aurait, pour le commerce et pour le travail, les effets les plus désastreux. Je ne parlerai pas de la dépréciation infaillible qui en résulterait pour toutes les valeurs de crédit; mais comment oublier que nous approchons de la fin de l'année, de l'époque à laquelle les opérations du petit commerce se liquident, et qui est la plus chargée de payements? Cette liquidation sera peut-être laborieuse. Il n'y aurait ni prudence ni humanité à en aggraver les embarras. L'élévation du taux de l'escompte serait sans objet, si elle ne devait pas diminuer le nombre des emprunteurs et la somme des prêts. Or, cette réduction, opérée par la Banque aujourd'hui, amènerait des catastrophes.

On comprend que le conseil de la Banque se soit préoccupé de la diminution progressive et continue de ses réserves. A côté et au-dessus des intérêts commerciaux qu'il représente, se place l'intérêt de la circulation dont il est le gardien. La Banque doit veiller, avec un soin religieux, au maintien de l'équilibre entre ses engagements et ses ressources disponibles. Mais cet équilibre n'est ni compromis ni menacé. Sa réserve métallique égale encore, ou peut s'en faut, le revenu d'un empire. Elle représente plus de 50 pour 100 de la circulation. C'est une base sur laquelle elle peut s'assurer, en se tenant, dans ses opérations, à une égale distance des illusions téméraires et de la peur.

FIN DU TOME PREMIER.

TABLE DES MATIÈRES

CONTENUES DANS LE TOME PREMIER.

HISTOIRE FINANCIÈRE.

— Corbeil, imprimerie de Crété. —